技工院校一体化课程教学改革汽车维修专业教材

汽车发动机维修

人力资源和社会保障部教材办公室组织编写

中国劳动社会保障出版社

内容简介

本书主要内容包括：发动机结构认知与拆装、发动机故障灯亮的拆检、发动机不易起动的拆检、发动机不能起动的拆检、发动机水温高的拆检、发动机机油故障灯亮的拆检等。

图书在版编目(CIP)数据

汽车发动机维修/人力资源和社会保障部教材办公室组织编写. —北京：中国劳动社会保障出版社，2013

技工院校一体化课程教学改革汽车维修专业教材

ISBN 978-7-5167-0250-5

Ⅰ.①汽…　Ⅱ.①人…　Ⅲ.①汽车-发动机-车辆修理-技工学校-教材　Ⅳ.①U472.43

中国版本图书馆CIP数据核字(2013)第021015号

中国劳动社会保障出版社出版发行

(北京市惠新东街1号　邮政编码：100029)

出版人：张梦欣

*

中国铁道出版社印刷厂印刷装订　新华书店经销

787毫米×1092毫米　16开本　25.5印张　454千字

2013年1月第1版　2019年4月第9次印刷

定价：59.00元

读者服务部电话：(010) 64929211/84209101/64921644

营销中心电话：(010) 64962347

出版社网址：http://www.class.com.cn

http://zyjy.class.com.cn

技工院校一体化课程教学改革教材编委会名单

编审委员会

主　任：王晓初

副主任：吴道槐　张　斌　张梦欣　金　龄　张亚男　王晓君

委　员：冯　政　田　丰　翟　涛　万　象　何绪军　刘　春　王雪宁
　　　　蔡　兵　陈　蕾　蒋燕辰　刘素华

编审人员

主　编：刘炽平

参　编：朱立勇　金君堂　陈金伟　卫云贵　甘　路　孙善德

主　审：王正旭

顾　问：朱永亮　张利芳　张晓梅

序

人才是我国经济社会发展的第一资源，技能人才是人才队伍的重要组成部分。党中央、国务院高度重视技能人才队伍建设工作，2009 年 12 月，胡锦涛总书记在视察珠海市高级技工学校时指出："没有一流的技工，就没有一流的产品"、"技能型人才在推进自主创新方面具有不可替代的重要作用"。技工院校是系统培养技能人才的重要基地。多年来，技工院校始终紧紧围绕国家经济发展和劳动者就业，以满足经济发展和企业对技术工人的需求为办学宗旨，形成了鲜明的办学特色，为国家培养了大批生产一线技能劳动者和后备高技能人才。

当前，我国处于全面建设小康社会的关键时期，随着加快转变经济发展方式、推进经济结构调整以及大力发展高端制造产业等新兴战略性产业，迫切需要加快培养一大批具有精湛技能和高超技艺的技能人才。为了遵循技能人才成长规律，切实提高培养质量，进一步发挥技工院校在技能人才培养中的基础作用，从 2009 年开始，我部借鉴国内外职业教育先进经验，在全国 17 个省（区、市）的 30 所技工院校启动了一体化课程教学改革试点工作，推进以职业活动为导向，以校企合作为基础，以综合职业能力培养为核心，理论教学与技能操作融合贯通的一体化课程教学改革。这项改革试点将传统的以学历为基础的职业教育转变为以职业技能为基础的职业能力教育，促进了职业教育从知识教育向能力培养转变，努力实现"教、学、做"融为一体，收到了积极成效。改革试点得到了学校师生的充分认可，普遍反映一体化课程教学改革是技工院校一次"教学革命"，学生的学习热情、教学组织形式、教学手段和学生的综合素质都发生了根本性变化。试点的成果表明，一体化课程教学改革是转变技能人才培养模式的重要抓手，是推动技工院校改革发展的重要举措，也是人力资源社会保障部门加强技工教育和在职业培训工作的一个重点项目。

教学改革的成果最终要以教材为载体进行体现和传播。根据我部推进一体化课程教学改革的要求，一体化课程改革专家、几百位试点院校的骨干教师以及中国人力资源和社会保障出版集团的编辑团队，用了三年多的时间，组织实施了一体化课程教学改革试点，并将试点中形成的课程成果进行了整理、提炼，汇编成“活页”教材。这套教材不仅在形式上打破了传统教材的编写模式，而且在内容上突破了传统教材的结构体例，在国内职业教育培训教材领域中均属首创。这套教材及配套资料的出版，不仅是本次一体化课程教学改革试点工作的阶段性总结，也是一体化课程教学改革不断深化和全面推广的一个起点。希望全国技工院校将一体化课程教学改革作为创新人才培养模式、提高人才培养质量的重要抓手，进一步推动教学改革，促进内涵发展，提升办学质量，为加快培养合格的技能人才作出新的更大贡献！

人力资源和社会保障部副部长

王晓初

二〇一二年八月

活页式教材使用说明

◆ 页码编排方式

为了更加方便地在教材中增删和替换内容，页码采用“学习任务编号－学习活动编号－页码号”三级编排形式，如“3-2-4”表示“学习任务三”的“学习活动 2”的第 4 页。

◆ 过程评价表使用方法

教材中设计了“自评表”、“互评表”、“教师总评表”、“综合评价表”等评价表格，表头上有“班级”、“姓名”、“学号”等信息栏，从活页教材中取出评价表填写后可以单独提交。

◆ 教材内容更新方法

中国人力资源和社会保障出版集团将根据一体化课程教学改革的推进以及科学技术的发展和不同地域的需要，不断补充和更新教材中的学习任务和学习活动，学校可以从“技工院校一体化教学资源网（http：//yth.cott.org.cn）”下载（需在网站注册）。通过网站还可以了解到更多的一体化课程教学改革信息和下载相关资源。

◆ 便携式活页夹和 PVC 保护板使用方法

使用教材中附赠的便携式活页夹，可以灵活方便地将教材中部分内容携带至一体化教学场地。教材内附的整张 PVC 保护板可以作为学习记录垫板使用。

◆ 参考用书选用方法

在学习过程中，学生需要查阅大量参考资料，下表为中国人力资源和社会保障出版集团出版的适宜本专业一体化教学使用的参考书目录。

汽车维修专业一体化教学参考书目录（中级阶段）

序号	书号	书名
1	978-7-5045-8590-5	汽车文化
2	978-7-5045-8832-6	汽车结构
3	978-7-5045-8843-2	汽车识图
4	978-7-5045-8914-9	机械常识与维修基础
5	978-7-5045-8422-9	汽车电路知识与基本操作技能
6	978-7-5045-9057-2	汽车发动机构造与维修
7	978-7-5045-7647-7	汽车电控发动机构造与维修
8	978-7-5045-8874-6	汽车底盘构造与维修
9	978-7-5045-9005-3	汽车电气设备构造与维修
10	978-7-5045-8457-1	汽车底盘与车身电控技术
11	978-7-5045-7574-6	汽车自动变速器构造与维修
12	978-7-5045-8508-0	汽车维护实训
13	978-7-5045-8421-2	汽车故障诊断

目　录

学习任务一　发动机结构认知与拆装

1. 能按照操作规程及维修手册要求，进行发动机吊装。

2. 能按照维修手册要求，在规定时间内与组员共同执行发动机解体，并对相关零部件进行标记，作业过程中需遵守安全操作规范。

3. 能正确选择和使用作业中所用到的工量具与设备。

4. 能根据维修手册要求，在规定时间内与组员共同完成发动机零部件清洗。

5. 能对照发动机描述其各总成部件的基本构造、功能及工作原理。

6. 能与组员共同实施发动机零部件相关测量项目。

7. 能根据维修手册要求，在规定时间内与组员共同完成发动机装配，并对装配情况进行记录。

8. 能根据维修手册要求，与组员共同实施配气机构调整，并对作业过程进行记录。

9. 能根据维修手册要求，与组员共同完成发动机安装（整车、台架），启动发动机并实施气缸压力测试，对气缸压力测试结果进行记录。

10. 能对相关资料、互联网资源进行检索，完成工作页的填写。

120 学时

顾客吴先生驾驶一辆丰田威驰轿车到4S店维修，维修接待员确认该车已经行驶25万

公里，油耗偏高，动力不足，因而建议客户进行发动机大修。车主吴先生同意维修，车间主任拿到维修任务单后进行维修任务分配，由你所在的维修班组根据汽车维修手册的相关要求，在规定时间内进行发动机吊装、拆卸、解体、清洗、测量等作业，待所需配件和加工件到齐后，完成发动机装配，并进行调试，交班组长验收。

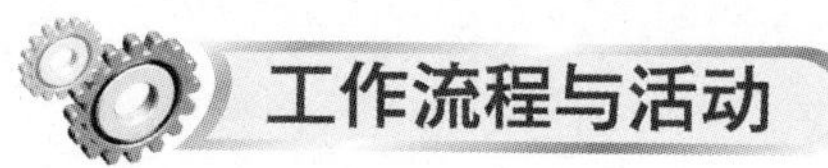

1. 发动机吊装
2. 发动机辅件拆卸
3. 气缸盖的分解与测量
4. 曲柄连杆机构的分解与测量
5. 曲柄连杆机构的装配
6. 气缸盖的装配
7. 发动机辅件的安装与发动机气缸压力测试

学习活动1　发动机吊装

学习目标

1. 能说出汽车发动机的类型和安装位置。

2. 能正确选择并使用工具及设备。

3. 能根据维修手册要求，在规定时间内与组员共同执行发动机吊装，在作业过程中遵守安全操作规范。

4. 能在作业过程中实施自我检查，做好过程记录。

5. 能按要求整理零部件，做好5S管理。

6. 能对相关资料、互联网资源进行检索，完成工作页的填写。

建议学时：21学时

学习准备

维修手册、车辆、工具、设备等。

学习过程

1. 发动机安装在汽车的什么位置？（提示：根据不同车型回答）

2. 查阅资料，填写发动机的分类。

按照所使用燃料的不同分为__________和__________。

按照完成一个工作循环所需的行程数分为__________和__________。

按照冷却方式不同分为__________和__________。

按照气缸数目不同分为__________和__________。

按照气缸排列方式不同分为__________和__________。

按照进气系统是否采用增压方式分为_______________和_______________。

3. 汽车发动机吊装。

(1) 在什么情况下需要吊装发动机?

(2) 查阅相关教材及维修手册，认识发动机整机拆卸过程，编写发动机吊装流程图。

(3) 发动机吊装主要用到哪些设备? 分别写出它们的作用?

(4) 写出发动机各总成部件的名称。

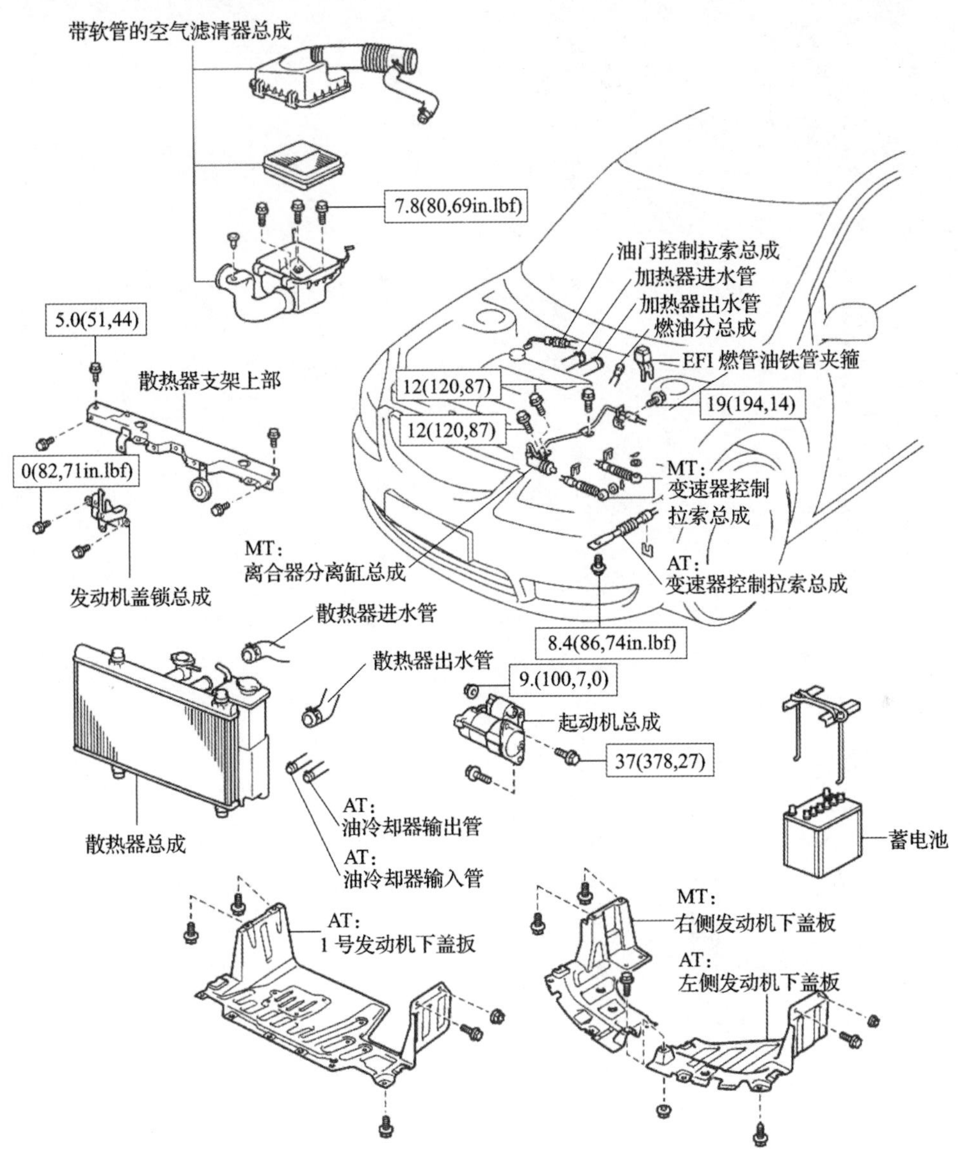

（5）小组实施发动机吊装，记录工作过程。

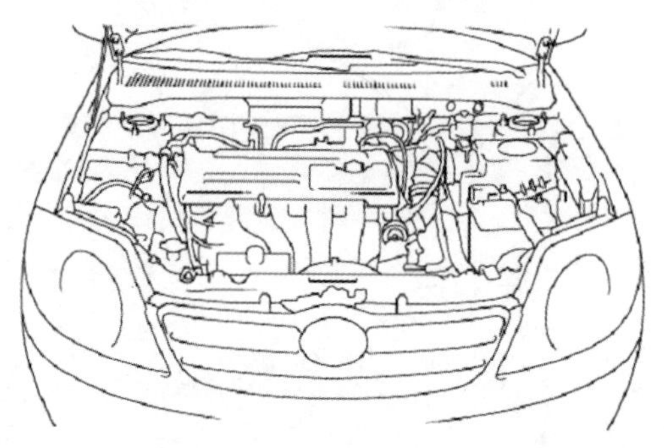

打开并支撑住发动机罩。

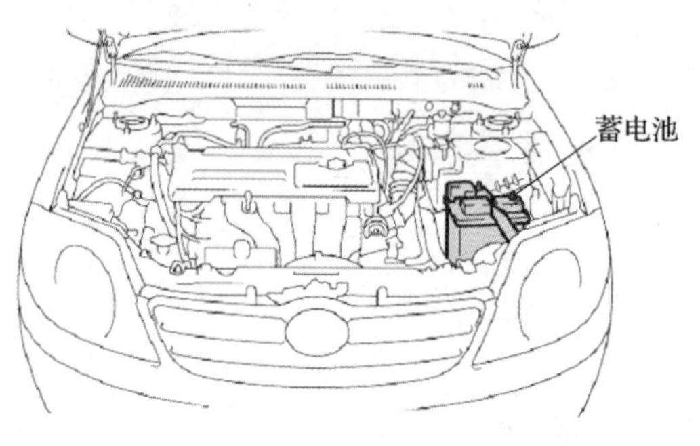

先脱开蓄电池______端子，然后脱开______端子。

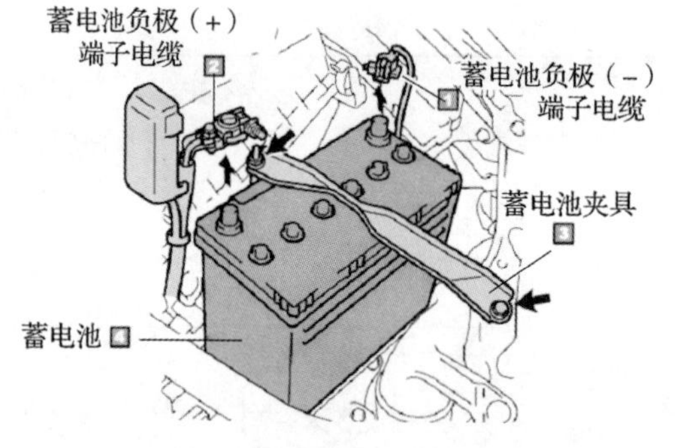

拆下______、蓄电池底板和______搭铁线。

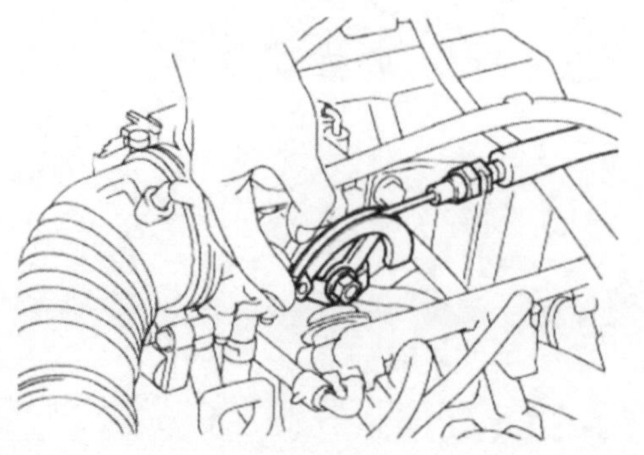

松开__________，拆下节气门拉索，然后将拉索的______端从节气门连杆上滑出。

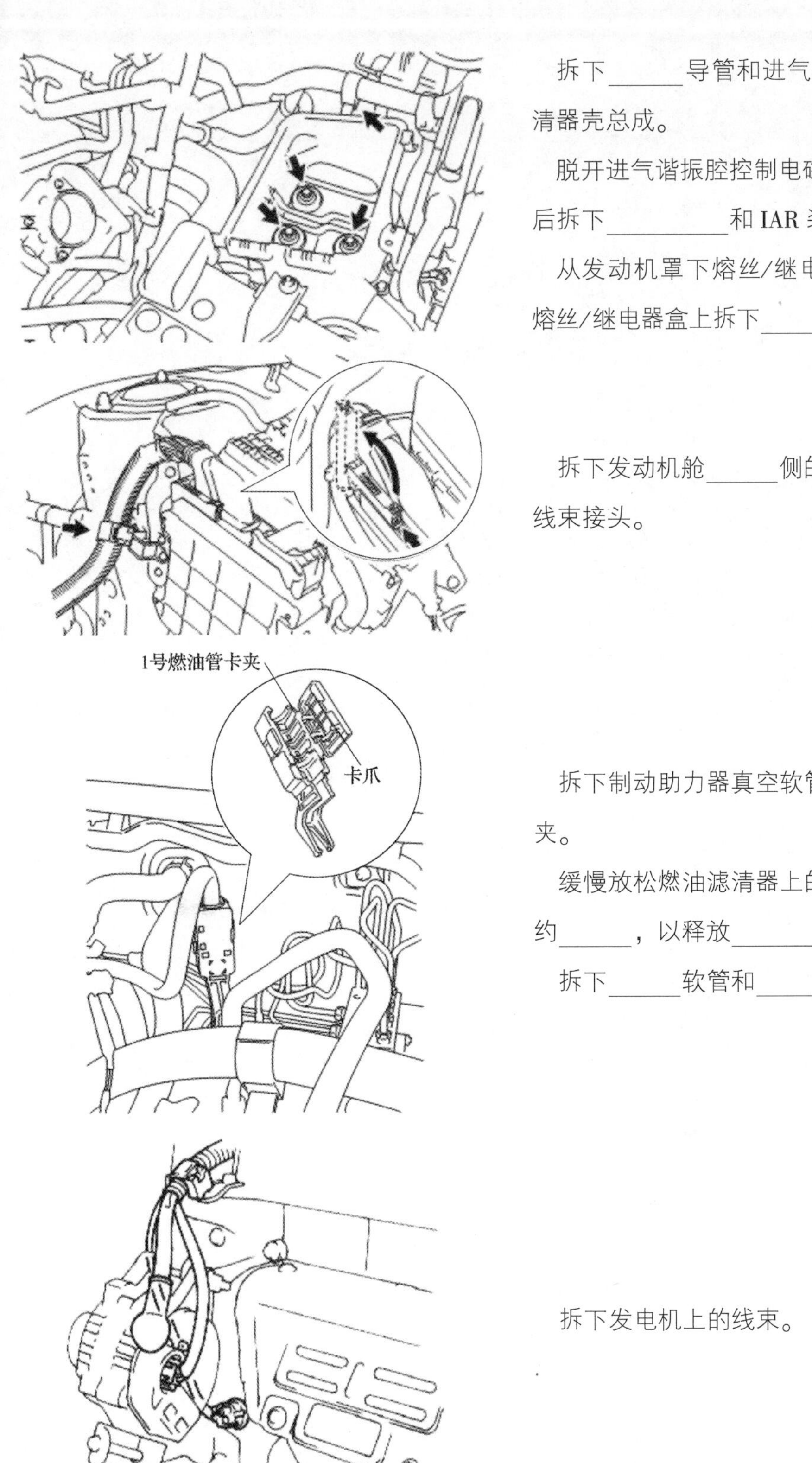

拆下______导管和进气导管/空气滤清器壳总成。

脱开进气谐振腔控制电磁阀接头，然后拆下__________和 IAR 装置。

从发动机罩下熔丝/继电器盒和 ABS 熔丝/继电器盒上拆下________电缆。

拆下发动机舱______侧的发动机配线线束接头。

拆下制动助力器真空软管和燃油管卡夹。

缓慢放松燃油滤清器上的检修螺栓大约______，以释放__________。

拆下______软管和______软管。

拆下发电机上的线束。

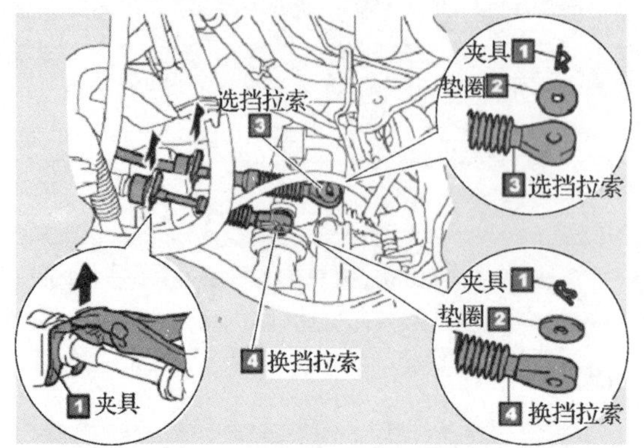

对于手动变速器，拆下______拉索和______拉索，脱开倒车灯开关和______导线接头。

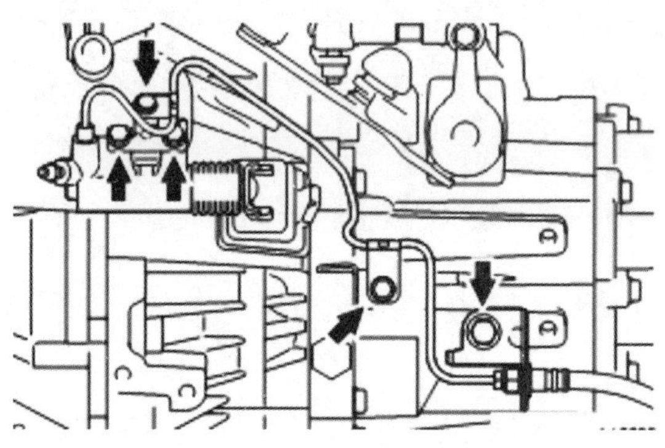

拆下离合器从动油缸和管道/软管总成，脱开______传感器接头。

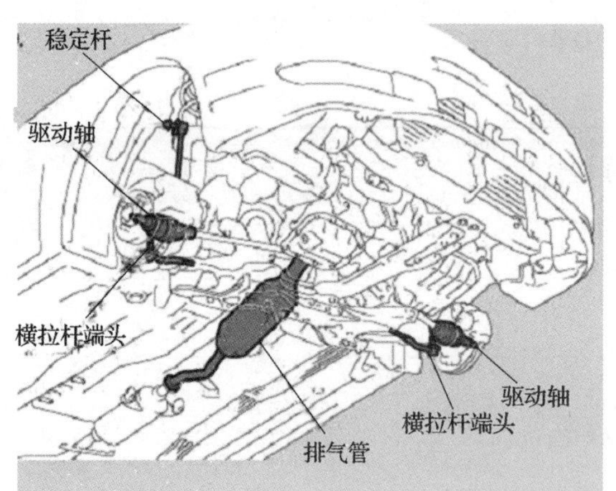

将升降机升到________高度，拆卸与车身的连接部件。拆下前轮和挡泥板，松开散热器上的排放塞，放掉发动机________；然后装回排放塞，松开发动机油底壳上的排放塞，放掉发动机__________，装回排放塞。

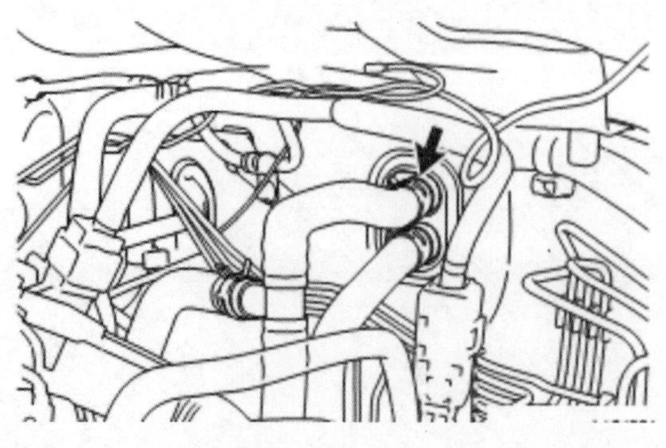

降下升降机，然后拆下散热器上、下软管及取暖器软管。

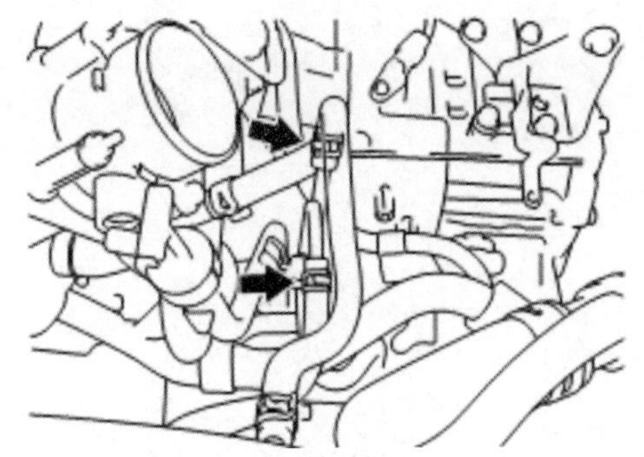

对于自动变速器，拆下 ATF 冷却器软管，拆下散热器总成。

拆下制动助力器真空单向阀和真空软管。

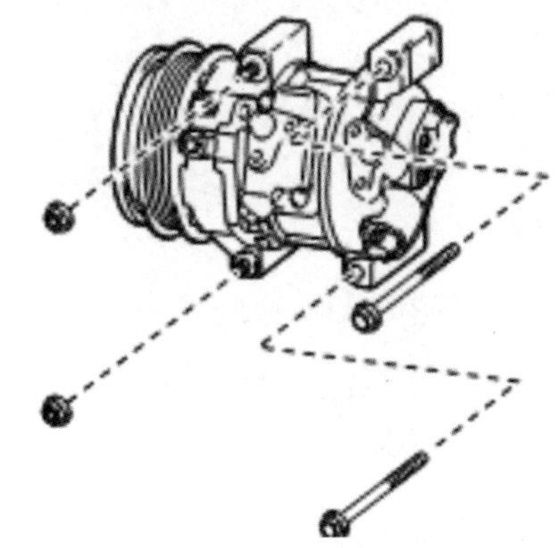

拆下空调压缩机，不要脱开______软管。

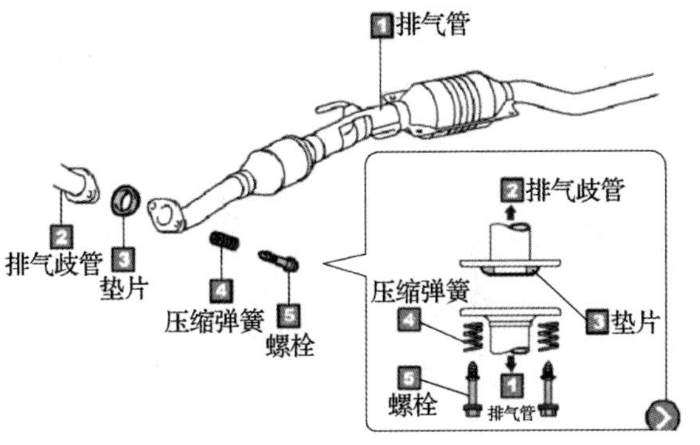

拆下______，脱开主热氧传感器接头。

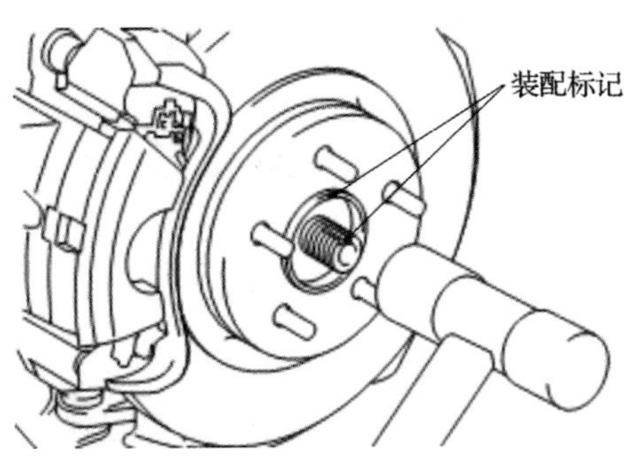

拆下左右________。

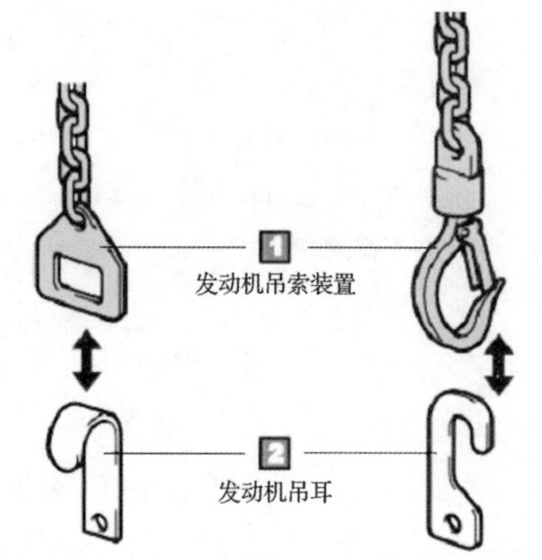

将______套在发动机上。

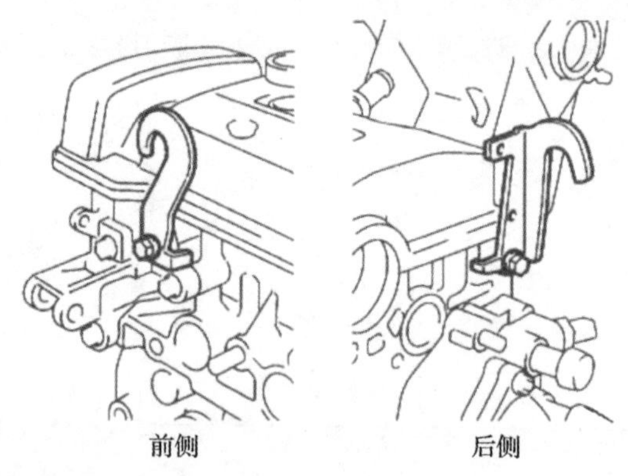

拆下发动机______支架、______支架和________。

拆下变速器支座及其托架。

检查是否拆下了发动机上的所有真空软管，燃油和冷却液管以及电气配线。

慢慢地将发动机升高大约______mm，再次检查发动机上的所有软管和配线是否都已经拆下。

吊起发动机，将它从车上卸下。

4．收拾工具和设备，清洁现场。

5．总结与思考。

(1) 发动机吊装过程中需要注意哪些问题？

（2）不同驱动形式的汽车，其发动机吊装步骤并不完全相同。查阅相关维修手册和资料，简述前轮驱动、后轮驱动车辆在发动机吊装上有哪些区别?

（3）查阅相关维修手册和资料，简述轿车、小客车在发动机吊装上有哪些区别?

学习活动2　发动机辅件拆卸

学习目标

1. 能对照发动机介绍各辅件的名称及作用。

2. 能正确选择并使用工具及设备。

3. 能根据维修手册要求，在规定时间内与组员共同执行发动机辅件拆卸，并对相关零部件进行标记，同时在作业过程中遵守安全操作规范。

4. 能在作业过程中实施自我检查，做好过程记录。

5. 能按要求整理零部件，做好5S管理。

6. 能对相关资料、互联网资源进行检索，完成工作页的填写。

建议学时：7学时

学习准备

维修手册、发动机及翻转架、工具、设备等。

学习过程

1. 将发动机安装在大修台上，进行下一步的分解工作。

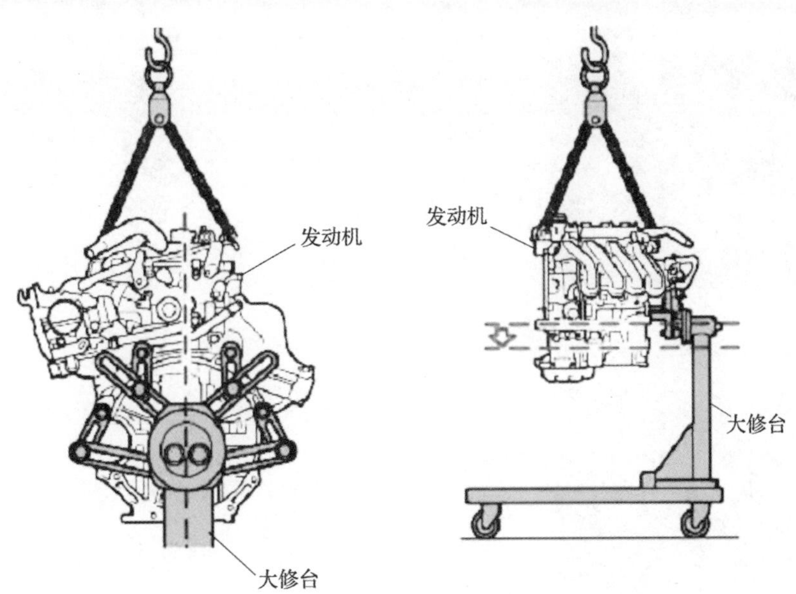

2. 查阅相关教材及维修手册，认识各传感器和执行器，并指出其在发动机上的安装位置，学习各类插头的拆卸方法。

找出左图上的传感器与执行器，并记录。

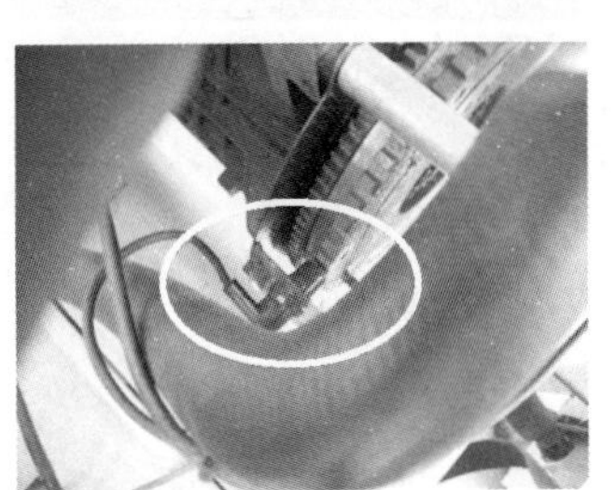

该传感器的名称是什么？安装在什么位置？

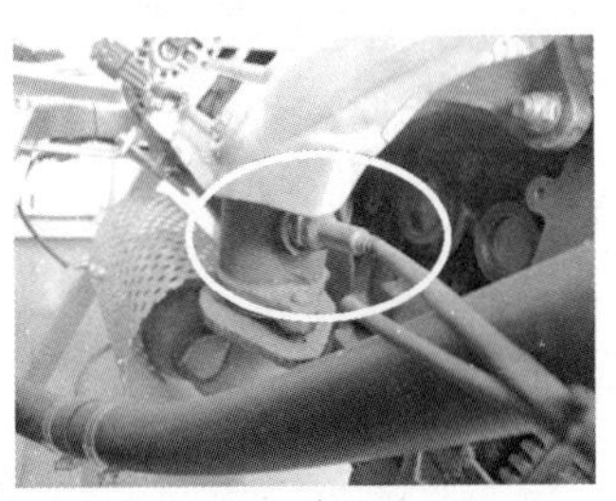

该传感器的名称是什么？安装在什么位置？

该传感器的名称是什么？安装在什么位置？

该线束插座所对应的零部件是什么？一共有多少个？

该执行器的名称是什么？安装在什么位置？

该总成的名称是什么？安装在什么位置？

该传感器的名称是什么？安装在什么位置？

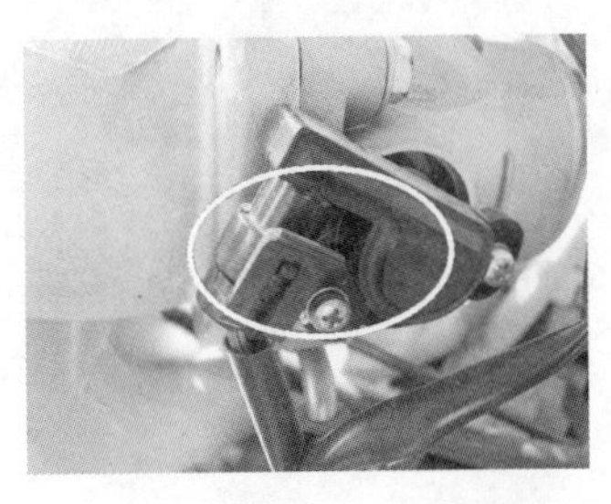

该传感器的名称是什么？安装在什么位置？

该传感器的名称是什么？安装在什么位置？

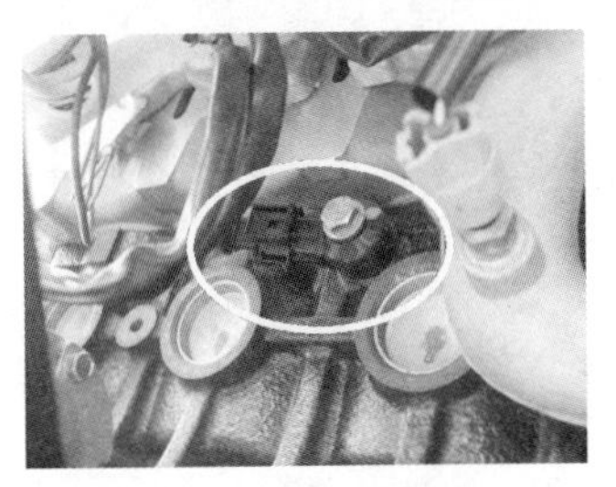

该传感器的名称是什么？安装在什么位置？

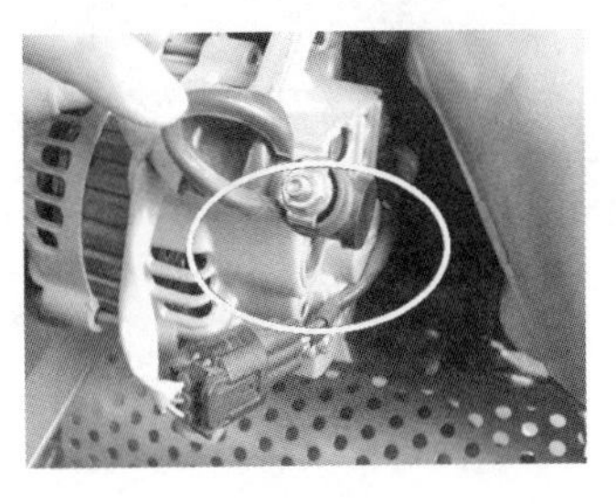

该总成的名称是什么？安装在什么位置？

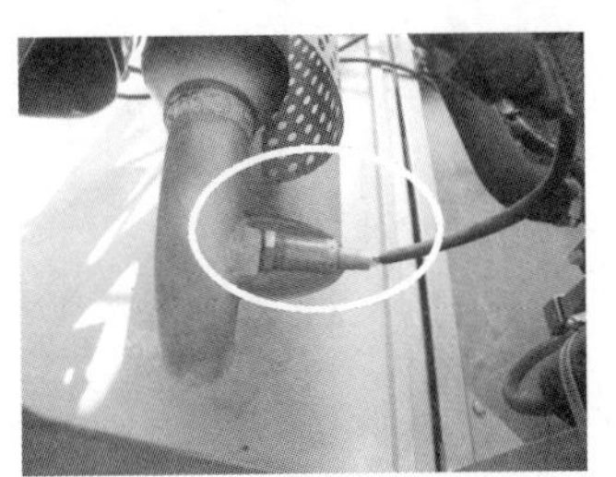

该传感器的名称是什么？安装在什么位置？

3．查阅相关教材及维修手册，认识发动机进、排气歧管的位置，了解其区别，并掌握正确的拆卸方法。

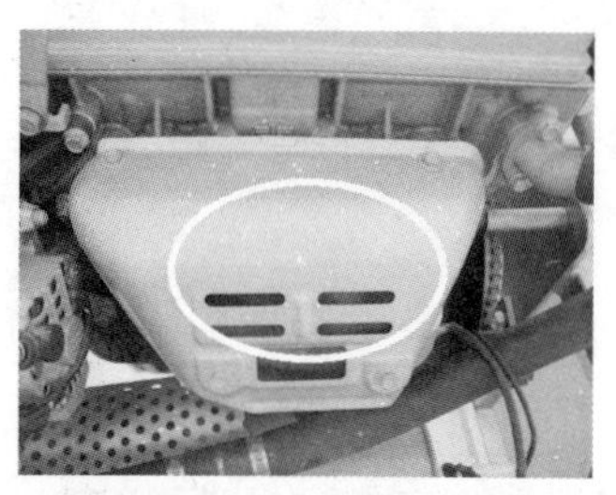

该零部件的名称是什么？安装在什么位置？

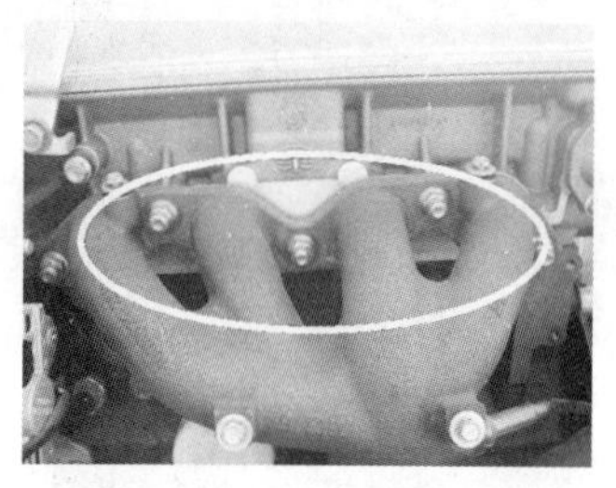

排气歧管上安装有多少颗螺栓？如何拆卸？

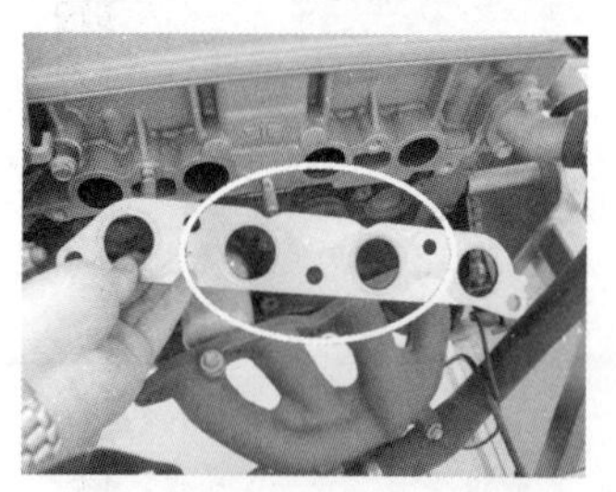

排气歧管拆卸后还要进行哪些操作？

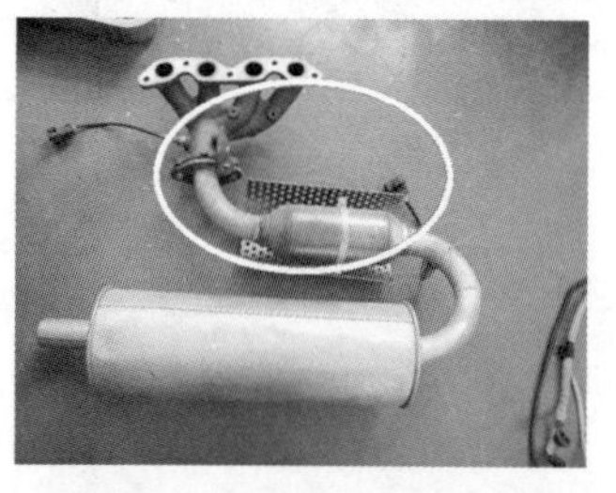

为什么排气歧管需要整体放置？

进气歧管上通过多少颗螺栓进行固定？如何拆卸？

该支架有什么作用？

如何拆卸 2 个水管卡子？

该条软管连接着哪两部分？起什么作用？

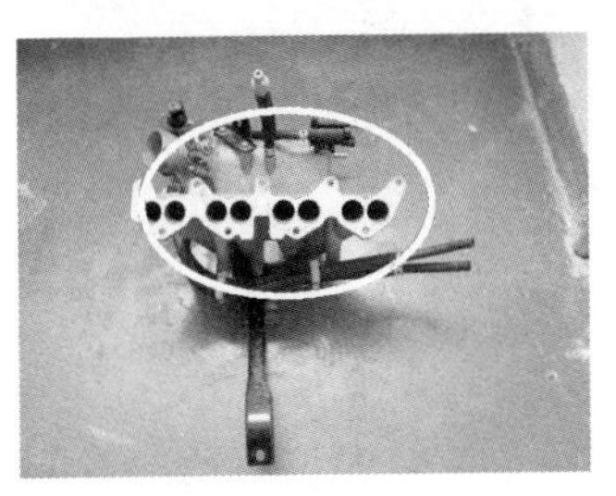

进气歧管和排气歧管在外观上有什么不同？

4. 查阅相关教材及维修手册，了解发电机的安装位置，知道其作用，并掌握正确的拆卸方法。

发电机的动力由哪里提供？它与起动机有什么不同？

拆卸发动机固定螺栓后，发电机能否摆动？有什么作用？

发电机皮带上是否有文字？这些文字代表什么含义？

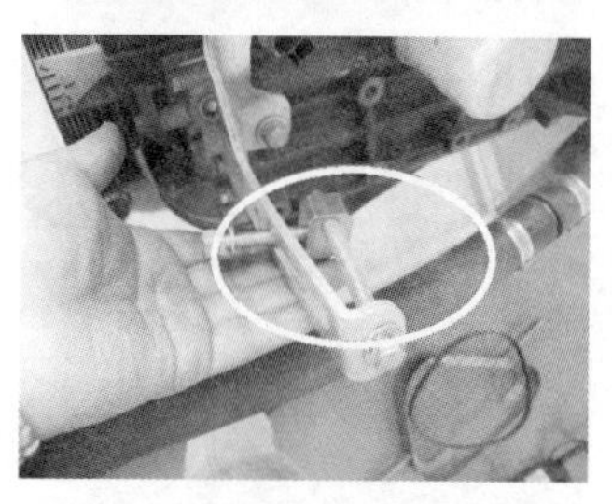

如何检查发电机皮带？

发电机拆下后如何保存？有哪些注意事项？

5. 收拾工具和设备，清洁现场。

6. 总结与思考。

（1）电控发动机主要的传感器、执行器有哪些？怎样区分传感器和执行器？

(2) 电控发动机空气流量计的类型有哪些？说出其工作原理。

(3) 电控发动机转速传感器的类型有哪些？说出其工作原理。

学习活动3　气缸盖的分解与测量

学习目标

1. 能对照发动机介绍配气机构各部件的名称及作用。

2. 能正确选择并使用工量具及设备。

3. 能根据维修手册要求，在规定时间内与组员共同执行气缸盖的分解与测量，并清洗零部件，对相关零部件进行标记，同时在作业过程中遵守安全操作规范。

4. 能在作业过程中实施自我检查，做好过程记录。

5. 能按要求整理零部件，做好5S管理。

6. 能对相关资料、互联网资源进行检索，完成工作页的填写。

建议学时：24学时

学习准备

维修手册、发动机及翻转架、工具、设备等。

学习过程

1. 查阅教材和维修手册，认识发动机的基本参数。

（1）上止点：活塞在气缸里作往复直线运动，________距离曲轴旋转中心最______的极限位置。

（2）下止点：活塞在气缸里作往复直线运动，________距离曲轴旋转中心最______的极限位置。

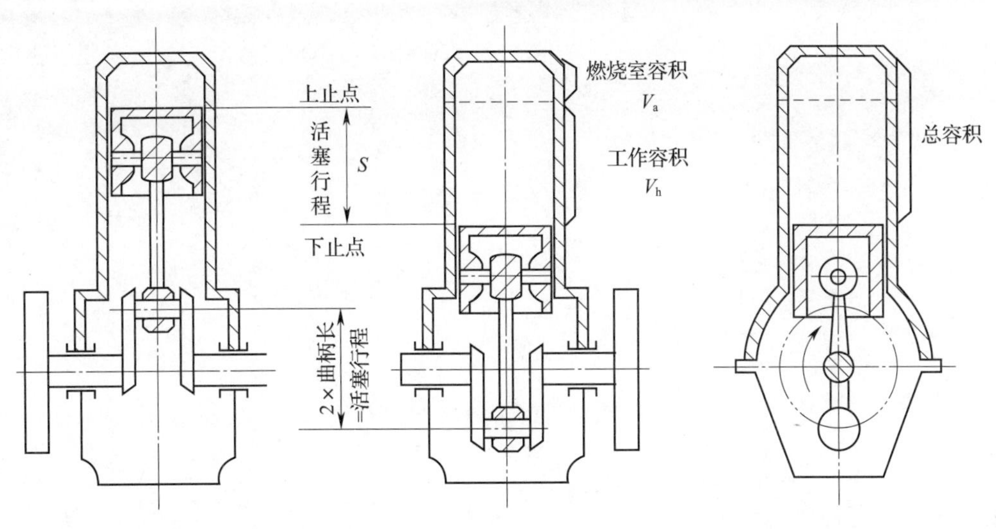

(3) 活塞行程：活塞从一个______到另一个______移动的距离，即上、下止点之间的距离，一般用______表示。对应一个活塞行程，曲轴旋转________。

(4) 曲柄半径：曲轴旋转中心到曲柄销中心之间的距离称为曲柄半径，一般用______表示。通常活塞行程为曲柄半径的______，即 $S=$ ______R。

(5) 了解气缸工作容积、燃烧室容积、气缸总容积的含义和符号，它们之间的关系是：________ = ______ + ______。

(6) 发动机排量：多缸发动机________工作容积的总和，称为发动机排量，一般用______表示。

(7) 压缩比：气体压缩______的容积与气体压缩______的容积之比值，即气缸总容积与燃烧室容积之比，一般用______表示。通常汽油机的压缩比为________，柴油机的压缩比较高，一般为________。

(8) 工作循环：完成________、________、________和________四个过程称为一个工作循环。

2. 以小组为单位，查询并记录教室中一台发动机的基本参数。

3. 简述四行程汽油发动机的基本工作过程。

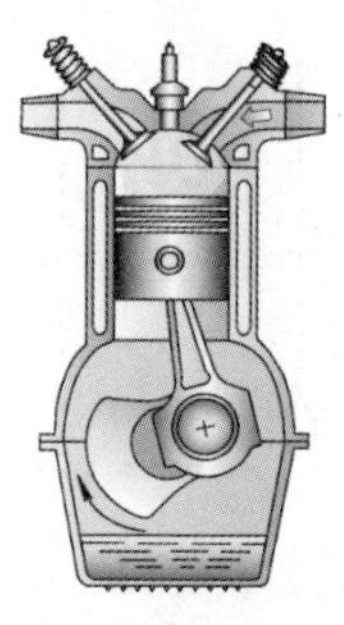

(1) ________行程

简述：

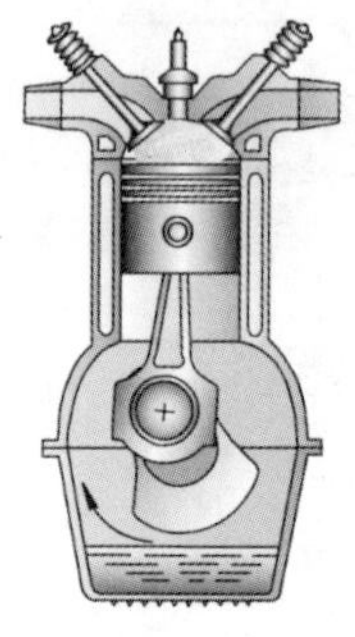

(2) ________行程

简述：

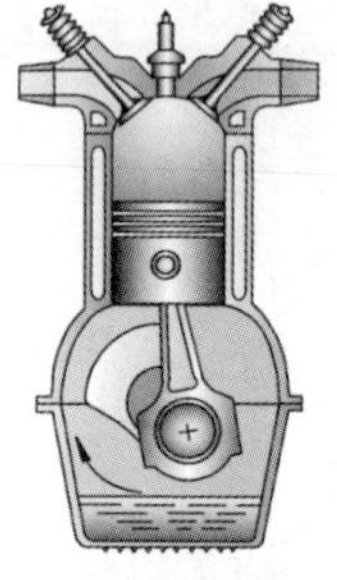

(3) ________行程

简述：

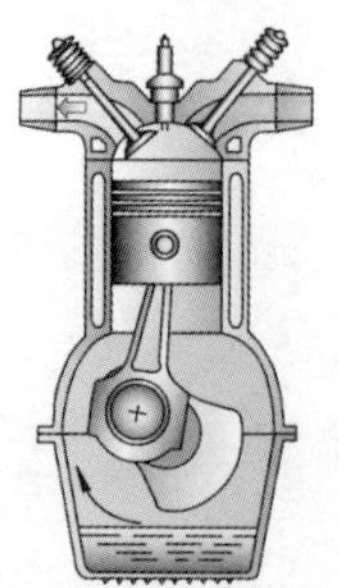

(4) ________行程

简述：

4. 拆下油底壳及机油集滤器总成。

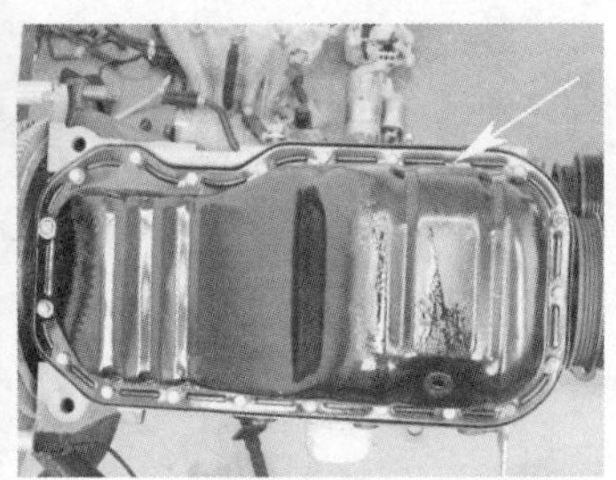

使用小套筒、接杆、棘轮拆油底壳共________个 M10 螺栓。

如何拆油底壳螺栓？有无顺序要求？

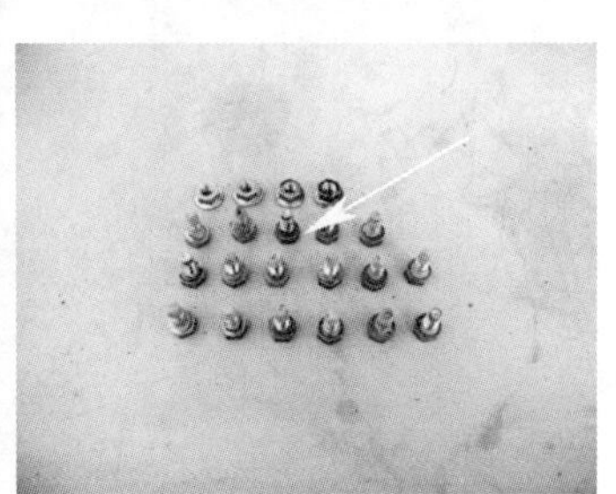

将螺栓、螺母摆好，螺母______个，螺栓______个。

用油封切割器、铁锤割开__________，取下油底壳。

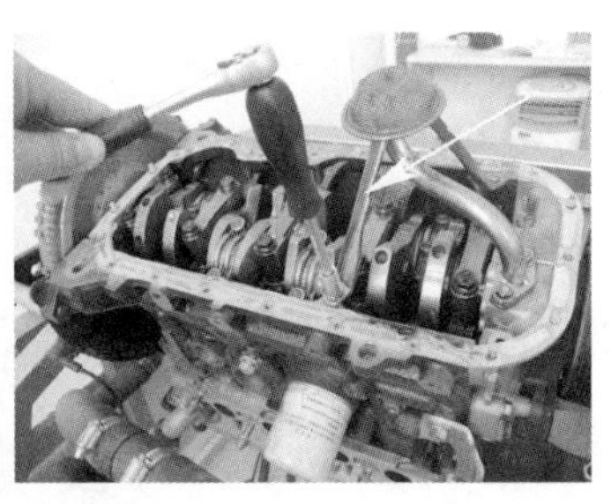

使用小套筒、接杆、棘轮拆下机油粗滤器的______个 M10 螺栓，拆下后放回油底壳，取下垫片放好。

5. 拆下曲轴皮带轮。

使用______号六角套筒，扭力扳手拧到______N·m 以上。

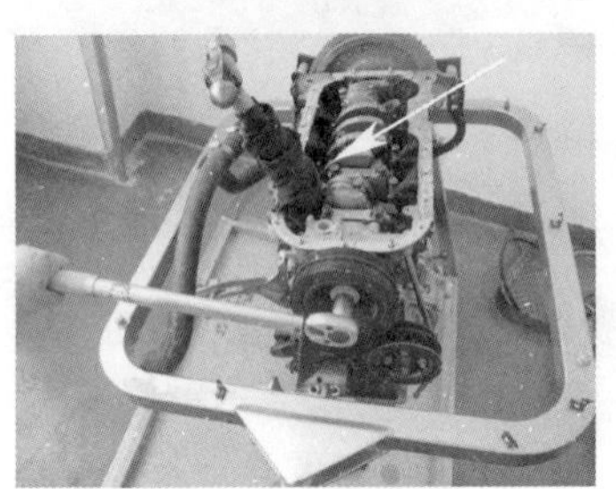

用________包住的木棒固定曲轴（在第一缸位置）。

拧下带轮螺栓，取下带轮，如无法用手取下要用____________。

6. 拆下飞轮。

包棉纱的木棒固定曲轴在________位置。

拧松再取下螺栓。

有一个螺栓在最下面，拆不了。需要转曲轴 180°，卡住________再拆。此外，木棒塞得太深会将________部弄坏，应特别注意。

7. 拆气门罩盖及正时皮带罩。

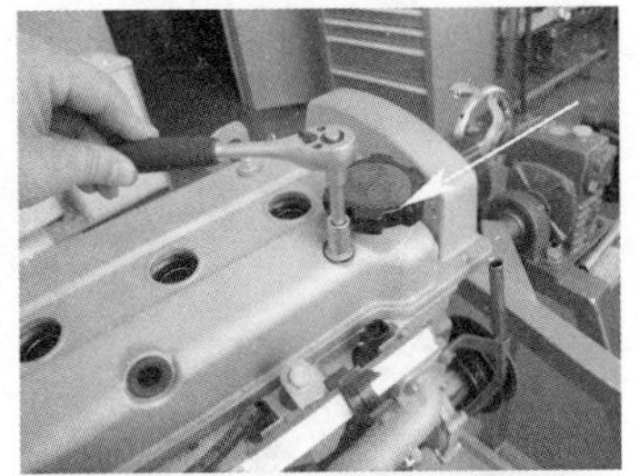

此时会有少量机油流出，擦净后拆气门罩盖，4 个________螺钉用六角套筒、短接杆拧下后轻敲盖，取下气门室罩盖，松动后取下 4 个垫圈和密封条。

上、中、下三层，共________个 M10 螺栓，用六角套筒、短接杆拧下（注意防止螺栓套掉落）。

8. 拆卸正时皮带。

拧松张紧轮，使用________号六角套筒。

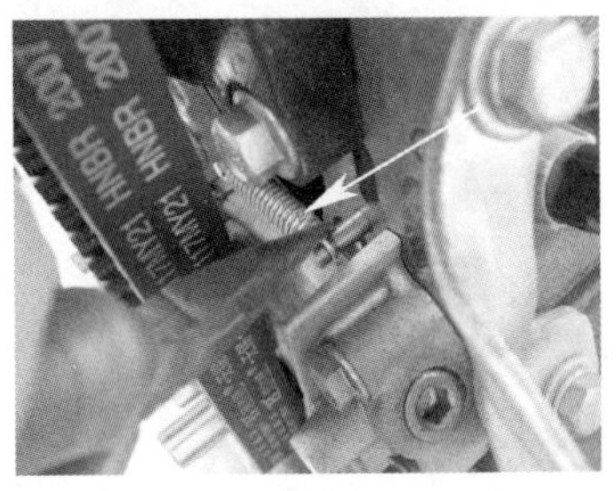

使用________取下弹簧。

取下________皮带，缠在支架上。

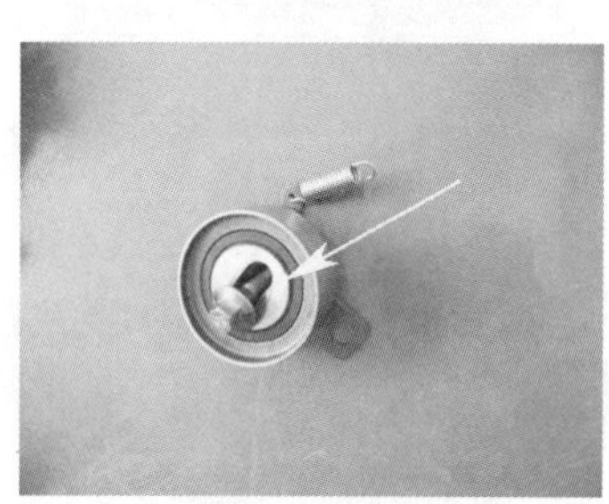

取下________（带螺栓），________皮带轮（正反面）。

9．拆下机油尺套管、水泵及水管接头。

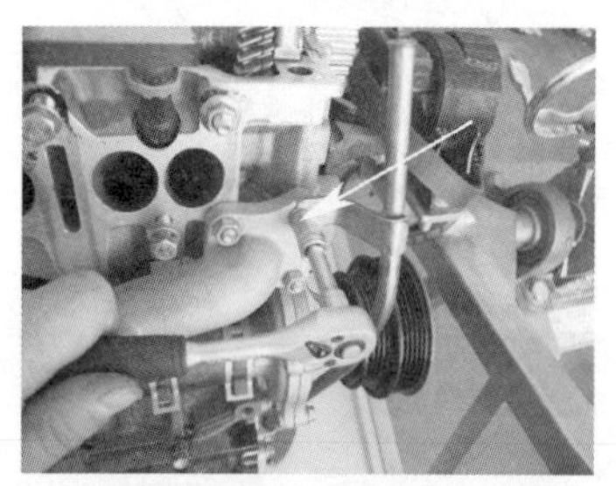

机油尺套管由1个________号螺栓连接水套管。注：拆下机油尺套管后，拧回安装螺栓。

正面________个M12螺栓，使用六角套筒、梅花扳手进行拆卸。

取下________总成，取下________垫片，取下________胶圈，将所有螺栓拧回原位。

10. 拆机油泵端盖及曲轴前、后油封。

使用六角套筒、短接杆和棘轮扳手拆下________个M12螺栓。

取下________，拧回各螺栓。

__________个M10螺栓，使用六角套筒、棘轮扳手________拧松，再用手拧下。

11. 拆气缸盖。

使用六角套筒、短接杆、扭力扳手拆下________总成以及________个M10螺栓。

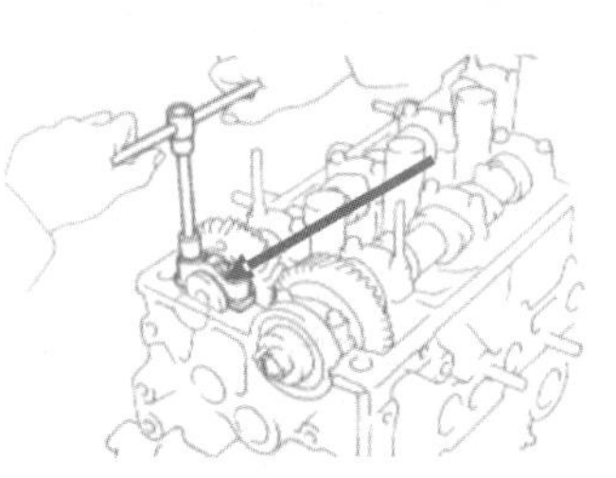

拆进气1号轴承盖，拆其余4个盖，取下________凸轮轴。

注意两个齿轮________标记。

拆2号凸轮轴第一个盖，拆其余4个盖，取下________凸轮轴。

使用10号梅花套筒、短接杆、扭力扳手（大），取下________。

使用________取下气缸盖。

12. 气缸盖测量。

注意：配气机构的零部件很多，并且有配对要求，因此应当做好标记，以防错乱。

（1）分解。

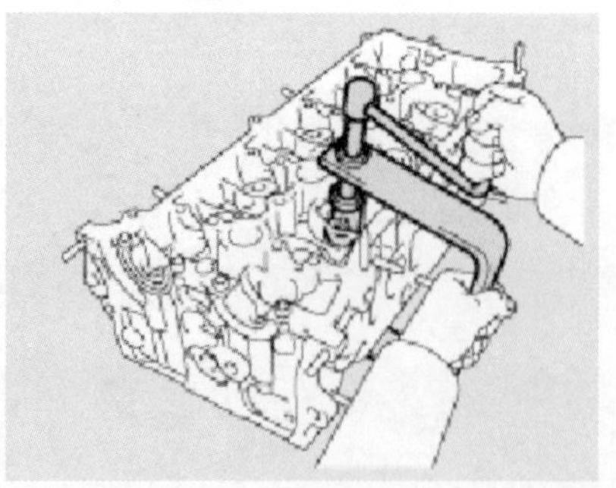

分解需要注意什么？

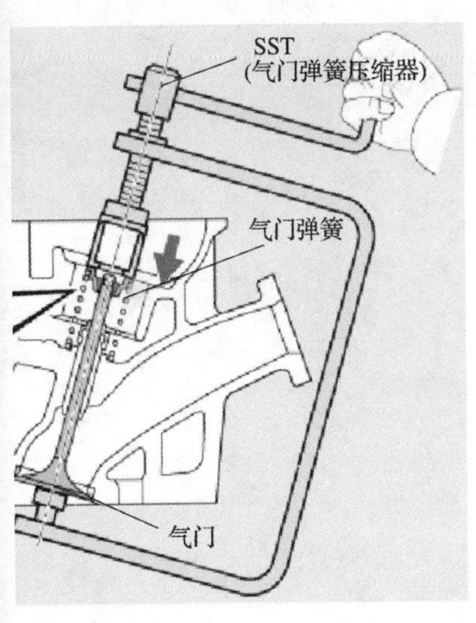

使用 SST 气门弹簧压缩器时，需要注意哪些问题?

（2）测量。

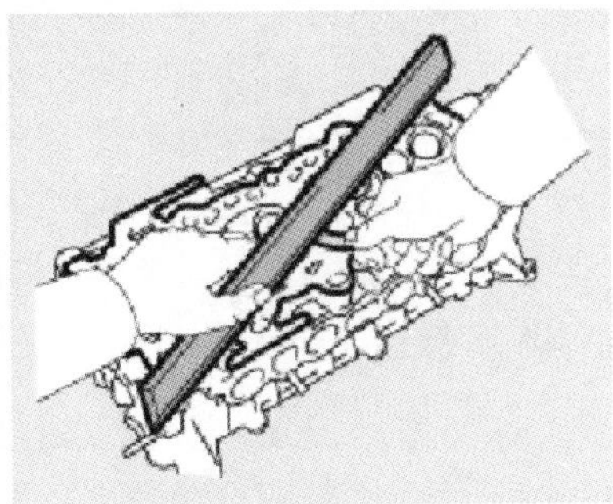

测量需要注意什么?

结构认识：

1. ________　2. ________　3. ________

4. ________　5. ________　6. ________

7. ________

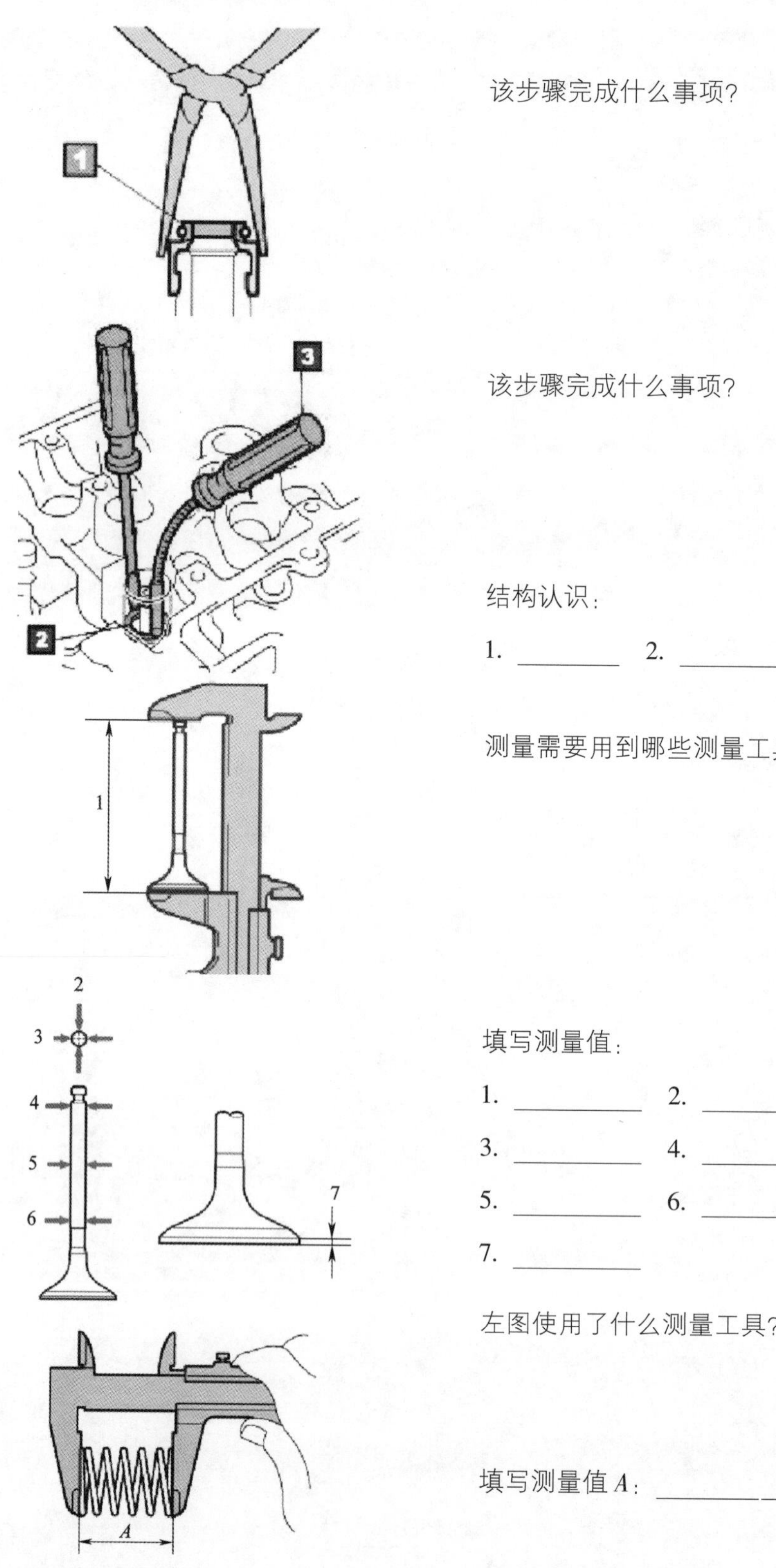

该步骤完成什么事项?

该步骤完成什么事项?

结构认识:

1. ________ 2. ________ 3. ________

测量需要用到哪些测量工具?

填写测量值:

1. ________ 2. ________

3. ________ 4. ________

5. ________ 6. ________

7. ________

左图使用了什么测量工具?

填写测量值 A: ____________。

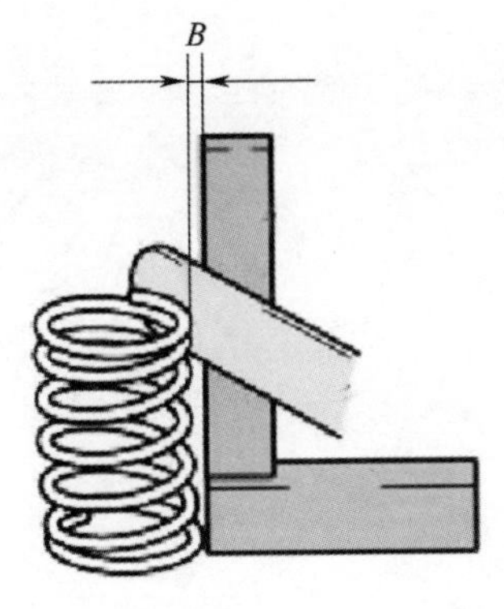

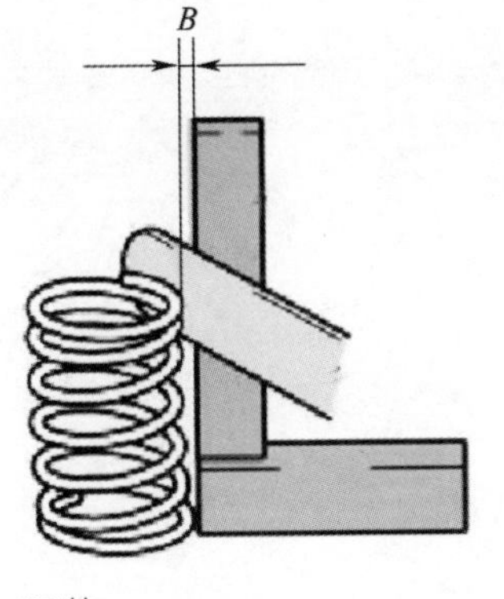

左图使用了什么测量工具?

填写测量值 B:

(3) 组装。

完成测量后，组装需要注意哪些问题?

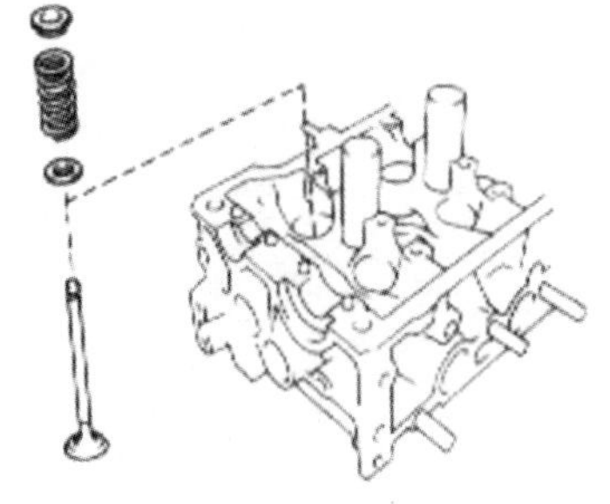

安装气门、弹簧座、气门弹簧和弹簧锁片。

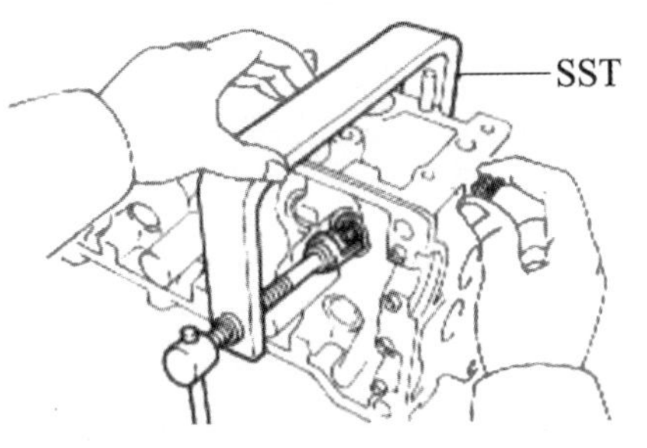

使用 STT 压缩气门弹簧，安装________。

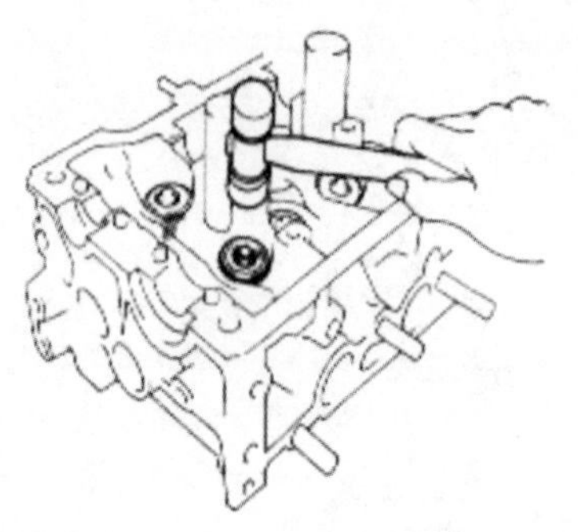

使用塑料头锤子轻轻敲击气门端头，确保装配合适。

13. 收拾工量具和设备，清洁现场。

14. 总结与思考。

（1）查阅资料，掌握发动机的基础知识。汽油发动机的两大机构和五大系统组成分别是什么？它们各自有什么功用？

（2）查阅相关资料，了解可变配气正时系统的拆装、调整的注意事项，编写拆装步骤与流程，与小组成员进行讨论。

（3）与小组成员讨论本活动中所使用的直列发动机配气正时机构的特点与拆装注意事项。查阅资料，收集有关V型发动机配气正时机构、气缸盖拆装的步骤及注意事项。比较两者有哪些不同。

（4）学习调整凸轮轴转角的可变配气正时系统（VVT－i）。查阅相关资料，了解可变配气正时系统拆装、调整的注意事项，编写拆装步骤与流程，与小组成员进行讨论。注意车型的选择。

学习活动 4　曲柄连杆机构的分解与测量

学习目标

1. 能对照曲柄连杆机构介绍各部件的名称及作用。

2. 能正确选择并使用工量具及设备。

3. 能根据维修手册要求，在规定时间内与组员共同执行曲柄连杆机构拆卸，并对相关零部件进行标记，同时在作业过程中遵守安全操作规范。

4. 能完成曲柄连杆机构各部件的测量工作。

5. 能在作业过程中实施自我检查，做好过程记录。

6. 能按要求整理零部件，做好 5S 管理。

7. 能对相关资料、互联网资源进行检索，完成工作页的填写。

建议学时：24 学时

学习准备

维修手册、发动机及翻转架、工具、设备等。

学习过程

1. 发动机曲柄连杆机构的组成与工作原理。

曲柄连杆机构的主要作用是将燃料燃烧后施加在活塞顶上的__________转变为推动曲轴旋转的________，向外输出________。曲柄连杆机构的工作条件相当恶劣，它主要承受高温、高压、高速和化学腐蚀作用。

曲柄连杆机构一般由________、________和________三部分组成。

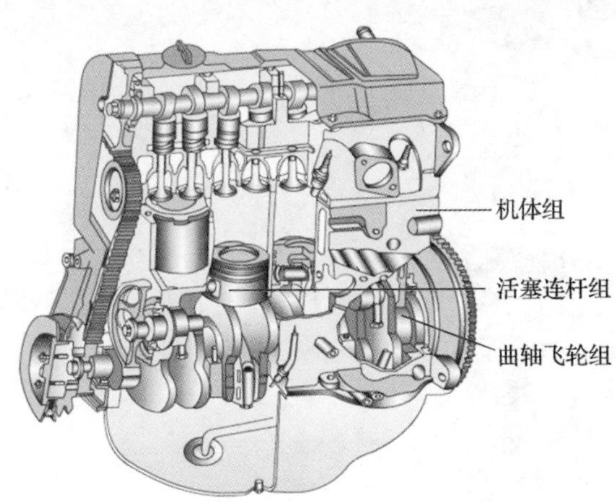

2. 活塞连杆组拆卸。

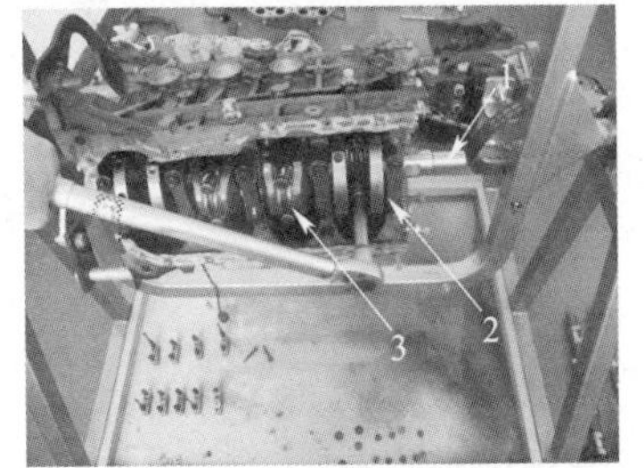

拆卸准备。

结构认知：

1. ______　2. ______　3. ______

拧松螺母，取下________。

结构认识：

1. ________　2. ________

取出活塞连杆组应注意哪些问题?

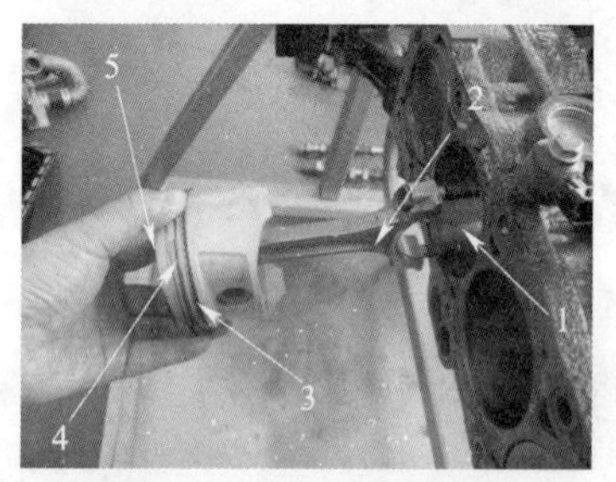

取出活塞连杆组，认知下面各部件。

1. ________ 2. __________ 3. ________

4. ________ 5. __________

取出活塞后应注意哪些问题?

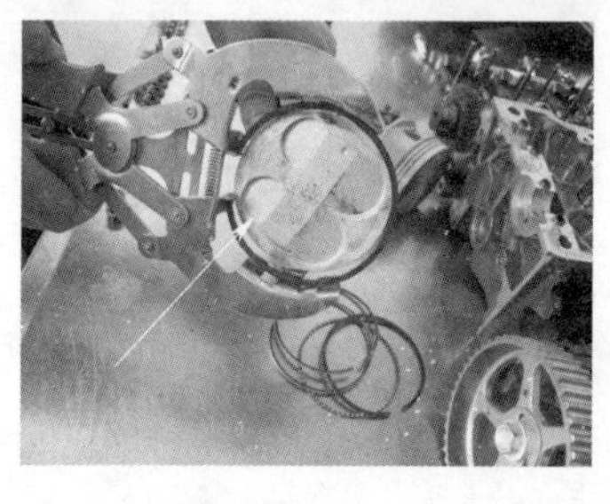

活塞环的拆卸应使用什么工具?

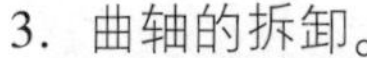

3. 曲轴的拆卸。

拆卸曲轴前应注意哪些问题?

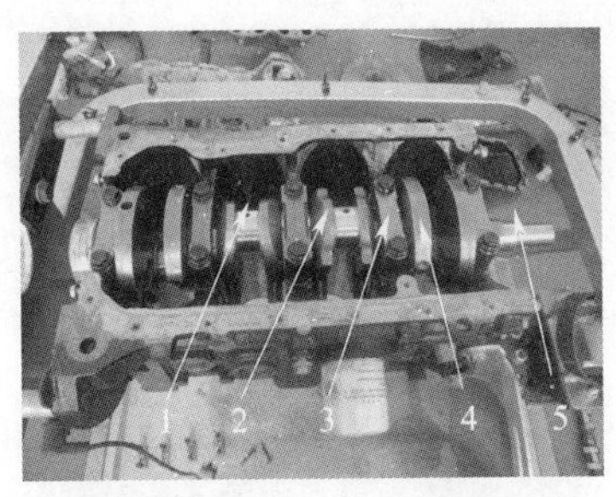

写出曲轴及轴承部件名称。

1. ________　2. ________　3. ________

4. ________　5. ________

曲轴轴承的标记在哪里？有哪些？

拆卸曲轴时应注意哪些问题？

4．活塞与气缸配合间隙的测量。

（1）清洗。

清洗应该注意哪些问题？

（2）测量。

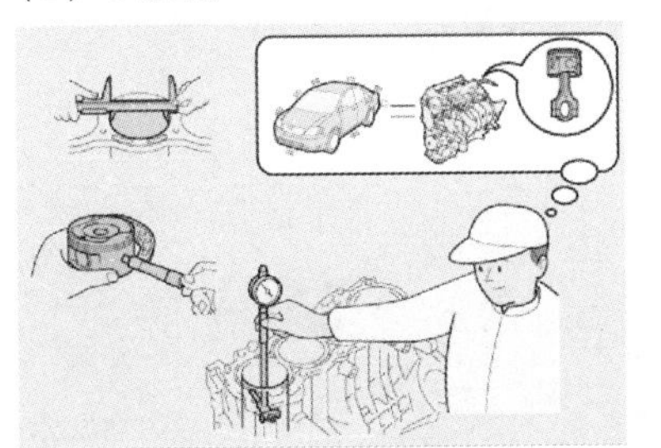

测量的项目是什么？如何操作？

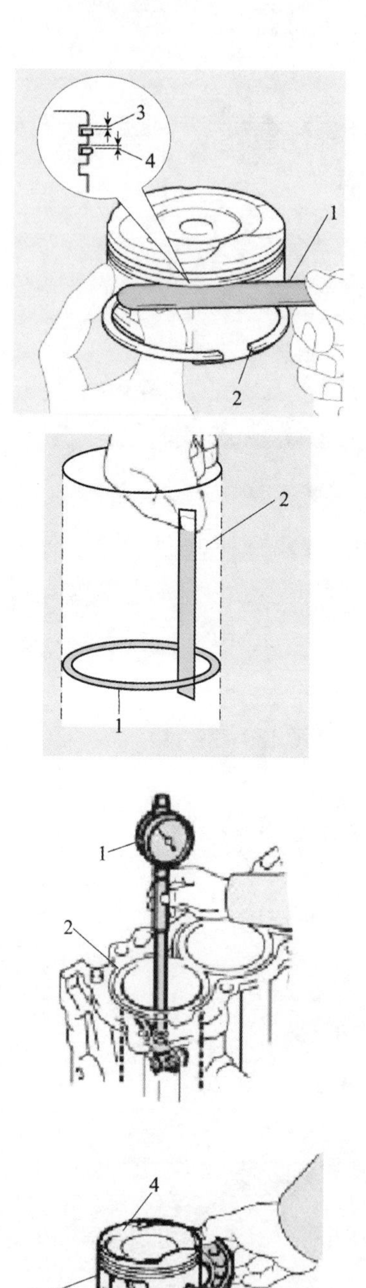

该步骤测量哪里的间隙？

测量结果：

1. __________ 2. __________

3. __________ 4. __________

该步骤测量哪里的间隙？

测量结果：

1. __________ 2. __________

1 和 2 分别是什么？如何使用？

3 与 4 分别是什么？

该步骤测量哪里的间隙？

测量值：

1. __________ 2. __________ 3. __________

5．曲轴检测。

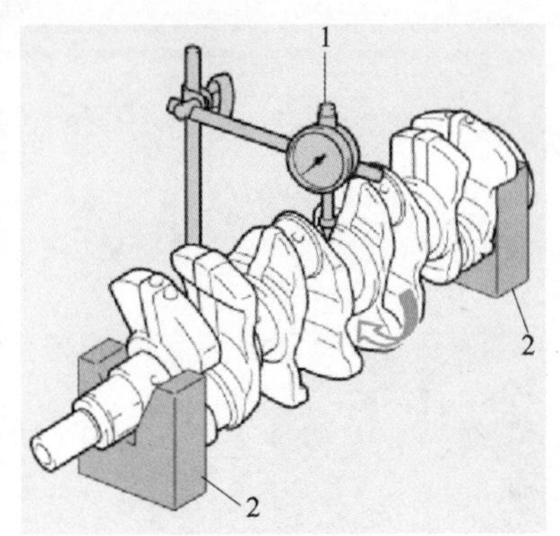

该测量项目是什么？“1”和“2”分别代表什么？

“1”如何使用？

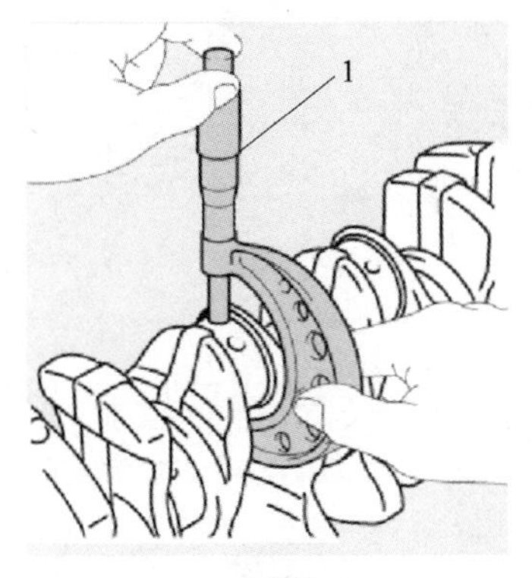

该测量项目是什么？

测量值：1. ________

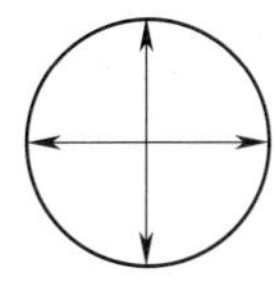

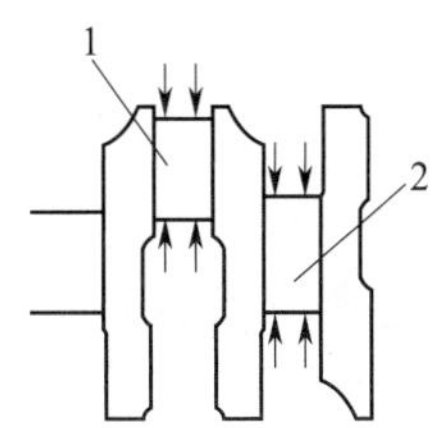

该测量位置在哪里？

测量值：

1. ________ 2. ________

6．收拾工量具和设备，清洁现场。

7．总结与思考。

（1）曲轴连杆机构各零件配合副表面会随着汽车行驶里程的增加产生磨损，使配合间隙增大而出现故障。轻则会有各种异常响声，如活塞敲缸响、________、曲轴轴承响、________等故障现象；重则将使气缸的缸壁间隙变大、________、压力降低，严重影响发动机的________和经济性。

（2）认识几种常用的多缸发动机曲拐布置和点火顺序。

1）下表四冲程直列四缸机的点火顺序是：________________。

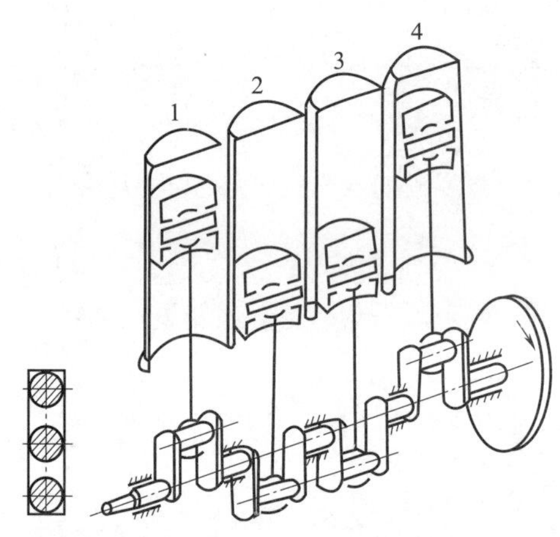

曲轴转角	180°	360°	540°	720°	曲轴转角	180°	360°	540°	720°
第一缸	功	排	进	压	第一缸	功	排	进	压
第二缸	压	功	排	进	第二缸	排	进	压	功
第三缸	排	进	压	功	第三缸	压	功	排	进
第四缸	进	压	功	排	第四缸	进	压	功	排

2）下表四冲程直列六缸机工作顺序是：________________。

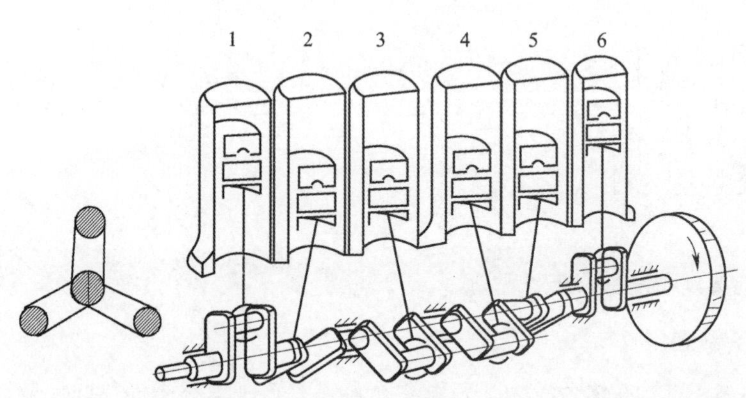

<table>
<tr><th colspan="2">曲轴转角/°</th><th>一</th><th>二</th><th>三</th><th>四</th><th>五</th><th>六</th></tr>
<tr><td rowspan="3">0～180</td><td>0～60</td><td rowspan="3">功</td><td rowspan="2">排</td><td>进</td><td>功</td><td rowspan="2">压</td><td rowspan="3">进</td></tr>
<tr><td>60～120</td><td rowspan="3">压</td><td rowspan="3">排</td></tr>
<tr><td>120～180</td><td rowspan="2">进</td><td rowspan="3">功</td></tr>
<tr><td rowspan="3">180～360</td><td>180～240</td><td rowspan="3">排</td><td rowspan="3">压</td></tr>
<tr><td>240～300</td><td rowspan="2">压</td><td rowspan="3">功</td><td rowspan="3">进</td></tr>
<tr><td>300～360</td><td rowspan="3">排</td></tr>
<tr><td rowspan="3">360～540</td><td>360～420</td><td rowspan="3">进</td><td rowspan="2">功</td><td rowspan="3">功</td></tr>
<tr><td>420～480</td><td rowspan="3">排</td><td rowspan="3">压</td></tr>
<tr><td>480～540</td><td rowspan="4">排</td><td rowspan="3">进</td></tr>
<tr><td rowspan="3">540～720</td><td>540～600</td><td rowspan="3">压</td><td rowspan="3">排</td></tr>
<tr><td>600～660</td><td rowspan="2">进</td><td rowspan="2">功</td></tr>
<tr><td>660～720</td><td>压</td></tr>
</table>

学习活动5　曲柄连杆机构的装配

学习目标

1. 能对照曲柄连杆机构介绍各部件的名称及作用。
2. 能正确选择并使用工量具及设备。
3. 能根据维修手册要求，在规定时间内与组员共同执行曲柄连杆机构装配，并对相关零部件进行标记，同时在作业过程中遵守安全操作规范。
4. 能完成曲柄连杆机构各部件的清洗和润滑工作。
5. 能在作业过程中实施自我检查，做好过程记录。
6. 能按要求整理零部件，做好5S管理。
7. 能对相关资料、互联网资源进行检索，完成工作页的填写。

建议学时：14学时

学习准备

维修手册、发动机及翻转架、工具、设备等。

学习过程

在分解完发动机后，进行必要的测量以确定哪些零部件需要更换，哪些零部件需要维修。在所需配件齐全的情况下，开始进行装配工作。

1. 清洁及修理包的认识。

清洁缸体。

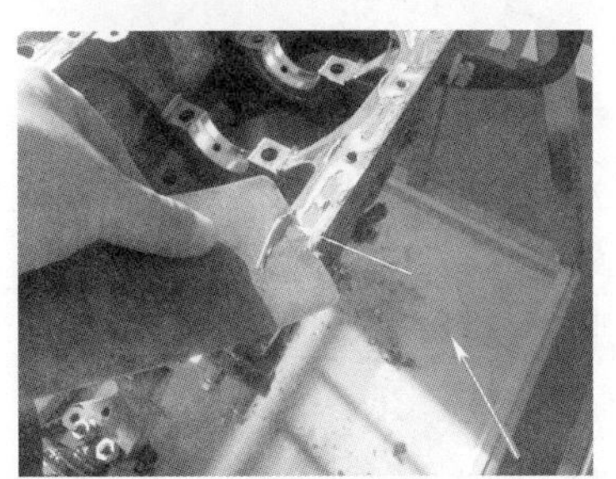

常用的清洁工具有：____________________

____

修理包各部件认知。

1. ______________________
2. ______________________
3. ______________________
4. ______________________
5. ______________________

常用的清洁设备有哪些？

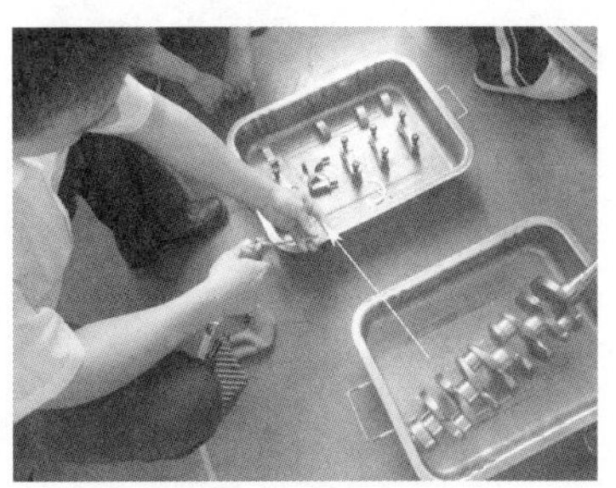

左图所示是对________________进行清洁。

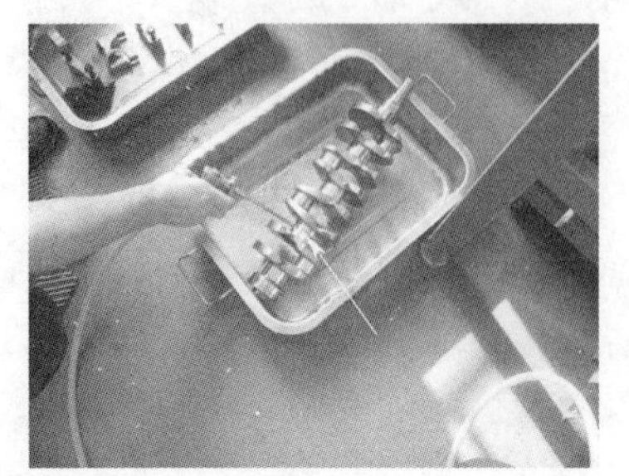

左图所示是对________________进行清洁。

2. 安装曲轴。

左图中使用________________工具。

安装前应对接触部位进行____________。

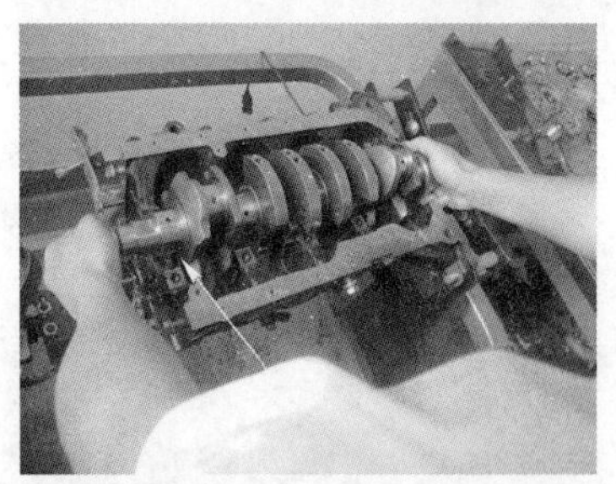

安放曲轴并______________________。

应对接触部位进行________________。

注意________________记号。

拧紧轴承用到哪些工具?

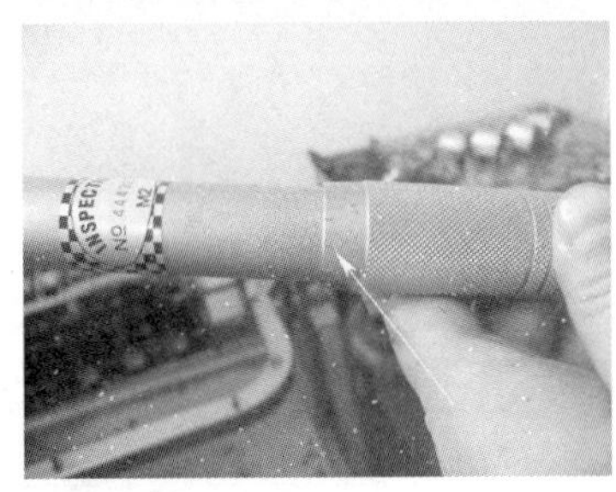

注意使用的力矩为______________。

发力时应注意什么?

3．活塞连杆组的清洁与安装。

应重点清洁哪些部位?

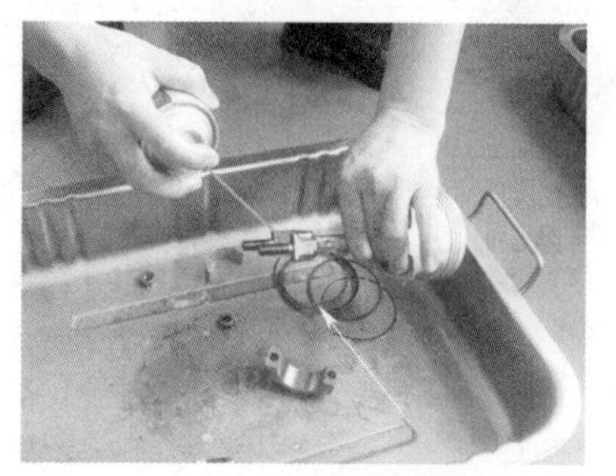

应重点清洁哪些部位?

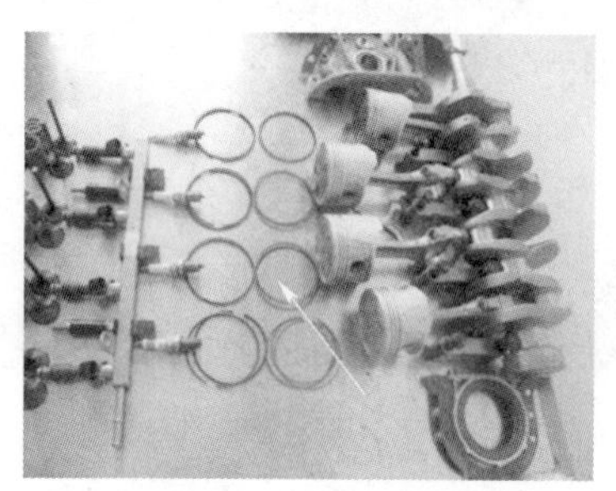

活塞及活塞环的准备应注意什么?

安装______________。

安装活塞环使用________________工具。

安装活塞环的顺序是什么?

检查活塞环的顺序是否正确。

检查结果：____________________

4. 活塞连杆组的安装。

向哪里加润滑油?

向哪里加润滑油?

向哪里加润滑油?

向哪里加润滑油?

安装前需要注意哪些问题?

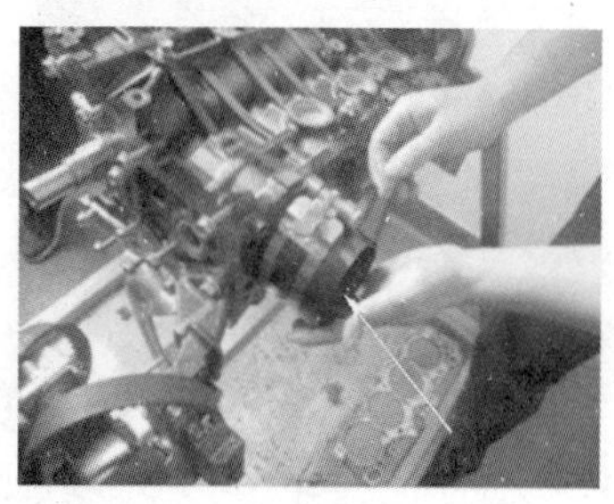

使用什么工具进行安装?

安装时需要注意哪些问题?

使用什么工具进行辅助安装?

安装需要注意哪些问题?

扭紧力矩是多少?

5. 收拾工量具和设备，清洁现场。

6. 总结与思考。

(1) 安装曲轴过程中，为什么特别要注意油膜间隙? 如果曲轴安装后转动很费力，说明出现了什么问题?

(2) 怎样测量曲轴轴向间隙? 轴向间隙过大或过小有何影响?

(3) 活塞环的种类有哪些? 安装时应注意什么?

学习活动 6　气缸盖的装配

学习目标

1. 能对照发动机介绍配气机构各部件的名称及作用。

2. 能正确选择并使用工量具及设备。

3. 能根据维修手册要求，在规定时间内与组员共同执行气缸盖的装配，掌握安装前的各项准备事项，同时在作业过程中遵守安全操作规范。

4. 能在作业过程中实施自我检查，做好过程记录。

5. 能按要求整理零部件，做好 5S 管理。

6. 能对相关资料、互联网资源进行检索，完成工作页的填写。

建议学时：16 学时

学习准备

维修手册、发动机及翻转架、工具、设备等。

学习过程

1. 在气缸体上安装新的气缸垫。安装时应注意________________。

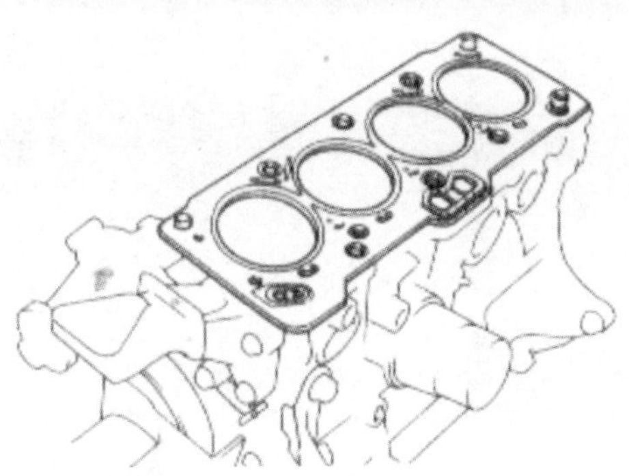

2. 安装气缸盖总成。

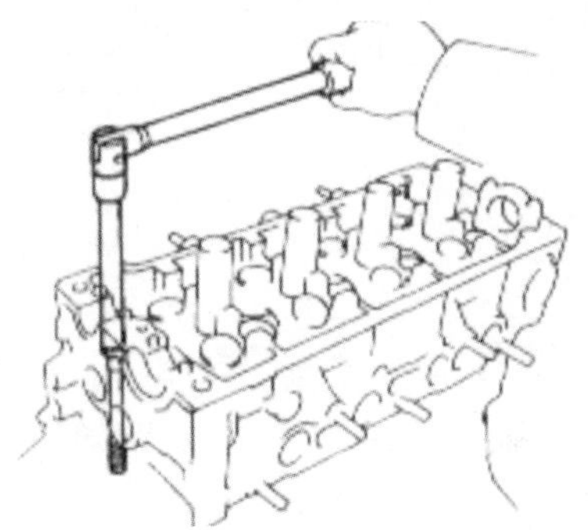

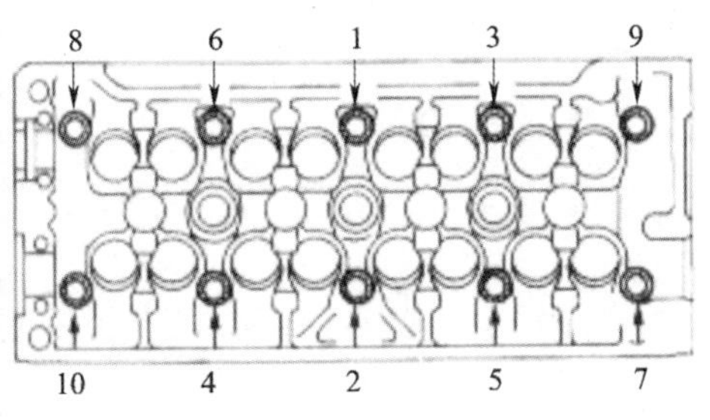

气缸盖螺栓分两步拧紧。

（1）在气缸盖螺栓的螺纹和螺栓头涂一薄层机油。

（2）按照图示顺序分次拧紧 10 个气缸盖螺栓。

扭矩：________________________________

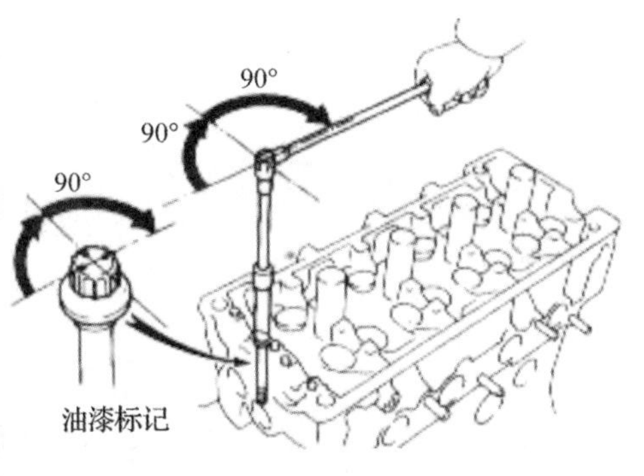

（3）用油漆在气缸盖螺栓的前面作标记。

（4）按顺序号再将气缸盖螺栓拧紧 180°。

（5）检查标记转过 90°。

3. 安装机油泵端盖及曲轴前、后油封。

装配后油封前需要注意哪些问题?

更换________，拧回各螺栓。

使用六角套筒、短接杆、棘轮扳手安装________个 M12 螺栓。

4. 安装机油尺套管、水泵及水管接头。

安装________总成，更换________垫片，更换________胶圈，把所有螺栓拧回原位。

使用六角套筒、12 号梅花扳手安装正面________个 M12 螺栓。

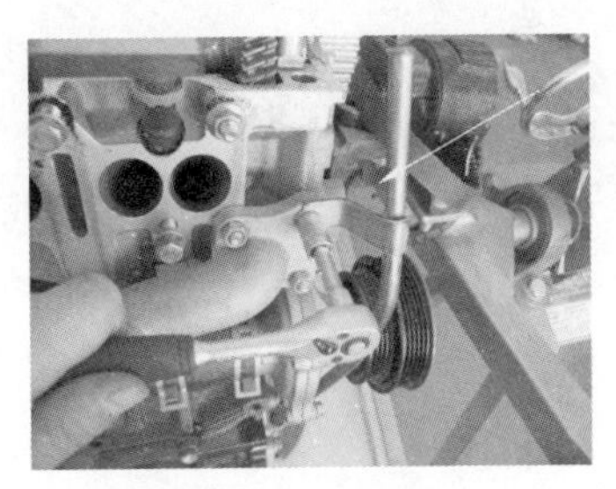

油尺套管由 1 个________号螺栓固定，安装水套管，拧回螺栓。

5. 安装正时皮带。

安装________（带螺栓），________皮带轮（正反面）。

安装正时皮带需要注意哪些问题?

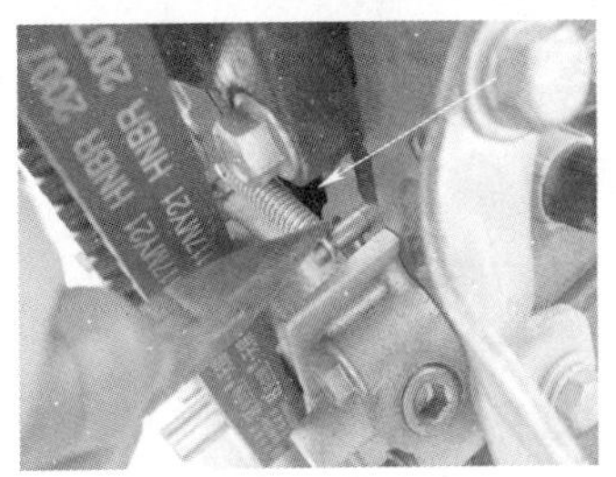

安装弹簧，使用________。

张紧轮的调整需要注意哪些问题?

6. 安装正时皮带罩。

上、中、下三层，共________个 10 号螺栓，使用小六角套筒、短接杆安装，注意防止螺母掉落。

7. 检查气门间隙。

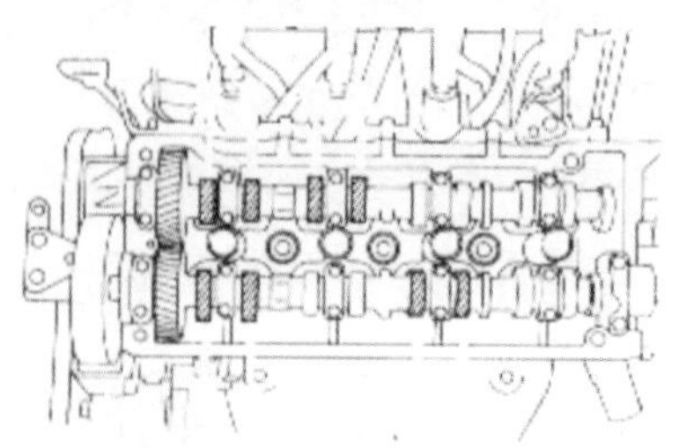

怎样检查气门间隙?

8. 调整气门间隙。

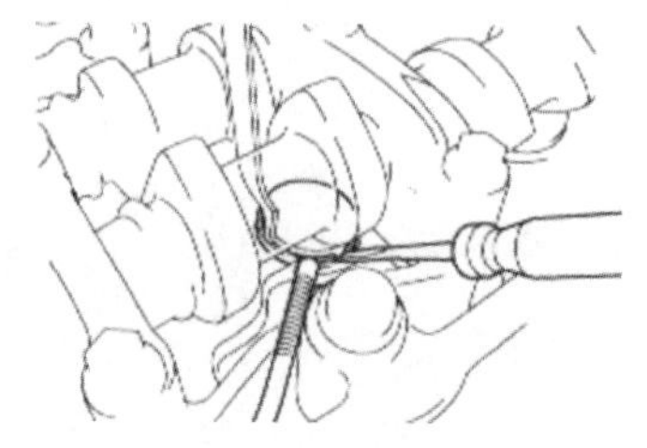

怎样调整气门间隙?

9. 安装气门盖罩。

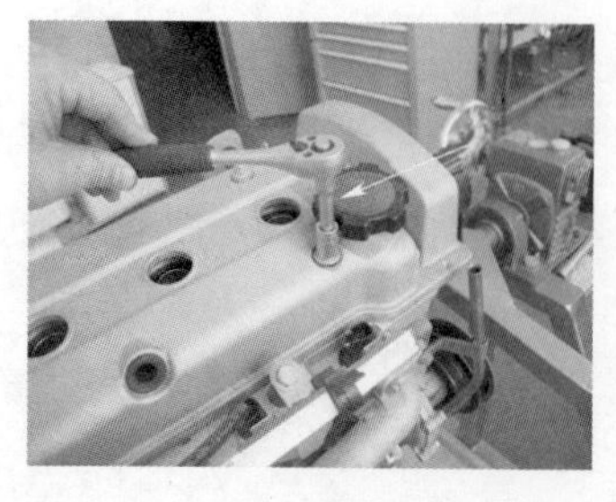

放置气门室盖罩和密封条。4 个________螺栓用小六角套筒、短接杆拧紧后确认。

10．安装飞轮。

安装正时飞轮需要注意哪些问题?

用包棉纱的木棒固定曲轴在________位置。目的是什么?

安放好螺栓，________拧紧。

11．安装曲轴皮带轮。

安装曲轴皮带轮需要注意哪些问题?

用________包住的木棒固定曲轴（在第一缸位置）。

使用__________号六角套筒、扭力扳手拧到__________N·m。

12．安装油底壳及机油集滤器总成。

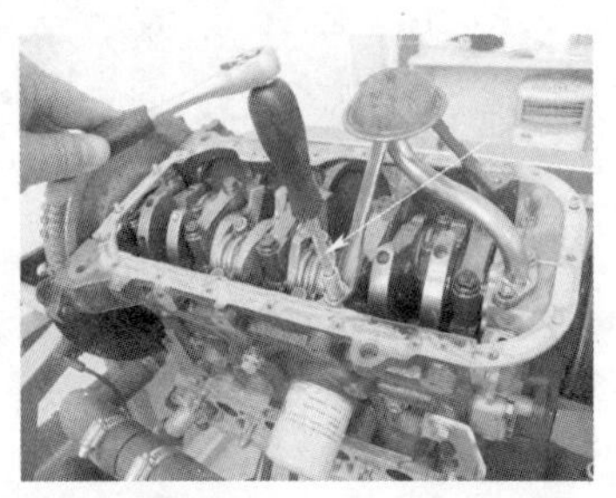

使用小套筒、接杆、棘轮安装机油粗滤器的______个 M10 螺栓。

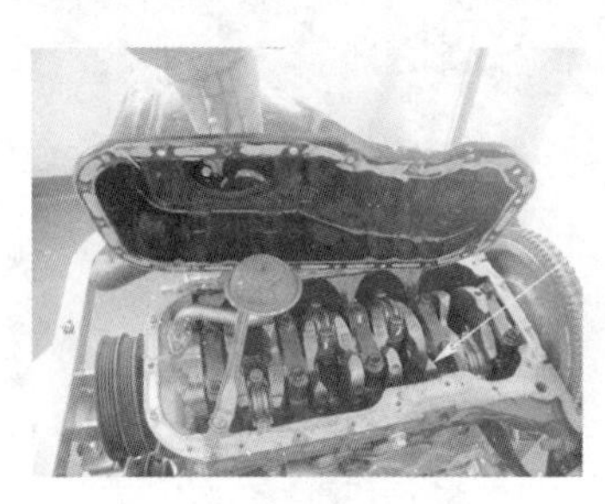

安装油底壳需要注意哪些问题?

油底壳共有螺母______个，螺栓______个。

如何安装油底壳螺栓？有无顺序要求?

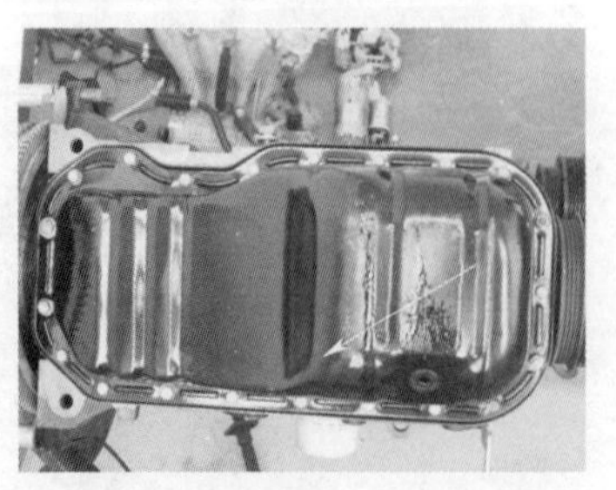

最后安装________螺栓。

13．收拾工量具和设备，清洁现场。

14．总结与思考。

（1）气缸盖螺栓如果不按顺序拧紧会有什么影响?

（2）怎样测量气门间隙？气门间隙过大或过小有何影响?

学习活动 7 发动机辅件的安装与发动机气缸压力测试

学习目标

1. 能对照发动机介绍各辅件的名称及作用。

2. 能正确选择并使用工量具及设备。

3. 能进行发动机气缸压力测试，阐述测试步骤，判断气缸压力的正确性。

4. 能根据维修手册要求，在规定时间内与组员共同执行发动机辅件安装，并对相关零部件进行测量，同时在作业过程中遵守安全操作规范。

5. 能在作业过程中实施自我检查，做好过程记录。

6. 能按要求整理零部件，做好 5S 管理。

7. 能对相关资料、互联网资源进行检索，完成工作页的填写。

建议学时：14 学时

学习准备

维修手册、发动机及翻转架、工具、设备等。

学习过程

1. 发电机的安装。

查阅相关教材及维修手册，了解发电机的安装位置，指出其正确的安装方法。准备相关的工具，进行相关辅件的装配。

发电机安装前有哪些需要注意的问题?

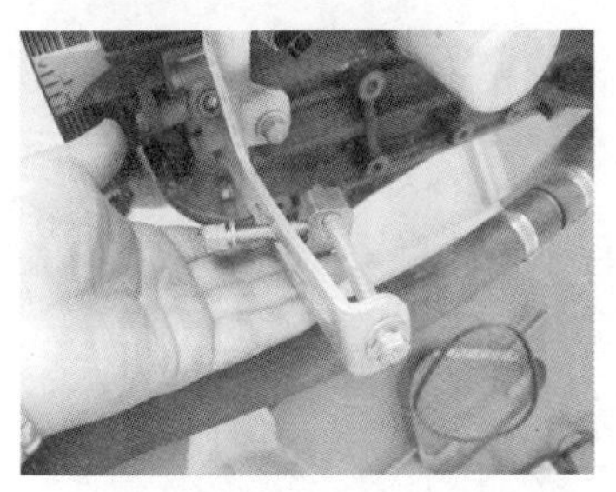

如何调整发电机皮带?

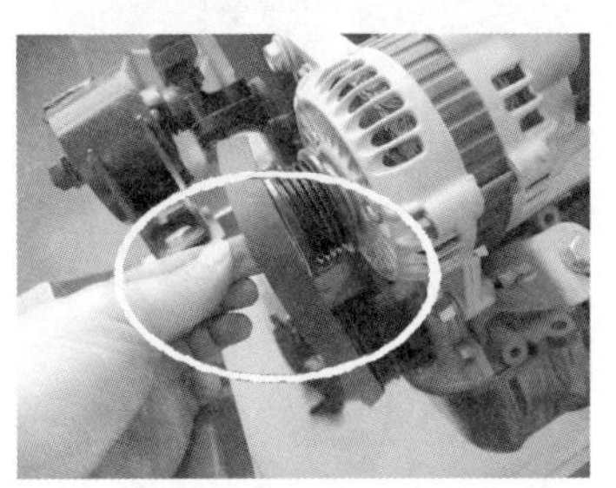

如何安装发电机皮带?

安装时，发电机能否移动或转动？有什么作用?

发电机皮带过松或过紧对发电机有何影响?

2. 发动机进气歧管的安装。

查阅相关教材及维修手册，认识发动机进、排气歧管的位置，指出其正确的安装方法。准备相关工具，进行相关零件的装配。

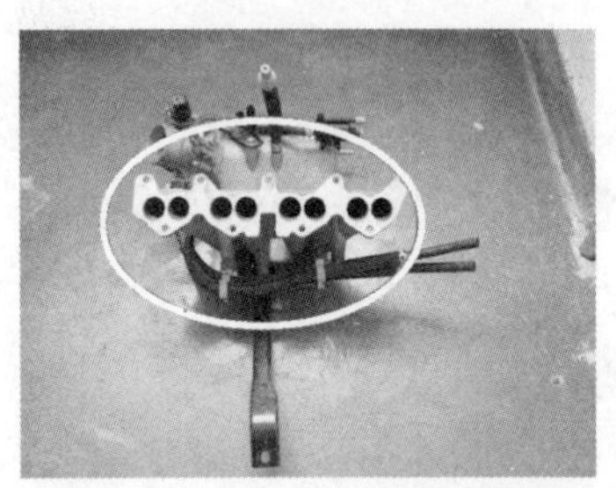

进气歧管和排气歧管在外观上有什么不同?

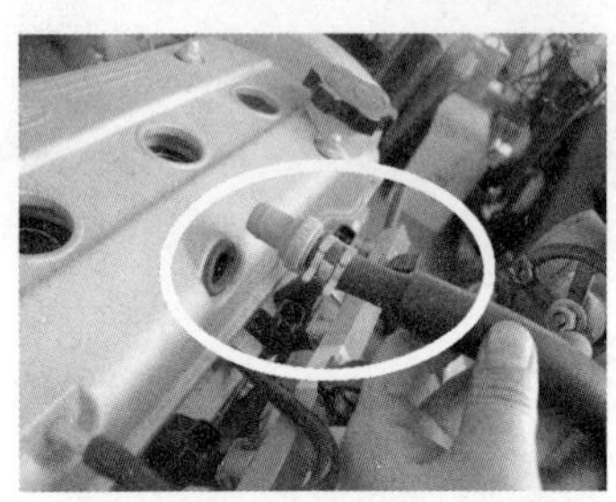

该条软管连接着哪两部分? 起什么作用?

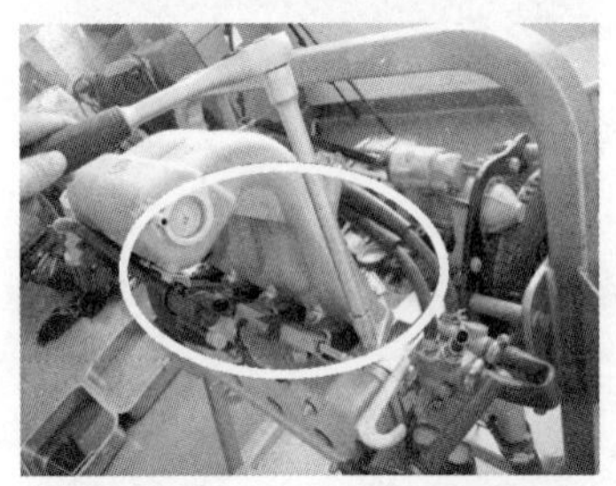

进气歧管用多少颗螺栓固定? 如何安装?

如何安装 2 个水管卡子?

该支架有什么作用?

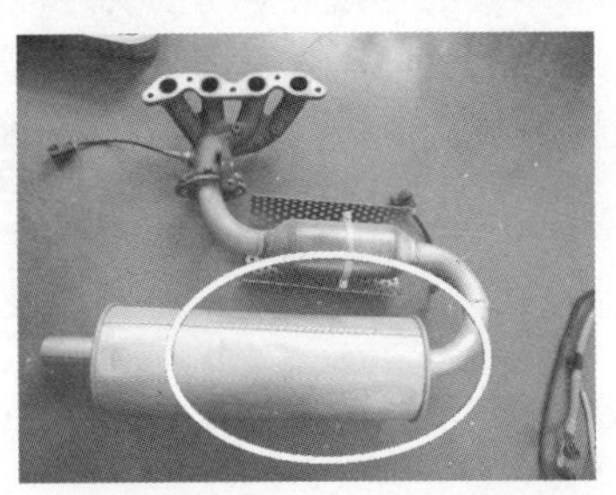

为什么排气歧管需要整体安装?

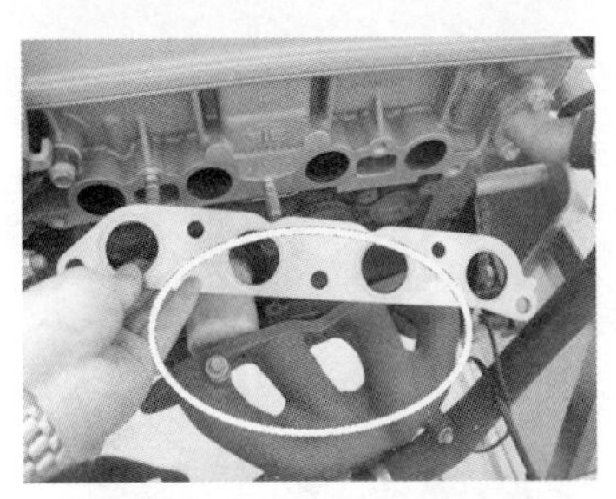

排气歧管安装前还要进行哪些操作?

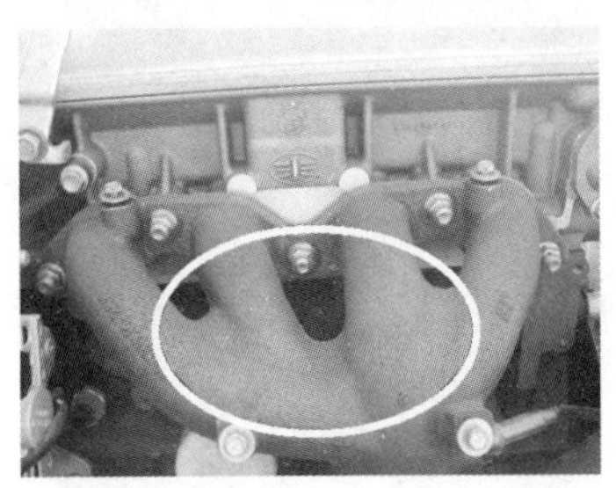

排气歧管上安装有多少颗螺栓? 如何安装?

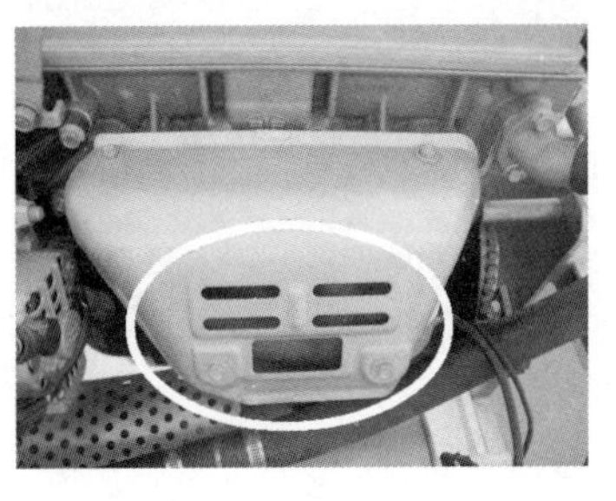

该零部件的名称是什么? 安装在什么位置?

3. 发动机各传感器和执行器的检查。

观察该图上的传感器与执行器，与你安装的情况一样吗? 记录检查结果。

4．发动机气缸压力测试。

查阅相关教材及维修手册，了解气缸工作的正常压力，学习气缸压力的测试方法，并进行测试。

压力测试前需要做哪些准备?

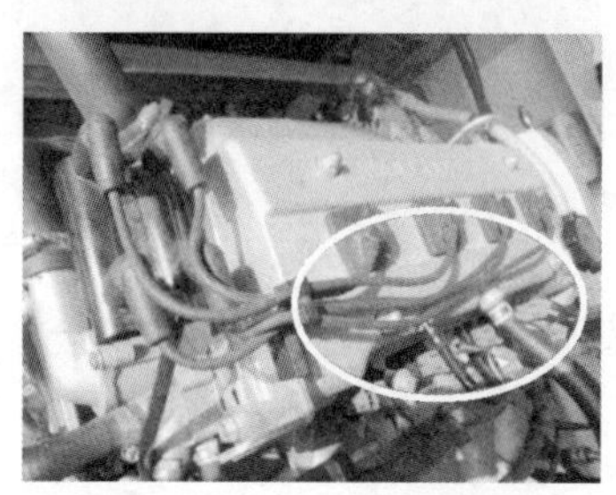

拆下________个火花塞。

断开________个喷油器连接器。

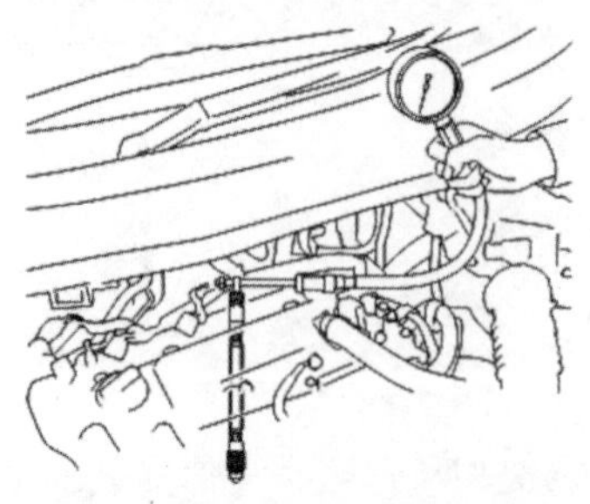

压力测试:

（1）将压力表插入________。

（2）节气门________开。

（3）发动机________时，测量压缩压力。

总结：测试得到的压力值是否正常？原因是什么？测试完成后应完成什么操作?

5. 收拾工量具，清洁现场。

6. 总结与思考。

（1）描述一次完整的汽车发动机拆卸过程。

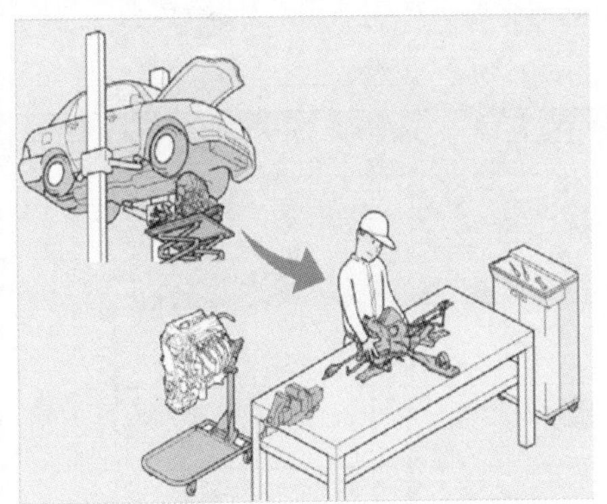

详细描述汽车发动机的整个拆卸过程以及发动机在拆卸过程中需要注意的事项。

将相关工作流程记录在白纸上，与组员进行讨论，相互评价。总结工作过程的学习心得。

（2）描述一次完整的汽车发动机装配过程。

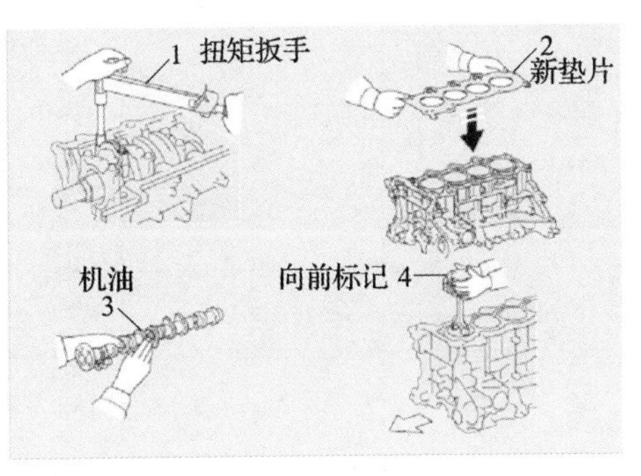

详细描述汽车发动机的整个装配过程以及发动机在装配过程中需要注意的事项。

将相关工作流程记录在白纸上，与组员进行讨论，相互评价。总结工作过程的学习心得。

活动评价表

学习任务一评价表

班级：__________ 姓名：__________ 学号：__________

项目	自我评价			小组评价			教师评价		
	10～9	8～6	5～1	10～9	8～6	5～1	10～9	8～6	5～1
	占总评 10%			占总评 30%			占总评 60%		
学习活动 1									
学习活动 2									
学习活动 3									
学习活动 4									
学习活动 5									
学习活动 6									
学习活动 7									
协作精神									
纪律观念									
表达能力									
工作态度									
安全意识									
任务总体表现									
小计									
总评									

任课教师：________ 年 月 日

学习任务二　发动机故障灯亮的拆检

学习目标

1. 能通过与客户交流、查阅相关维修技术资料等方式获取车辆信息。

2. 能根据任务制定出正确的维修计划。

3. 能根据维修计划，选择正确的检测和诊断设备对电控燃油喷射系统进行检修。

4. 能绘制控制原理图，并能叙述控制原理。

5. 能使用万用表、故障诊断仪等常用检测和诊断设备对电控系统的传感器、执行器进行检测。

6. 能拆绘独立系统的电路图。

7. 能正确记录、分析各种检测结果，并做出判断。

8. 能按照操作规范更换传感器和执行器。

9. 能根据环保要求，正确处理对环境和人体有害的辅料、废气和损坏零部件等。

建议学时

60 学时

工作情境描述

一辆已行驶了 2 万公里的宝来轿车，车主在行驶中发现发动机的故障指示灯总是点亮。车主到 4S 店进行检修。经过技术人员的检查，初步判断是电控系统故障。作为维修人员，现需对相关零部件进行拆检，完成电控系统各零部件的检查与更换。作业完成后交付技术员验收。

工作流程与活动

1. 电控发动机故障码的读取与清除
2. 对照车辆说出传感器、执行器的名称和作用
3. 空气流量计和进气压力传感器的拆检
4. 曲轴/凸轮轴位置传感器的拆检
5. 节气门位置传感器、进气温度传感器和冷却液温度传感器的拆检
6. 氧传感器和爆震传感器的拆检
7. 怠速控制阀的拆检
8. 传感器的更换与电控系统电路图的拆绘

学习活动 1　电控发动机故障码的读取与清除

学习目标

1. 能根据工作任务需要查阅任务书和维修手册。

2. 能根据维修计划，选择正确的检测和诊断设备对维修车辆的电控燃油喷射系统进行检测。

3. 能正确使用诊断仪，读取故障码，解释故障码的含义和检修流程，对照车辆找出故障码所示的传感器或执行器。

4. 能进行车辆相关信息和数据的收集。

5. 能在诊断后清除故障码。

建议学时：4 学时

学习准备

维修手册、万用表、诊断仪、诊断仪使用说明书、车辆等。

学习过程

分析：发动机的故障指示灯点亮，说明发动机的电控系统存在故障。要找出故障，首先要用诊断仪对车辆进行检测，读取故障码；查阅维修手册，确定检修流程，对故障进行检修；检修后进行性能检验，确认故障已排除。

1. 在汽车仪表盘上观察发动机故障指示灯是否点亮，并在下图右侧画出发动机故障灯的图形。

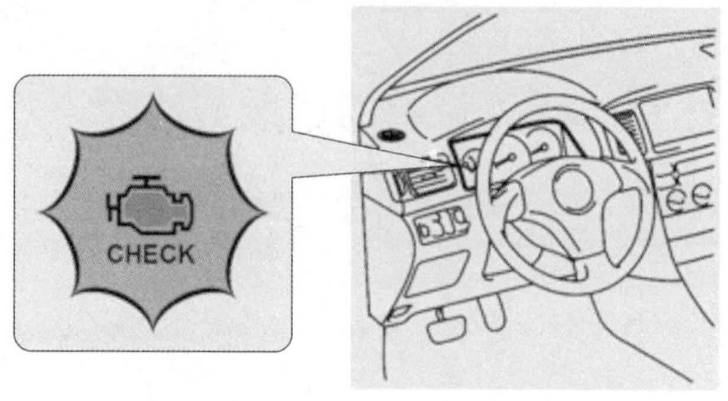

2. 认识诊断仪，阅读诊断仪使用说明书。

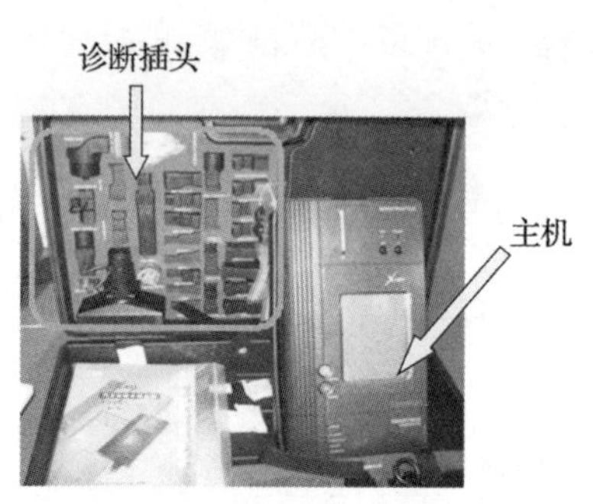

元征 X431 诊断仪

元征 X431 诊断仪操作界面

(1) 诊断仪的功能有__________________________。

①读取故障码 ②清除故障码 ③读取发动机动态数据流 ④示波

⑤元件动作测试 ⑥匹配、设定和编码 ⑦英汉辞典、计算器及其他辅助功能

(2) 检测时要根据不同车型选用不同的诊断插头，然后在屏幕上选择要测试的车型和项目，填写下表。

车型代号	车型品牌	诊 断 插 头
AUDI - 4	奥迪	
中华轿车 - 16	中华	

续表

车型代号	车型品牌	诊断插头
[HAIMA－17]		
[SMART OBDII－16]		
[BENZ－38]		
[BMW－20]		
[吉利－22]		

续表

车型代号	车型品牌	诊 断 插 头
[TOYOTA－16]		
[HONDA－5]		
[GM/VAZ－12]		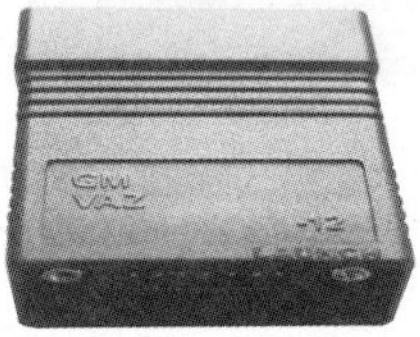

3．在车辆或实验台架上找到诊断插头，并与诊断仪连接好。

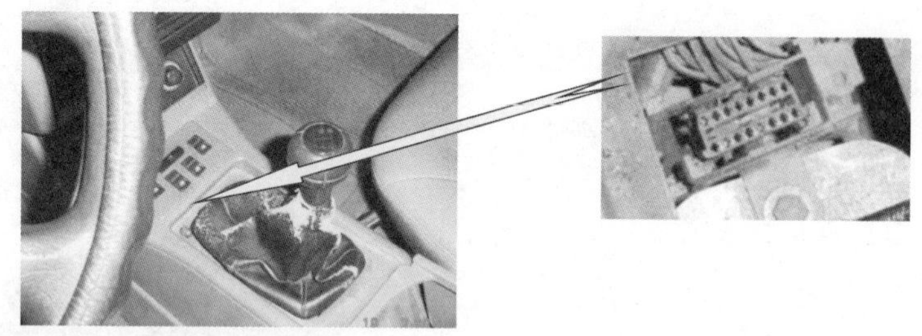

上海大众桑塔纳2000，变速杆防尘罩下，16 PIN，选用［SMART OBD II－16］测试接头

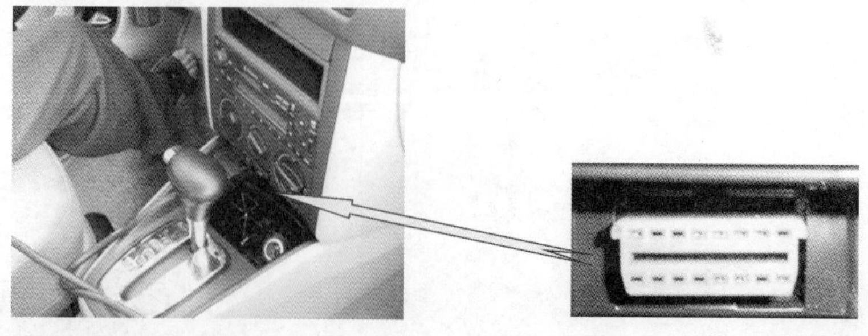

一汽大众宝来1.8，中控台下方或仪表板下侧，16 PIN，选用［SMART OBD II－16］测试接头

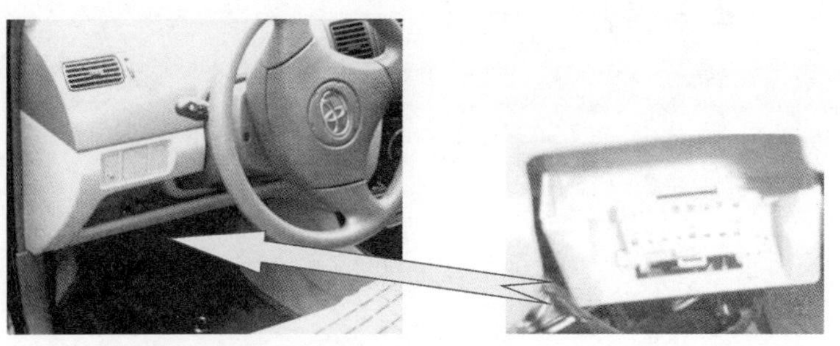

天津威驰，仪表板下侧，16 PIN，选用［SMART OBD II－16］测试接头

北京现代索纳塔，仪表板下侧，16 PIN，选用［SMART OBD II－16］测试接头

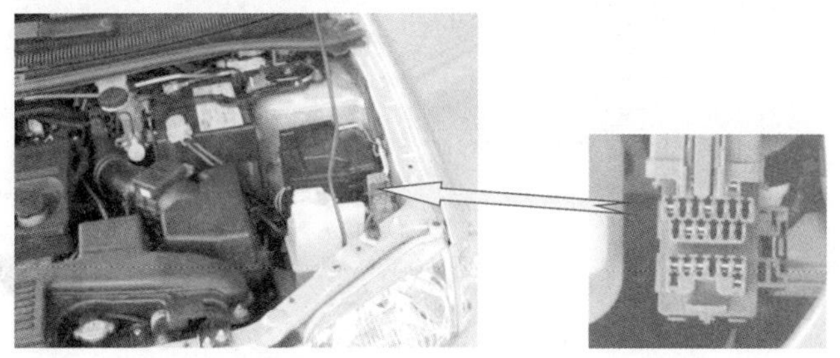

海南马自达普利马，发动机室左前侧，17 PIN，选用［海南马自达－17F］测试接头

（1）查询并解释 OBD II－16 的含义。

（2）汽车测试插头一般设置在车身的 8 个地方，分别是哪里？

4. 选用相应的诊断接口，根据车型进入相应诊断系统；读取故障码，查看数据流；诊断维修后清除故障码。

步骤	记　　录	步骤	记　　录
（1）进入系统		（2）选择车型	
（3）选择版本		（4）选择系统	
（5）选择功能		（6）读取故障码	
（7）排除故障		（8）清除故障码	

5. 总结与思考。

（1）清除故障码的方法有哪些？哪种方法较为实用？

（2）你所用的发动机故障诊断仪如何升级？写出升级步骤。

学习活动2 对照车辆说出传感器、执行器的名称和作用

学习目标

1. 能绘制控制原理图并能叙述控制原理。

2. 能说出发动机电控系统各传感器、执行器的名称并能找出其安装位置。

3. 能叙述发动机电控系统各传感器、执行器的功能。

建议学时：6 学时

学习准备

维修手册、万用表、汽车、发动机台架、各种传感器和执行器、发动机电脑 ECU 等。

学习过程

1. 随着汽车保有量的增加，为解决安全、污染和节能这三大问题，现代汽车发动机均采用电控技术，以使发动机在各种运行工况下都能获得最佳的喷油量，以提高发动机的经济性和降低排放污染。

根据下图，在实训车辆或发动机台架上找出各传感器、执行器和 ECU 的安装位置，并以小组为单位互相介绍它们的名称及类别。

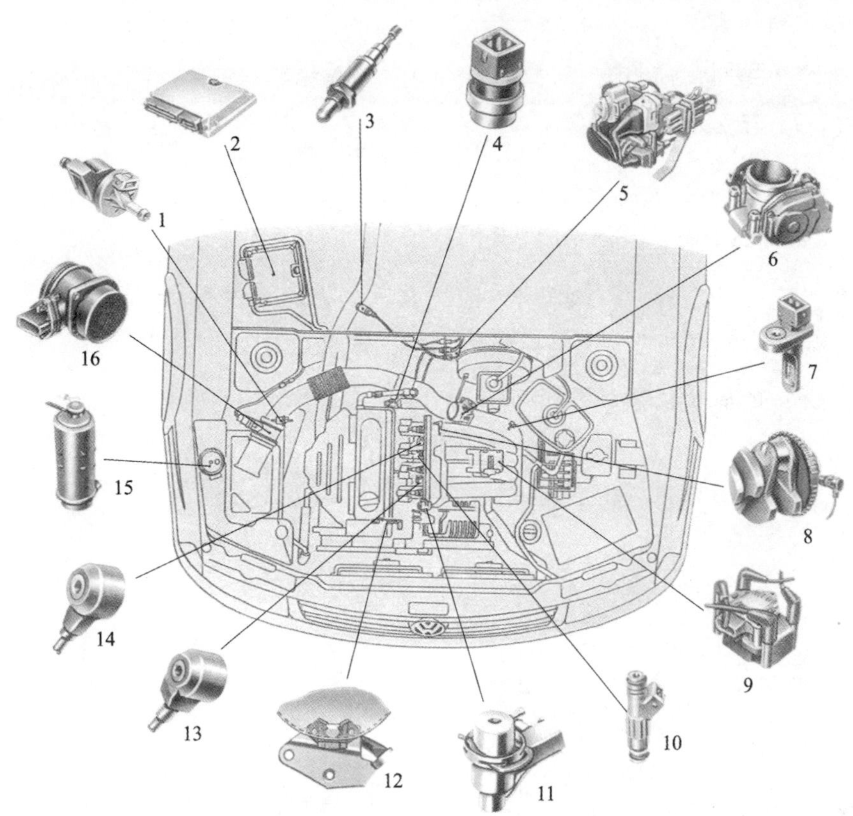

2. 梳理上图中所示的各种传感器和执行器，填写下表。

名　　称	类型	安 装 位 置
1. 活性炭罐电磁阀		
2.		
3. 氧传感器	传感器	排气总管上
4. 水温传感器		
5. 传感器插头支架		
6.		
7. 进气温度传感器		
8.		
9.		
10. 喷油器	执行器	进气歧管末端
11. 燃油压力调节器		
12. 凸轮轴位置传感器		
13. 爆震传感器		
14.		
15. 活性炭罐		
16.		

3. 查阅资料并填空。

（1）随着汽车数量与日俱增，汽车尾气对大气的污染日趋严重，各国相继制订了严格的汽车排放法规，限制尾气中________、__________和________等有害物质的排放。

（2）D－Jetronic 是____。

（3）L－Jetronic 是____。

（4）1997 年以后，内燃式汽油机已开始采用汽油____喷技术进行______燃烧，进一步降低了油耗和排放。

4. 电控系统的基本组成如下图所示，写出主要装置和元件的功能。

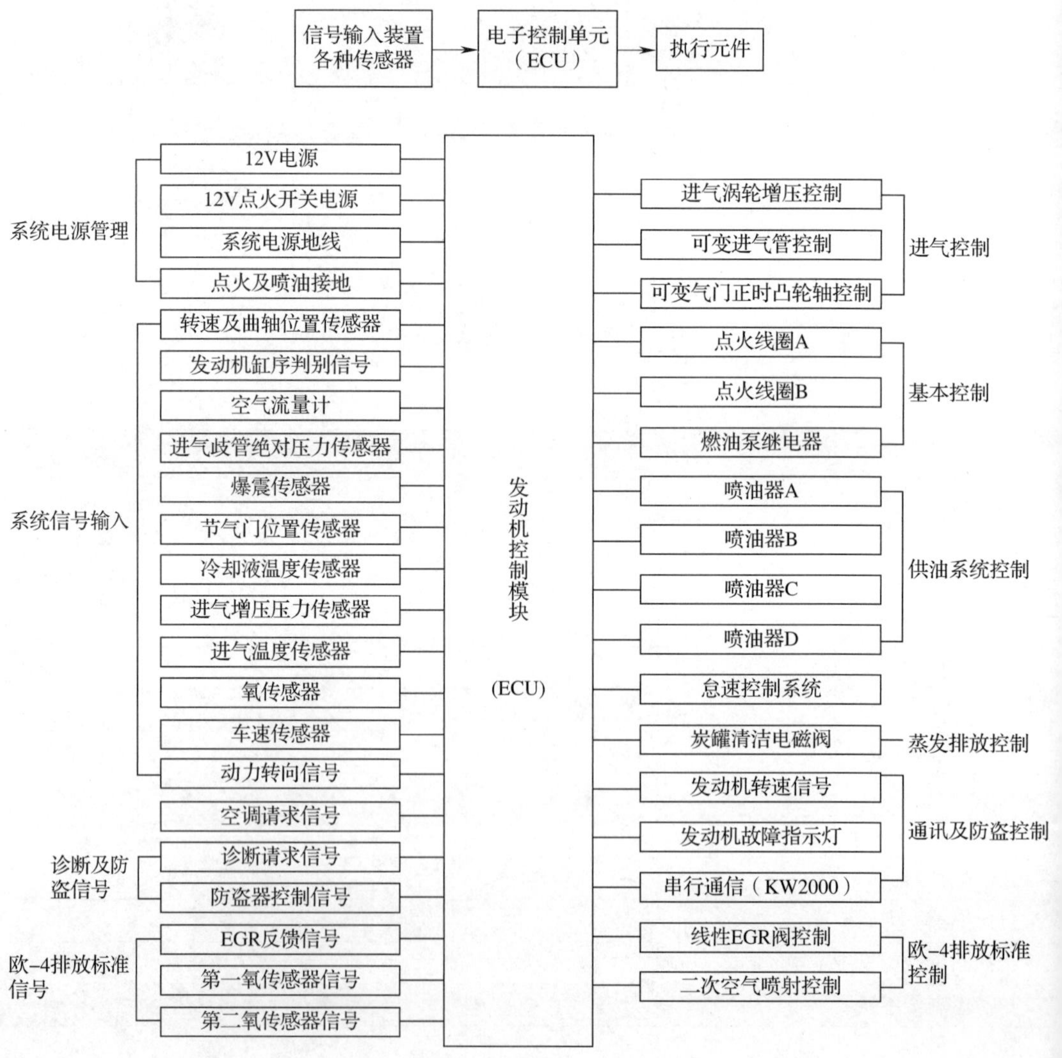

(1) 传感器（信号输入装置）：________________。

(2) ECU（电子控制单元）：________________。

(3) 执行元件：________________。

5. 查阅资料，了解各传感器的功用，并选择表后的正确内容填入到下表中。

名称	外　　形	功　　用
空气流量计		
进气绝对压力传感器		
节气门位置传感器		
凸轮轴位置传感器		
曲轴位置传感器	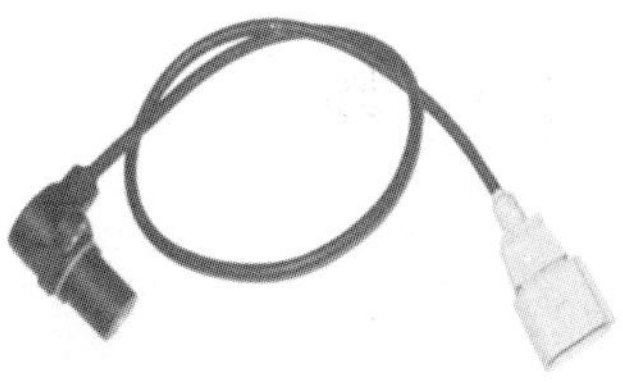	

续表

名称	外　　形	功　　用
进气温度传感器		
冷却液温度传感器		
车速传感器	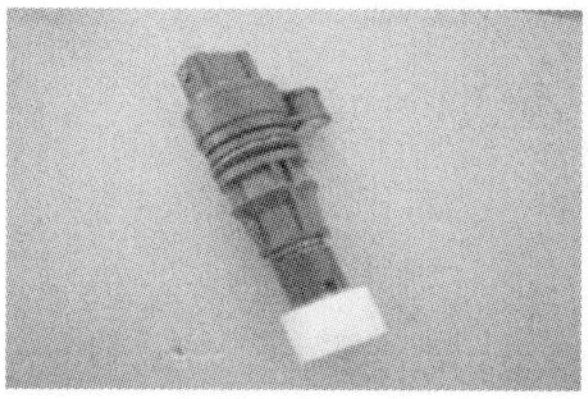	
氧传感器	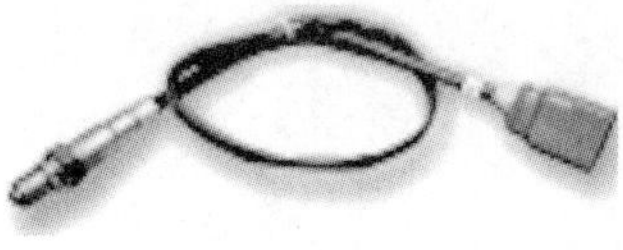	
爆震传感器	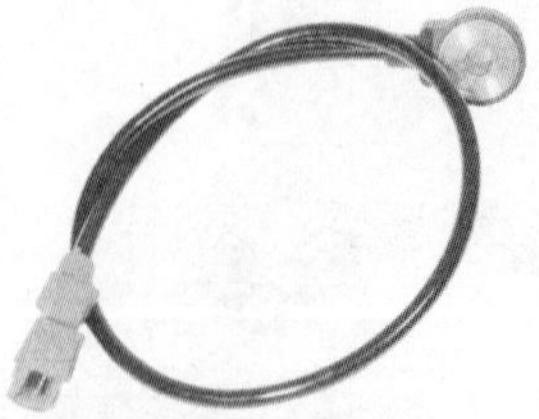	
空调开关		

续表

名称	外　形	功　用
挡位开关	空挡标记 变速器挡位开关	
起动开关		

A. 检测曲轴转角位移，给 ECU 提供发动机转速信号和曲轴转角信号，用以确定每个气缸的燃油喷射和点火正时（主信号）。

B. 提供曲轴转角基准位置信号，在起动以及曲轴转角不正常时，确定点火正时（主信号）。

C. 检测进气温度信号（修正信号）。

D. 测量进气管内气体的绝对压力，检测进气质量，将信号输入 ECU（主信号）。

E. 测量发动机的进气量，将信号输入 ECU（主信号）。

F. 检测节气门的开度及开度变化，信号输入到 ECU 计算出与进气量匹配的喷油量。

G. 检测汽油机是否爆燃及爆燃强度，ECU 根据信号调整点火提前角。

H. 检测排气中的氧含量，判断混合气的浓度，调节空燃比。

I. 检测汽车行驶速度。

J. 给 ECU 提供冷却液温度信号（修正信号）。

K. 发动机起动时，给 ECU 提供一个起动信号。

L. 自动变速器由空挡挂入其他挡时，向 ECU 输入信号。

M. 当空调开关接通，空调压缩机工作，发动机负荷加大时，由空调开关向 ECU 输入信号。

6. ECU 的结构和功能认知。

(1) 查阅资料或网络，简述电子控制单元（ECU）的功用。

电子控制器 ECU 外观图

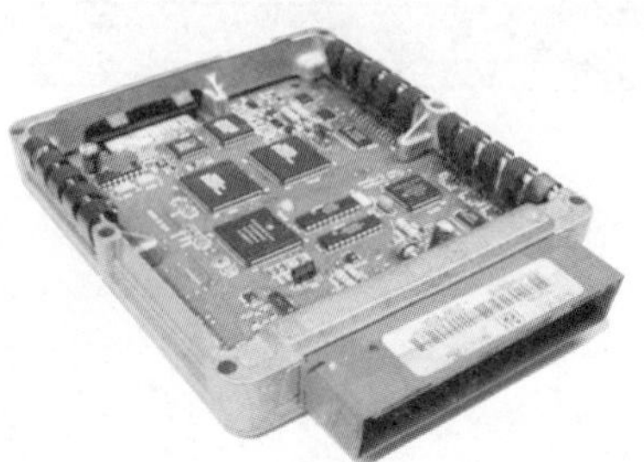
ECU 内部结构图

（2）ECU 就像一台计算机，由处理器 CPU、输入/输出接口 I/O、模数转换器 A/D、存储单元 ROM + RAM 等组成（参见下图）。查阅相关资料填充下图，并画在展板上，各组相互讲解其组成和作用。

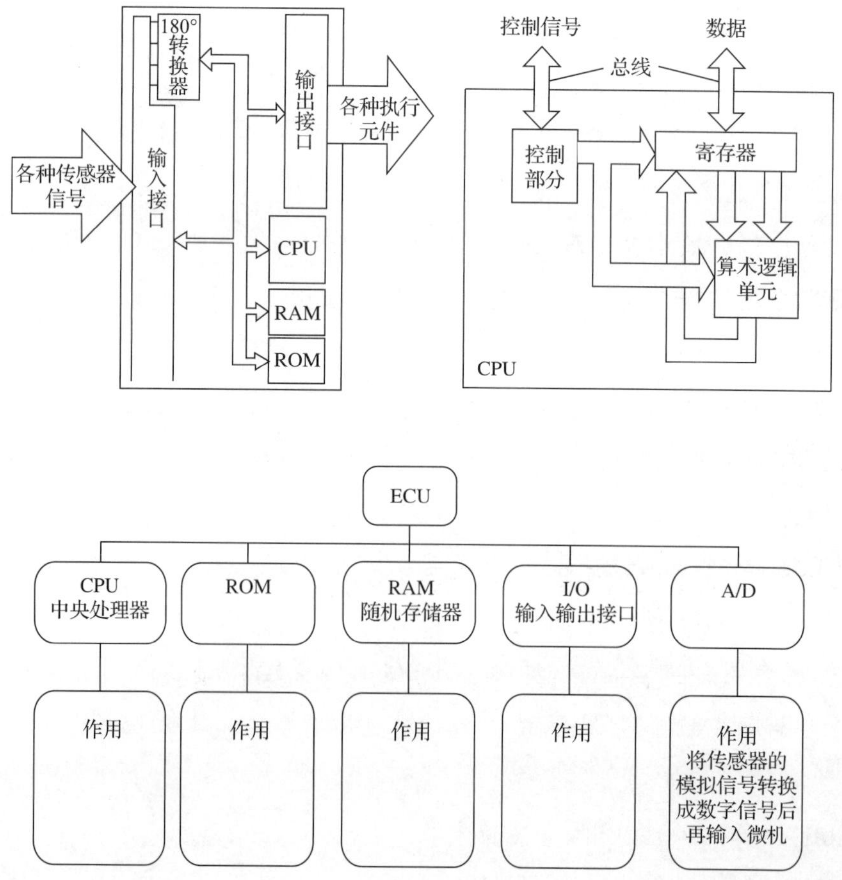

7. 数字信号和模拟信号的区别是什么？画图说明并填写下表。

数字信号的图形	模拟信号的图形
你了解的数字信号有哪些?	**你了解的模拟信号有哪些?**
模数转换器 A/D 的功能是什么?	**ECU 内如没有 A/D 转换器会怎样?**

8. 写出实训用车执行器的名称。

9. 查阅资料或网络，总结出电控系统的分类，填写下表并进行点评。

分类方式	控制过程	说明	图示	实训车类型
按喷射方式分类	同时喷射	将各气缸的喷油器并联，所有喷油器由计算机的同一个指令控制，同时喷油，同时断油	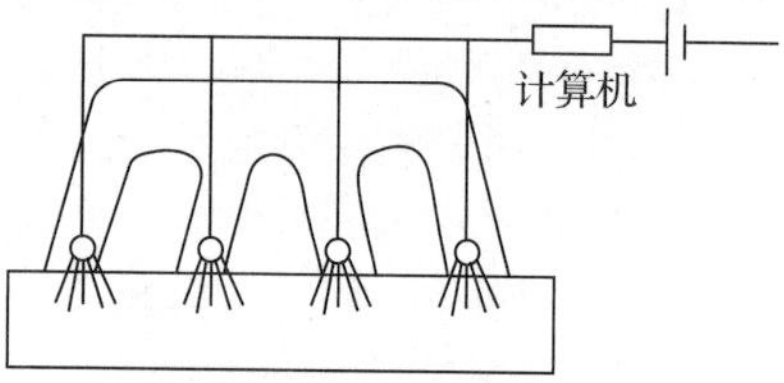	
	____喷射	将各气缸的喷油器分成几组，同一组喷油器同时喷油或断油	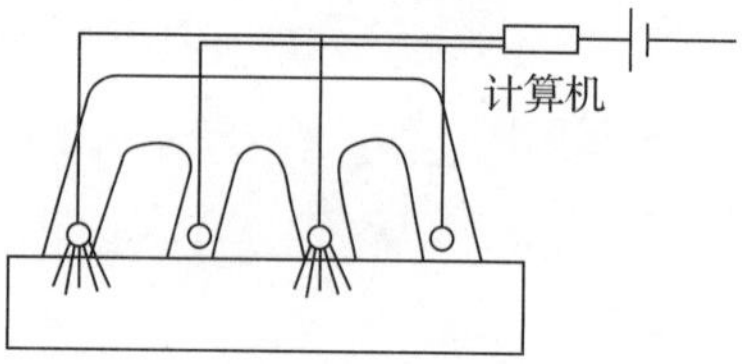	
	____喷射	喷油器由计算机分别控制，按发动机各气缸的工作顺序喷油	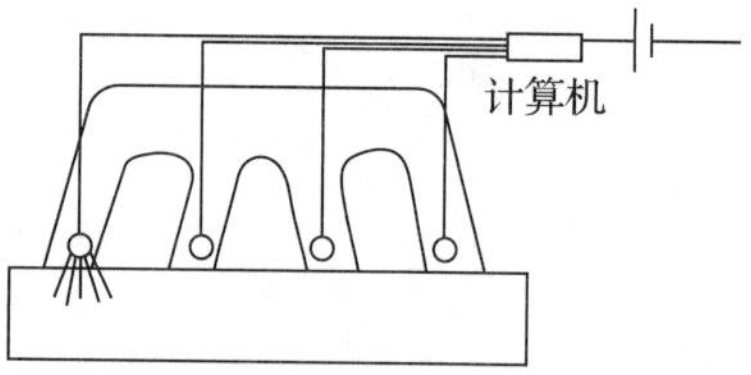	
按空气量的计量方式分类	____型	根据进气量和发动机转速确定基本喷油量（比L型更精确）	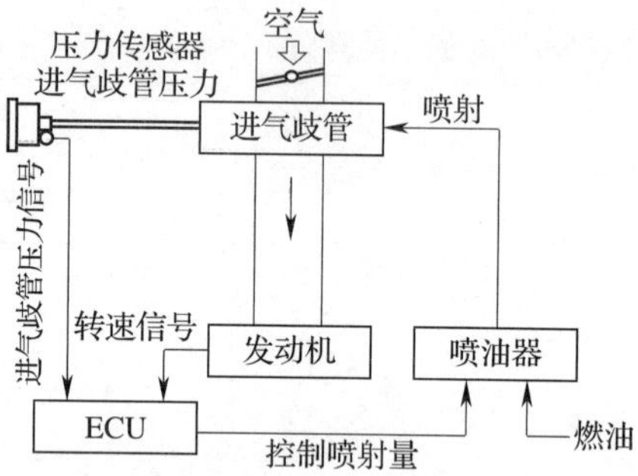	
	____型	利用空气流量计直接测量发动机的进气量，计算机不必进行推算，可根据空气流量计信号计算与该进气量相应的喷油量	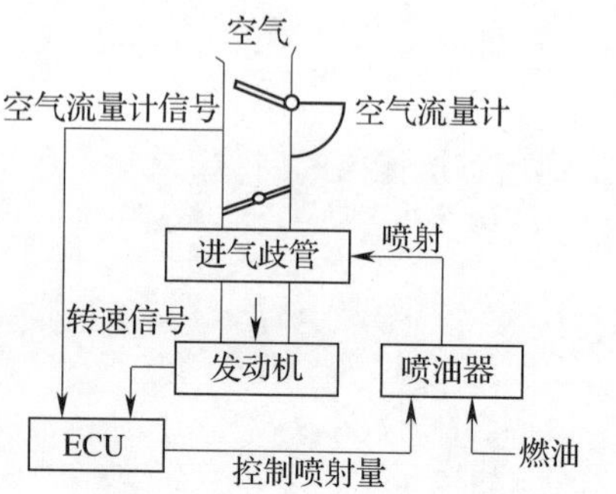	

续表

<table>
<tr><th>分类方式</th><th>控制过程</th><th>说　明</th><th>图　示</th><th>实训车类型</th></tr>
<tr><td rowspan="2">按喷射位置分类</td><td>____点喷射</td><td>每缸进气门处装有一个中央喷射装置，由ECU控制喷射。其燃油分配均匀性好，应用最广</td><td> 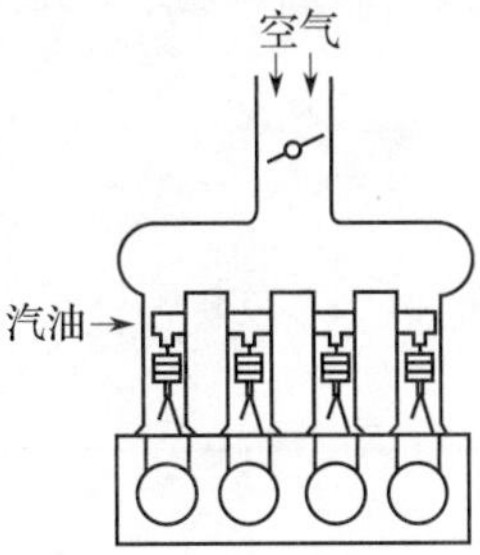空气
汽油→</td><td rowspan="3"></td></tr>
<tr><td>____点喷射</td><td>在节气门上方装一个中央喷射装置，由1～2个喷油器集中喷油，现代汽车应用较少</td><td> 喷油器
节气门位置传感器 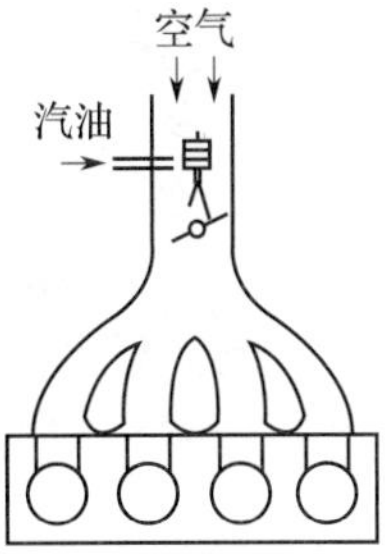
空气
汽油</td></tr>
<tr><td>按控制方式分类</td><td>____环控制</td><td>ECU根据传感器的信号对执行器进行控制，而控制结果是否达到预期目标对其控制过程没有影响</td><td>工作请求⇒系统控制⇒执行器动作⇒控制结果</td></tr>
</table>

续表

分类方式	控制过程	说　明	图　示	实训车类型
按控制方式分类	______环控制	也称为反馈控制，在开环的基础上对控制结果进行检测，并反馈给ECU，进行原先的控制修正	工作请求 → 系统控制 → 执行器动作 → 控制结果 → 误差监控 → 系统控制	

10. 总结与思考。

（1）D 型、L 型电控燃油喷射系统的区别是什么？现今，汽车中哪种类型的喷射系统应用较多？为什么？

（2）ROM 和 RAM 的区别是什么？故障码储存在什么地方？什么情况下需要清除故障码？

学习活动3　空气流量计和进气压力传感器的拆检

学习目标

1. 能叙述电的基础知识，并进行简单电路的分析。
2. 能举例说明电器元件在汽车上的应用。
3. 能找出并能拆检空气流量计和进气压力传感器。
4. 能叙述空气流量计和进气压力传感器的结构和工作原理。
5. 能绘制控制原理图，并能叙述控制原理。
6. 能拆绘空气流量计的控制原理图，并能在车上进行检测分析。

建议学时：10 学时

学习准备

维修手册、万用表、诊断仪、诊断仪使用说明书、电吹风、真空枪、车辆、发动机试验台架、各种空气流量计和进气压力传感器、发动机控制单元 ECU 等。

学习过程

一、电的基础知识

1. 生活中有哪些设备用到了电？你知道汽车维护和维修中有哪些设备用到电吗？

2. 什么是电？电可以转换成哪些形式的能量？

3. 电分为三种：静电、直流电和交流电。查阅资料填写下表，并举例说明各种不同形式的电。

电的种类	含　义	绘图说明
静电	物体表面过剩或不足的静止电荷，是正电荷和负电荷在局部范围内失去平衡的结果。静电是一种电能，它留存于物体表面	
直流电		

续表

电的种类	含　义	绘图说明
交流电		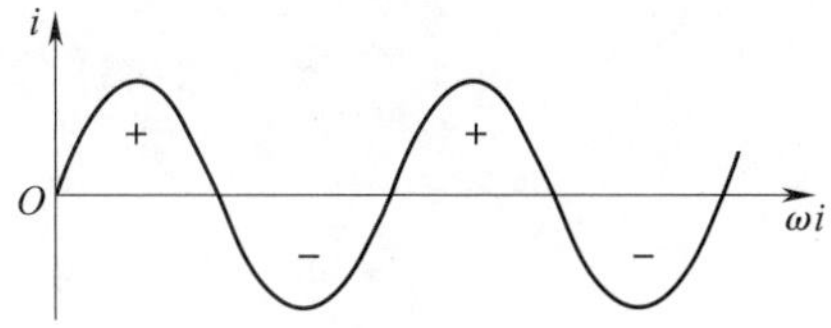 i, O, ωi, +, −, +, −

4．查阅电的基本概念并填写下表。

概念	定　义	符号	单位	绘图说明	正负规定
电流	电荷的定向运动称为电流 在金属导体中，电流是电子在外电场力作用下的定向运动而形成的	I 或 i	安培（A）	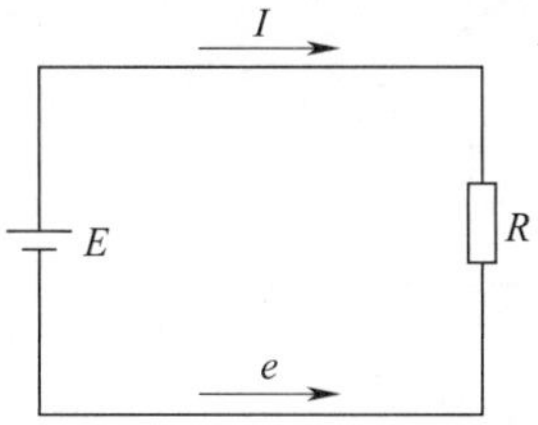 I, E, R, e	正电荷运动的方向为电流的实际方向，电流为正值；电子（负电荷）运动的方向为反方向，电流为负值
电压		U 或 u		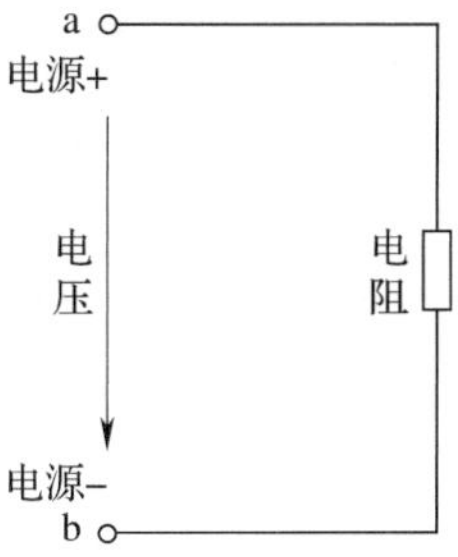 a 电源+, 电压, 电阻, 电源− b	
电位		U 或 V	伏特（V）	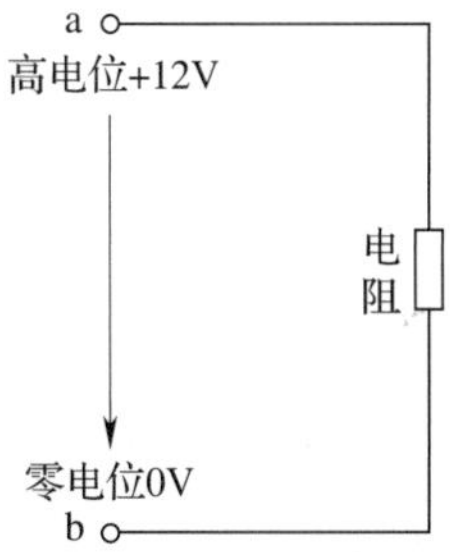 a 高电位+12V, 电阻, 零电位0V b	无方向 汽车电路中，汽车底盘、车架和发动机等金属件为参考零电位，也即通常说的“接地”或“搭铁”

续表

概念	定　义	符号	单位	绘 图 说 明	正负规定
负载				灯泡 电源 开关	
电阻	导体对电流的阻碍作用称为该导体的电阻			电阻 ____电阻	不分正负
电容		C	法拉（F）		

5. 有些特殊电阻在汽车上得到了广泛应用，查阅资料或网络，叙述压敏电阻、光敏电阻及热敏电阻在汽车上的应用，并补充填空。

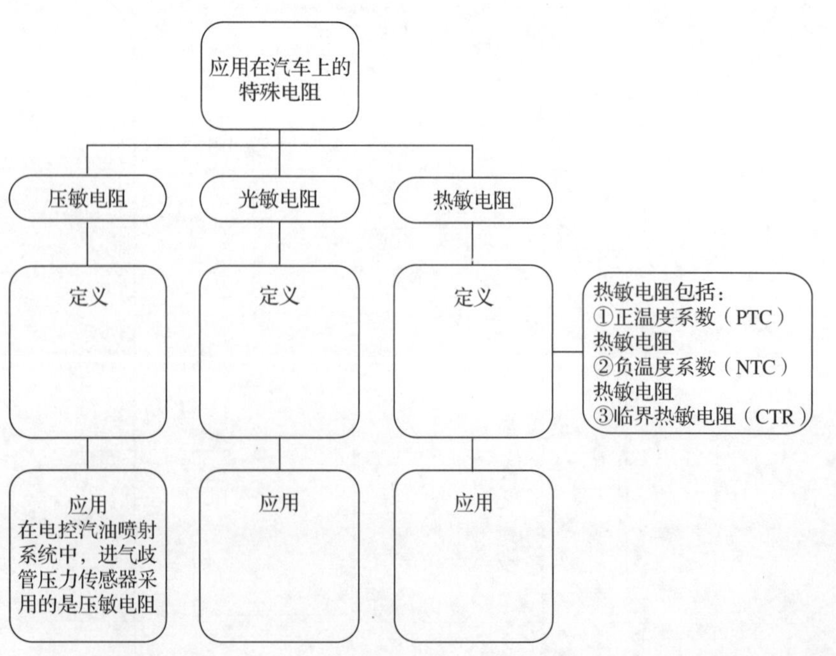

6. 电路有三种状态，选择表后的电路图填入下表中。你能结合实训车上相应电路举例说明吗？

类型	状　　态	电　路　图
通路	通路也称为回路，是指从电源的一端沿着导线经过负载最终回到电源另一端的闭合电路 回路是闭合的，形成电流，电流方向：“＋”→负载→开关→“－”	
断路	断路也称为开路。断开开关，电源构不成回路，此时电路中的电流为零	
短路	负载被导线直接短接或负载内部击穿损坏，电荷没有经过负载，直接从正极到负极，此时流过电路的电流很大 因无电阻，电流很大，产生大量热量，会致使导线外的绝缘层烧毁，严重的会使车辆失火	

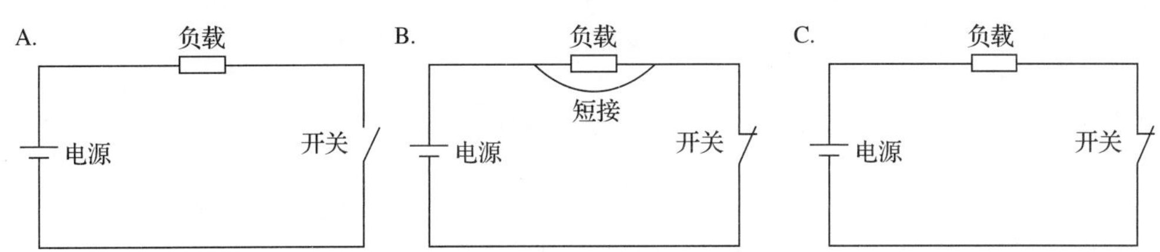

7. 理解表中左侧电路的基本定律和连接形式，完成表中右侧的练习。

基本定律和连接形式	练　　习
（1）欧姆定律 在纯电阻电路中，元件的端电压与流过该元件的电流的比是一个定值，即 $R = U/I$，这就是欧姆定律。此比值就是该元件的电阻，通常用字母 R 表示，单位是欧姆（Ω） R 电源　开关	计算：左图所示汽车电源电压 $E = 12\text{V}$，某用电设备电阻 $R = 1.2\ \text{k}\Omega$。计算通过电阻 R 的电流 I 的大小（不计电源内阻）。 解：因不计电源内阻，所以 $U = E = 12\text{V}$ 由欧姆定律 $R = U/I$，得 $I = U/R$ $= 12\ \text{V}/(1.2 \times 1\ 000)\ \Omega =$ ________安培

续表

<table>
<tr><th>基本定律和连接形式</th><th>练　习</th></tr>
<tr><td>（2）串联
两个或多个元件首尾相接在电路中，使电流只有一条通路，这种连接称为串联。如下图所示为电阻 R1、R2 的串联电路
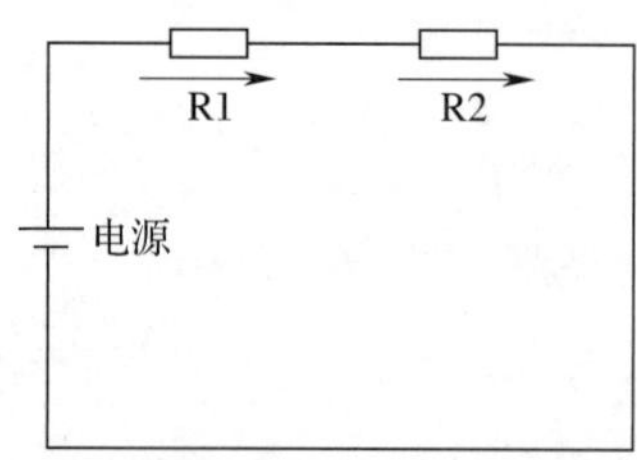

在同一串联电路中，所有元件上的电流相等。电阻 R1 的电流为 I_1，电阻 R2 的电流为 I_2……即 $I_1 = I_2 = I_3 = \cdots\cdots = I_{总}$
总电阻等于各电阻之和，即 $R_1 + R_2 + R_3 + \cdots\cdots = R_{总}$
总电压等于各负载电压总和，即 $U_1 + U_2 + U_3 + \cdots\cdots = U_{总}$</td><td>计算：（1）分析下图 a、b 中电阻 R1、R2、R3 是串联吗？
（2）$R_1 = 16\ \text{k}\Omega$，$R_2 = 1.2\ \text{k}\Omega$，$R_3 = 1.6\ \text{k}\Omega$，计算图 a、b 中总电阻的大小。
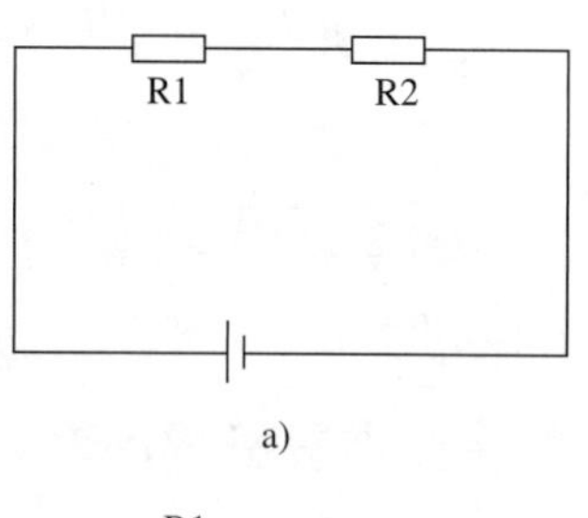

a)
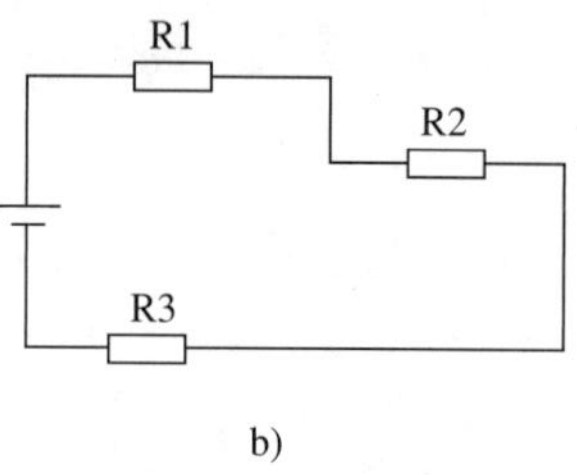

b)
解：</td></tr>
<tr><td>（3）并联
电路中有两个或多个元件连接在两个公共的节点之间，承受同一个端电压，这种连接称为并联。下图所示为电阻 R1、R2 的并联电路
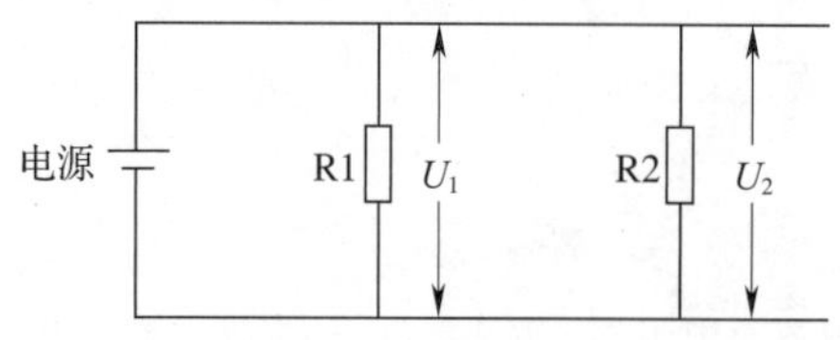

总电阻倒数等于各电阻倒数之和，即
$$\frac{1}{R} = \frac{1}{R_1} + \frac{1}{R_2} + \frac{1}{R_3} + \cdots\cdots + \frac{1}{R_n}$$
在同一并联电路中，所有元件上的电压相等。例如上图中，电阻 R1 的电压 U_1 和 R2 的电压 U_2 相等，即 $U_1 = U_2$</td><td>计算：（1）分析下图中电阻 R1、R2、R3 是串联还是并联？
（2）$R_1 = 16\ \text{k}\Omega$，$R_2 = 1.2\ \text{k}\Omega$，$R_3 = 1.6\ \text{k}\Omega$，计算图中总电阻的大小。
（3）若电源电压为 12 V，总电流是多少？
（4）通过电阻 R1、R2、R3 的电流各是多少？电阻两端的电压各是多少？
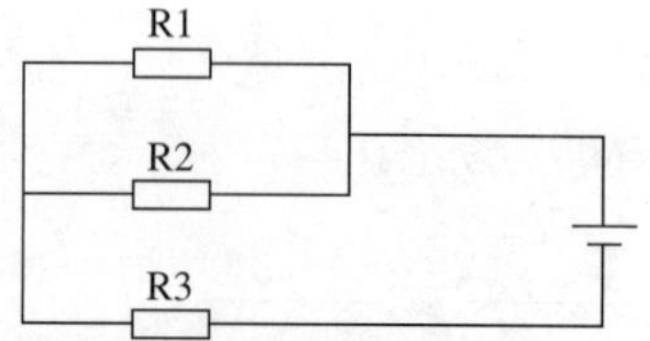
</td></tr>
</table>

8. 分析下图中 4 个喷油器 No. 1、No. 2、No. 3、No. 4 是串联还是并联？如果喷油器 No. 3 损坏，是否影响其他的喷油器工作？为什么？

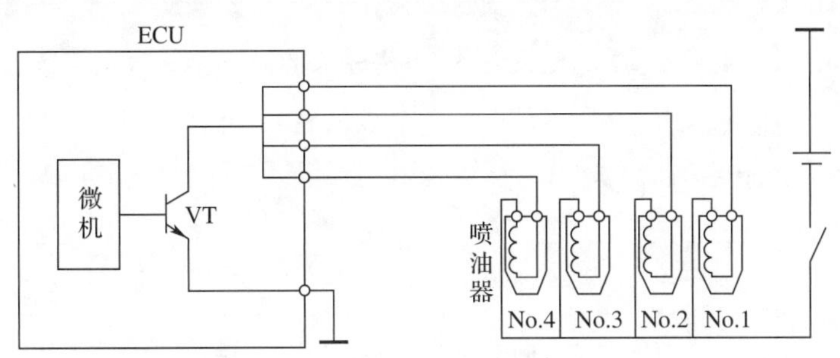

9. 总结并讨论以下问题，建议采用旋转木马法描述。

（1）在________电路中电流相等，在________电路中总电流等于各负载电流之和。

（2）在________电路中电压相等，在________电路中总电压等于各负载电压之和。

（3）在________电路中电阻越多总电流越小，在________电路中电阻越多总电流越大。

（4）在汽车电路中，各系统大都采用并联的形式连接，为什么？

二、空气流量计

1. 空气流量计是电控系统中的重要传感器，其作用是控制喷油量和点火提前角的主信号。在车上找到空气流量计，向同组人员描述其功用并填写下表。

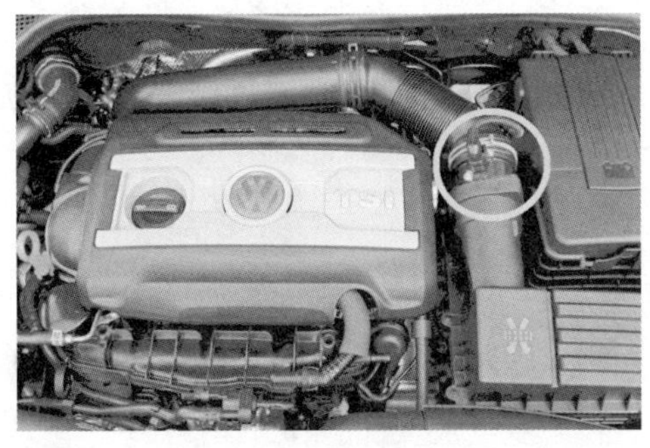

空气流量计	英文缩写	
	安装位置	装于________之后，________之前
	功用	检测发动机进气量大小，并将进气量信息转换成（电信号□　压力信号□）输入到（ECU□　传感器□），以供 ECU 计算确定喷油时间（即喷油量）和点火时间
	信号类型	控制单元计算喷油时间和点火时间的（主要□　辅助□）信号
	电控系统类别	装有空气流量计的电控系统称为（D□　L□）型电控系统
	接线端子数	

2. 查阅维修手册，准备工量具，掌握拆装空气流量计的步骤和注意事项。拆装电控系统各元件应注意：____________________。(多项选择)

①了解电控系统各主要元件所在位置，以便对其实行保护。

②检查线束是否有油污、潮湿、松动，保持连接器清洁、连接可靠。

③蓄电池的极性不能接反，禁用外接电源起动发动机，以免电压过高损坏电控系统元件。

④接通点火开关时，不允许拆开任何 12 V 电器装置，防止电器装置中的线圈由于自感作用产生的瞬时电压损坏 ECU 或传感器。

⑤发动机发生故障时，忌盲目拆检，确定机械部分无故障后再检查电控系统。

⑥故障诊断时，先根据“故障指示灯”工作情况进行相应检查。

⑦对燃油系统检修前，应拆开蓄电池负极以免损坏电控系统元件。

⑧维修中，注意各车型线束连接器的锁扣形式，不可盲目用力硬拉。安装时要插接到位，锁扣锁住。

⑨对电控系统电路或元件进行检查时，必须使用高阻抗数字万用表检查电压、电阻或电流。

⑩发动机熄火后，燃油供给系统残余压力仍较高，对该系统进行拆检前，必须释放燃油系统的残余压力。

3. 拆装空气流量计。

(1) 拆卸和安装前，必须先断开________，否则将损坏电子元件。

(2) 拆卸________，拔下空气流量计的导线连接器。

（3）松开空气流量计两侧软管夹箍，夹箍形式为________。

（4）拆下空气流量计并进行检查。

（5）通过拆卸你掌握了哪些技巧和感受？相互交流并记录。

4. 检查并确定实训车辆空气流量计的类型。查阅资料，补齐以下框图。

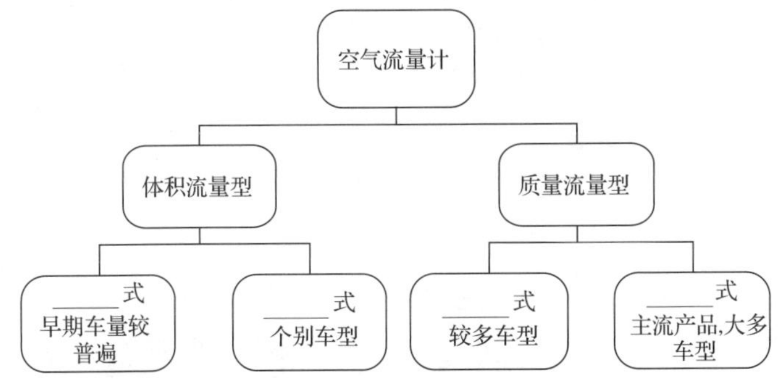

5. 查阅资料，理解空气流量计的结构和工作原理。

（1）热丝式空气流量计的结构和原理如下图所示，补齐结构图内的空白框并填空。

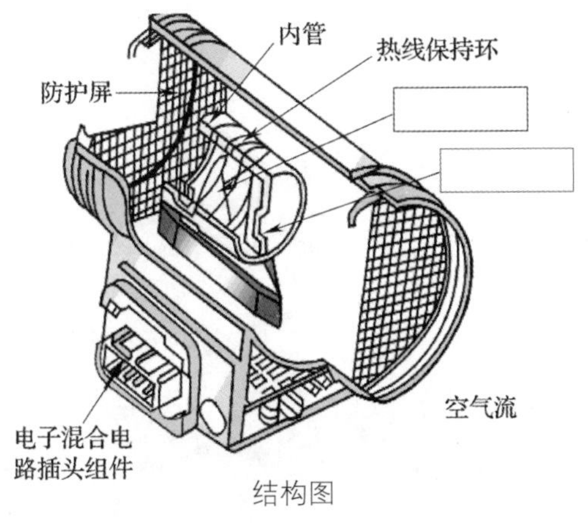

结构图

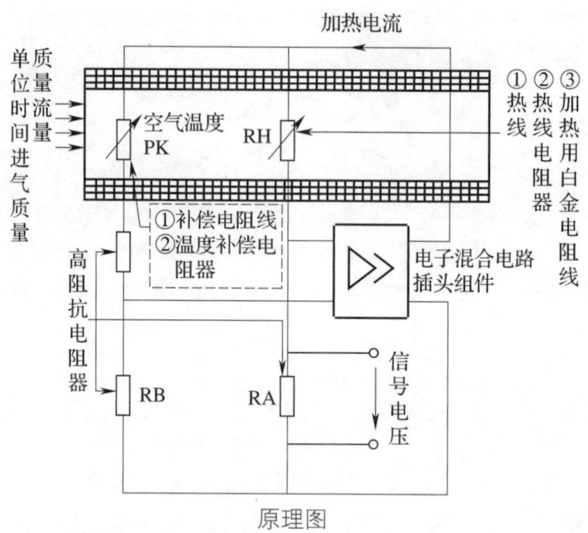

原理图

RH——热线电阻（热丝）。

RK——温度补偿电阻，负温度系数的电阻（冷丝）。

RA——精密电阻，该电阻上的电压降即为传感器的输出信号电压。

RB——电桥电阻，装在控制线路板上。

热线电阻的作用：______________________________

（2）热膜式空气流量计是热丝式空气流量计的改进产品，其结构如下图所示。补齐结构图内的空白框并填表。

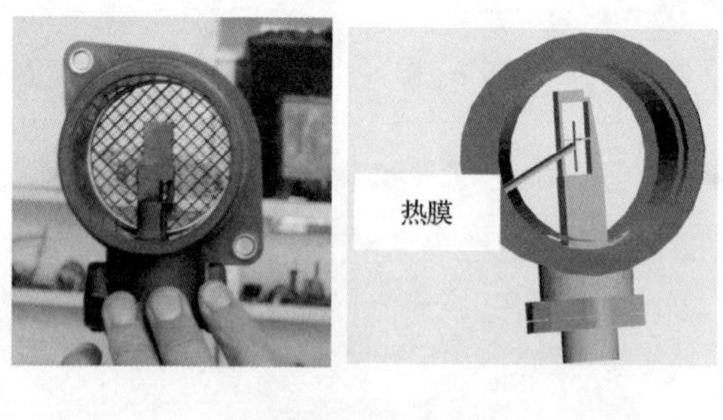

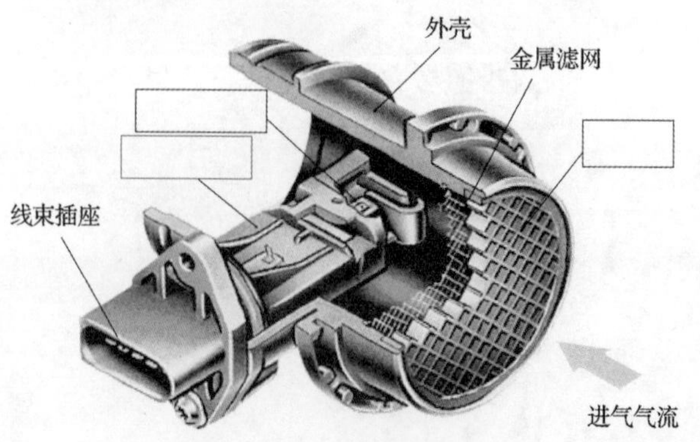

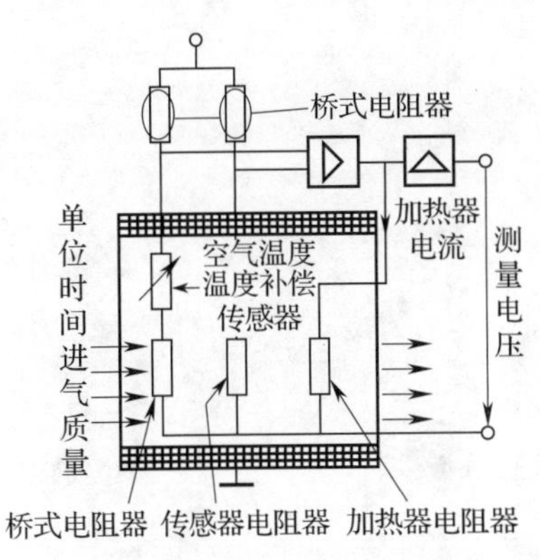

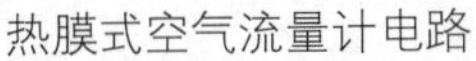
热膜式空气流量计电路

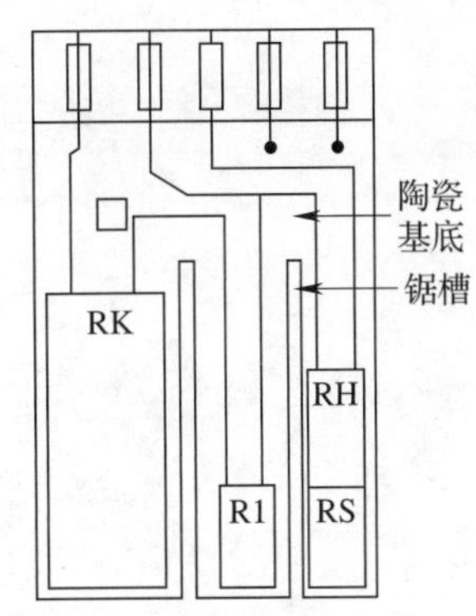

热膜传感器元件

空气流量计类型	相同点	不同点	优点及应用车型
热丝式			
热膜式			
实训车类型			

（3）查阅卡门旋涡式空气流量计的资料，完成下面任务并在展板上绘出“卡门旋涡”，对比讨论两种形式的空气流量计。

1）在进气管道正中间设有一流线形或三角形的旋涡发生器，当空气流经该旋涡发生器时，在其后部的气流中会不断产生一系列不对称却十分规则的空气旋涡（卡门旋涡或卡门涡流）。空气流速变化时，将影响卡门旋涡的频率。

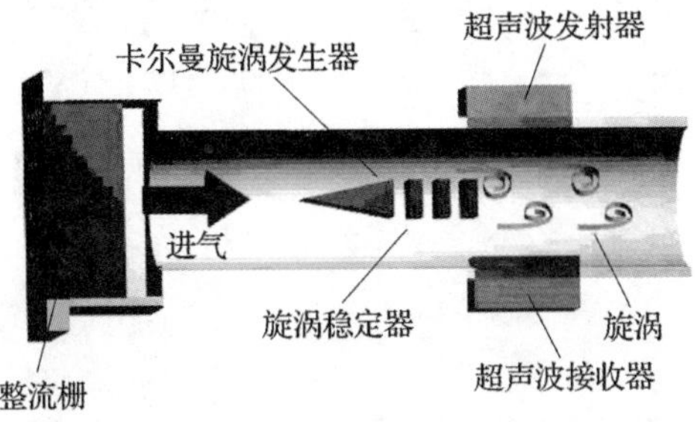

结论：通过测得卡门旋涡的________，就可以求得空气________，空气流速乘以空气通路面积，就可以得到进气的________。

2）分类。

<table>
<tr><th colspan="2">卡门旋涡式空气流量计</th></tr>
<tr><th>光　学　式</th><th>超声波检测式</th></tr>
<tr><td>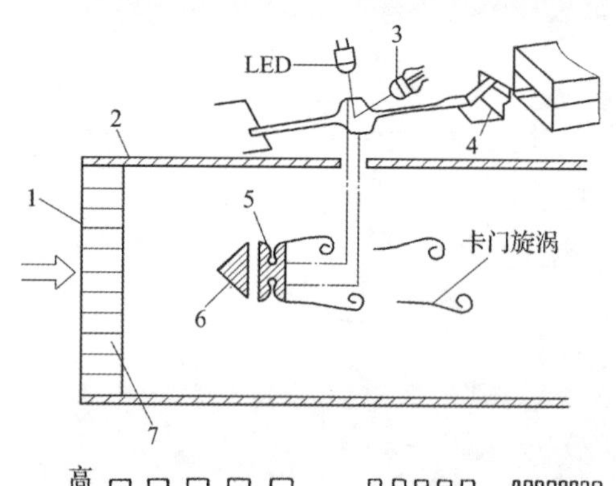光学式卡门旋涡空气流量计的工作原理
1—空气进口　2—管路　3—________
4—板弹簧　5—导向孔　6—________
7—整流栅　LED－________</td><td>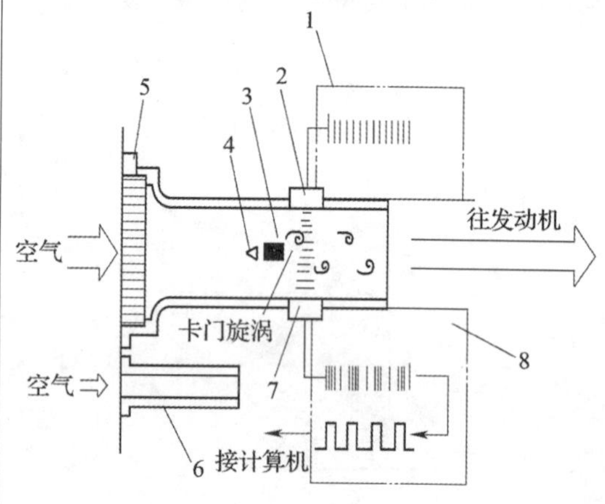超声波检测式卡门旋涡空气流量计的工作原理
1—超声波信号发生器　2—________
3—旋涡稳定板　4—________　5—整流器
6—空气辅助通道　7—________
8—转换电器</td></tr>
<tr><td>原理：不同工况下，空气流经过发生器时，流速发生变化，压力便发生变化，经压力导向孔作用在反光镜上，使反光镜发生振动，从而将反光二极管投射的光____给光电管，对反射光进行检测，即可得卡门旋涡____。高频率对应（大□　小□）进气量</td><td>原理：空气流经过发生器时，便产生________，卡门旋涡造成空气密度变化，受其影响，信号发生器发出的超声波到达接收器的时机或变早或变晚，测出其____，利用放大器使之形成矩形波，矩形的脉冲频率为卡门旋涡的______。高频率对应（大□　小□）进气量</td></tr>
</table>

6. 空气流量计的维护。

查阅汽车维修手册及其他资料，针对空气流量计的类型选择不同的维护方案。

检查项目	检 查 内 容	实训车检查结论
热丝式	1. 检查壳体是否有虚连、油污、开裂、变形 2. 检查防护网、热丝或热膜有无异常，若有，则应（焊补□　更换□）空气流量计 3. 检查其电插头和线路是否可靠，如松动，应 ________	1. 2. 3.
热膜式	外观检查同上。维护时可使用清洁剂，用压缩空气清洁即可	

7. 查阅维修手册及其他资料，对空气流量计进行检测，记录数据并分析。

（1）热膜式空气流量计的检测。

以桑塔纳 2000 GSi 轿车 AJR 发动机热膜式空气流量计为例，插头端子与电脑连接电路如下图所示。

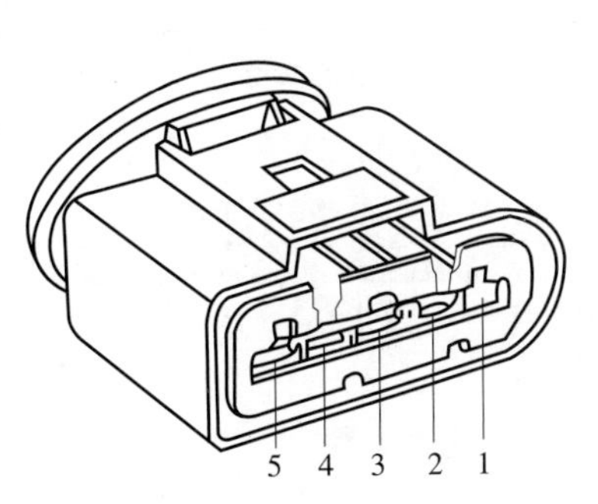

a) 空气流量计插头端子

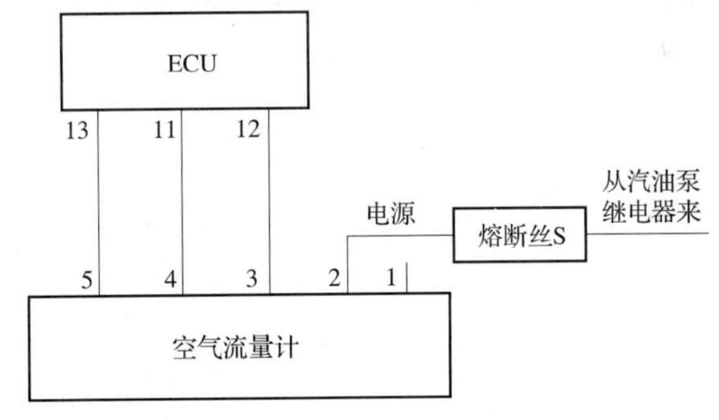

b) 空气流量计与ECU连接电路

通过测试，用连线的方法标出空气流量计插头端子代号所对应的接线含义。

1	电源（12 V）
2	空位
3	空气流量信号线
4	电脑所供电源（5 V）
5	搭铁端

车下检测

需要把线束连接器端子作为测点时，应拆开线束连接器

如果必须在线束连接器处于插接状态时测量参数（如传感器输出信号电压），则应先将线束连接器上的橡胶防水套向后脱出，将万用表测量表笔从后端以适当的角度插入并触及端子，进行检查

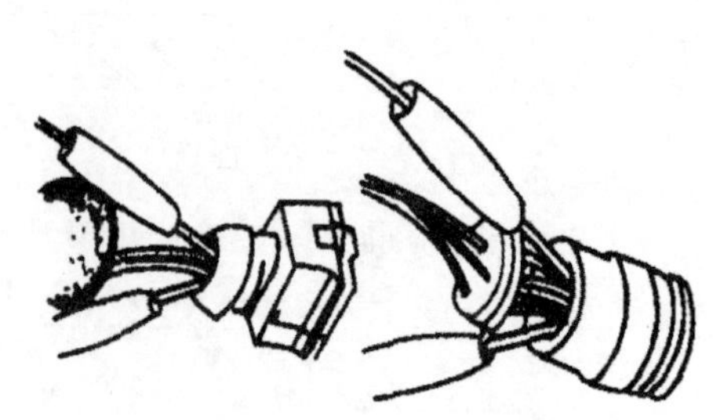

在端子 2 与搭铁线 3 之间加______V 的直流电压

在空气流量计插座端子 4 与搭铁线 3 之间加____ V 的直流电压

用电吹风向空气流量计内吹风，同时用万用表直流电压挡测量端子 5 与 3 之间的电压

改变吹风距离，电压表读数应能平稳缓慢地________，距离接近时电压__________，离远时电压______。否则，应更换空气流量计

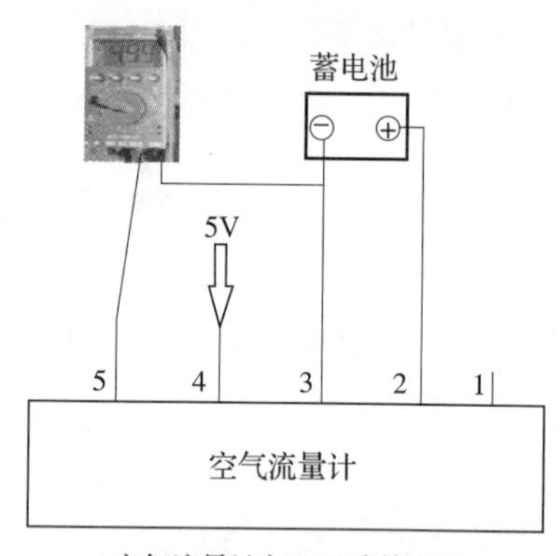

空气流量计与ECU连接电路

用万用表就车检测

拔下空气流量计上的导线连接器，起动发动机，用万用表直流电压挡测量空气流量计导线连接器端子 2 与搭铁线间的电压，应大于（11.5□　5□）V；或者用发光二极管试灯连接空气流量计导线连接器端子 2 和发动机搭铁点，试灯应（不亮□　亮□）。否则，应检查熔丝、油泵继电器及其连接线路是否接触不良或断路

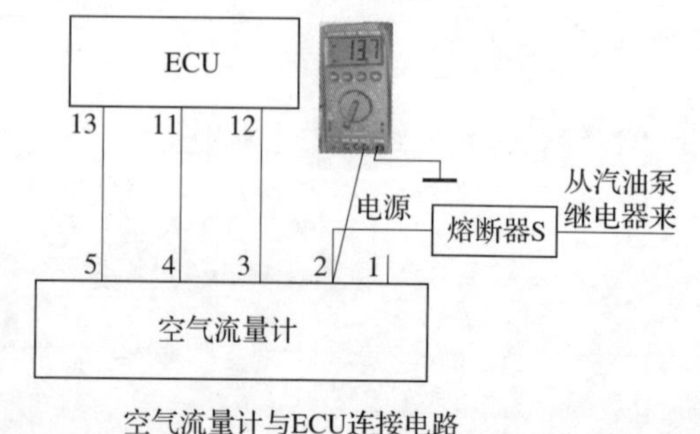

空气流量计与ECU连接电路

续表

用万用表就车检测	
接通点火开关，用万用表测量空气流量计导线连接器端子4与搭铁线间的电压，其值约为（11.5□　5□）V。否则，应检查连接线路。如连接线路正常，则更换（空气流量计□　ECU□）	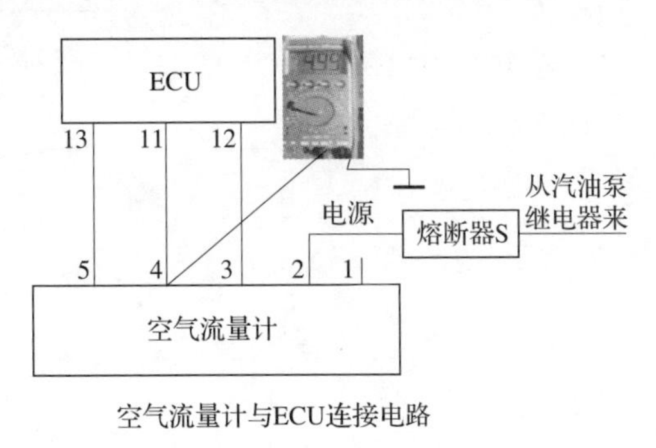空气流量计与ECU连接电路

讨论：电源提供的电压应为________V，ECU 提供的电压应为________V，信号电压一般为__________V。

（2）卡门旋涡式空气流量计的检测。

插头端子与电脑连接电路如下图所示，用万用表就车检测空气流量计的性能。

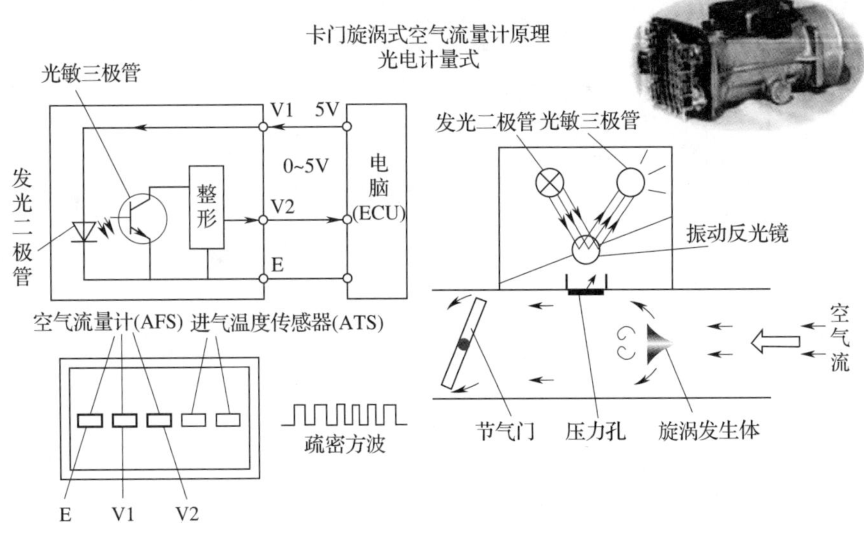

步骤：

1）______________________________

2）______________________________

3）______________________________

数据记录：

V1—E 间的电压为____________________。

V2—E 间的随动脉冲电压应为____________________。

当 2 000 r/min 时，V2—E 间的电压应为________________ 。

结论：____

____

（3）空气流量计常见的故障有哪些?

（4）查阅维修手册，读取测量数据流。

1）读取数据流时要满足哪些条件?

2）操作步骤：

①连接诊断仪与车辆，启动发动机并保持发动机怠速运转。

②进入诊断系统，选择功能。

③选择需要读取的数据流。

④读取数据流。

⑤数据流与标准值进行比较。

数据流	
空气流量传感器	500 HZ
节气门位置传感器	1562 mV
冷却液温度传感器	43 ℃
大气压力传感器	104 kpa

上翻页	下翻页	记录	图形-1
诊断首页	后退	打印	帮助
开始			21:38

3）读取数据并进行分析。

改变节气门开度，读取相应的数据流。

进行比较，结果分析：____

____

数据流随转速的变化规律：________________________________

数据流随负荷的变化规律：________________________________

三、进气歧管绝对压力传感器

1. 在D型电控系统中，进气歧管绝对压力传感器是代替空气流量计的重要传感器，是控制喷油量和点火提前角的主信号。在车上找到进气歧管绝对压力传感器，并向同组人员描述其功用。

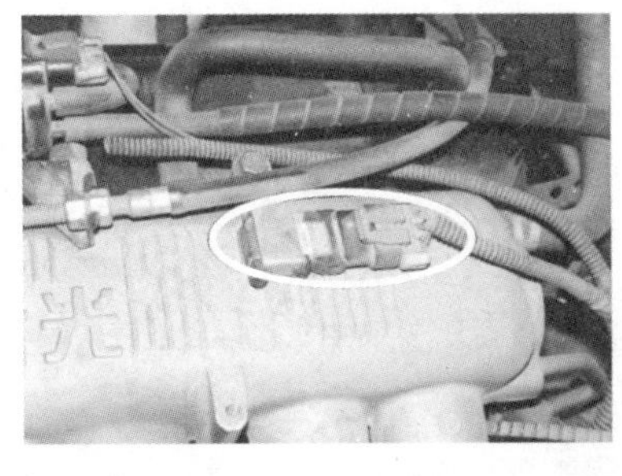

<table>
<tr><td rowspan="6">进气歧管绝对压力传感器</td><td>英文缩写</td><td></td></tr>
<tr><td>安装位置</td><td></td></tr>
<tr><td>功用</td><td></td></tr>
<tr><td>信号类型</td><td>控制单元计算喷油时间和点火时间的（主要□　辅助□）信号</td></tr>
<tr><td>电控系统类别</td><td>装有进气歧管绝对压力传感器的电控系统称为（D□　L □）型电控系统</td></tr>
<tr><td>接线端子数目</td><td></td></tr>
</table>

2. 查阅维修手册，准备工量具，掌握拆装进气歧管绝对压力传感器的步骤和注意事项，进行进气歧管绝对压力传感器的拆装。

（1）拆卸和安装前，必须先断开__________，否则将损坏电子元件。

（2）拆卸______，拔下真空软管及进气歧管绝对压力传感器的导线连接器。

（3）拆下进气歧管绝对压力传感器并进行检查。

通过拆卸你掌握了哪些技巧和感受？相互交流并记录。

3. 检查并确定实训车辆进气歧管绝对压力传感器的类型。查阅资料，补齐以下框图。

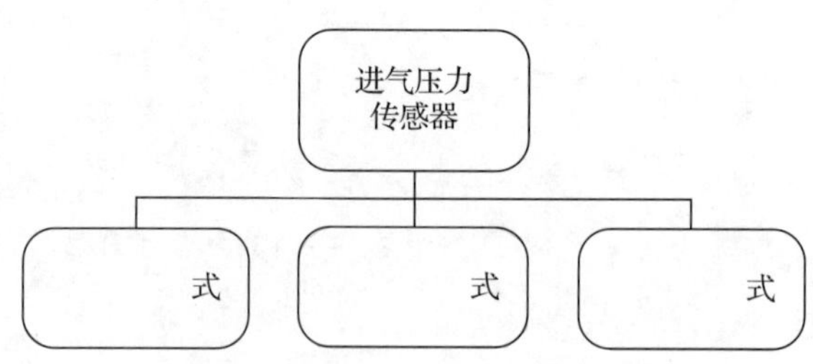

其中，______________具有灵敏度高、尺寸小、成本低、动态响应和抗振性好等优点，从而得到了广泛应用。

4. 查阅资料，理解进气歧管绝对压力传感器的结构和工作原理，补齐结构框图内的空白框并填空。

（1）压敏电阻式进气歧管绝对压力传感器的构造。

单晶硅材料在受到应力作用后，其（电阻率□　体积□）发生明显变化的现象称为压敏效应。

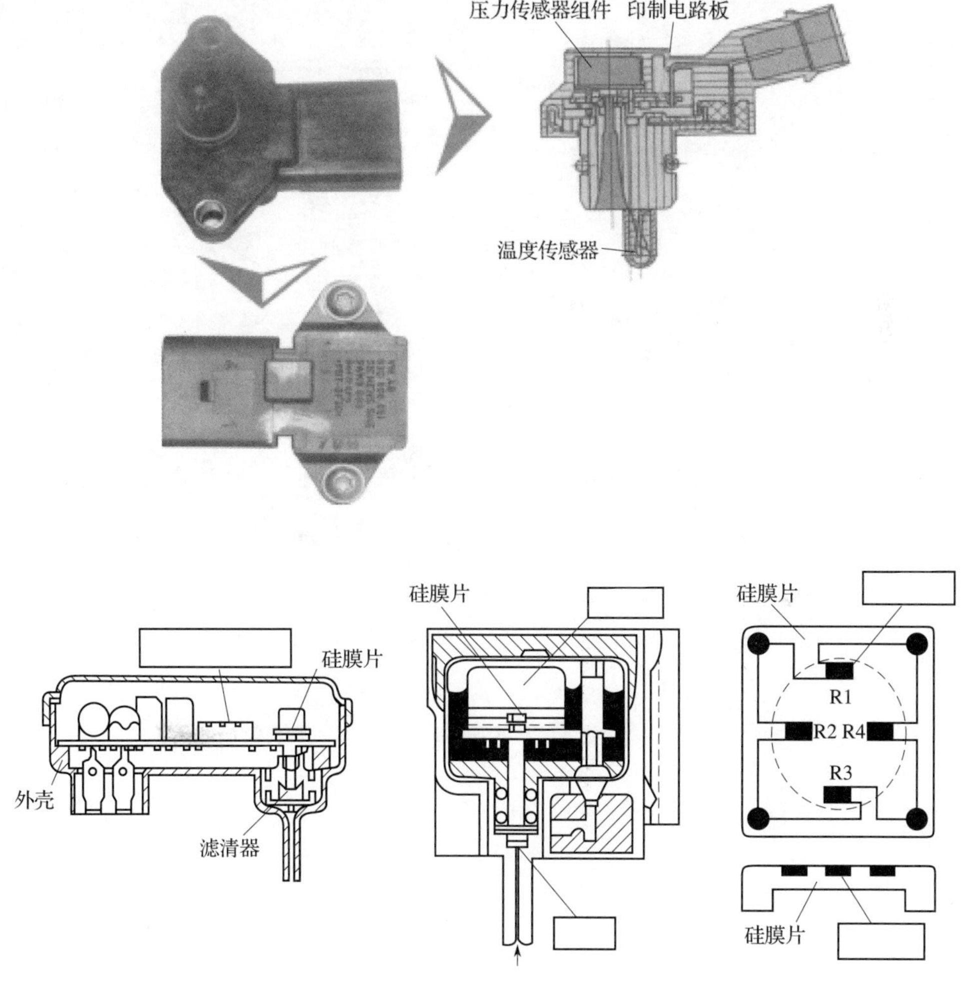

（2）进气压力与传感器信号电压的关系。

阅读资料及特性图，向组员描述压敏电阻式进气歧管绝对压力传感器的工作原理及输出特性（可采用旋转木马法）。

压敏电阻式进气歧管绝对压力传感器的输出特性如下图所示：

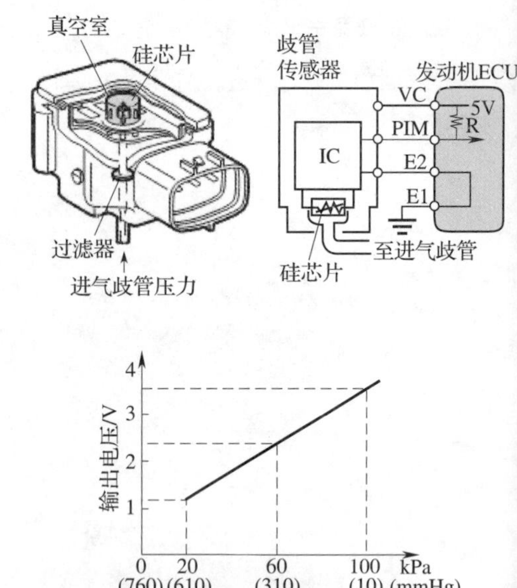

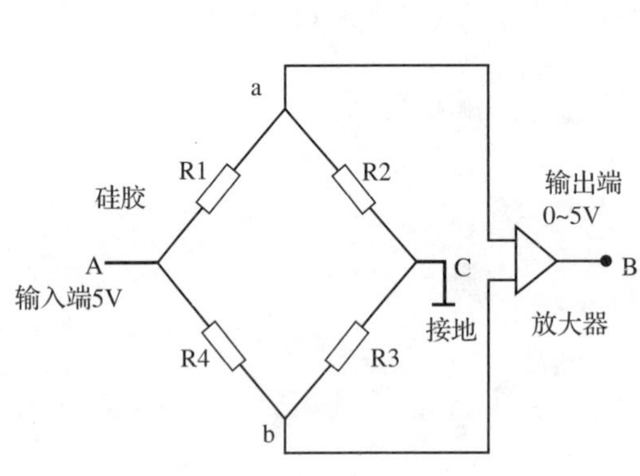

由资料和特性图可得出以下结论：发动机进气量越大，进气歧管内绝对压力越__________，硅膜片变形就越____，输出的信号电压 U_0 值就越________。

该种传感器实际测量的是进气管的__________，通过计算换算成反映________的参数，属于（直接□　间接□）测量。

与空气流量计相比较，该种传感器的优点是____。

5. 查阅维修手册及其他资料，进行进气歧管绝对压力传感器的性能测试，记录数据并分析。

(1) 进气歧管绝对压力传感器插头端子与电脑连接电路如下图所示，将其绘制到展板上。

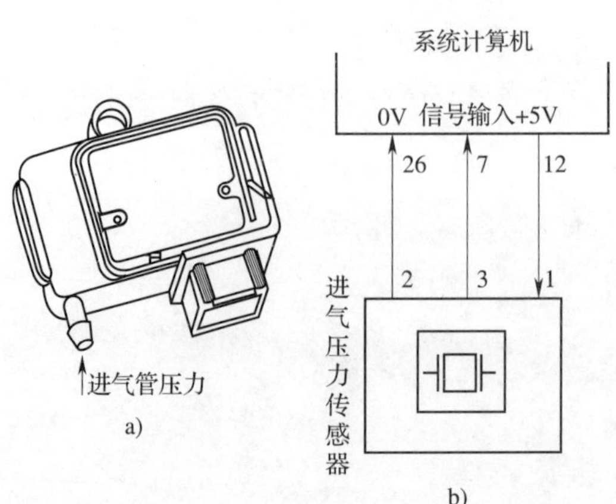

进气压力传感器技术数据

压力范围：15~102kPa

工作温度：-40~105℃

工作电压：5.0±0.1V DC

工作电流：12mA(最大)

输出阻抗：<10Ω

直流负载：30kΩ(最小)，51kΩ(推荐)

（2）通过测试，用连线的方法标出进气歧管绝对压力传感器插头端子代号所对应的接线含义。

1　　　　电脑所供电源（5 V）（VC）

2　　　　信号线端子（PIM）

3　　　　搭铁端（E2）

（3）使用万用表进行检测。

1）拔下进气压力传感器插头，打开点火开关，测量线束端插头上端子 VC 与 E2 之间的电压，应为________V。若无电压，则应检查 ECU 与传感器之间的线路和 ECU 是否正常。

2）输出电压特性检测。拆下进气歧管处的真空软管，并接在真空枪上，接通点火开关，用真空枪对传感器施以 13.3 ~66.7 kPa 的负压，将测得的端子 PIM 与 E2 之间的信号电压分别填入下表。

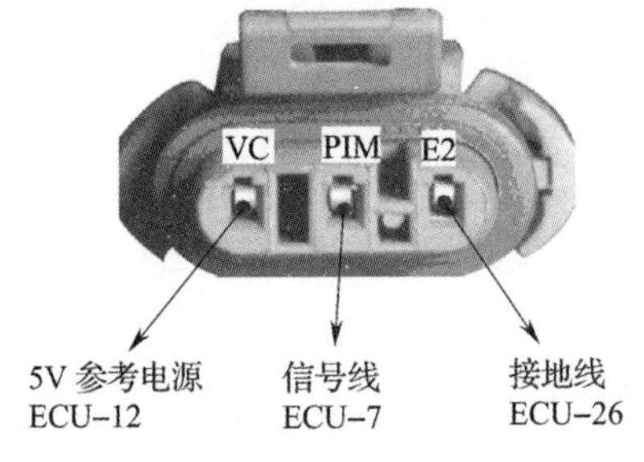

线束端插头

真空泵

真空负压/kPa	信号电压/V	真空负压/kPa	信号电压/V
13.3		53.5	
26.7		66.7	
40.0			

（4）根据此表绘出压力与信号电压的关系图，并与标准关系图进行比较和分析。

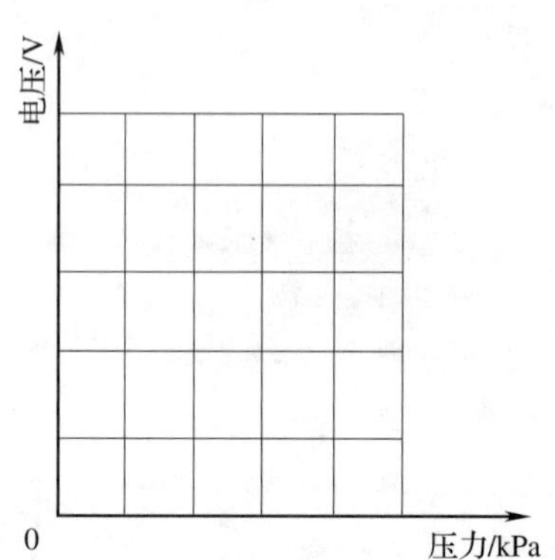

与标准图比较分析：______________________________

（5）在实训车上，测量发动机不同工况时的信号电压，填入下表。

发动机工况	信号电压标准值	信号电压实测值
怠速		
低速		
中速		
高速		
结论	规律： 结论：	

（6）进气压力传感器的常见故障有哪些？

6. 读取测量数据流。

（1）查阅维修手册，读取测量数据流。

（2）改变节气门开度，读取相应的数据流。

进行比较，结果分析：____

____

7. 阅读 Audi A6 轿车局部电路图，拆画出空气流量计电路图，并分别说出各端子的名称。

<table>
<tr><td>原车局部图</td><td>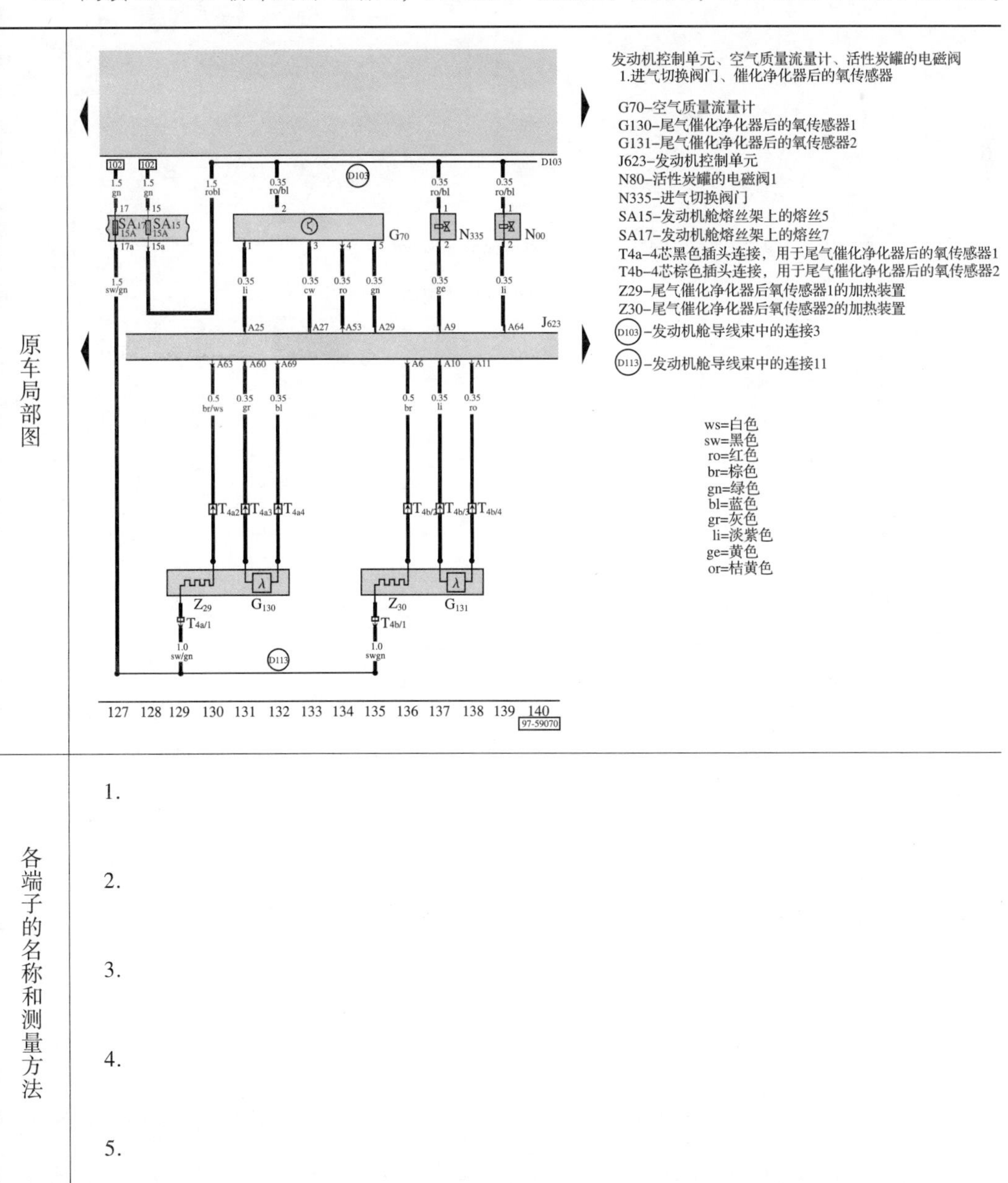
</td></tr>
<tr><td>各端子的名称和测量方法</td><td>1.
2.
3.
4.
5.</td></tr>
</table>

续表

空气流量计电路图	
总结	

四、总结与思考

1．进气压力传感器与空气流量计比较有什么优缺点?

2．电脑提供的电压应为__________V，进气压力传感器的信号电压一般为__________V，空气流量计的信号电压一般为________V。

3．进气压力传感器的工作电源是由______________提供的，电压是____________V。空气流量计的工作电源是由____________提供的，电压是____________V。在空气流量计端子中，有一个端子提供的电压为 12 V，它起________________作用；无此电压，传感器__________工作。

4. 空气流量计前、后连接处如果漏气分别会出现什么情况？发动机工作是否正常？

5. 进气压力传感器软管堵塞或漏气分别会出现什么情况？发动机工作是否正常？

学习活动4 曲轴/凸轮轴位置传感器的拆检

学习目标

1. 能找出并能拆检曲轴/凸轮轴位置传感器。

2. 能叙述曲轴/凸轮轴位置传感器的结构和工作原理。

3. 能绘制曲轴/凸轮轴位置传感器控制原理图，并能叙述控制原理。

4. 能检测和分析曲轴/凸轮轴位置传感器的性能。

5. 能拆绘曲轴/凸轮轴位置传感器的控制原理图，并能在车上进行检测分析。

建议学时：8学时

学习准备

维修手册、万用表、诊断仪、诊断仪使用说明书、车辆、发动机试验台架、各种曲轴/凸轮轴位置传感器、发动机电脑ECU和多媒体设备等。

学习过程

一、认知并拆装曲轴/凸轮轴位置传感器

1. 认知并在车上能找到曲轴/凸轮轴位置传感器，向组员描述其功用，并填写下表。

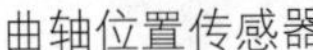

曲轴位置传感器　　　凸轮轴位置传感器

曲轴位置传感器	英文缩写	
	安装位置	通常装于： 实训车装于：
	功用	
	信号类型	控制单元计算喷油时间和点火时间的（主要□　辅助□）信号
凸轮轴位置传感器	英文缩写	
	安装位置	通常装于： 实训车装于：
	功用	
	信号类型	控制单元计算喷油时间和点火时间的（主要□　辅助□）信号
外观异同点（对照实训车）	相同点	
	不同点	

2. 查阅汽车维修手册，准备工量具，掌握拆装曲轴/凸轮轴位置传感器的步骤和注意事项，完成曲轴/凸轮轴位置传感器的拆装。结合完成任务情况完成以下内容。

（1）拆卸和安装前，必须先断开__________，否则将损坏电子元件。

（2）拔开发动机转速与曲轴/凸轮轴位置传感器的________。

（3）松开固定传感器螺栓。

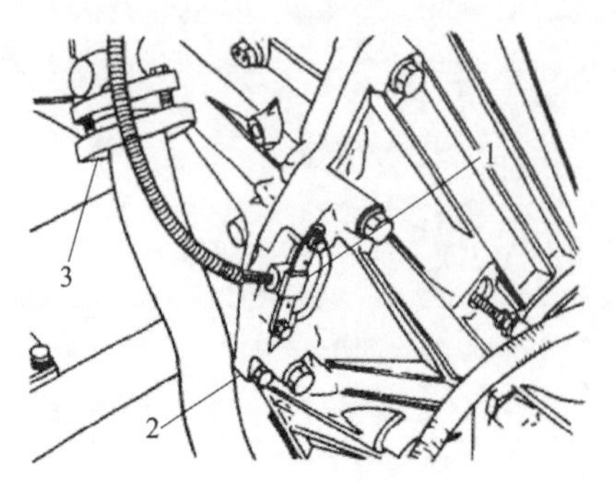

1—曲轴位置传感器　2—变速箱壳　3—前排气管

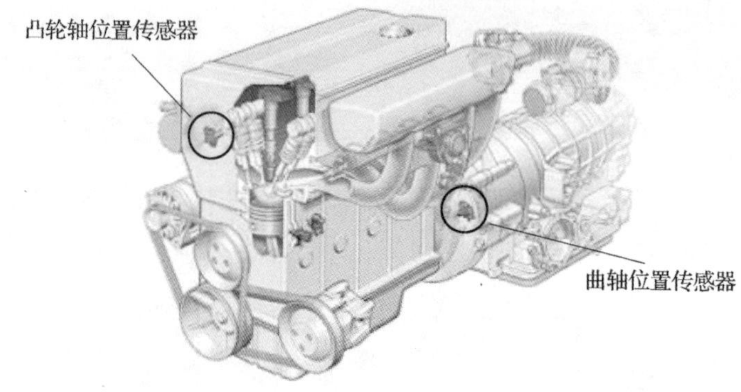

（4）取出传感器并进行检查。

（5）通过拆卸你掌握了哪些技巧和感受？相互交流并记录。

3. 查阅维修手册及其他资料，检查并确定实训车辆曲轴/凸轮轴位置传感器的类型，补齐以下框图内容。

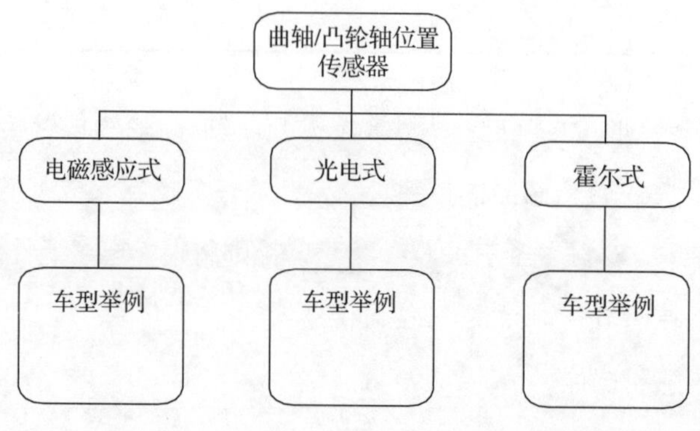

二、电磁感应式发动机曲轴/凸轮轴位置传感器

1. 电磁感应原理。

做试验并记录结果。在一个空心纸筒上绕上一组和电流计连接的导体线圈，观察当磁棒插进和抽出线圈的过程中，电流计的指针变化：插入时________，抽出时__________。磁棒插进或抽出线圈的速度越快，电流计________。当磁棒不动时，电流计___________。

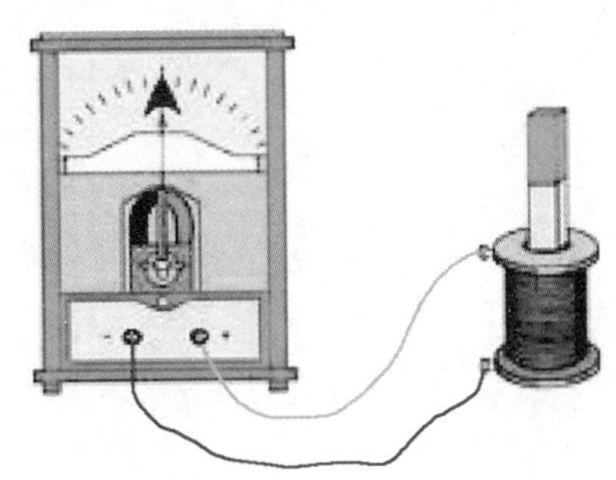

结论：对于线圈，运动的磁棒意味着它周围的磁场发生了变化，从而使线圈感生出电流。即变化的磁产生________。

2. 磁的常识。

（1）电磁感应现象是________发现的。

（2）磁铁吸引铁、钴、镍等物质的性质称为磁性。磁铁两端磁性强的区域称为磁极，一端为北极（又称为N□　S□极），一端为南极（又称为N□　S□极）。同性磁极相互________，异性磁极相互________。

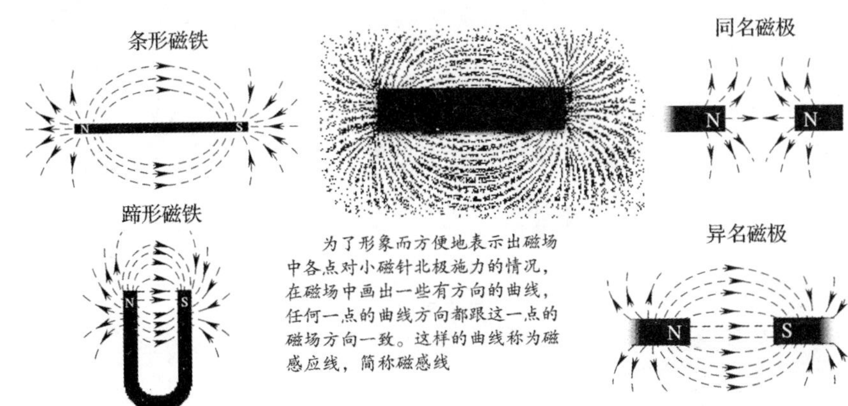

为了形象而方便地表示出磁场中各点对小磁针北极施力的情况，在磁场中画出一些有方向的曲线，任何一点的曲线方向都跟这一点的磁场方向一致。这样的曲线称为磁感应线，简称磁感线

（3）什么是磁场?

（4）什么是磁通量？

（5）$\Phi = BS$ 中，Φ—________________，B—__________，S—______________。

（6）电磁感应定律：电路中感应电动势的大小，与穿过这一电路的磁通量的变化率成正比，即：$E = n\Delta\Phi/\Delta t$（即法拉第电磁感应定律）。

E：__________（V）；n：____________；$\Delta\Phi/\Delta t$：__________；$\Delta\Phi$：______变化量，单位为 Wb；Δt 为发生变化所用______，单位为 s。

可以得出：变化磁通量中的导体会产生电动势，如果导体形成闭合回路，便产生感应电流；变化越快，则电流越______。

（7）举例说明你在生活中遇到的电磁感应现象。

3．电磁感应式发动机曲轴/凸轮轴位置传感器。

（1）电磁感应式发动机曲轴/凸轮轴位置传感器主要由_____________、_____________和__________________等组成。安装于飞轮处的电磁感应式传感器，利用飞轮的齿圈和飞轮上的正时记号来触发感应电压信号。

（2）查阅并描述电磁感应式曲轴/凸轮轴位置传感器的结构和工作原理。

1）补齐下面的结构图，用一个金属盒做屏蔽手机信号试验，说明屏蔽线的作用。

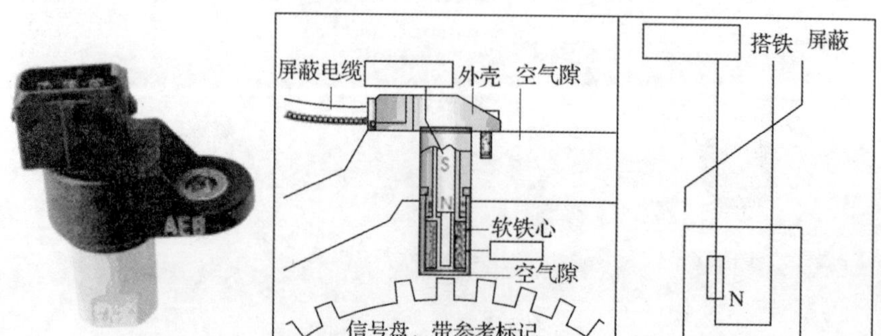

发动机曲轴位置传感器

2）工作原理。

原　理	图　示
①飞轮的齿数为60－2＝58（60齿缺2齿），信号触发齿轮的两个缺齿位于1、4缸上止点前114°，目的：＿＿＿＿＿＿＿＿＿＿＿＿＿＿＿＿＿＿＿＿＿＿＿＿＿＿＿＿	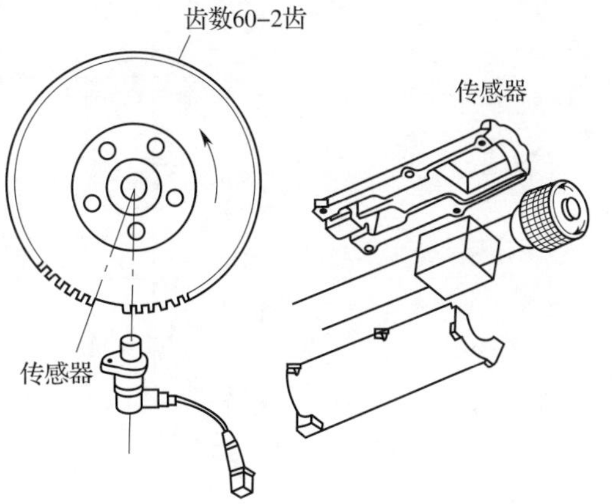 齿数60–2齿 传感器 传感器
②飞轮每转动一圈，感应线圈产生＿＿个交变电压脉冲，电压波形如右图所示 ECU据此信号频率的变化计算得到发动机的＿＿＿＿＿＿＿＿＿＿＿＿＿＿	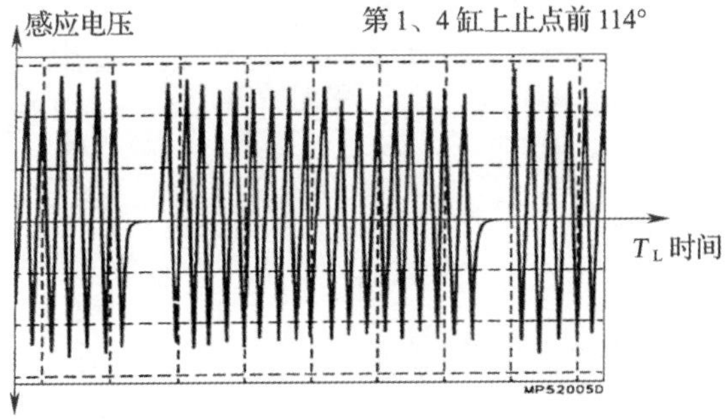 感应电压　第1、4缸上止点前114°　T_L 时间　MP52005D
③当感应线圈转至信号触发齿轮的两个缺齿时（位于1、4缸上止点前114°），计算机可根据此信号脉冲作出曲轴＿＿＿＿＿＿＿＿＿＿＿＿＿＿	

（3）查阅维修手册及其他资料，做曲轴/凸轮轴位置传感器的性能测试。

1）曲轴/凸轮轴位置传感器插头端子与连接电路如下图所示，将其绘制到展板上。

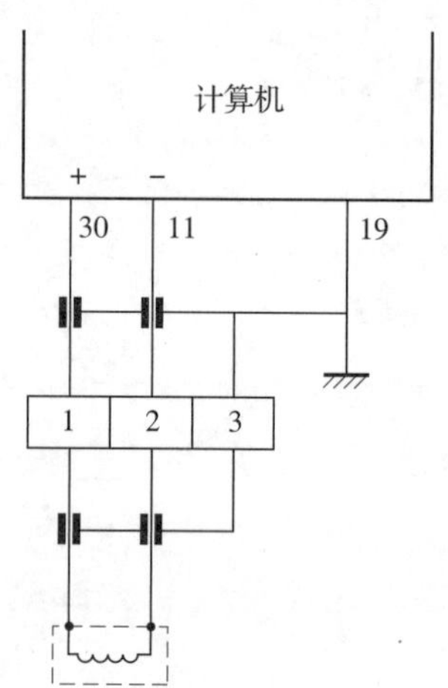

2）检测发动机曲轴/凸轮轴位置传感器的电阻，将所测值记录到下表并进行分析。

端　子　号	电　阻　值
1—2	

如果1—2 端子电阻过大，原因：________________。

如果1—2 端子电阻过小，原因：________________。

都需要__________；如果电阻正常，进行下一步检测。

3）检测传感器的绝缘性。

端　子　号	电　阻　值
1 和 3	
2 和 3	
1 和壳体	
2 和壳体	

结论：____

____

绝缘电阻如果不是∞，则说明传感器线圈绝缘______或对地______，需更换发动机________曲轴/凸轮轴位置传感器。

（4）安装传感器。安装后的发动机曲轴/凸轮轴位置传感器铁心与信号触发齿轮轮齿之间有________mm 的间隙（填入下图）；否则，应调整。其安装示意图如下：

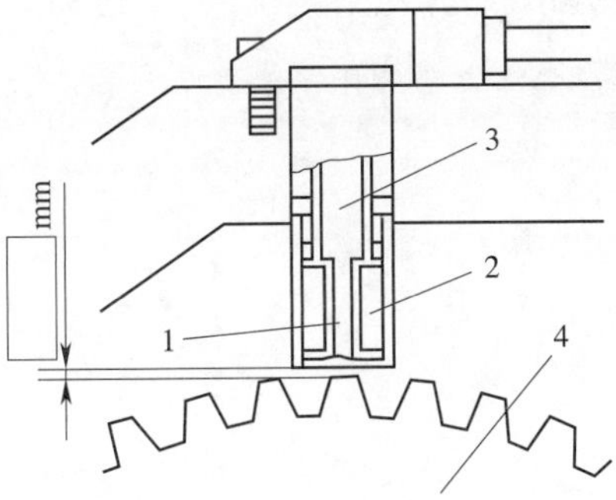

1—＿＿＿＿＿＿＿＿　2—＿＿＿＿＿＿＿＿

3—＿＿＿＿＿＿＿＿　4—＿＿＿＿＿＿＿＿

(5) 在教师的指导下设置传感器故障，观察故障现象。填写传感器以下故障的原因。

故障现象	故障原因
发动机不能工作或发动机起动后立即熄火	
发动机有时不能工作或发动机起动后立即熄火	
发动机低速易熄火	

(6) 读取测量数据流。

1) 查阅维修手册，读取测量数据流。

2) 改变节气门开度，读取相应的数据流。

进行比较，结果分析：＿＿＿＿＿＿＿＿＿＿＿＿＿＿＿＿＿＿＿＿

＿＿＿＿＿＿＿＿＿＿＿＿＿＿＿＿＿＿＿＿＿＿＿＿＿＿＿＿＿＿

三、霍尔式曲轴/凸轮轴位置传感器

1. 什么是霍尔效应？其有哪些主要应用？

2. 通过学习霍尔效应及应用，补齐下表。

图　　示	左图各字母的含义	各字母间的相互关系（分别用文字和公式表达）
I　B　d　U_H	U_H— B— I—	
汽车上的应用		

3. 霍尔式曲轴/凸轮轴位置传感器的结构和工作原理。

（1）霍尔式曲轴/凸轮轴位置传感器主要由______、______、______和________等组成，安装于______________________，与曲轴一起旋转。

霍尔式传感器与其安装示意图（捷达 ATK 发动机）

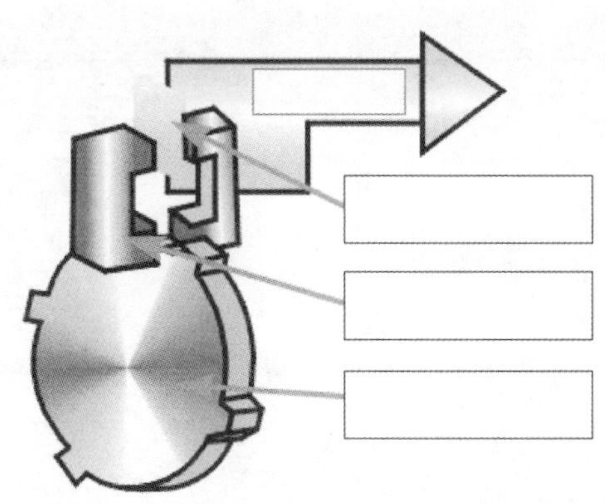

霍尔式凸轮轴位置传感器的工作原理

（2）描述霍尔式曲轴/凸轮轴位置传感器的结构和工作原理，填写下表。

工 作 过 程	图　示
当触发叶轮上的叶片进入永磁铁与霍尔元件之间时，磁场被叶片旁路，是否产生霍尔电压？＿＿＿＿＿ 传感器输出高电平（5 V）信号→ECU	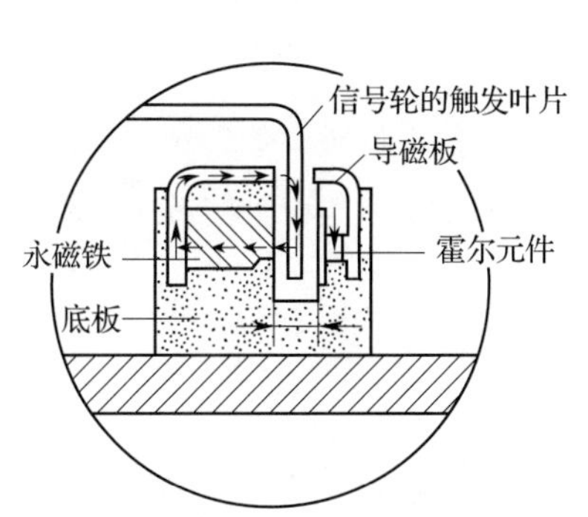 触发叶片进入空气隙中， 霍尔元件中的磁场被旁路

续表

<table>
<tr><th>工 作 过 程</th><th>图　　示</th></tr>
<tr><td>当缺口部分进入磁铁与霍尔元件之间时，磁力线进入霍尔元件，传感器是否输出电压信号？________
传感器输出低电平（0.1 V）信号 →ECU</td><td>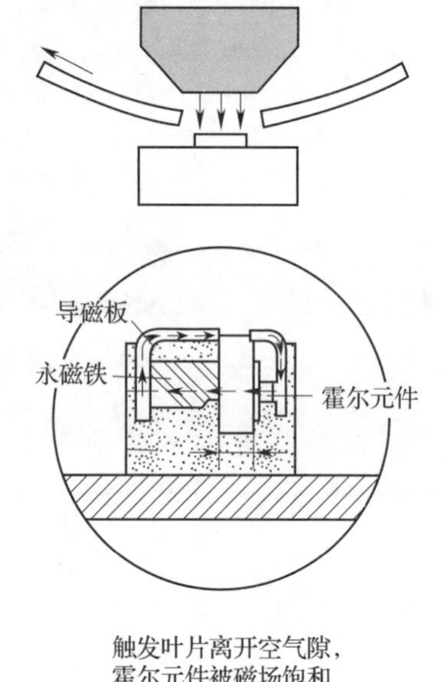

触发叶片离开空气隙，
霍尔元件被磁场饱和</td></tr>
<tr><td>如此反复，传感器将右侧的图像输入给ECU，ECU 还可以根据各脉冲间通过的时间，计算出发动机的转速</td><td>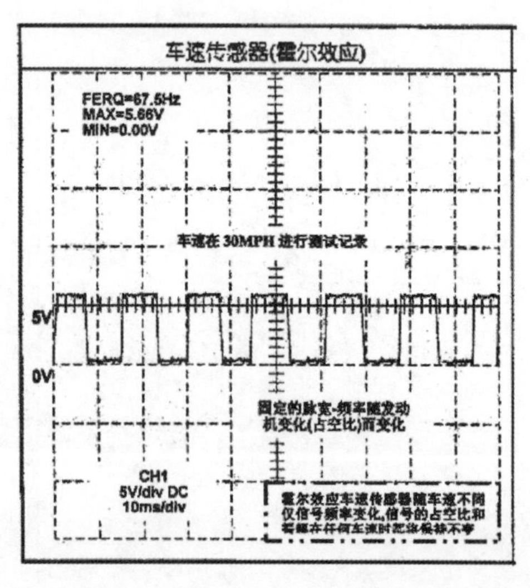
</td></tr>
<tr><td>霍尔电压信号与磁感应信号哪一个更稳定？</td><td></td></tr>
</table>

工作原理：____

____

____

（3）ECU 是如何检测到上止点前的某一时刻的？

（4）霍尔式曲轴/凸轮轴位置传感器的性能测试。霍尔式曲轴/凸轮轴位置传感器插头端子与电脑连接电路如下图所示，将其绘制到展板上。

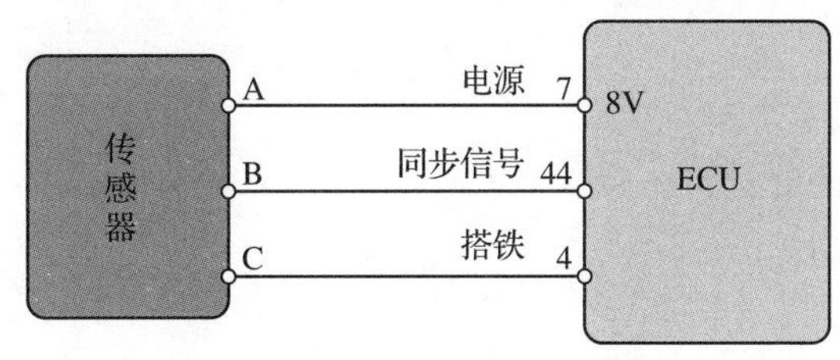

1）用万用表欧姆挡测量霍尔式曲轴/凸轮轴位置传感器的电阻，将所测值记录到下表中，并进行分析。

端　子　号	电　阻　值
A—B	
A—C	

此时万用表显示读数为∞（开路），则：____________。

如果指示有电阻，则________________________。

2）用万用表的电压挡检测端子间的电压。

接上传感器线束插头，对传感器线束侧的插头 A、B、C 三个端子间进行测试，填入下表并进行分析。

端子号	条　　件	电　压　值
A－C	点火开关置于“ON”时	
B－C	发动机转动时	

分析结果：____

____

A－C、B－C 间的电压应是固定值还是脉冲值？________________

如有脉冲性变化，最高电压是______V，最低电压是____ V。

点火开关置于“ON”，用万用表电压挡测量 ECU 侧 7#端子的电压，应为 8 V，在传感器导线连接器“A”端子处测量电压，应为 0 V，原因是________________。

（5）读取测量数据流。

查阅维修手册，读取测量数据流。

改变节气门开度，读取相应的数据流。

进行比较，结果分析：________________

____

四、光电式曲轴/凸轮轴位置传感器

1．光电式曲轴/凸轮轴位置传感器的组成。

光电式曲轴/凸轮轴位置传感器主要由______、________、________、____________、____________、__________和________________等组成。

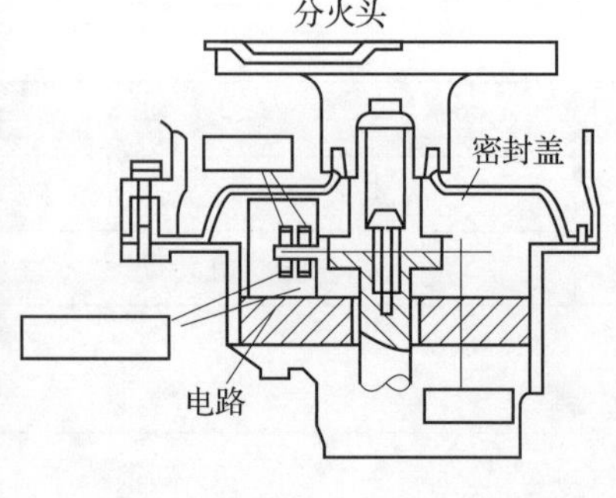

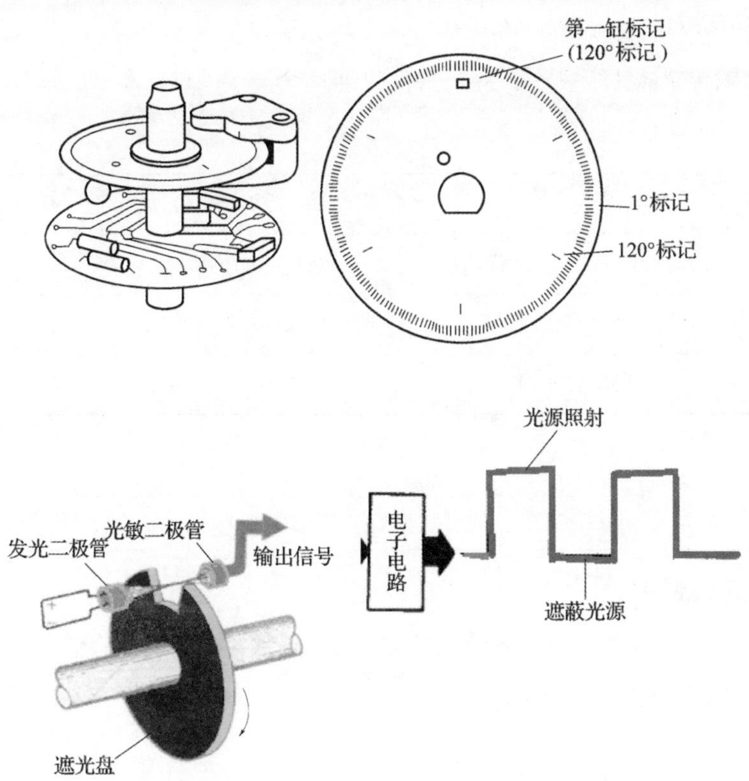

总结：用较少的文字概括上面内容（看谁表达的既全面，文字又少）。

____

____

____

凸轮轴1°转角（曲轴______°转角）为发动机转速信号（NE信号）。

ECU接收到的是数字信号还是模拟信号？______________________

2. 查阅维修手册及其他资料，做光电式曲轴/凸轮轴位置传感器的性能测试，记录数据并分析。

（1）光电式曲轴/凸轮轴位置传感器插头端子与电脑连接电路如下图所示，将其绘制到展板上。

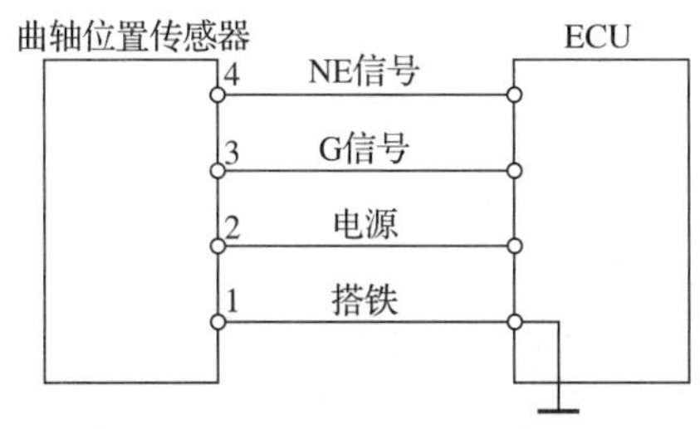

(2) 用万用表的电压挡检测端子间的电压。接上传感器线束插头，点火开关转至“ON”位置，对传感器线束侧的插头1、2、3、4四个端子间进行测试，填入下表并进行分析。

端子号	条　件	万用表挡位	读数
1-2	点火开关置于“ON”时	电压挡	
1-3	转动转子时	电流 mA 挡（串联）	
1-4	转动转子时	电流 mA 挡（串联）	

分析结果：____

____

五、总结与思考

1. 磁感应信号、霍尔电压信号和光电信号中，哪种输出的是模拟信号？哪种输出的是数字信号？它们的优缺点分别是什么？

2. 结合实训车型拆画曲轴/凸轮轴位置传感器的电路图，并分别指出哪个端子是电源线？哪个端子是信号线？哪个端子是搭铁线？

学习活动5　节气门位置传感器、进气温度传感器和冷却液温度传感器的拆检

学习目标

1. 能找出并拆检节气门位置传感器、进气温度传感器和冷却液温度传感器。

2. 能叙述节气门位置传感器、进气温度传感器、冷却液温度传感器的结构和工作原理。

3. 能绘制节气门位置传感器、进气温度传感器、冷却液温度传感器控制原理图，并能叙述控制原理。

4. 能检测和分析节气门位置传感器、进气温度传感器、冷却液温度传感器的性能。

5. 能拆绘节气门位置传感器、进气温度传感器、冷却液温度传感器的控制原理图，并在车上检测分析。

建议学时：8学时

学习准备

维修手册、万用表、诊断仪、诊断仪使用说明书、电热杯、车辆、发动机试验台架、温度计，各种节气门位置传感器、进气温度传感器、冷却液温度传感器，发动机电脑ECU等。

学习过程

一、节气门位置传感器

1．认知并拆装节气门位置传感器。

节气门也就是人们常说的“油门”，由驾驶员通过加速踏板操纵，通过改变发动机的进气量来控制发动机的运转。不同的节气门开度标志着发动机不同的运转工况。为了使喷油量满足不同工况的要求，电控发动机在节气门体上装有节气门位置传感器，它可以把节气门开度转换成电压信号输送给 ECU，作为 ECU 判定发动机运转工况的依据。节气门位置传感器实际上是一个电位器。

在车上找到节气门位置传感器，向组员描述其功用，并填写下表。

节气门位置传感器	英文缩写	
	安装位置	装于：
	功用	
	信号类型	控制单元计算喷油时间和点火时间的（主要□　辅助□）信号
	接线端子数	常见端子数： 实训车端子数：

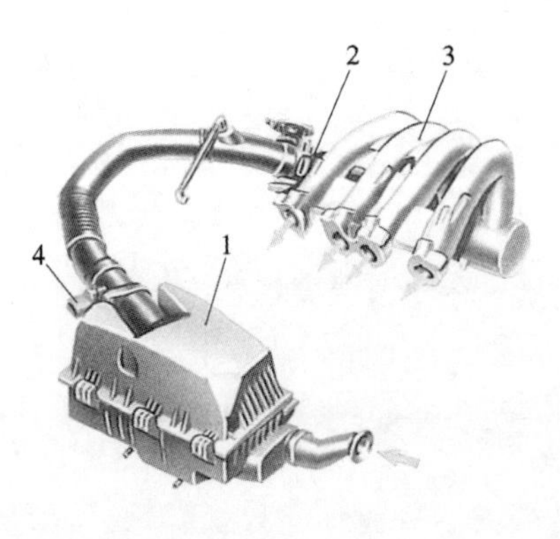	1—空气滤清器 2— 3—进气管 4—

续表

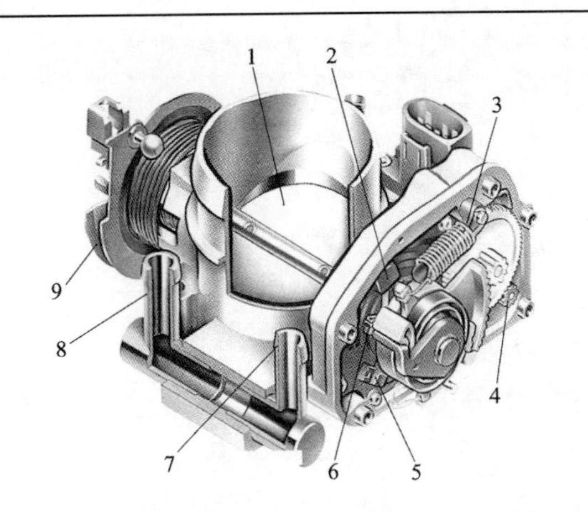	1— 2—节气门电位计 3—应急弹簧 4— 5—怠速开关 7、8— 9 -

2. 查阅维修手册，准备工量具，掌握拆装节气门位置传感器的步骤和注意事项，并结合完成任务情况完成以下内容。

（1）拆卸和安装前，必须先断开__________，否则将损坏电子元件。

（2）拆卸________ ，拔下节气门位置传感器的导线连接器。

（3）松开节气门体两侧软管夹箍，夹箍形式为________。

（4）拆下节气门体并进行检查。

（5）松开两固定螺栓，取出传感器并进行检查。

通过拆卸你掌握了哪些技巧和感受，相互交流并记录。

3. 查阅维修手册及其他资料，检查并确定实训车辆节气门位置传感器的类型，补齐以下框图内容。

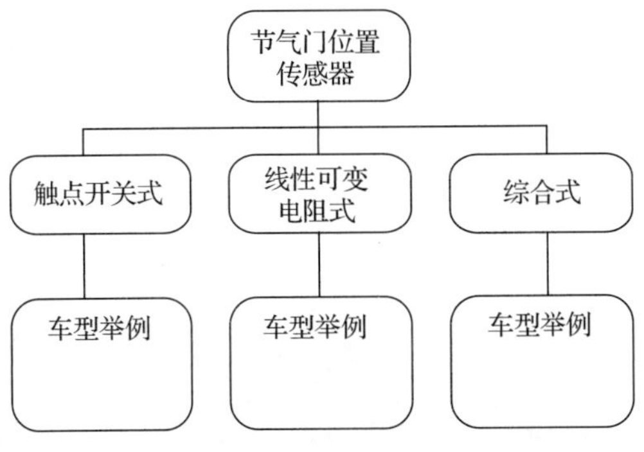

二、触点开关式节气门位置传感器

1. 查阅维修手册及其他资料，对照实物叙述节气门位置传感器的结构特点及工作过程，补齐下面结构工作图的内容，并填写工作状态表。

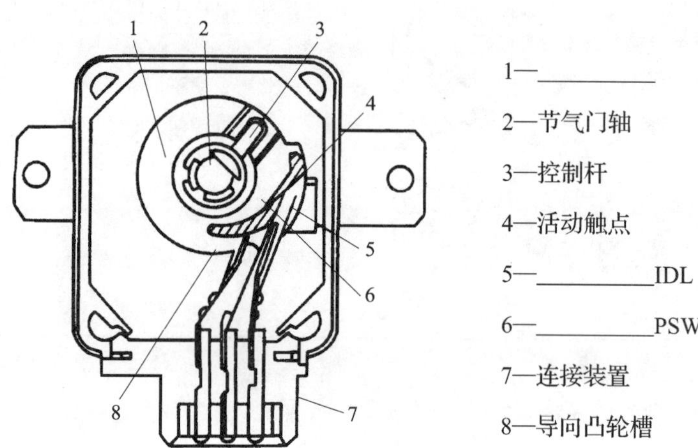

1—__________

2—节气门轴

3—控制杆

4—活动触点

5—__________IDL

6—__________PSW

7—连接装置

8—导向凸轮槽

触点开关式节气门位置传感器由滑动触点和两个固定触点（功率触点和怠速触点）组成。

工 作 状 态	图 示
工作状态 1 当节气门关闭时，怠速触点______，功率触点______ 怠速触点输出端子输出的信号为低电平“0”，全开触点输出端子输出的信号为高电平“1”。ECU 接收到这两个信号时，如果车速传感器输入 ECU 的信号表示车速为零，那么 ECU 判定发动机处于怠速状态，并控制喷油器增加喷油量，保证发动机怠速转速稳定而不致熄火	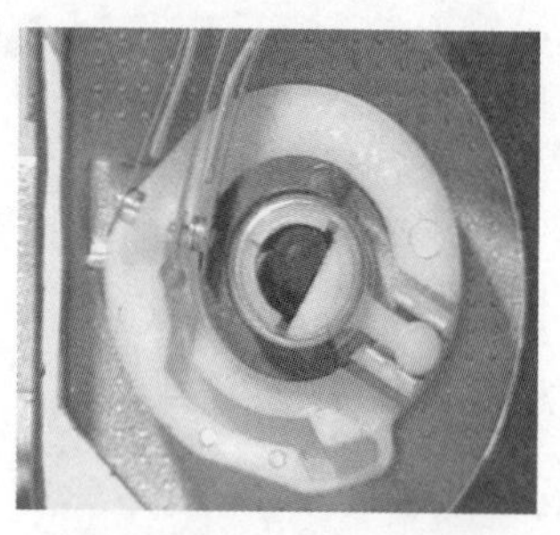 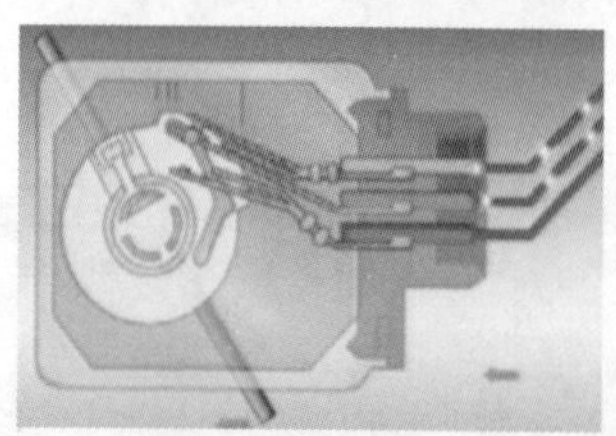

续表

工作状态	图示
工作状态 2 当负荷增大（中小负荷）时，节气门开度增大，凸轮随节气门轴转动并将怠速触点______，功率触点保持______状态 节气门开度增大时，怠速触点顶开，全开触点保持断开状态，怠速触点输出端子输出高电平“1”，全开触点输出端子输出也为高电平“1”。ECU 接收到两个高电平信号时，便可判定发动机处于部分负荷状态，此时 ECU 根据空气流量传感器信号和曲轴转速信号计算并确定喷油量，以保证发动机的经济性和排放性能	 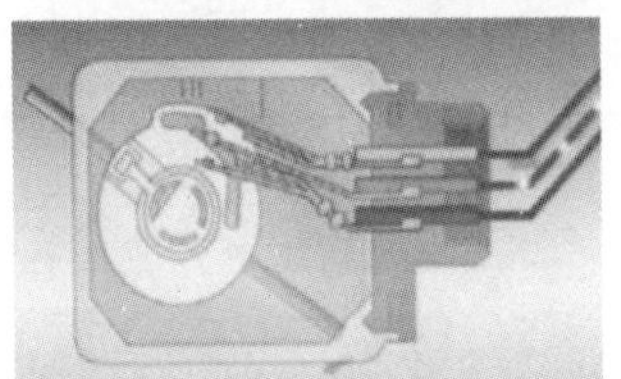
工作状态 3 大负荷时，节气门接近______，凸轮转动使功率触点____，怠速触点________ 当节气门接近全部开启（80% 以上负荷）时，凸轮转动使全开触点闭合，全开触点输出端子输出低电平“0”，怠速触点输出端子保持断开而输出为高电平“1”。ECU 接收到这两个信号时，便可判定发动机处于大负荷运行状态，从而控制喷油器增加喷油量，保证发动机输出足够的动力，故将大负荷触点称为功率触点	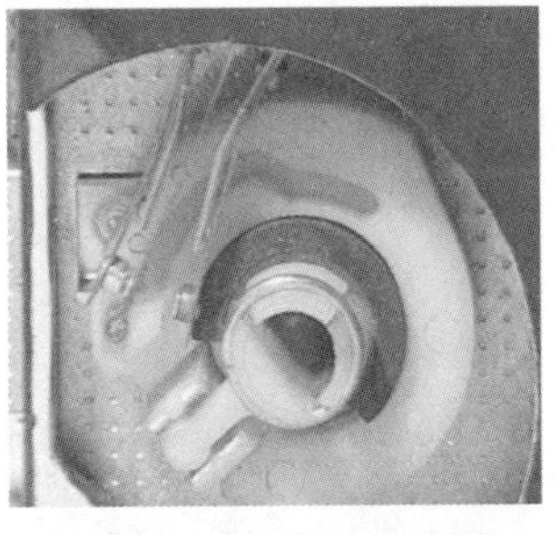 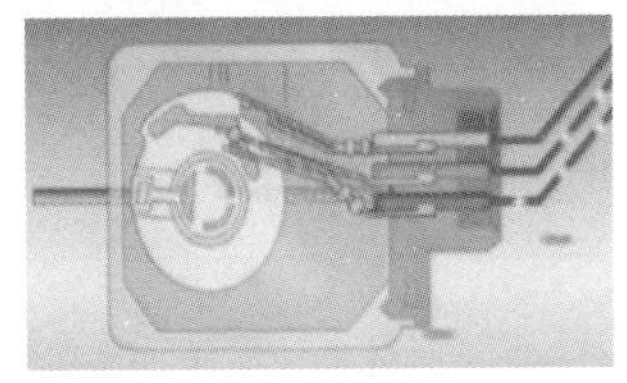
当节气门全开时，ECU 将控制系统进入开环控制模式。此时不采用氧传感器信号。如果此时车辆空调器在工作，那么 ECU 将中断空调主继电器信号约 15 s，以便切断空调电磁离合器线圈电流，使空调压缩机停止工作，增大发动机输出功率，提高车辆的动力性	

续表

工作过程及触点状态图

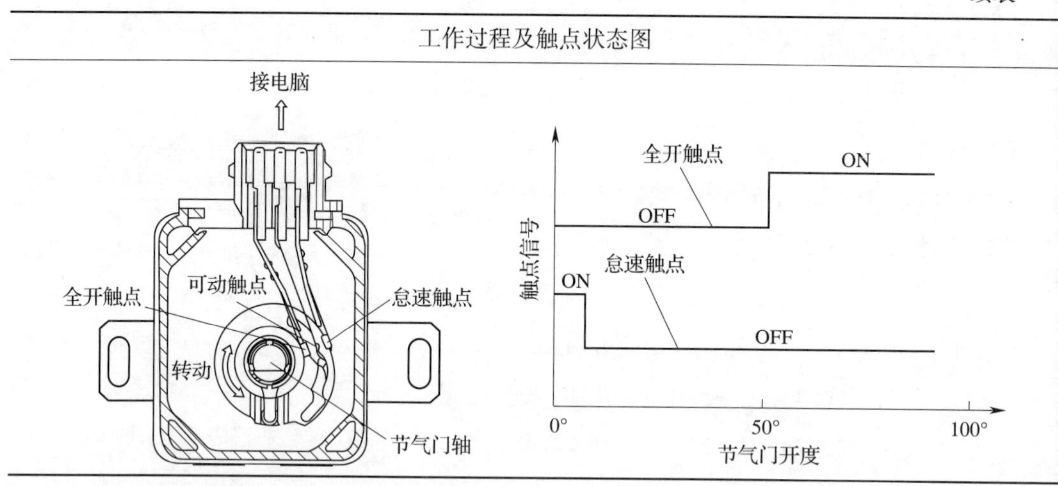

2. 查阅维修手册及其他资料，做触点开关式节气门位置传感器的性能测试，记录下数据并分析。

触点开关式节气门位置传感器插头端子与电脑连接电路如下图所示，将其绘制到展板上。

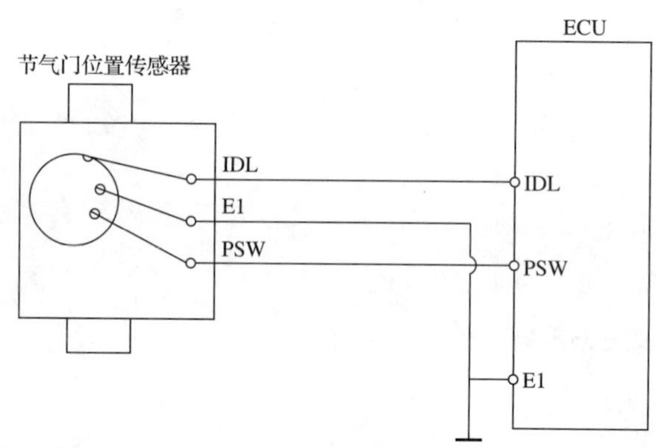

（1）检测触点开关式节气门位置传感器不同状态下的电阻，将所测值记录到下表，并进行分析。

端子号	传感器状态	电阻值
IDL—E1	节气门全闭	
PSW—E1	节气门全闭	
IDL—E1	节气门开度＜50%	
PSW—E1	节气门开度＜50%	
IDL—E1	节气门开度＞50%	
PSW—E1	节气门开度＞50%	
结论		

如果导通时 IDL—E1 或 PSW—E1 端子的电阻值过大，原因：____________。

（2）检测触点开关式节气门位置传感器的工作电压。

端子号	传感器状态	电压值
IDL—E1	节气门全闭	
PSW—E1	节气门全闭	
IDL—E1	节气门开度 < 50%	
PSW—E1	节气门开度 < 50%	
IDL—E1	节气门开度 > 50%	
PSW—E1	节气门开度 > 50%	
结论		

若没有电压，则说明________有故障，此时应检测传感器____________。

3．读取测量数据流。

查阅维修手册，读取测量数据流。

改变节气门开度，读取相应的数据流。

进行比较，结果分析：____

____

三、线性可变电阻式节气门位置传感器

线性可变电阻式节气门位置传感器内部装有滑动电阻，滑动电阻的滑臂与节气门轴一同转动。其控制电路如下图所示。

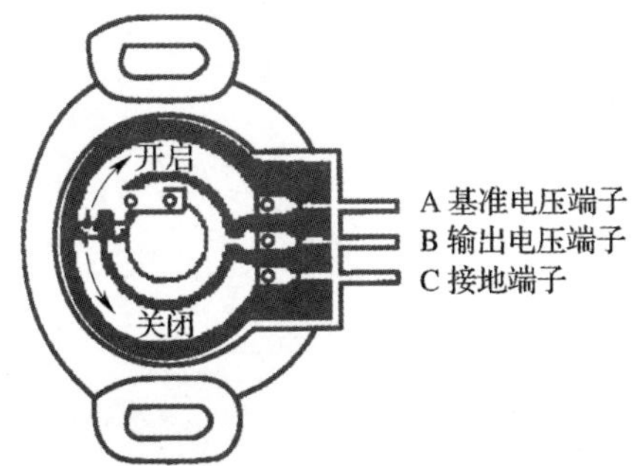

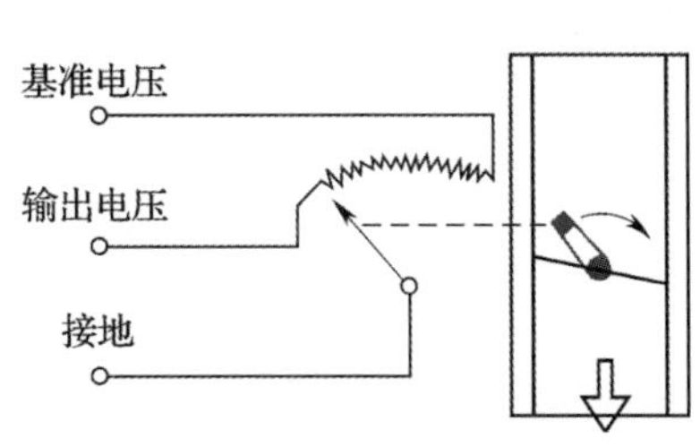

1. 线性可变电阻式节气门位置传感器的优点是什么？

2. 认识可变电阻器。

（1）可变电阻器也称______________________________。

（2）根据以下内容，填写表中阻值和电压值的变化情况。

在裸露的电阻体上，有两个固定端，在两固定点之间紧压着 1－2 个可移金属触点，如果电阻丝直径与材质一定时，则电阻 *R* 随导线长度 *L* 的变化而变化，*L* 越长，*R* 阻值越大，反之亦然。

可变电阻器就是通过转动转轴或滑柄，改变动触点在电阻体上的位置，在动触点与固定触点之间便可得到一个与动触点位置成一定关系的电阻值，从而改变了电压与电流的大小。

<table>
<tr><th>图　示</th><th>触点滑动方向</th><th>变化情况（增大或减小）</th></tr>
<tr><td rowspan="2">A
B
C
直线位移型变阻器</td><td>触点左移</td><td>A、B 间阻值________
C、B 间阻值________</td></tr>
<tr><td>触点右移</td><td>A、B 间阻值________
C、B 间阻值________</td></tr>
<tr><td rowspan="2">A
B
C
直线位移型变阻器应用电路</td><td>触点左移</td><td>U_{AC}____________
U_{AB}____________
U_{BC}____________
灯（变亮□　变暗□）</td></tr>
<tr><td>触点右移</td><td>U_{AC}____________
U_{AB}____________
U_{BC}____________
灯（变亮□　变暗□）</td></tr>
</table>

续表

图　示	触点滑动方向	变化情况（增大或减小）
角位移型变阻器	触点顺时针转动	A、C 间阻值________ C、B 间阻值________
	触点逆时针转动	A、B 间阻值________ C、B 间阻值________
角位移型变阻器应用电路	触点顺时针转动	U_{AC}________ U_{AB}________ U_{BC}________ 灯（变亮□　变暗□）
	触点逆时针转动	U_{AC}________ U_{AB}________ U_{BC}________ 灯（变亮□　变暗□）

3．完成下列表格，总结出线性可变电阻式节气门位置传感器的工作原理。

图　示	结　论
+5V	当触点顺时针转动时： 中间电压表指针________ 右侧电压表指针________

续表

图　示	结　论
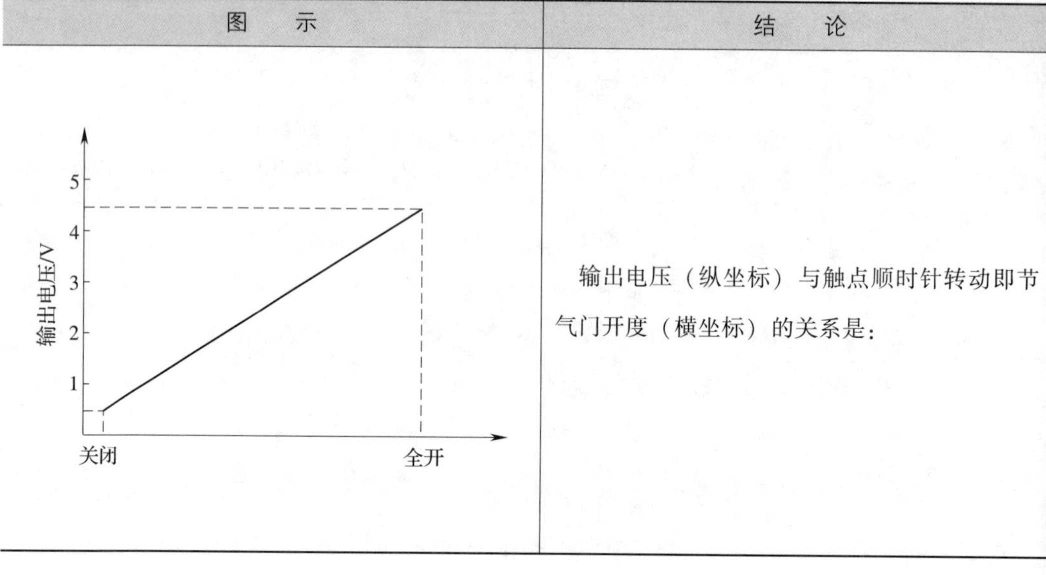	输出电压（纵坐标）与触点顺时针转动即节气门开度（横坐标）的关系是：

结论：线性可变电阻式节气门位置传感器的工作原理为____

4．查阅维修手册及其他资料，做线性可变电阻式节气门位置传感器的性能测试，记录下数据并分析。

（1）线性可变电阻式节气门位置传感器插头端子与电脑连接电路如下图所示，将其绘制到展板上。

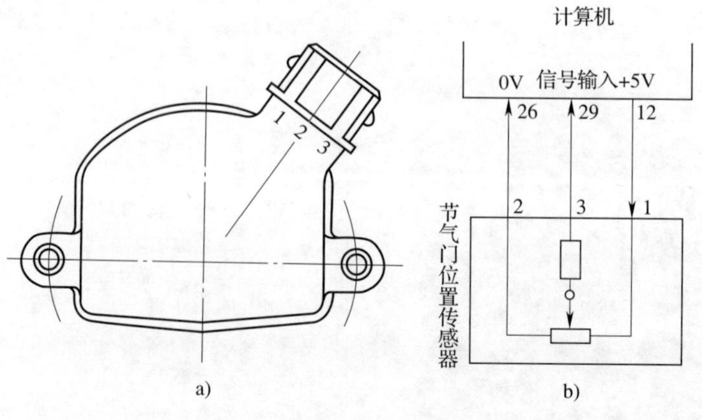

（2）将所测值记录到下表，并进行分析。

	端子号	传感器状态	电阻值
检测节气门位置传感器不同状态下的电阻值	1—3	节气门全闭	
	2—3	节气门全闭	
	1—3	节气门开度逐渐加大	
	2—3	节气门开度逐渐加大	
	1—3	节气门全开	
	2—3	节气门全开	
	结论		

（3）如果电阻不正常或电阻变化有波动，则更换节气门位置传感器；如果电阻正常，则进行下一步检测。

项目	步　　骤	测 量 结 果	结果分析
检测节气门位置传感器电源电压	①在点火开关断开时拔开节气门位置传感器3芯插接器 ②再接通点火开关，测量插头（线束侧）端子1—2之间的电压	电压值：	
接上传感器插头，检测传感器的信号电压	①连接节气门位置传感器插接器 ②接通开关，测量传感器端子2—3之间的电压	节气门闭合时： 节气门逐渐加大： 节气门全开：	
绘图表达	输出电压/V 5 4 3 2 1 关闭　全开		
结论（工作原理）			

提示：如果测量结果为电压低或无，则检修传感器与计算机之间的线路；如果线路正常而计算机的 12 号端子电压低或无，则需检查计算机的电源和搭铁线路或更换计算机；如果电压正常，则进行信号电压检测。

（4）当线性可变电阻式节气门位置传感器信号不正常时应如何处理？更换线性可变电阻式节气门传感器后需要做哪些处理？

5. 节气门的常见故障有哪些？

6. 读取测量数据流。

查阅维修手册，读取测量数据流。

改变节气门开度，读取相应的数据流。

进行比较，结果分析：____
____

四、综合式节气门位置传感器

1. 综合式节气门位置传感器由一个电位计和一个怠速触点组成。综合式节气门位置传感器是在线性可变电阻式节气门位置传感器的基础上加装了一个怠速开关。怠速时怠速触点________，输出________工况信号；______工况节气门位置传感器信号电压随节气门开度的增大而______。其控制电路如下图所示。

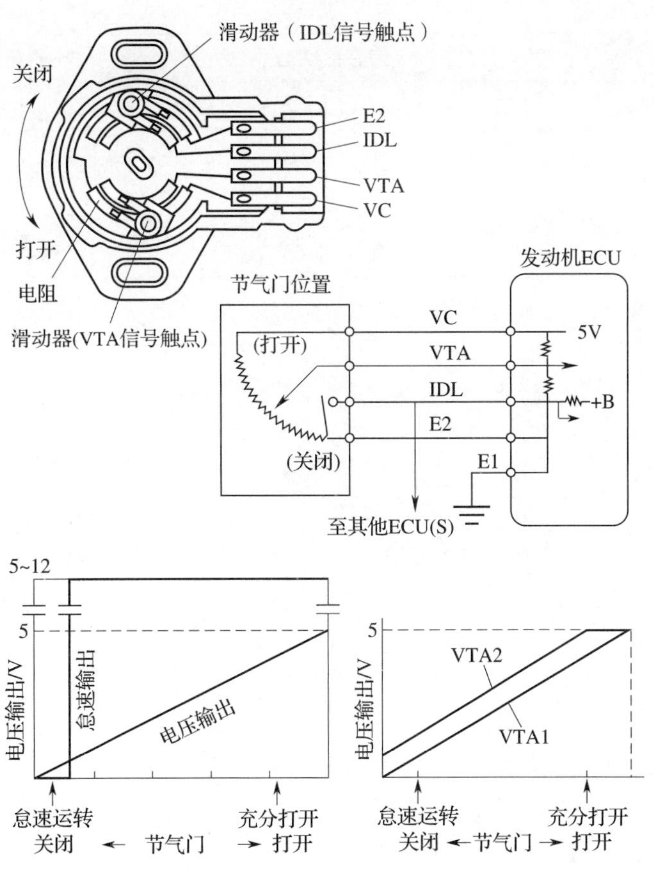

2. 综合式节气门位置传感器插头端子与连接电路如下图所示，将其绘制到展板上，并进行综合式节气门位置传感器的性能测试，记录下数据并分析。

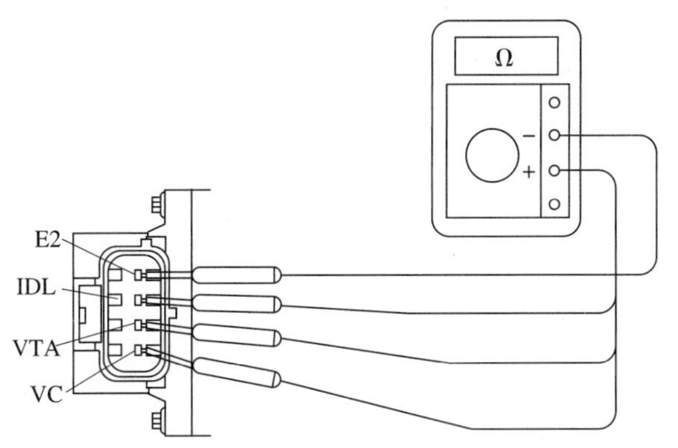

端子号	传感器状态	电阻值或电压值
IDL—E2	节气门全闭	电阻值：
IDL—E2	节气门全开	电阻值：
VC－E2	节气门全开	电压值：

续表

端子号	传感器状态	电阻值或电压值
VTA－E2	节气门全开	电压值：
VTA－E2	节气门全闭	电压值：
结论 （工作原理）		

3．读取测量数据流。

查阅维修手册，读取测量数据流。

改变节气门开度，读取相应的数据。

进行比较，结果分析：______________________________

____

4．实训车辆的节气门位置传感器属于哪一种？测得结果如何？

五、进气温度传感器

1．进气温度传感器的作用是什么？

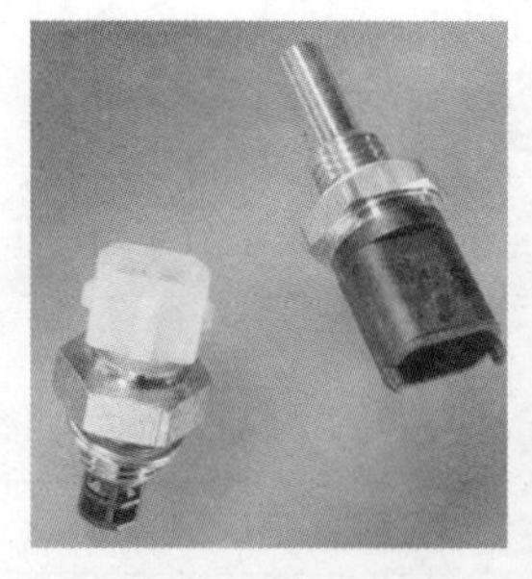

2．进气温度传感器的核心元件是__________电阻，其阻值随温度的上升而________。温度传感器常用的热敏电阻可分为正温度系数型热敏电阻、负温度系数型热敏电阻、临界温度型热敏电阻和线性热敏电阻。汽车普遍采用的是______温度系数热敏电阻。

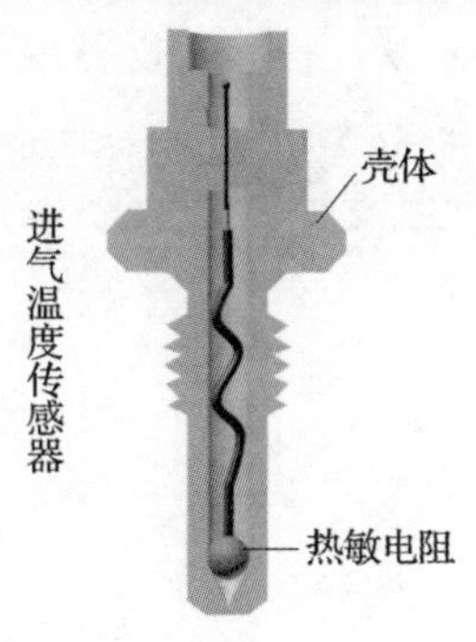

3．认知进气温度传感器，叙述其功用并填写下表。

<table>
<tr><td rowspan="7">进气温度传感器</td><td>英文缩写</td><td></td></tr>
<tr><td>安装位置</td><td>通常装于：
实训车装于：</td></tr>
<tr><td>功用</td><td></td></tr>
<tr><td>信号类型</td><td>控制单元计算喷油时间和点火时间的（主要□　辅助□）信号</td></tr>
<tr><td>接线端子数</td><td></td></tr>
<tr><td>工作原理</td><td></td></tr>
<tr><td colspan="2"></td></tr>
<tr><td rowspan="5">热敏电阻相关知识</td><td>什么是热敏电阻？</td><td></td></tr>
<tr><td>什么是正温度系数型热敏电阻？</td><td></td></tr>
<tr><td>什么是负温度系数型热敏电阻？</td><td></td></tr>
<tr><td rowspan="2">汽车上温度传感器是哪种形式的热敏电阻？</td><td></td></tr>
<tr><td>结论：进气温度传感器是（正□　负□）温度系数型热敏电阻，其阻值随温度的升高而（升高□　降低□）</td></tr>
</table>

六、冷却液温度传感器

1．认知冷却液温度传感器，并能叙述其功用。

冷却液温度传感器	英文缩写	
	安装位置	通常装于： 实训车装于：
	功用	
	信号类型	控制单元计算喷油时间和点火时间的（主要□　辅助□）信号
	接线端子数	
	工作原理	
与进气温度传感器比较	相同点	
	不同点	
结论		

2．用扳手拆下冷却液温度传感器并进行性能测试，记录下数据并分析。

	步　骤	测量结果	结果分析
检测冷却液温度传感器的电阻	断开点火开关，拔下传感器插头		
	测量插座端子 THW－E2 之间的电阻 THW　E2 冷却液温度传感器	电阻值：	

续表

<table>
<tr><th></th><th>步　骤</th><th>测 量 结 果</th><th>结果分析</th></tr>
<tr><td>检测冷却液温度传感器的电阻</td><td> 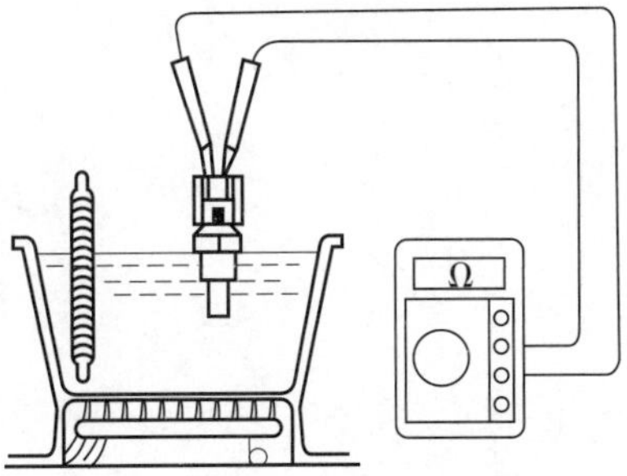将冷却液传感器置于装满水的电热杯中，加热杯中的水以改变冷却液传感器的温度，其电阻值会相应改变，测量插座端子 THW－E2 之间的电阻</td><td>

温度/℃	电阻值	温度/℃	电阻值
−5		60	
0		70	
20		80	
30		90	
40		100	

</td><td></td></tr>
<tr><td>绘图并与标注曲线进行比较</td><td colspan="3">电阻/kΩ；0；温度/℃
实测曲线
电阻/kΩ：40、12、10、8、6、4、2、1、0.8、0.6、0.4、0.2；温度/℃：-20、0、20、40、60、80、100、120
标准曲线</td></tr>
<tr><td>结论</td><td colspan="3"></td></tr>
</table>

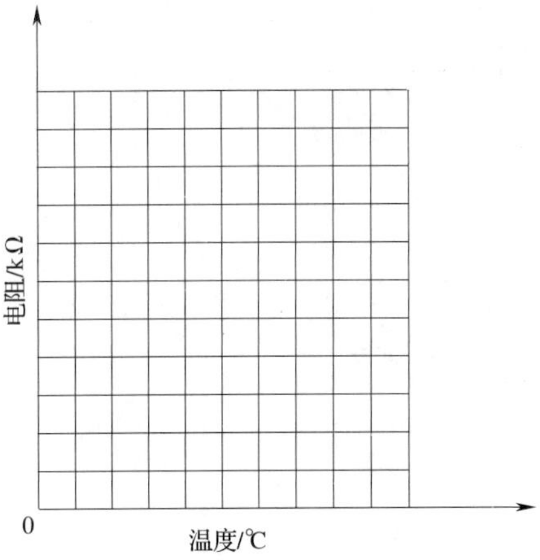

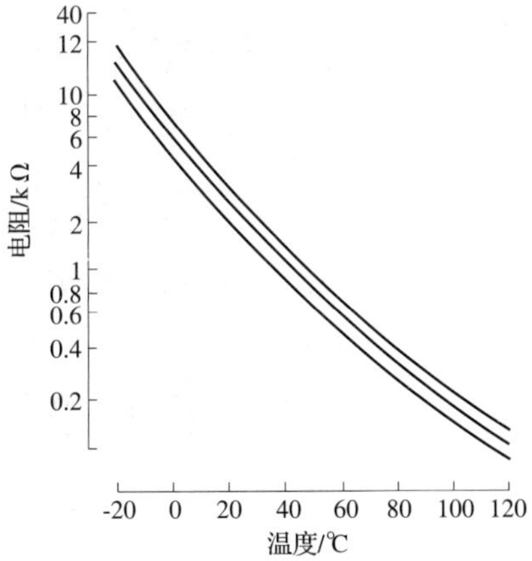

注：如果测量传感器的电阻过大或过小、电阻值随温度变化与其特性曲线不符，均需更换进气温度传感器。

3. 检测冷却液温度传感器电源电压及信号电压。

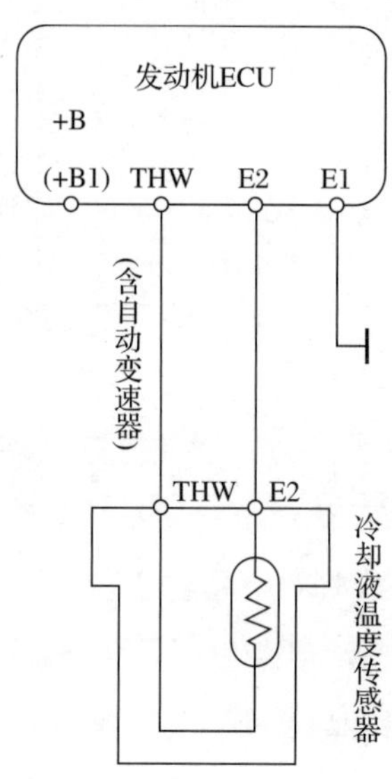

项目	方　　法	测量或检查结果	结果分析
检测电源电压	在点火开关（闭合□　断开□）时拔开进气温度传感器 2 芯插接器		
	再接通点火开关，测量插头（线束侧）端子 THW－E2 之间的电压，应为____ V	电源电压值：________	
	如果电源电压低或无，则应检修		
	若线路正常，而计算机 THW 信号端子的电压低或无，则需检查		
检测信号电压	用吹风机对着传感器轻吹，观察信号电压的变化	温度高时，电压：________ 温度低时，电压：________	
结论			

4. 读取测量数据流。

查阅维修手册，读取测量数据流。

其数据流与进气温度传感器有何异同?

5. 判断下面叙述是否正确。

(1) 冷却液温度传感器信号不正常，将影响喷油控制系统对发动机冷却液温度变化的修正，可能会造成发动机的油耗和排气污染上升。（　　）

(2) 冷却液温度传感器信号不正常，可能造成冷起动困难或不能起动、发动机间隙熄火、怠速不稳定或怠速过高等。（　　）

(3) 冷却液温度传感器常见的故障有：

①冷却液温度传感器感受温度部分脏污，使传感器热敏元件感受进气温度变化的灵敏度下降，从而导致其电阻值不能反映实际的进气温度。（　　）

②冷却液温度传感器内部线路接触不良而使传感器无信号或信号不正常。（　　）

③冷却液温度传感器热敏元件老化而使信号不正常。（　　）

④如连接线路出现故障，则需更换传感器。（　　）

6. 在教师的指导下设置冷却液温度传感器的故障，观察故障现象并分析原因。

7. 进气温度传感器的性能测试方法与冷却液温度传感器的基本相同。查阅相关资料，简述测试上的差别。

七、总结与思考

1. 有些车型进气温度传感器与进气压力传感器或空气流量计装在一起，你能举出几个例子吗?

2. 下图所示为一大众车型冷却液温度传感器插头端子与电脑连接的电路图，查阅资料并分析、解释以下符号标记。

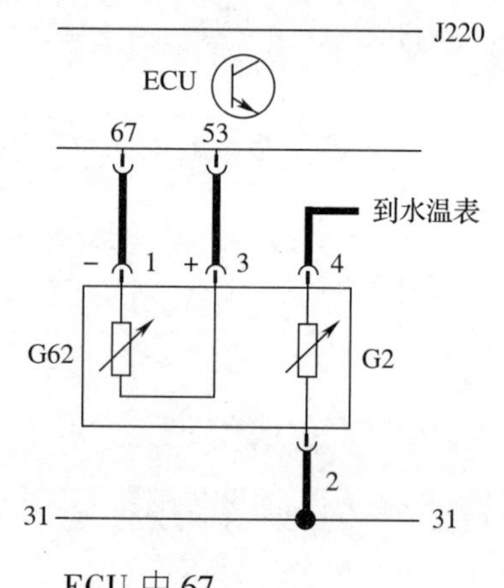

J220：__________　　ECU 中 67：__________　　53：__________

学习活动6　氧传感器和爆震传感器的拆检

学习目标

1. 能找出并能拆检氧传感器和爆震传感器。

2. 能叙述氧传感器、爆震传感器的结构和工作原理。

3. 能绘制氧传感器、爆震传感器控制原理图，并能叙述控制原理。

4. 能检测和分析氧传感器、爆震传感器的性能。

建议学时：8 学时

学习准备

维修手册、万用表、诊断仪、诊断仪使用说明书、车辆、发动机试验台架、各种氧传感器和爆震传感器、发动机电脑 ECU 等。

学习过程

一、氧传感器

1. 在车上能找到氧传感器，向组员描述其功用并补充下表。

氧传感器

<table>
<tr><td rowspan="7">氧传感器</td><td>英文缩写</td><td></td></tr>
<tr><td>安装位置</td><td>通常装于：
实训车装于：
实训车上有________个氧传感器</td></tr>
<tr><td>功用</td><td></td></tr>
<tr><td>信号类型</td><td>控制单元计算喷油时间的（主要□　辅助□）信号</td></tr>
<tr><td>接线端子数</td><td> 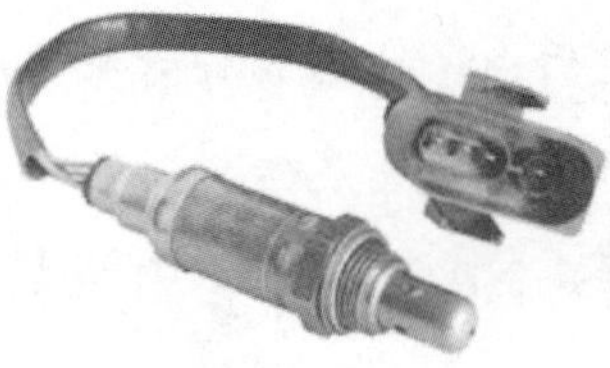通常有：
实训车上有：</td></tr>
<tr><td>工作原理</td><td></td></tr>
<tr><td colspan="2"></td></tr>
<tr><td rowspan="3">空燃比</td><td>14.7:1 的含义</td><td></td></tr>
<tr><td>大于 14.7:1</td><td></td></tr>
<tr><td>小于 14.7:1</td><td></td></tr>
<tr><td rowspan="2">开、闭环控制</td><td colspan="2"> 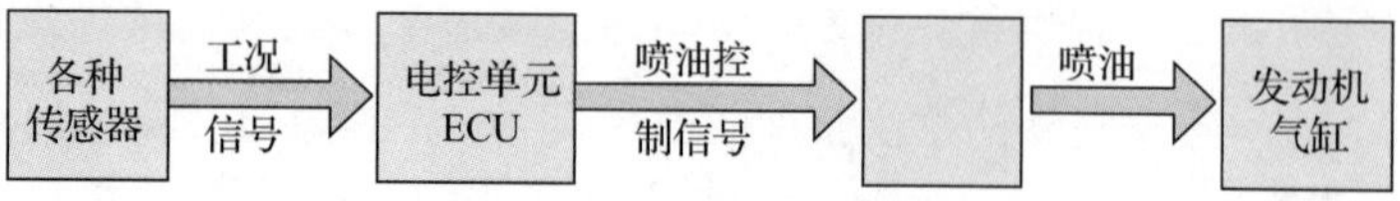各种传感器 → 工况信号 → 电控单元 ECU → 喷油控制信号 → □ → 喷油 → 发动机气缸
____环控制示意图</td></tr>
<tr><td colspan="2"> 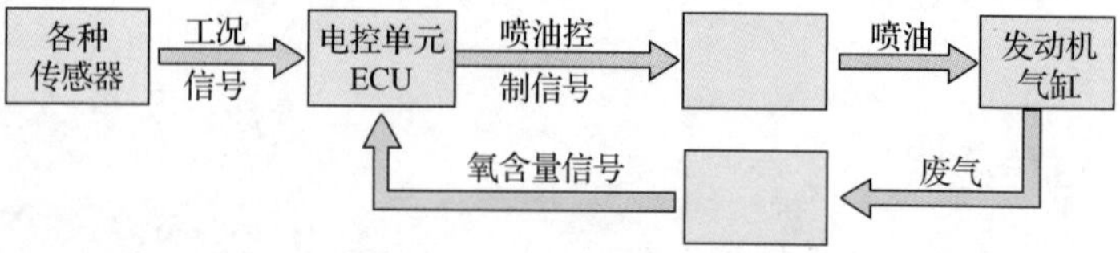各种传感器 → 工况信号 → 电控单元 ECU → 喷油控制信号 → □ → 喷油 → 发动机气缸 → 废气 → □ → 氧含量信号 → 电控单元 ECU
____环控制示意图</td></tr>
</table>

何种工况采用开环控制：

何种工况采用闭环控制：

2. 查阅维修手册，准备工量具，掌握拆装氧传感器的步骤和注意事项。拆装氧传感器并结合完成任务情况，填写以下内容。

（1）拆卸和安装前，必须先断开__________，否则将损坏电子元件。

（2）拆卸________，拔下氧传感器的导线连接器，注意不要烫手。

（3）松开两固定螺栓，拆下传感器并进行检查。

（4）检查氧传感器外壳上的通气孔有无堵塞、陶瓷心有无破损。如有损坏，应更换氧传感器。

（5）检查传感器的颜色，氧传感器正常颜色为（淡灰色□　黑色□）。若为白色，说明有（铅□　硅□）污染，此时必须更换氧传感器；若为棕色，则为（铅 □　硅□）污染，此时必须更换氧传感器，并换用无铅汽油；若（白色□　黑色□），则是由积炭造成，在排除发动机积炭故障后，一般可以自动清除氧传感器上的积炭。

3. 查阅维修手册及其他资料，检查并确定实训车辆氧传感器的类型，补齐以下框图内容。

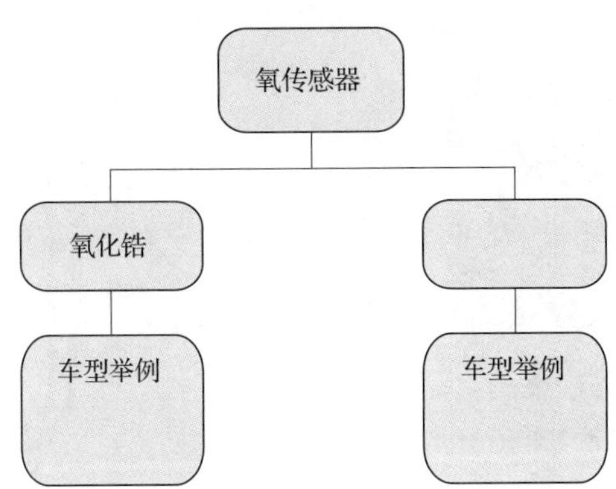

实训车辆所用氧传感器为____________，共有________个氧传感器。

二、氧化锆（ZrO_2）传感器

1. 查阅维修手册及其他资料，对照实物叙述氧化锆传感器的结构特点，补齐以下结构图内容。

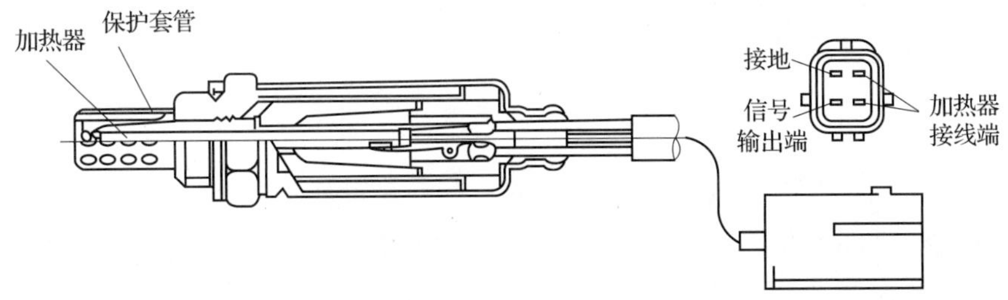

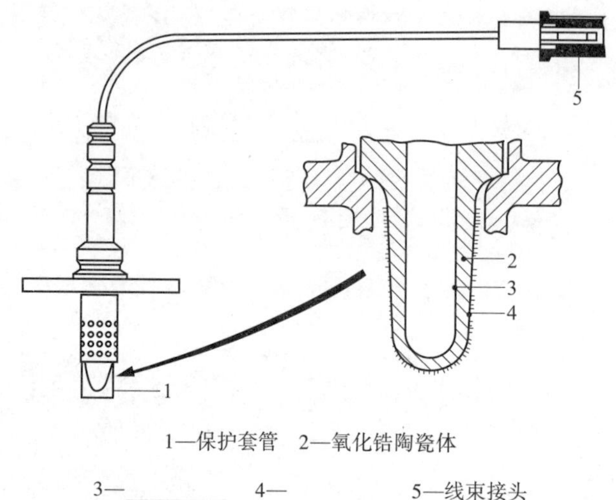

1—保护套管　2—氧化锆陶瓷体

3—__________　4—__________　5—线束接头

2. 查阅维修手册及相关氧传感器的资料，与组员相互叙述氧化锆传感器的工作过程，并判断下列问题。

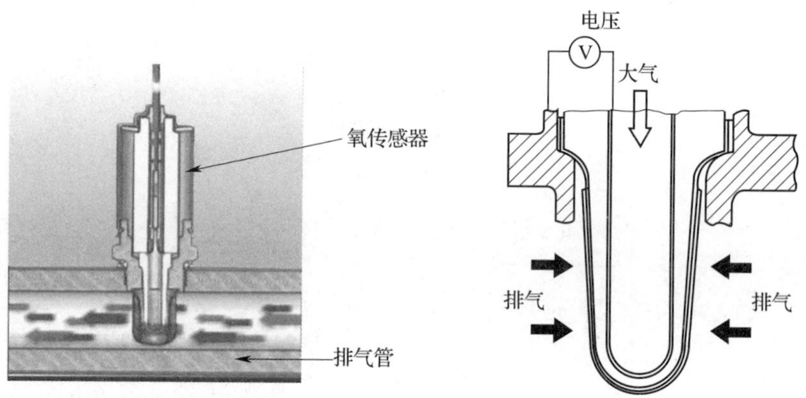

（1）稀混合气时，输出电压为 1 V；浓混合气时，输出电压接近于零。　（　　）

（2）稀混合气时，输出电压几乎为零；浓混合气时，输出电压接近 1 V。　（　　）

（3）锆管内、外侧氧浓度差加大，两铂极间电压陡减。　（　　）

（4）氧化锆传感器能准确地保持混合气浓度为理论空燃比，即空燃比等于 14.7。　（　　）

（5）氧化锆传感器在温度超过 600℃ 后才能正常工作，所以要加装一个电加热元件（即电热丝）。　（　　）

（6）凡有三根或四根接线的氧化锆传感器，都有电加热元件。　（　　）

（7）氧化锆传感器通过检测发动机废气中氧的含量向计算机反馈混合气的浓度信息，实现闭环控制。　（　　）

（8）装有氧化锆传感器的汽车禁止使用含铅汽油。　　　　　　　　　　　　　　　　（　　）

3．在展板上绘出氧化锆传感器的工作特性图，并解释含义。

图　示	含　义
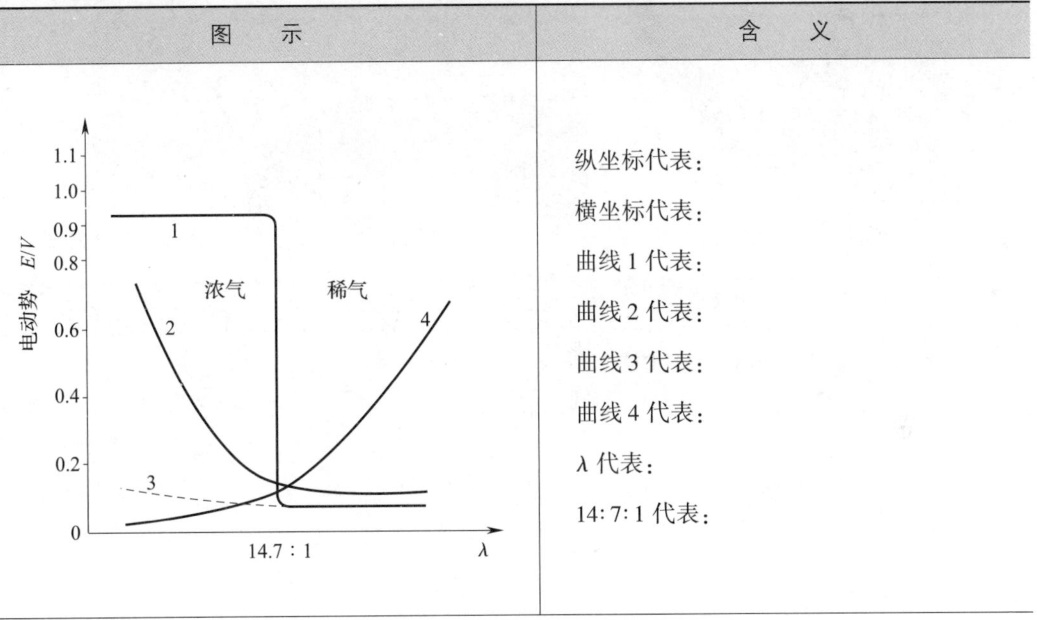	纵坐标代表： 横坐标代表： 曲线 1 代表： 曲线 2 代表： 曲线 3 代表： 曲线 4 代表： λ 代表： 14:7:1 代表：

当 λ 由小变大即混合气浓度由浓变稀时，曲线 1、2、3、4 各如何变化？

4．查阅维修手册及其他资料，做氧化锆传感器的性能测试，记录下数据并进行分析。

（1）氧化锆传感器插头端子与电脑连接电路如下图所示，将其绘制到展板上。

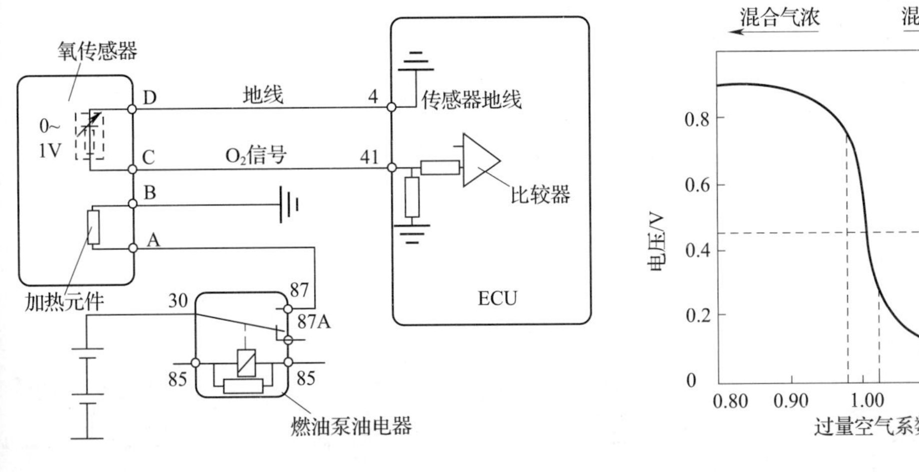

(2) 检测氧化锆传感器的电阻，将所测值记录到下表并进行分析。

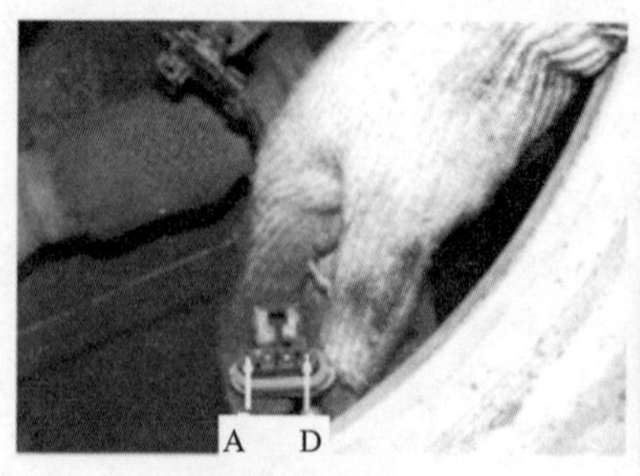
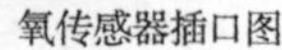

氧传感器插口图

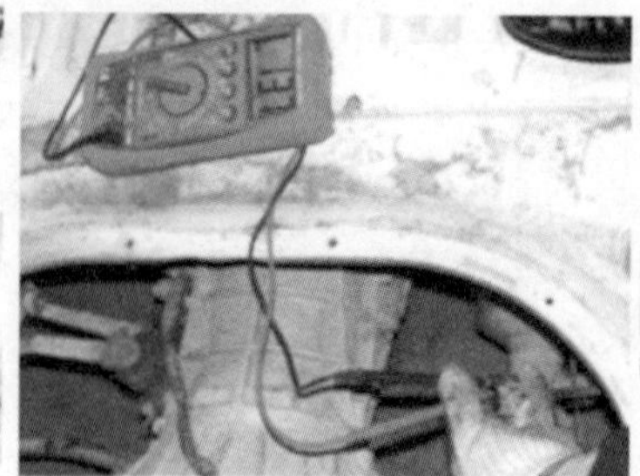

氧传感器检测图

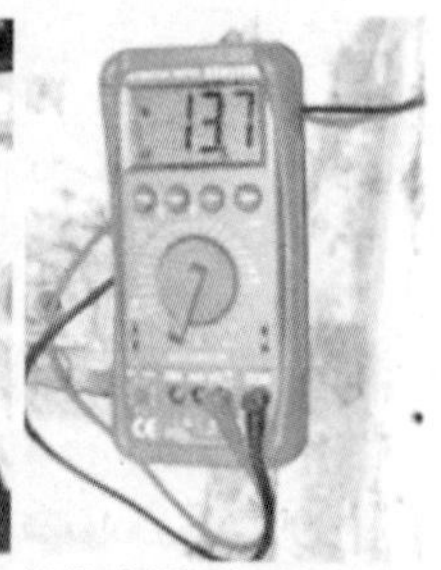

氧传感器加热器电阻值

<table>
<tr><th>项目</th><th colspan="2">方法</th><th>测 量 结 果</th><th>结果分析</th></tr>
<tr><td>检测氧
传感器电阻</td><td colspan="2">测量端子 A—D 的电阻
（见上图）</td><td>电阻值：</td><td></td></tr>
<tr><td rowspan="6">测量氧传感器
反馈电压</td><td colspan="4">发动机起动后以 2 500 r/min 的转速连续运转 2～3 min，使发动机和氧传感器达到正常工作温度
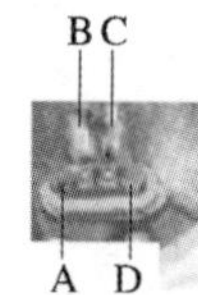
</td></tr>
<tr><td>端子号</td><td>测　　量</td><td colspan="2">电压值</td></tr>
<tr><td>A—B</td><td>电压表的正极接 A 端子
负极接 B 端子或蓄电池负极</td><td colspan="2"></td></tr>
<tr><td>C—D</td><td>电压表的正极接 C 端子
负极接 D 端子或蓄电池负极
发动机转速 2 500 r/min 左右</td><td colspan="2"></td></tr>
<tr><td>C—D</td><td>状态同上
人为使混合气变浓</td><td colspan="2"></td></tr>
<tr><td>C—D</td><td>状态同上
人为使混合气变稀</td><td colspan="2"></td></tr>
<tr><td>结论</td><td colspan="4"></td></tr>
<tr><td>讨论</td><td colspan="4">A—B 若没有电压，则说明________________有故障，此时应检测________________
____
实训车是哪种形式的的传感器？________________________</td></tr>
</table>

5. 读懂大众车系电路图，并完成下表。

图　示	分　析
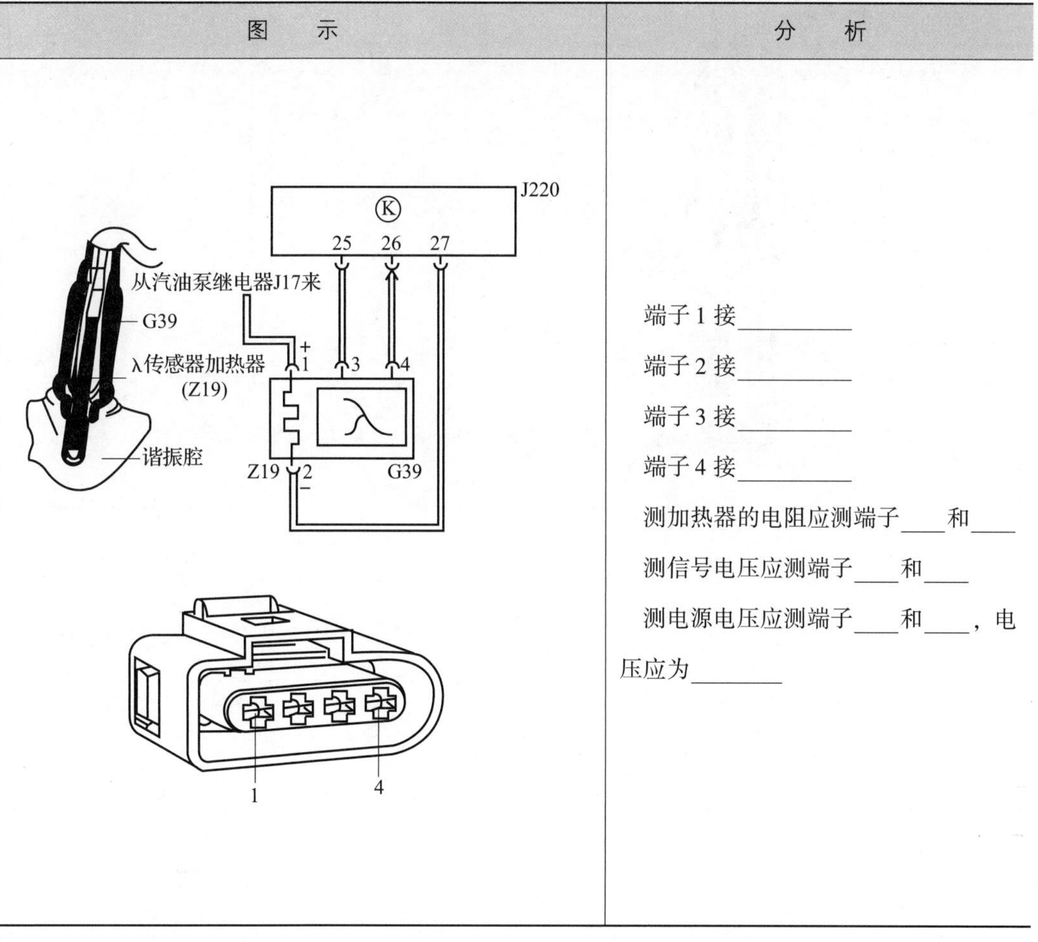	端子 1 接________ 端子 2 接________ 端子 3 接________ 端子 4 接________ 测加热器的电阻应测端子____和____ 测信号电压应测端子____和____ 测电源电压应测端子____和____，电压应为________

6. 读取动态数据流。

查阅维修手册，读取氧化锆传感器动态数据流。

结果分析：____

____

三、氧化钛（TiO_2）传感器

1. 查阅维修手册及其他资料，对照实物和结构图叙述氧化钛传感器的结构特点。

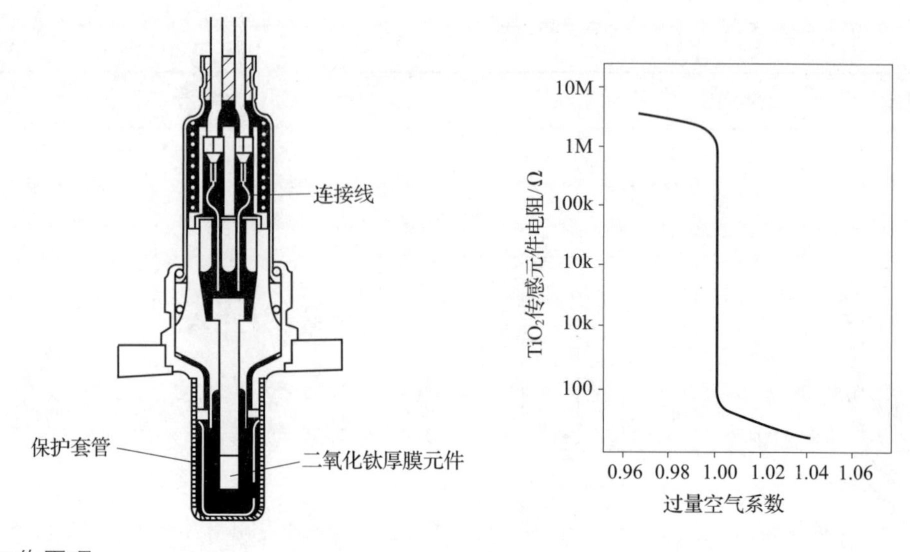

工作原理：____

____

氧化钛传感器是利用____

____

2. 进行氧化钛传感器的性能测试，记录下数据并进行分析。

(1) 氧化钛传感器插头端子与电脑连接电路如下图所示，将其绘制到展板上。

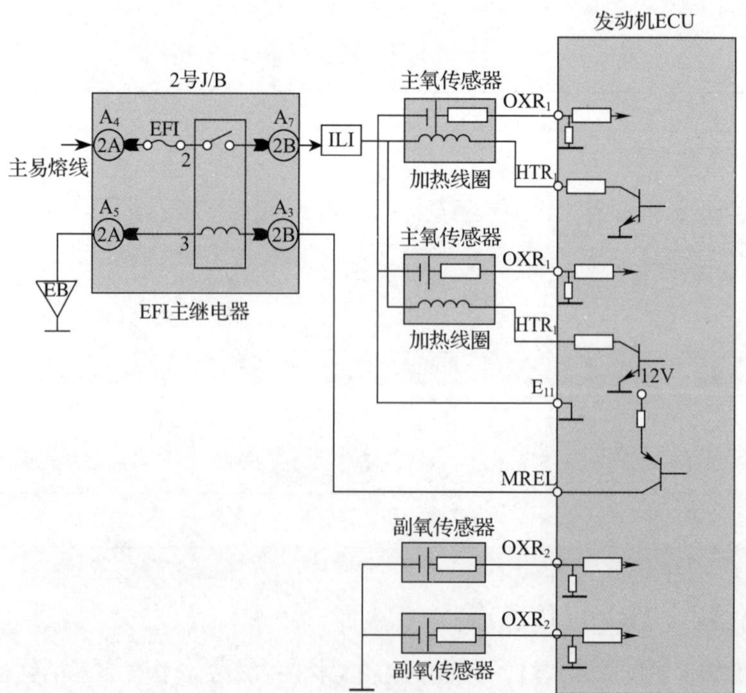

（2）查阅资料，分析电路图，图中有________个氧传感器。

（3）它们各应装于什么位置？

（4）主氧传感器的加热线圈的电源由____________提供，电压是____________。

（5）测量方法、数据流读取方法同氧化锆传感器，组员之间相互检查操作。

（6）如两主氧传感器的加热线圈都没有电，如何检修？写出检修步骤。

3. 氧传感器最常见的故障是失效，主要有以下几个原因：

（1）铅中毒：____

____

（2）积炭中毒：____

____

（3）尘土堵塞：____

____

四、三元催化反应器

1. 结合下图，说明三元催化反应器的作用和工作原理。

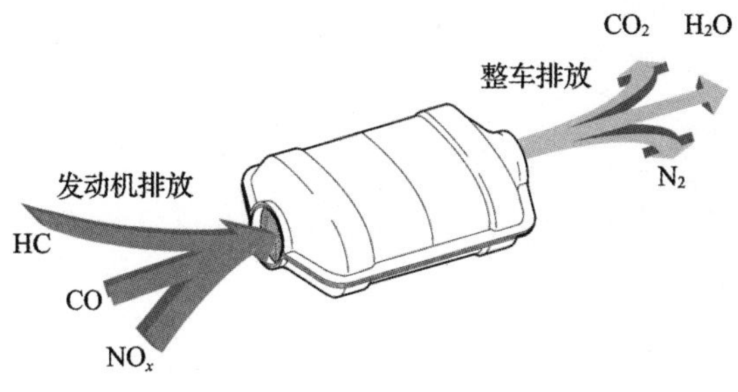

2．三元催化反应器的组成与结构如下图所示，查阅资料并填空。

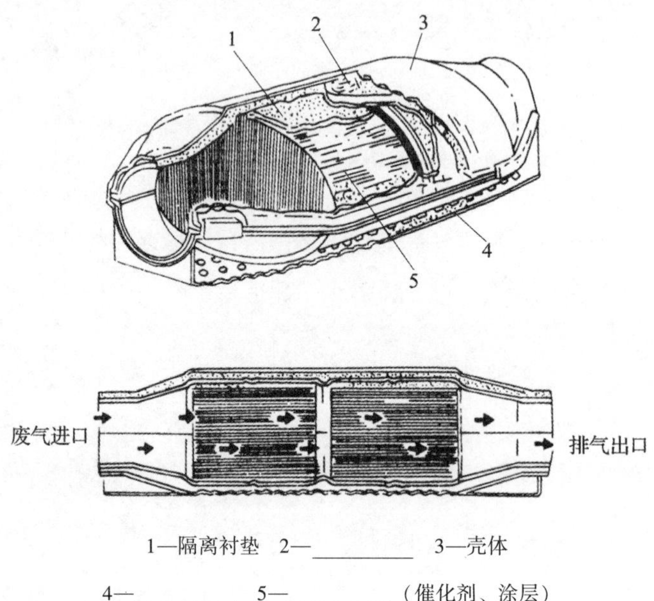

1—隔离衬垫　2—________　3—壳体

4—________　5—________（催化剂、涂层）

其中，载体为蜂窝状的陶瓷体，载体的孔洞表面有氧化铝涂层，将____（Pt）和____（Rh）组成的催化剂牢固地粘附在孔洞表面。发动机排出的废气从载体的孔洞中通过时，在催化剂的作用下起化学反应。

催化剂是：____。

3．三元催化反应器安装于____________________。

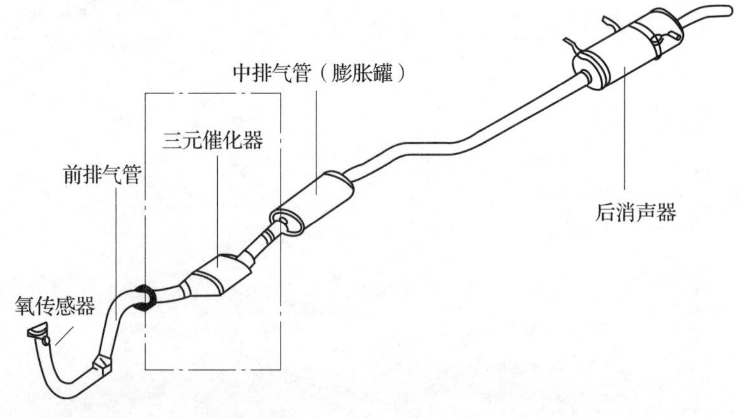

4．三元催化反应器的使用与检修。

（1）三元催化反应器常见的故障。

1）铅中毒：____。

2）如排气中的__________含量过高而使三元催化反应器内的反应（燃烧）过于强烈，

使反应器温度过高而被烧坏或长期在高温下工作而老化。

（2）检修实训车的三元催化反应器。

步　骤	检修结果	结论
①三元催化反应器是否有破裂、破损	是□ 否□	
②用手电筒检查三元催化反应器排气口是否被积炭堵塞（不允许使用含铅汽油）	是□ 否□	
③用数字式高温检测计检测三元催化反应器入口和出口的温差是否小于38℃	是□ 否□	
④用尾气分析仪检测排气流中的有害物质是否超标	是□ 否□	

五、爆震传感器

1. 认识并在车上找到爆震传感器，向同组人员描述其功用并填表。

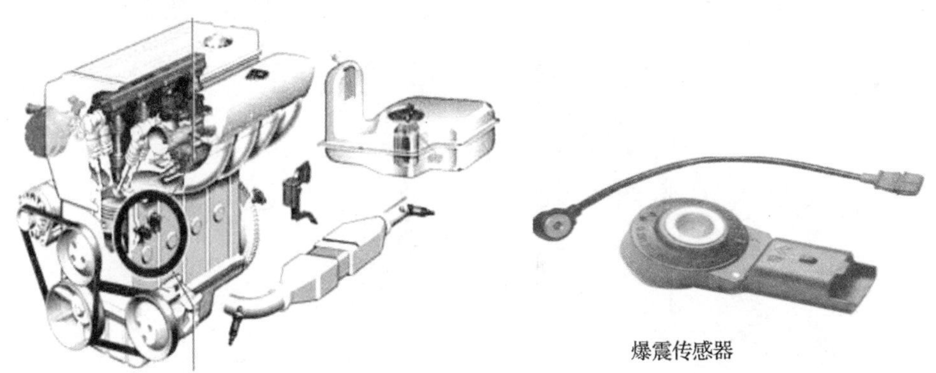

爆震传感器

爆震传感器	英文缩写	
	安装位置	装于： 实训车上有________个爆震传感器
	功用	
	信号类型	控制单元计算点火时间的（主要□　辅助□）信号
	接线端子数	通常： 实训车：
	工作原理	

2. 查阅维修手册，准备工量具，掌握拆装爆震传感器的步骤和注意事项。拆装爆震传感器并结合完成任务情况，完成以下内容。

（1）拆卸和安装前，必须先断开__________，否则将损坏电子元件。

（2）拆卸________，拔下爆震传感器的导线连接器。

（3）拆下爆震传感器并进行检查。

3. 查阅维修手册及其他资料，检查并确定实训车辆爆震传感器的类型，补齐框图内容。

（1）爆震传感器的类型。

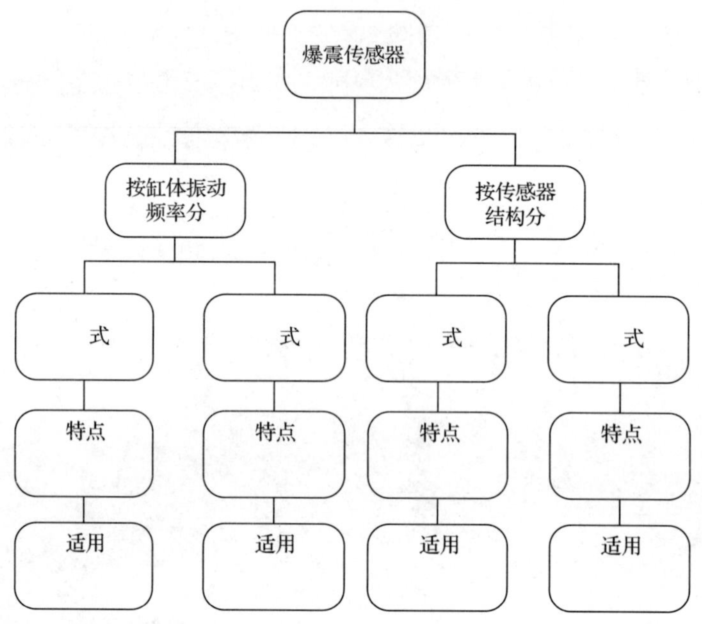

（2）控制方式。

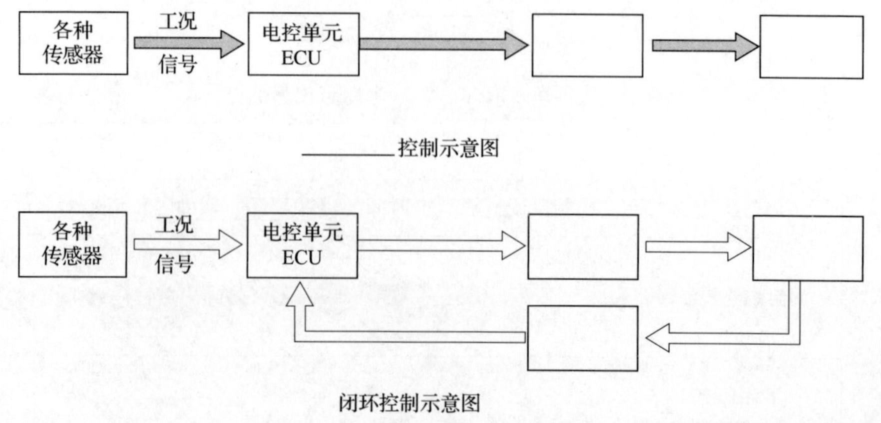

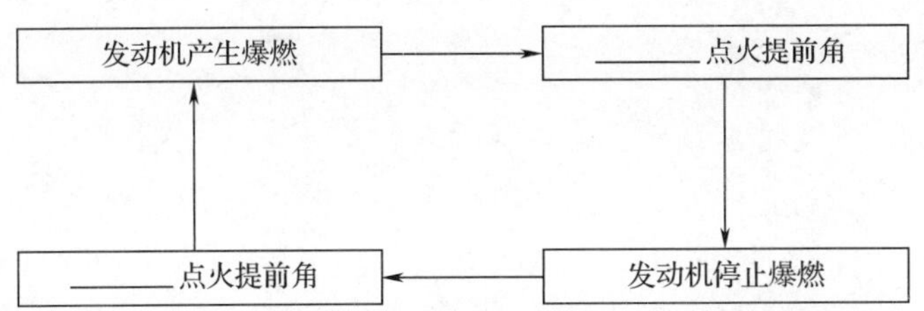

4．对照实物叙述爆震传感器的结构特点和工作原理，并填写下表。

类型	结　　构	工 作 原 理
电感式	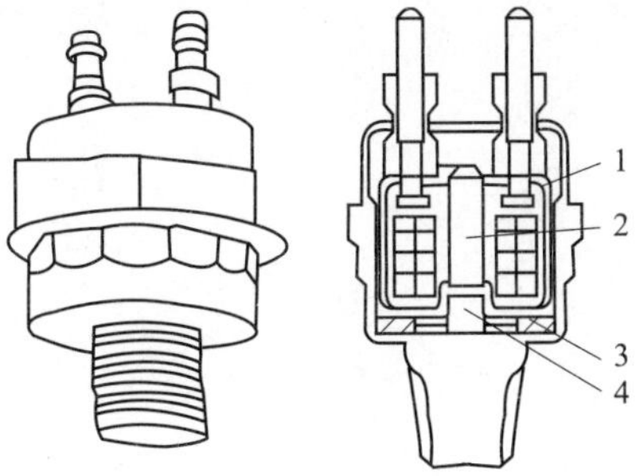 1— ________ 2— ________ 3— ________ 4— ________	工作原理：
压电式	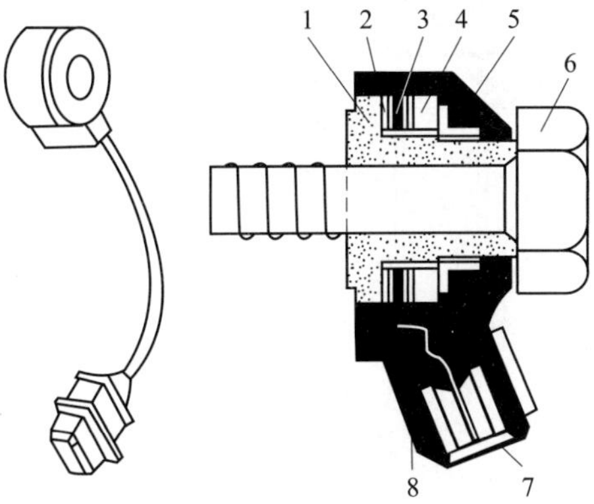 1—底座 2—绝缘垫圈 3— ________ 4— ________ 5—壳体 6—固定螺栓 7— ________ 8— ________	工作原理：

5．根据爆震传感器的工作特性图简述爆震传感器的工作过程。

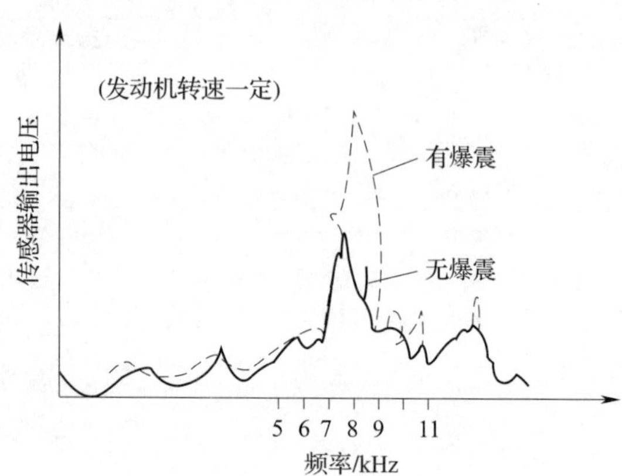

6．做爆震传感器的性能测试，记录下数据并分析。

（1）测量传感器电阻。

1）用万用表测量传感器两端子之间电阻值。记录：__________

2）用万用表测量传感器端子与传感器壳体之间电阻值。记录：__________

（2）连接插接器，闭合点火开关，使发动机处于怠速（或发动机不工作，用金属棒敲击缸体），用万用表在传感器侧检查传感器两端子之间电压值。记录：__________

（3）爆震传感器插头端子与电脑连接电路如下图所示，将其绘制到展板上并填空。

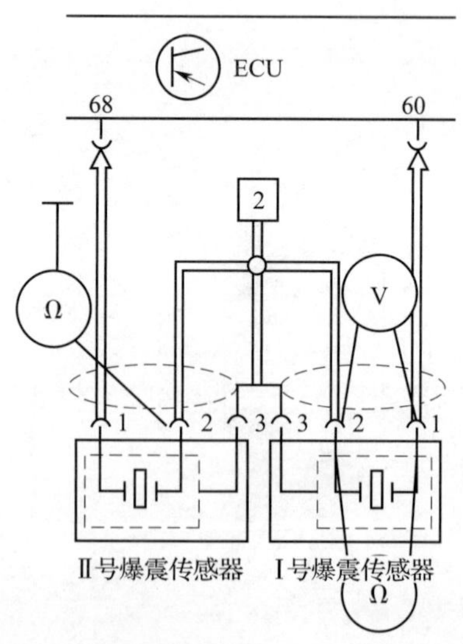

端子 1 为__________ 端子 2 为__________ 端子 3 为__________

（4）实训车辆爆震传感器的数据分析。

六、总结与思考

1. 发动机在何种工况下采用开环控制？在何种工况下采用闭环控制？

2. 脱开节气门体上的真空软管，使进气管漏气，混合气会变浓还是变稀？为什么？

3. 用突然踩下或松开加速踏板的方法来改变混合气浓度。在突然踩下加速踏板时，混合气会变浓还是变稀？为什么？

学习活动 7 怠速控制阀的拆检

学习目标

1. 能叙述发动机电子控制系统的名称和功用。

2. 能对照实物叙述怠速控制阀的类型、结构和工作原理。

3. 能检测和分析怠速控制阀的性能，判断其好坏。

4. 能对怠速控制阀控制端子的电压进行测量和分析。

建议学时：10 学时

学习准备

维修手册、万用表、诊断仪、车辆、发动机试验台架、相关电路图册、各种怠速控制阀、发动机电脑 ECU 等。

学习过程

一、电控发动机控制系统

仔细阅读下图，并查阅资料或网络信息，组员之间相互叙述电控发动机的控制原理，并将控制系统相对应的功用、名称序号、主要元器件填入下表中。

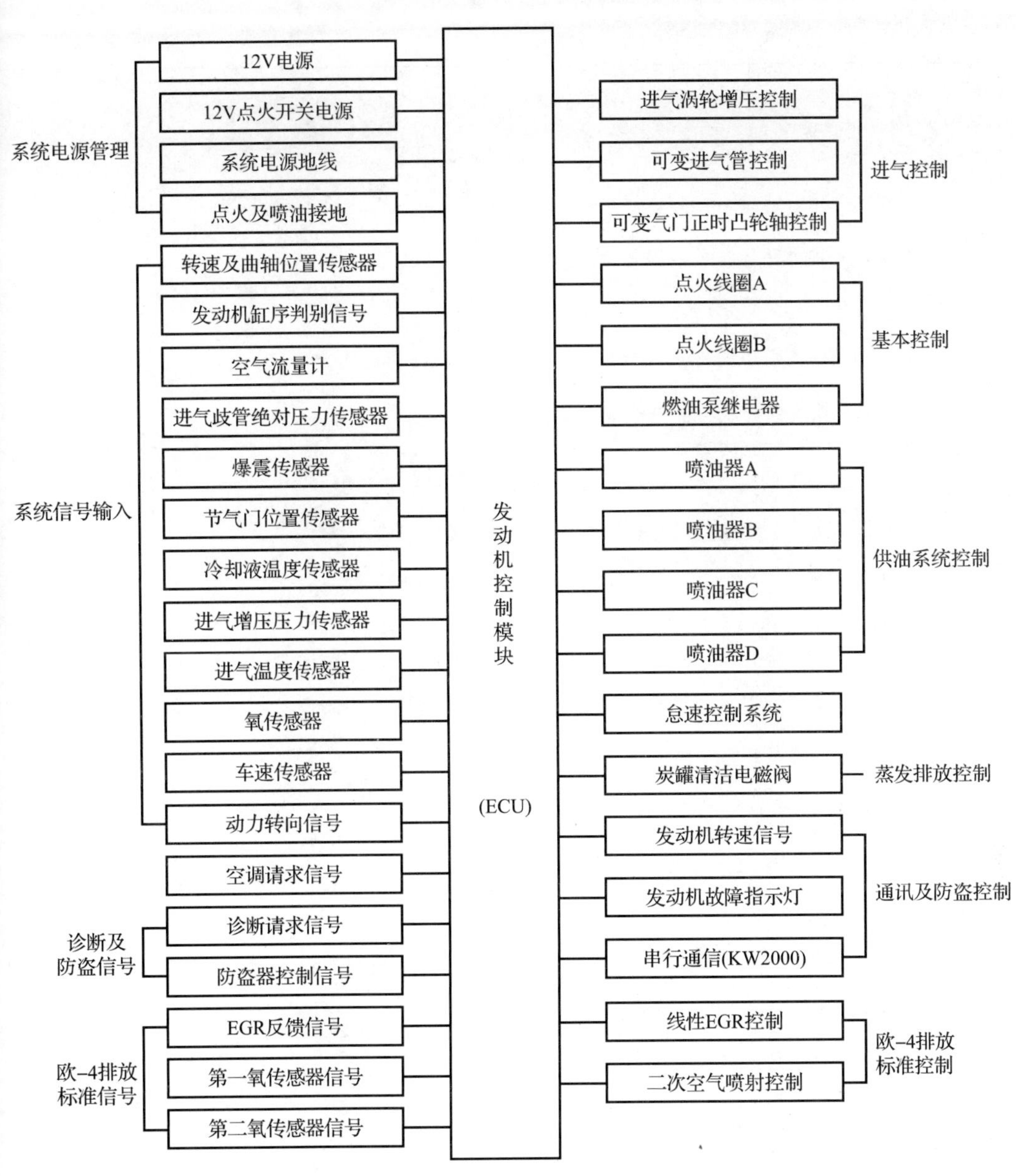

控制系统名称	控制系统的功用	所用实训车辆是否有此系统	主要相关元器件
	根据进气量和发动机转速确定基本喷油量，以及根据其他传感器（如冷却液温度传感器、节气门位置传感器等）信号等对喷油量进行修正，使发动机在各种运行工况下均能获得最佳浓度的混合气，从而提高发动机的动力性、经济性和排放性		

续表

控制系统名称	控制系统的功用	所用实训车辆是否有此系统	主要相关元器件
	点火提前角控制。根据各相关传感器信号，判断发动机的运行工况和运行条件，选择最理想的点火提前角点燃混合气，从而改善发动机的燃烧过程，以实现提高发动机动力性、经济性和降低排放污染的目的		
	在发动机怠速工况下，根据发动机冷却液温度、空调压缩机是否工作、变速器是否挂入挡位等，通过怠速控制阀对发动机的进气量进行控制，使发动机随时以最佳怠速转速运转		
	对发动机排放控制装置的工作实行电子控制。排放控制项目主要包括：废气再循环（EGR）控制、活性炭罐电磁阀控制、氧传感器和空燃比闭环控制、二次空气喷射控制等		
	根据发动机转速和负荷的变化，对发动机的进气进行控制，以提高发动机的充气效率，从而改善发动机的动力性		
	对发动机进气增压装置的工作进行控制。在装有废气涡轮增压装置的汽车上，ECU 根据检测到的进气管压力，对增压装置进行控制，从而控制增压装置对进气增压的强度		
	设定巡航控制模式后，ECU 根据汽车运行工况和运行环境信息，自动控制发动机工作，使汽车自动维持一定的车速行驶		
	由 ECU 控制各种指示和报警装置，一旦控制系统出现故障，该系统能及时发出信号以警告提示		
	用来提示驾驶员发动机有故障；同时，系统将故障信息以设定的数码（故障码）形式储存在存储器中，以便帮助维修人员确定故障类型和范围		

续表

控制系统名称	控制系统的功用	所用实训车辆是否有此系统	主要相关元器件
	当传感器或传感器线路发生故障时，控制系统自动按电脑中预先设定的参考信号值工作，以便发动机能继续运转		
	当控制系统电脑发生故障时，自动启用备用系统（备用集成电路），按设定的信号控制发动机转入强制运转状态，以防车辆停驶在路途中		

备选系统：

A. 警告系统　B. 怠速控制系统　C. 进气控制系统

D. 电控点火系统　E. 应急备用系统　F. 自诊断与报警系统

G. 巡航控制系统　H. 排放控制系统　I. 失效保护系统

J. 增压控制系统　K. 电子燃油喷射系统

二、汽车用继电器

1. 认知汽车用继电器。

(1) 在实训车上找到燃油泵继电器，它装于（仪表板下□　发动机罩下□）。

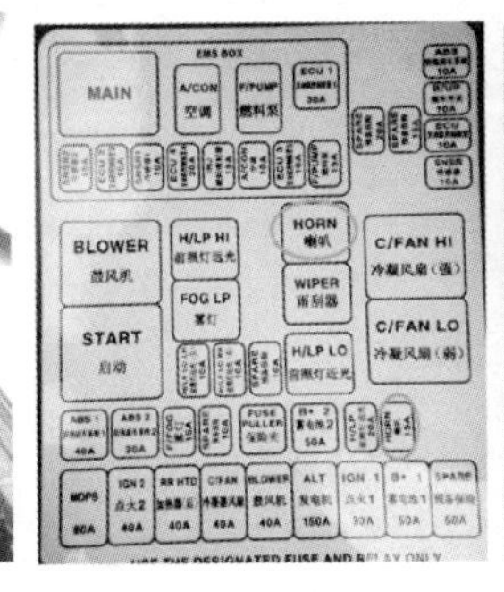

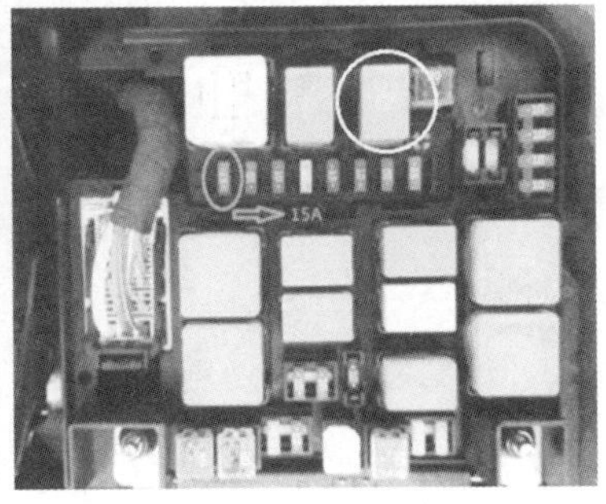

(2) 简述汽车用继电器的作用。

2．拆下并解体继电器，认识继电器的结构，查阅资料并填写结构图。

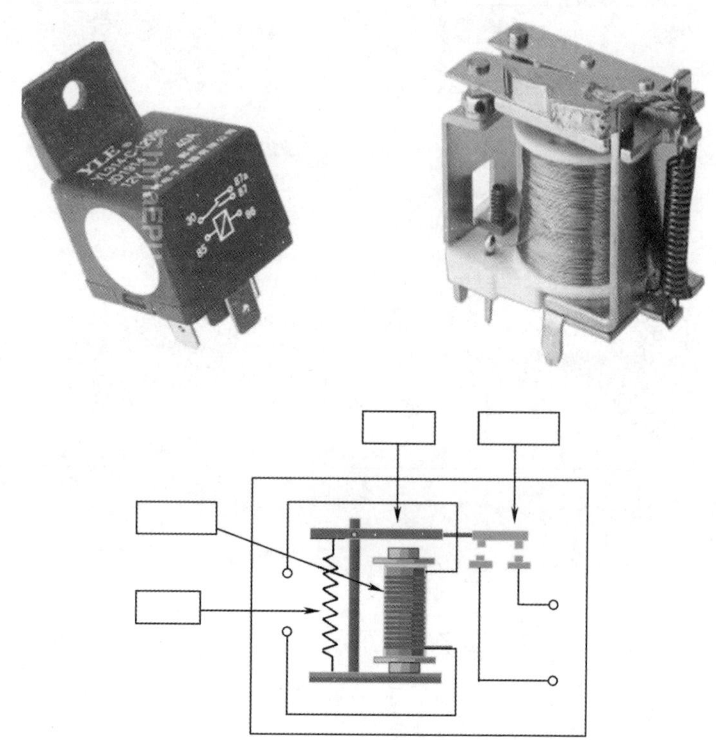

3．继电器的工作原理。

（1）电磁铁是利用____

____

（2）安培定则是表示电流和电流激发磁场的磁感线方向间关系的定则，也称为右手螺旋定则。

1）安培定则一：通电直导线中的安培定则。用右手握住通电直导线，让大拇指指向电流的方向，那么________的指向就是磁感线的环绕方向。

2）安培定则二：通电螺线管中的安培定则。用右手握住通电螺线管，使四指弯曲与电流方向一致，那么大拇指所指的那一端是通电螺线管的________极。标出下图的N极S极。

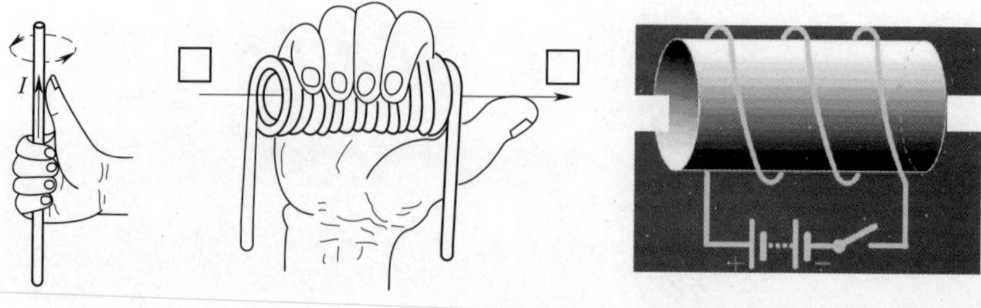

（3）查阅资料叙述继电器的工作原理（参看下图）。

当开关 S1 闭合时，电磁铁通电产生__________，将衔铁吸下，触点 S ________，工作电路接通，从而实现________电流控制________电流，保护________不被烧坏。

当开关 S1 断开时，电磁铁断电，电磁力 ________，衔铁在弹簧的作用下恢复原位，触点 S ________，工作电路________。

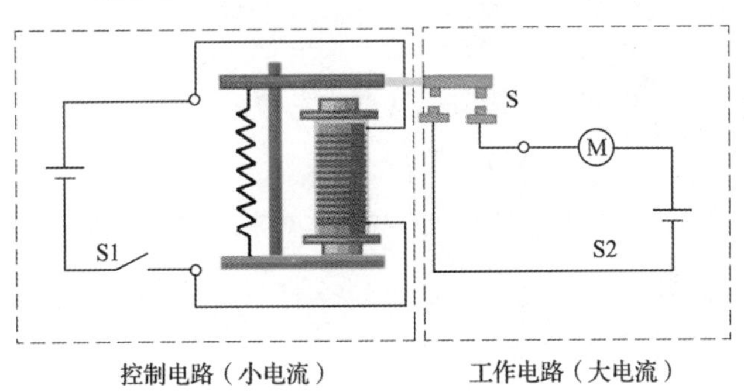

控制电路（小电流）　工作电路（大电流）

（4）继电器的符号。

常（闭□　开□）继电器　常（闭□　开□）继电器

三、怠速控制阀

1. 在车上找到怠速控制装置，向组员描述其功用，填写下表。

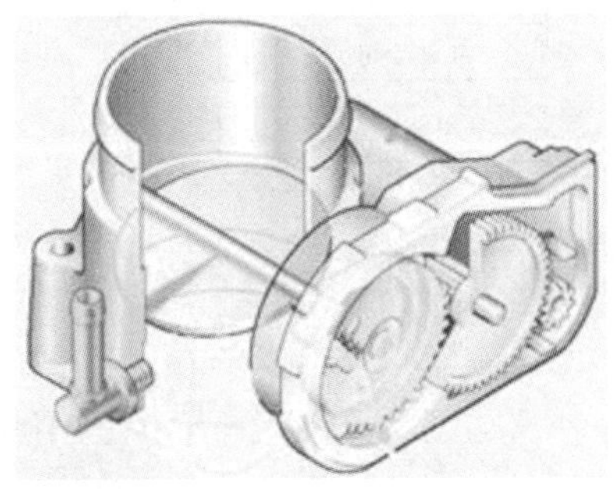

怠速控制阀	英文缩写	
	安装位置	
	功用	
	接线端子数	常见数量： 实训车数量：

2. 查阅维修手册，准备工量具，掌握拆装怠速控制阀的步骤和注意事项。拆装怠速控制阀并结合完成任务情况完成以下内容。

（1）拆卸和安装前，必须先断开__________，否则将损坏电子元件。

（2）拆卸________，拔下怠速控制阀的导线连接器。

（3）拆下怠速控制阀并进行检查。

3. 结合怠速控制系统的组成与控制原理，补充下表。

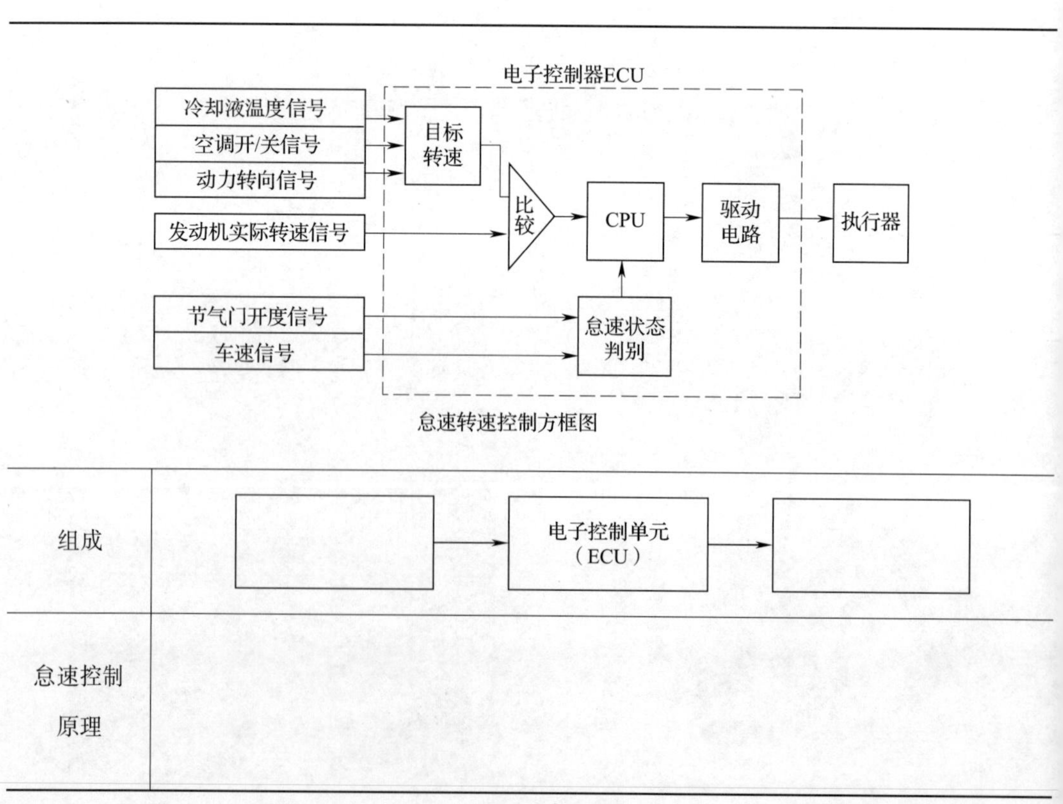

怠速转速控制方框图

组成	[ ] → 电子控制单元（ECU） → [ ]
怠速控制原理	

续表

怠速控制目的	1. 2. 3. 4. 5.
工况种类	
怠速	
正常怠速的条件	
怠速值（举例）	
快怠速（暖机）	

4. 检查并确定实训车辆怠速控制阀的类型，填写下表。

图　　示	标注	怠速调节的类型及特点	实训车类型
1 2 空气 3 发动机	1— 2— 3—		

续表

图　　示	标注	怠速调节的类型及特点	实训车类型
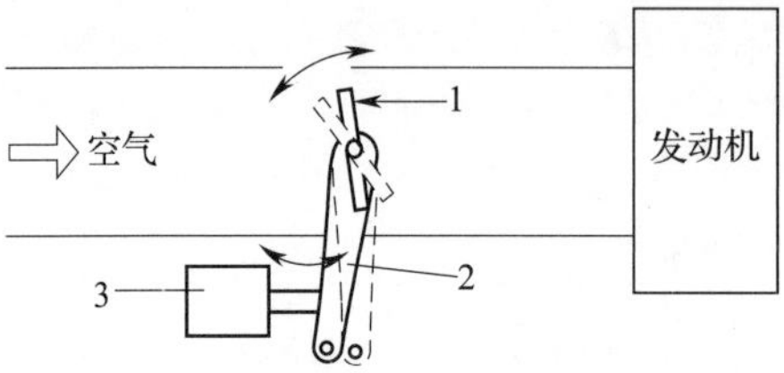 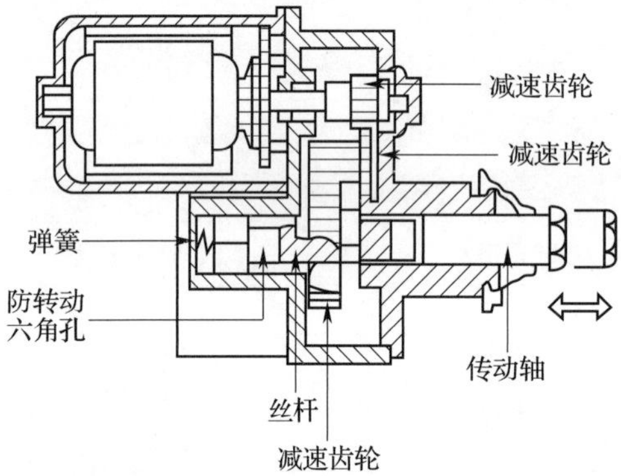	1— 2— 3—		

四、节气门直动式怠速控制阀

1. 下表图所示为大众车系节气门体，叙述其怠速控制系统的组成与控制原理，并补充以下表格。

图　　示	标注部件名称及作用
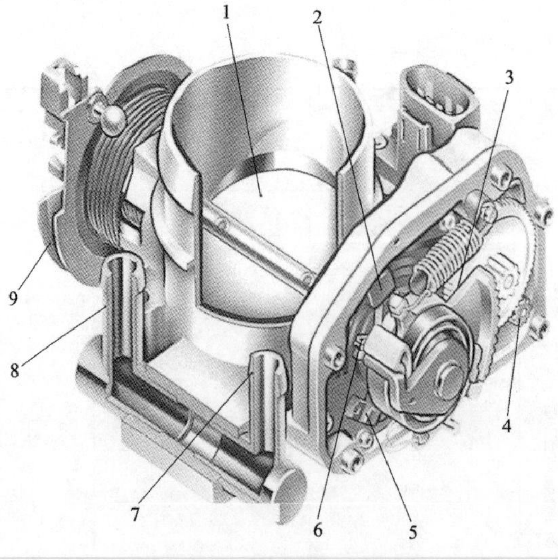	1— 2— 3—应急弹簧 4— 5—怠速开关 6— 7、8— 9—

续表

图　　示	标注部件名称及作用
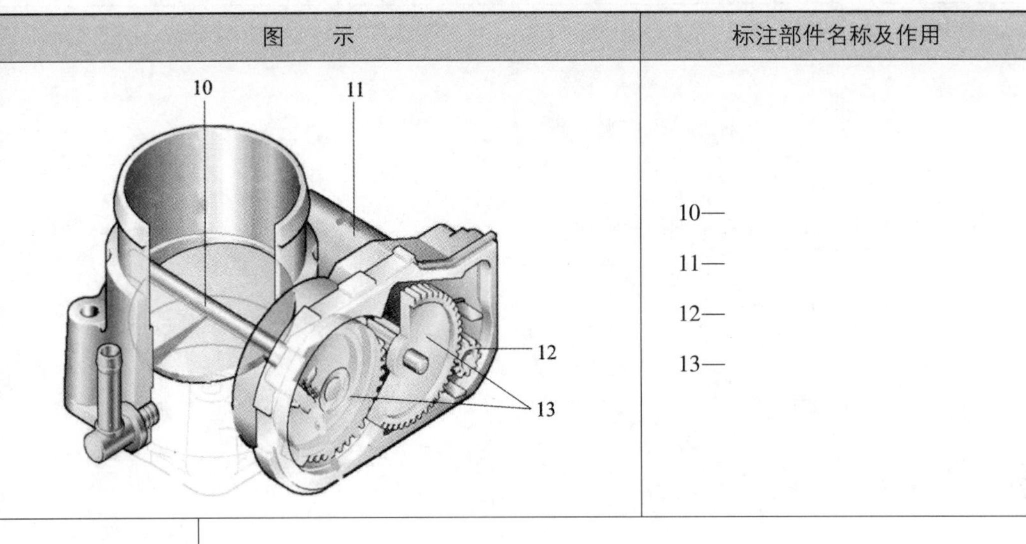	10— 11— 12— 13—
工作原理	

2. 查阅维修手册，补充以下表格。

检 查 步 骤	结 果 分 析
（1）目测检查外观	积炭（有□　无□） 齿轮有无断齿（有□　无□） 转动机构是否卡滞（是□　否□） 电机轴承有无磨损（有□　无□）
（2）端子名称标注 2 4 6 8 1 3 5 7 节气门体控制器插座端子 ECU 30 25 18 41 40 35 28 1 2 3 4 5 6 7 8 M S RP1 RP2 RP1:节气门位置传感器 RP2:怠速节气门位置传感器 S:怠速开关 M:怠速直流电动机	端子 1 名称：_____接________ 端子 2 名称：_____接________ 端子 3 名称：_____接________ 端子 4 名称：_____接________ 端子 5 名称：_____接________ 端子 6 名称：_____接________ 端子 7 名称：_____接________ 端子 8 名称：_____接________ 测加热器的电阻应测端子____和____ 测信号电压应测端子____和____ 测电源电压应测端子____和____，电压应为________

续表

检 查 步 骤	结 果 分 析
（3）测量电阻	1）怠速电机检测。端子 1 – 2 间的电阻：________ 2）怠速开关检测。端子____ – ____间的电阻 踩下油门时：________ 松开油门时：________ 3）节气门位置检测。端子____ – ____间的电阻（活动油门）：______
（4）测量供电电压（闭合点火开关）	1）怠速电机电源电压。端子 1 – 2 间的电压：________ 2）怠速开关电源电压。端子____ – ____间的电压：________ 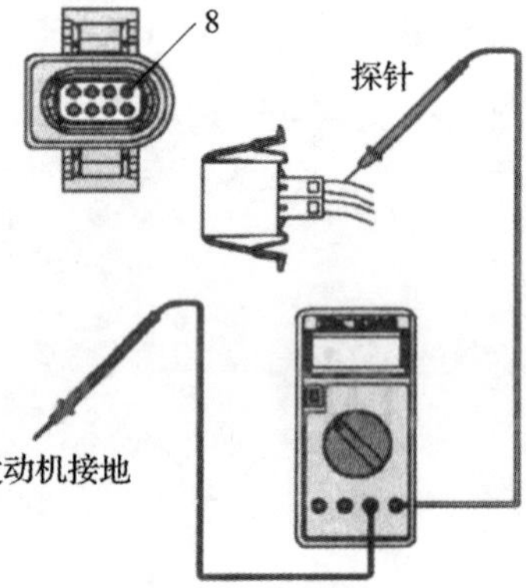 8 探针 发动机接地 3）节气门位置电源电压。端子____ – ____间的电压：________
（5）测量工作电压和动作测试	

五、旁通空气式怠速控制阀

1. 查阅资料，补齐以下框图内容。检查并确定实训车辆怠速控制阀的类型。

阀速控制方式	图　示	标注并解释各部件的功用
旋转电磁阀式	A 1 2 A 3 至进气管　来自空滤器	1— 2— 3—
步进电机式	轴承 1 2 3 旁通空气道 阀轴 阀座 4	1— 2— 3— 4—

续表

阀速控制方式	图　示	标注并解释各部件的功用
占空比控制式	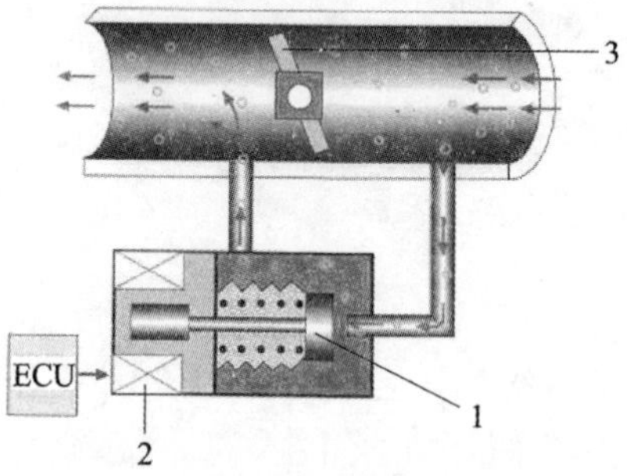 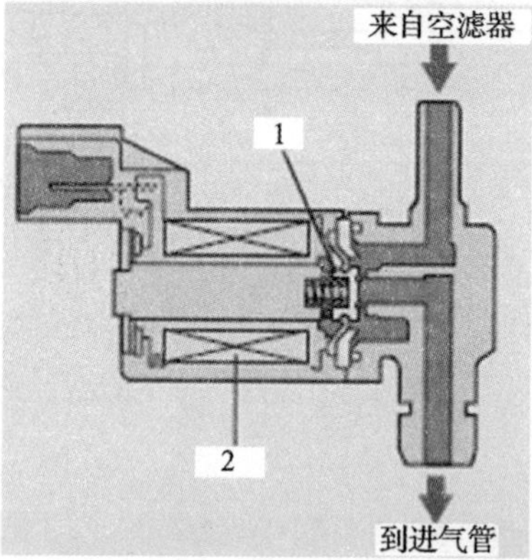	1— 2— 3—

2. 查阅维修手册和相关资料，对照实物对旁通空气式怠速控制阀进行检修，并结合怠速控制阀控制原理图叙述出怠速控制系统的组成与控制原理，补充以下表格。

任务项目	结果分析或控制原理
电源电压检查	拆下控制阀线束连接器，点火开关置于“ON”，不起动发动机，分别检测 B1 和 B2 与搭铁间的电压，为________ 结论：
目测检查外观	拆下怠速控制阀，目测检查外观 积炭（有□　无□） 阀体（是□　否□）卡滞

续表

<table>
<tr><th>任务项目</th><th>结果分析或控制原理</th></tr>
<tr><td rowspan="3">步进电机式
怠速阀</td><td>
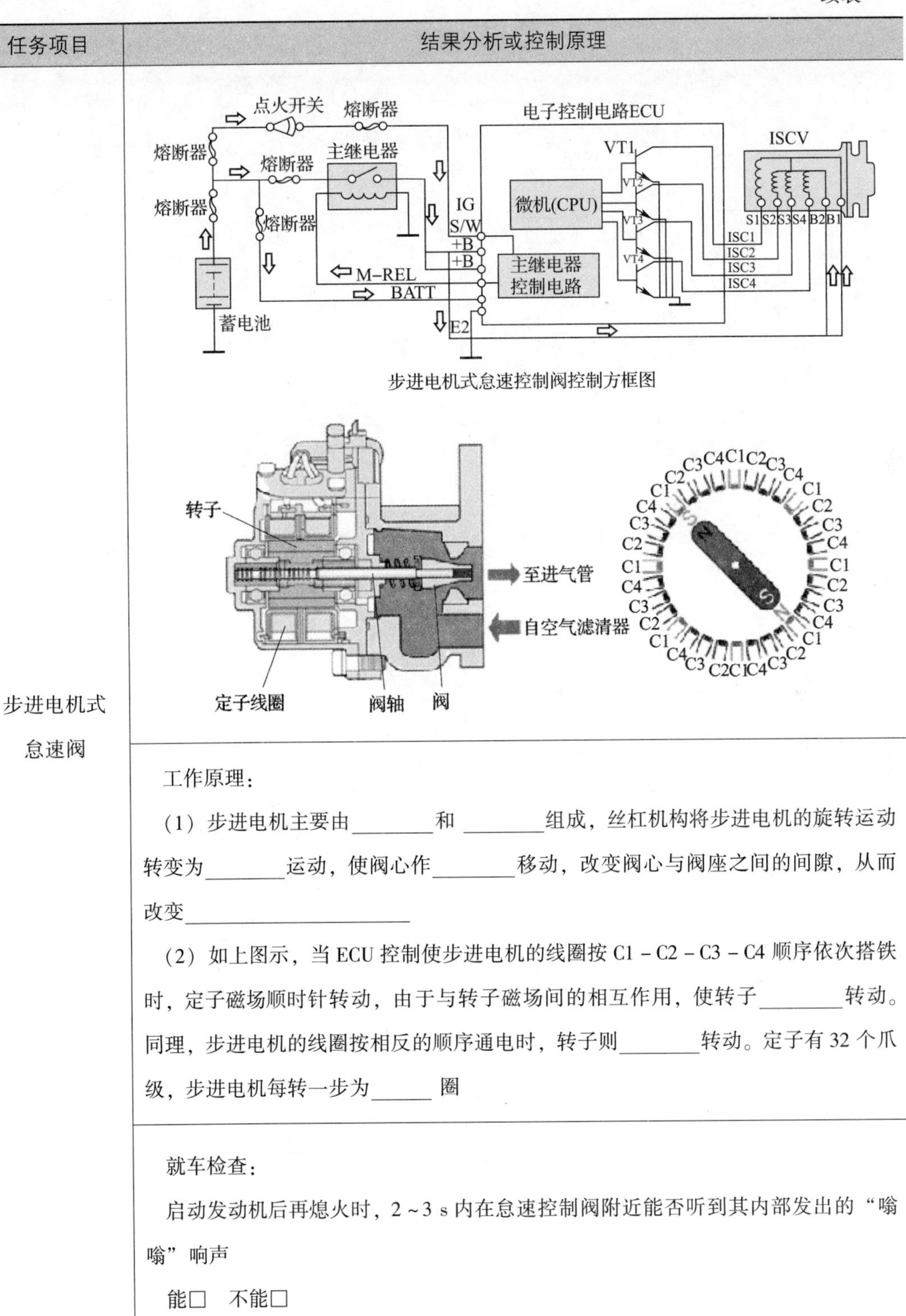

步进电机式怠速控制阀控制方框图

</td></tr>
<tr><td>工作原理：
（1）步进电机主要由________和________组成，丝杠机构将步进电机的旋转运动转变为________运动，使阀心作________移动，改变阀心与阀座之间的间隙，从而改变____________________
（2）如上图示，当 ECU 控制使步进电机的线圈按 C1－C2－C3－C4 顺序依次搭铁时，定子磁场顺时针转动，由于与转子磁场间的相互作用，使转子________转动。同理，步进电机的线圈按相反的顺序通电时，转子则________转动。定子有 32 个爪级，步进电机每转一步为______圈</td></tr>
<tr><td>就车检查：
启动发动机后再熄火时，2～3 s 内在怠速控制阀附近能否听到其内部发出的“嗡嗡”响声
能□　不能□
结论：</td></tr>
</table>

续表

<table>
<tr><th>任务项目</th><th>结果分析或控制原理</th></tr>
<tr><td rowspan="2">步进电机式
怠速阀</td><td>电阻测量：
拆下控制阀线束连接器，测量各端子电阻并进行分析
<table>
<tr><th>端子</th><th>电阻值/Ω</th><th>结果分析</th></tr>
<tr><td>B1 - S1</td><td></td><td></td></tr>
<tr><td>B1 - S3</td><td></td><td></td></tr>
<tr><td>B2 - S2</td><td></td><td></td></tr>
<tr><td>B2 - S4</td><td></td><td></td></tr>
<tr><td>结论</td><td></td><td></td></tr>
</table>
</td></tr>
<tr><td>工作状态检查：
将蓄电池正极接至 B1 和 B2 端子
1. 负极按顺序依次接通 S1—S2—S3—S4 端子时，随步进电机的旋转，控制阀应________
2. 负极按反方向接通，即 S4—S3—S2—S1 端子时，控制阀应________
结论：____</td></tr>
</table>

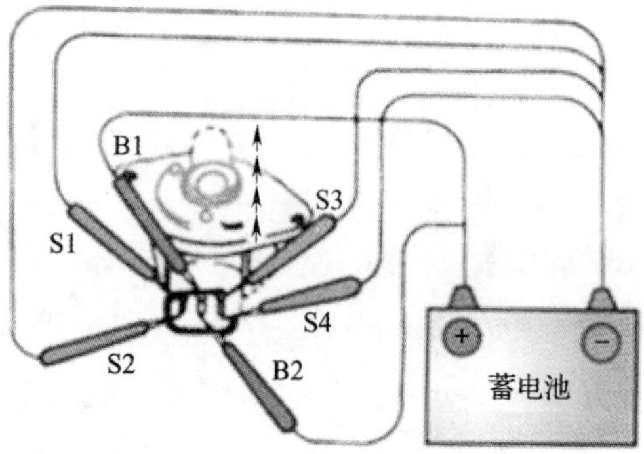

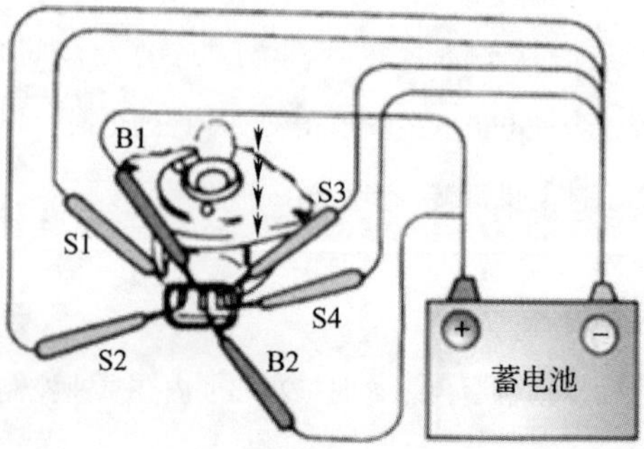

续表

任务项目	结果分析或控制原理
	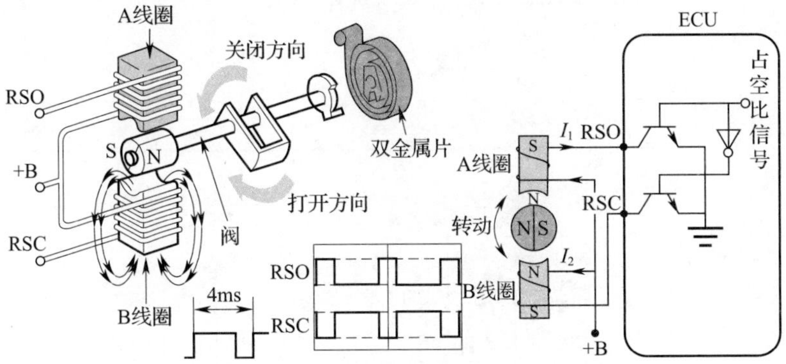
旋转电磁阀式怠速阀	工作原理： 1. ECU 控制两个线圈的通电或断开，改变两个线圈产生的磁场，两个线圈产生的磁场与永磁铁形成的磁场相互作用，可改变____________________，以实现怠速控制 2. 双金属片制成的卷簧的作用是：____________________ ____ ____
	就车检查： 1. 发动机冷车起动，查看发动机怠速转速__________，当发动机冷却液温度达到正常时，发动机怠速为________ 2. 接通空调时，发动机怠速为________ 3. 关闭空调时，发动机怠速为________ 4. 发动机熄火时的一瞬间，旋转电磁阀式怠速阀有无明显振动感 有□　　无□ 结论：
	电阻测量： 拆下控制阀线束连接器，测量各端子电阻并进行分析

续表

<table>
<tr><th>任务项目</th><th>结果分析或控制原理</th></tr>
<tr><td>旋转电磁阀式
怠速阀</td><td>
<table>
<tr><th>端子</th><th>测得电阻值/Ω</th><th>结果分析</th></tr>
<tr><td>+B 与 ISC1</td><td></td><td></td></tr>
<tr><td>+B 与 ISC2</td><td></td><td></td></tr>
<tr><td>结论</td><td></td><td></td></tr>
</table>

怠速控制原理电路（旋转电磁阀式）
</td></tr>
</table>

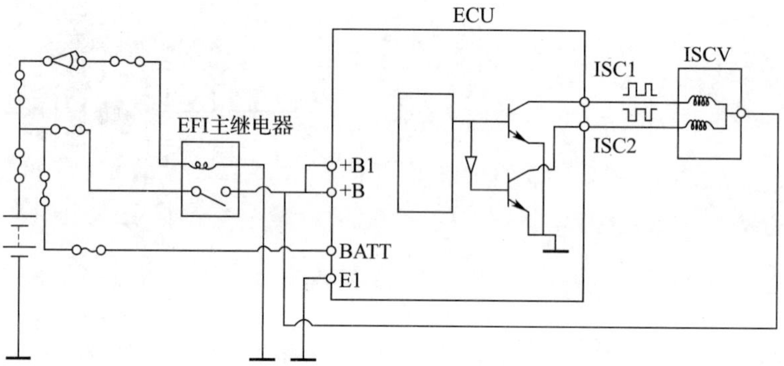

在检修怠速电磁阀时应注意：

（1）不要用手推拉控制阀，以免损坏丝杠机构的螺纹。

（2）不要将控制阀浸泡在任何清洗液中，以免步进电机损坏。

（3）安装时，检查密封圈好坏，并在密封圈上涂少量润滑油。

六、总结与思考

1. 发动机怠速控制的实质是控制怠速时的充气量（进气量），最终是对喷油量或空燃比的控制。这句话对吗？你是如何理解的？

2. 如发动机怠速过高，一定是怠速控制阀出现了故障。这句话对吗？为什么？

学习活动8　传感器的更换与电控系统电路图的拆绘

学习目标

1. 能按要求和操作技术规范更换传感器。
2. 能识读电控系统电路图。
3. 能拆绘电控系统电路图。
4. 能分析电控系统电路图。

建议学时：6学时

学习准备

维修手册、万用表、诊断仪、车辆、发动机试验台架、传感器、传感器拆装专用工具、相关电路图册、发动机电脑ECU等。

学习过程

1．更换传感器。

经检测各传感器，发现氧传感器的信号电压始终为零，发生故障，因而造成发动机报警灯点亮，需更换氧传感器。

（1）更换传感器前的注意事项有哪些?

1）________________________________

2）________________________________

3）________________________________

4）________________________________

5）______________________________

（2）查阅实训车辆各传感器的安装拧紧力矩，并填入下表。

传感器名称	拧紧力矩/N	传感器名称	拧紧力矩/N
冷却液温度传感器		爆震传感器	
进气压力传感器		曲轴/凸轮轴位置传感器	
转速传感器		氧传感器	
节气门体			

（3）传感器更换过程中的注意事项有哪些？

1）______________________________

2）______________________________

3）______________________________

（4）氧传感器更换后，如何验证故障是否排除？

1）______________________________

2）______________________________

3）______________________________

2. 分析并拆绘传感器电路图。

仔细阅读下图（通用凯越点火控制电路图），收集资料或网络信息，拆画出凸轮轴位置（CMP）传感器的电路图，并写出各端子的名称及测量步骤。

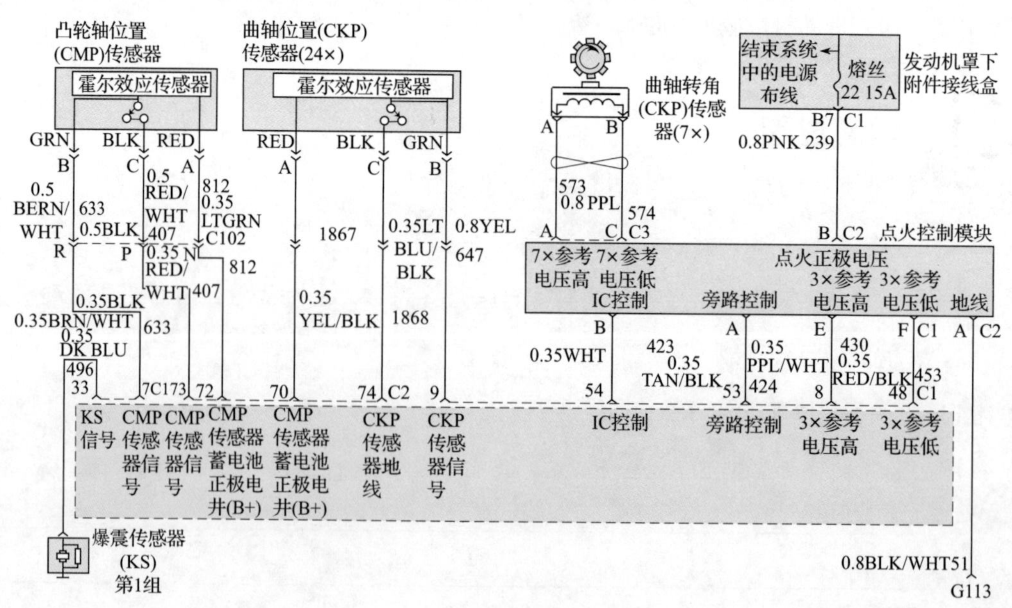

点火控制电路图

（1）凸轮轴位置（CMP）传感器的电路图。

（2）GRN、BLK、RED 分别代表____________、____________、____________。

（3）ECU 端子中 7C1、73、72 分别代表__________、__________、____________。

（4）写出 A、B、C 端子的检测步骤。

3．分析并拆绘氧传感器电路图。

仔细阅读下图，收集资料或网络信息，拆画出前、后氧传感器的控制电路图，并写出各端子的名称及检测步骤。

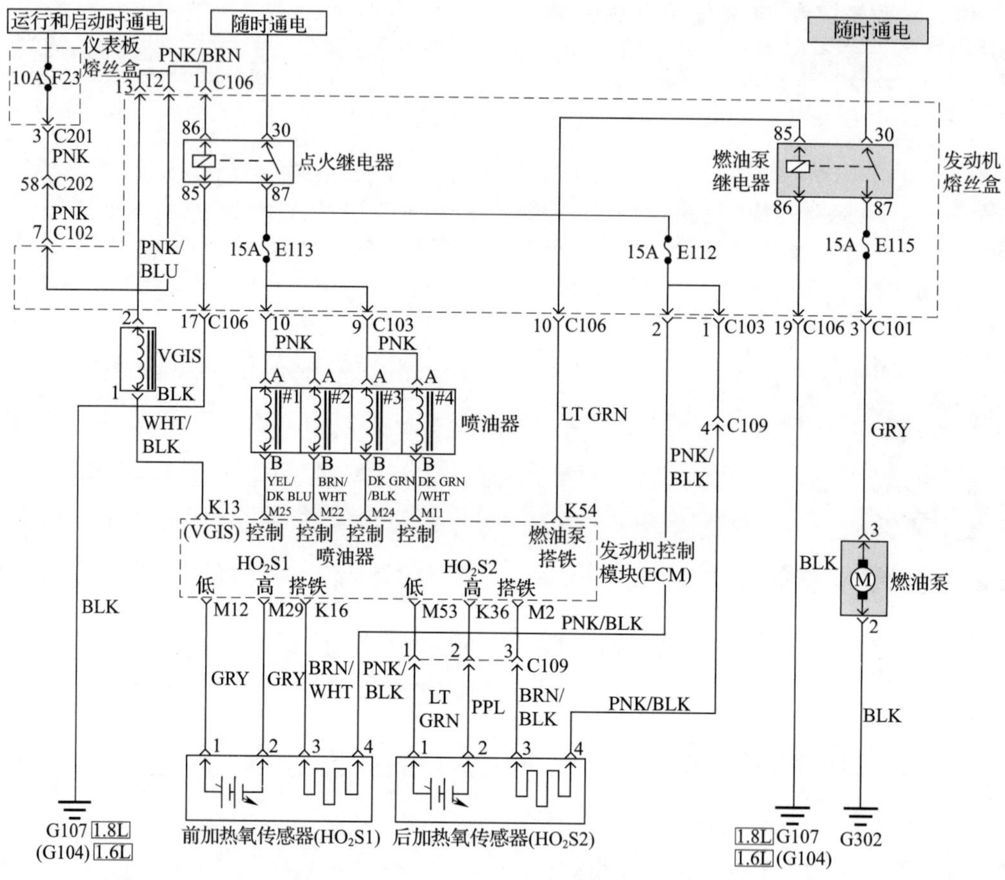

（1）前、后氧传感器控制电路图。

（2）前、后氧传感器加热电阻的检测步骤。

（3）写出氧传感器信号端子的检测步骤。

4. 绘出实训车上的氧传感器电路图进行控制分析。

（1）氧传感器电路图。

（2）氧传感器各端子电源电压和信号电压的检测。

（3）结论。

学习任务二评价表

班级：__________ 姓名：__________ 学号：__________

项目	自我评价			小组评价			教师评价		
	10 ~ 9	8 ~ 6	5 ~ 1	10 ~ 9	8 ~ 6	5 ~ 1	10 ~ 9	8 ~ 6	5 ~ 1
	占总评 10%			占总评 30%			占总评 60%		
学习活动 1									
学习活动 2									
学习活动 3									
学习活动 3									
学习活动 4									
学习活动 5									
学习活动 6									
学习活动 7									
学习活动 8									
协作精神									
纪律观念									
表达能力									
工作态度									
安全意识									
任务总体表现									
小计									
总评									

任课教师：________ 年 月 日

学习任务三　发动机不易起动的拆检

学习目标

1. 能描述发动机燃油系统的类型、功用、基本构造、部件功能及基本工作原理，并能就车认知燃油系统各部件的名称和安装位置。

2. 能列举燃油（汽油、柴油等）的牌号，且描述不同牌号燃油的特性及使用安全与环保要求。

3. 能在教师指导下，按工作页要求检测燃油压力，并能分析油压异常的原因及对发动机工作的影响。

4. 能查阅并规范执行燃油系统各部件的拆卸、检查、更换的步骤与方法，并在规定时间内完成操作，并做好过程记录。

5. 能查阅相关资料，列举燃油系统常见故障及其原因。

6. 能在实施过程中记录拆装、检测步骤等重要内容。

建议学时

60 学时

工作情境描述

某客户抱怨他的车不易起动，早上要起动好几次才着车。将车开到维修站后，经车间技术主管检查和诊断，确定燃油系统有问题，交给机电组进一步检修。作为机电组维修人员，你需要在规定时间（参照维修资料）内按专业要求对燃油系统进行检查、测试，必要时更换损坏的零部件，并与服务顾问或客户及时沟通交流，维修完毕后进行自检，交付服务顾问，试车验收。

教学流程与活动

1. 燃油系统结构与原理的认知
2. 燃油系统油压的检测
3. 燃油系统检查与维修

学习活动1　燃油系统结构与原理的认知

学习目标

1. 能列举燃油（汽油、柴油等）的牌号，且描述不同牌号燃油的特性及使用安全与环保要求。

2. 能通过情景模拟，对照发动机实物，向组员描述发动机燃油系统的类型、功用、基本构造、部件功能及基本工作原理，并能就车认知燃油系统各部件的名称和安装位置。

3. 能查阅相关资料，认识汽车燃油系统各油路及其工作过程。

建议学时：15 学时

学习准备

汽车维修手册、互联网资源、举升机、车辆、发动机、多媒体设备。

学习过程

一、发动机燃油及使用认知

汽车用燃油有汽油、柴油和代用燃料（如电能、天然气、液化石油气、醇类燃料和氢气等），其中最常用的是汽油和柴油。

1. 汽油的认知

（1）我国汽车常用的汽油牌号有哪些？是依据什么指标来确定的？

（2）汽油牌号中的数字代表的是什么？是不是数值越高越好？为什么？

（3）车用汽油的使用性能指标有哪些？它们分别代表什么含义？

（4）查阅相关资料，说明汽油牌号的选用原则都有哪些？举例说明。

2. 柴油的认知

（1）查阅相关资料，比较并列举出柴油与汽油的主要区别。

（2）目前我国常用的柴油牌号有哪几种？是依据什么指标来确定的？

（3）结合本地区的气温特点，应如何选用合适的车用柴油？

（4）在使用汽油、柴油的过程中要注意哪些问题？

注：可以从使用、维护、安全、适用性等多方面考虑，如“汽油易燃、易爆、易产生静电，使用时要注意安全”。

二、认知汽车燃油供给系统的类型与特点

汽油发动机燃油供给系统的作用是向发动机精确提供所需要的燃油量。不同车型燃油系统的布置形式各不相同，各有特点。你所接手的待修或实训车辆，燃油系统是下表所列的哪种类型？查阅资料，在下表中写出各自的特点。

名称	图　片	特点
有回油的燃油系统	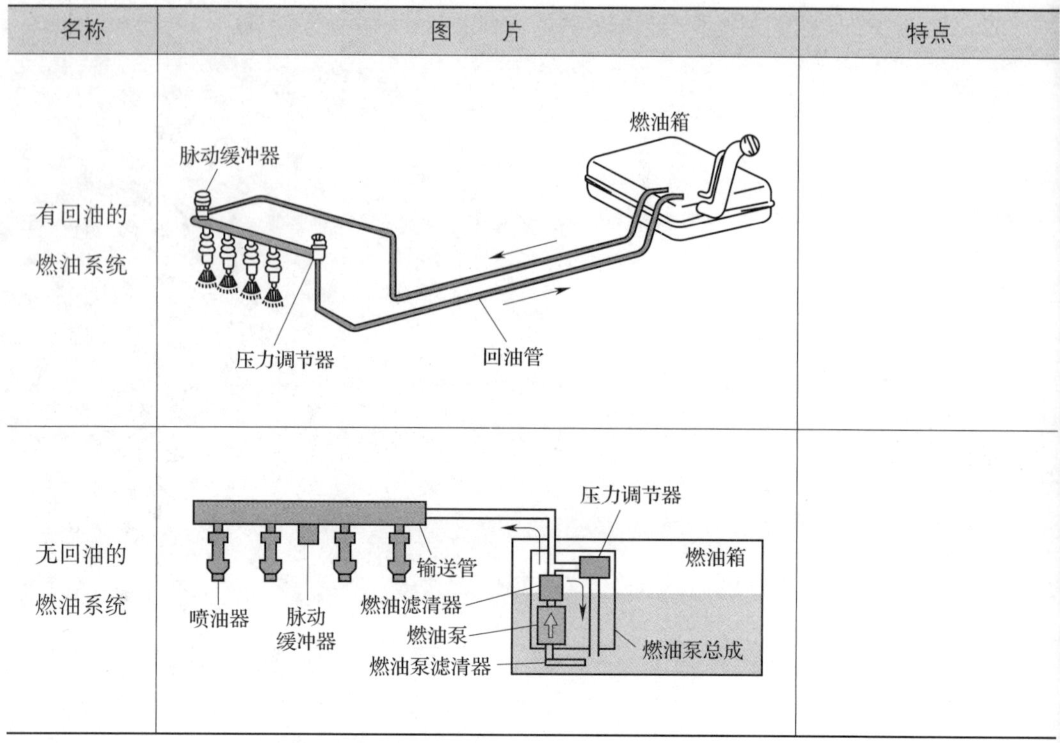	
无回油的燃油系统		

三、认知汽油机燃油系统的结构组成

1. 参考下图，将燃油系统各组成部分的名称、位置、功用填写在下表中。并在实车上找到并指认各部件。

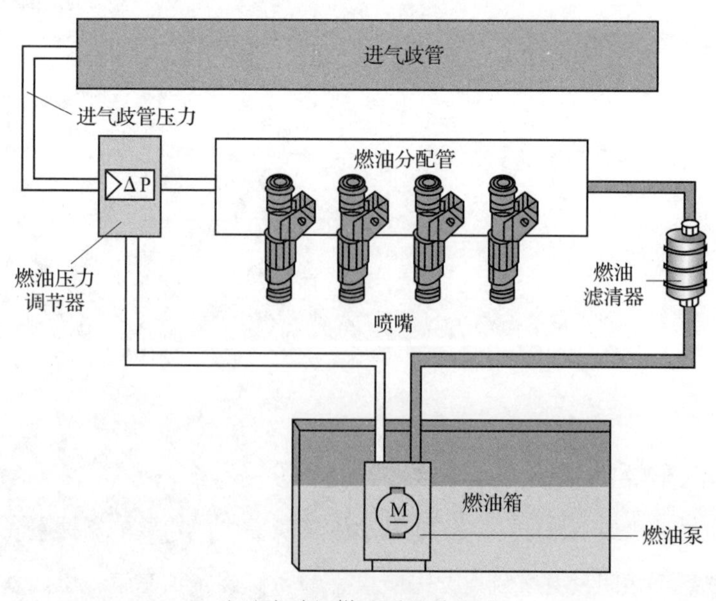

汽油发动机燃油系统的组成

元件名称	位　置	功　用
燃油压力调节器		
燃油分配管		
喷油器		
燃油滤清器		
燃油箱		
燃油泵		

2. 燃油系统的燃油流动路径是怎样的？在下列空白处绘制出燃油流动路径框图。

四、认知汽油发动机燃油系统主要部件结构

1. 汽油泵

（1）识读下图中汽油泵各部件的名称，并描述其泵油过程。

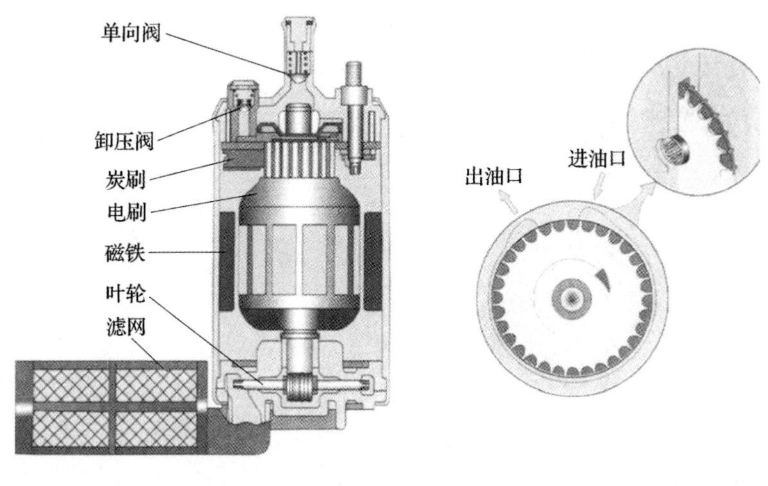

汽油泵结构图　　　　叶轮

（2）在汽油泵中，为何要设置单向阀和卸压阀，两者有什么区别?

（3）若汽油泵单向阀出现关闭不严的故障，会对发动机产生怎样的影响?

（4）有些驾驶员一定要将油箱中的汽油快用光了再加油，这种做法好不好？为什么?

2. 燃油滤清器

(1) 发动机燃油系统为什么要设置燃油滤清器？它是如何过滤杂质的？

燃油滤清器实物图

(2) 为什么要定期更换燃油滤清器？长期不更换会对发动机产生怎样的影响？查阅资料，写出燃油滤清器的更换周期。

(3) 燃油滤清器堵塞会对发动机产生怎样的影响？

3. 油压调节器

（1）燃油管路上为什么要设置油压调节器？它的结构和原理是怎样的？请根据下图在空白处做简要描述。

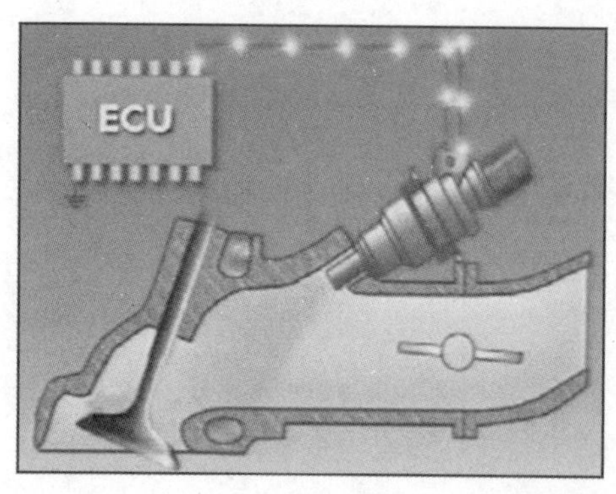

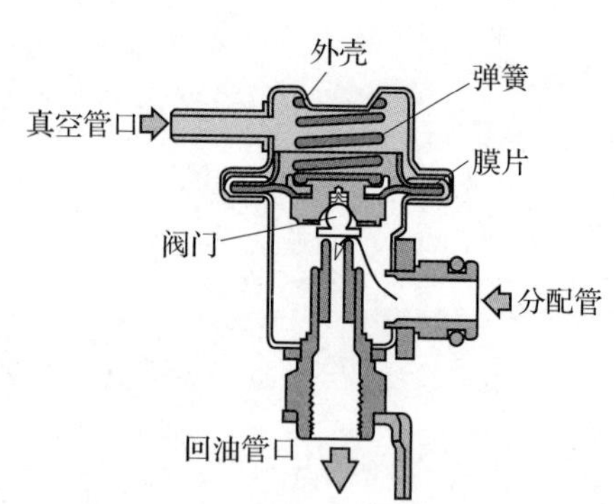

油压调节器结构图

（2）在无回油的燃油系统中，油压调节器安装在什么位置？它的系统油压与有回油的燃油系统相比有什么区别？

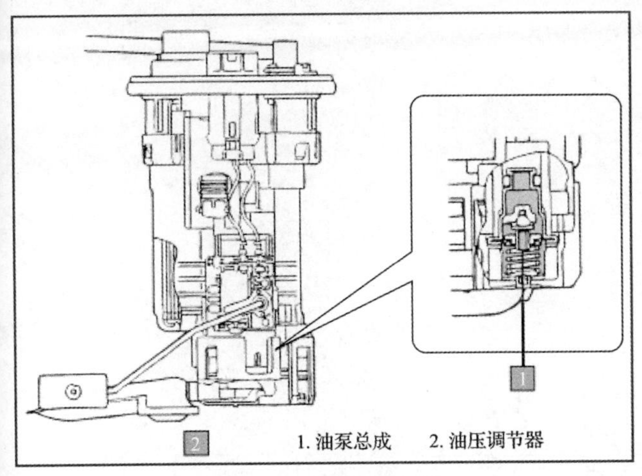

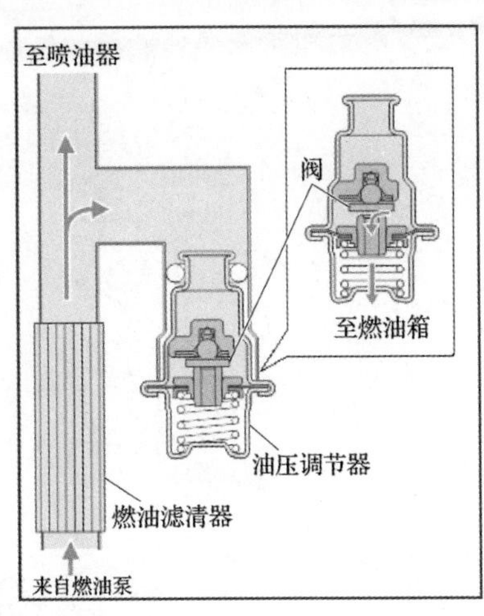

无回油的燃油系统中的油压调节器位置与结构

（3）若油压调节器失效，如油压调节器内回油管阀门关闭不严，会对发动机产生怎样的影响？

4．喷油器

（1）下图所示的两种喷油器安装位置有什么不同？喷油器还可以分为哪几种？

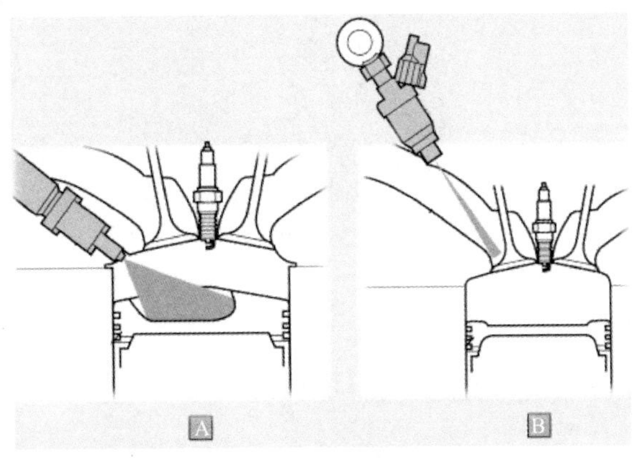

哪一种是缸内直喷的发动机？__________

哪一种是缸外喷射发动机？__________

安装位置区别之处：

（2）下图所示是喷油器的结构图，它是由哪些部分组成的？它是如何工作的？

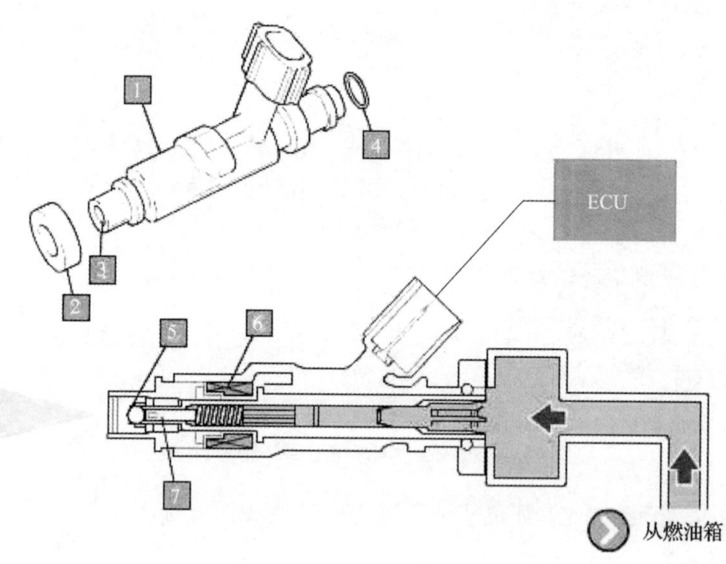

喷油器结构图

1 ________________

2 ________________

3 ________________

4 ________________

5 ________________

6 ________________

7 ________________

工作过程：

（3）喷油器可以分为低阻喷油器和高阻喷油器，两者的主要区别是什么？

（4）测量实训车喷油器的电阻值：实测值是____________Ω，是____________型喷油器。

（5）喷油器故障主要有哪些？会对车辆性能产生怎样的影响？

5. 油箱和油箱盖

（1）油箱一般安装在汽车上什么位置？马鞍型油箱可分为主油箱和副油箱，一般只在主油箱内设置一个电动燃油泵，副油箱的油是如何泵送的？根据下列两图简要描述。

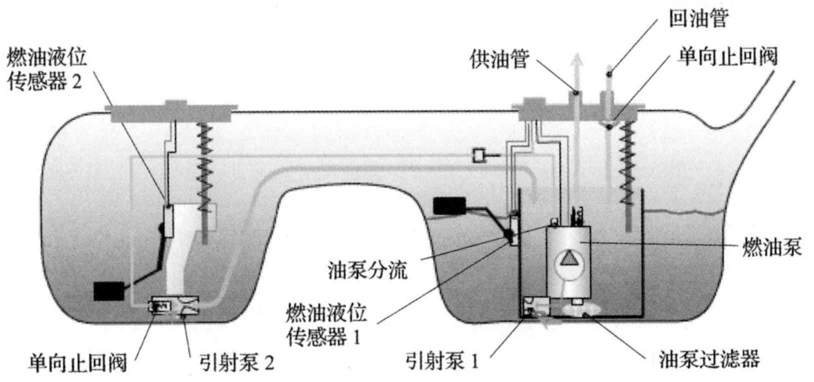

马鞍型油箱结构图

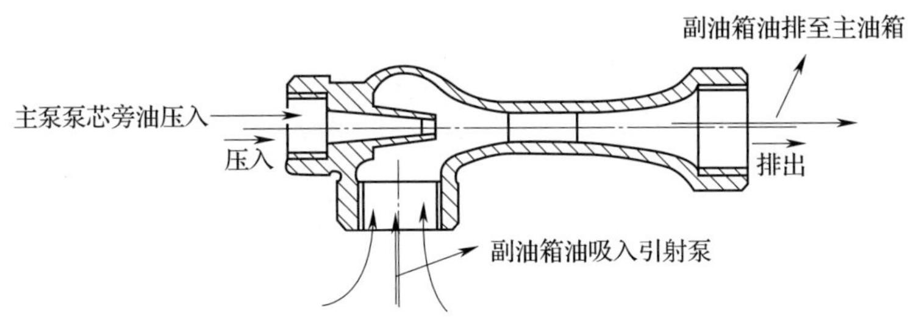

副泵的引射泵工作原理

（2）油箱盖上设有两个阀，分别是空气阀和蒸气阀，这两个阀出故障后会引起怎样的后果。

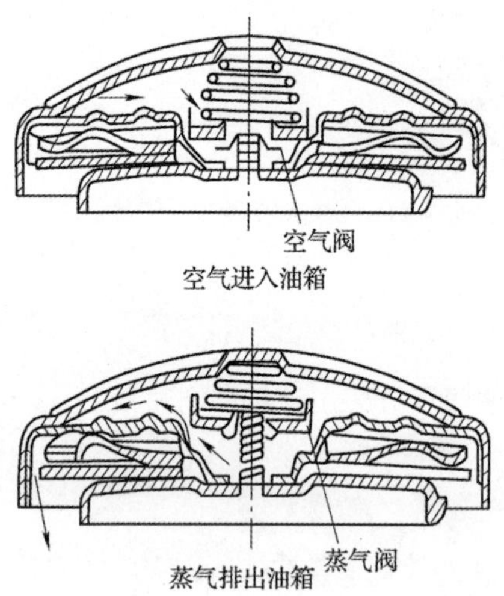

带有空气阀和蒸气阀的油箱盖

五、总结与思考

1. 汽油机燃油系统由哪几部分组成？简要介绍燃油的流动路径。

2. 归纳总结燃油系统的哪些故障会造成发动机不易起动？

3. 有回油的燃油系统与无回油的燃油系统的发动机 ECU 对喷油量是如何控制的?

4. 油箱中的汽油蒸气是如何控制的?

学习活动 2　燃油系统油压的检测

学习目标

1. 能够描述燃油系统油压过高或过低引起的故障现象及对发动机的影响。

2. 能够列举发动机燃油压力检测的不同油压名称，并叙述每种油压的应用意义。

3. 能描述工量具与仪器的种类、用途及使用方法并能正确选用，能实施燃油系统油压检测作业。

4. 能在实施过程中记录检测步骤等重要内容，并对测试结果进行分析。

建议学时：15 学时

学习准备

汽车维修手册、车辆、发动机、120 件世达工具组套、燃油压力表套组、毛巾。

学习过程

通过学习活动 1 的学习，了解了汽油机燃油系统的基本组成及各零部件故障对发动机的影响。通常，维修人员往往通过检测燃油系统油压来判定故障是否为燃油系统故障，那么在何种情况下需进行油压检测呢？要测量哪几种油压？又该怎样来检测油压呢？

一、燃油系统油压对发动机的影响

1. 哪些原因会引起燃油压力过低？燃油压力过低会对发动机产生怎样的影响？

2. 哪些原因会引起燃油压力过高？燃油压力过高会对发动机产生怎样的影响？

二、燃油系统油压的检测

1. 在什么情况下需要进行燃油系统的油压检测？

2. 燃油系统检测的油压分为好几种，每种油压的检测目的和方法各不相同，查阅相关资料，将下列给出的油压名称与对应的检测目的和方法进行连线。

油压名称	检测目的和方法
（1）静态油压	指发动机熄火后燃油管道的燃油压力。要求油压在10 min内不允许有明显的回落。作用：检测燃油泵、油压调节器和喷油器是否泄漏
（2）调节油压	打开点火开关但不起动发动机，ECU将控制油泵工作2~3 s，装有叶片式流量计的电控发动机可通过跨接油泵使之运转2~3 s。作用：用来判定发动机供油油压是否正常
（3）系统最高油压	在发动机怠速运转时，断开油压调节器真空管，燃油系统升高后的油压减去断开真空管前的油压的差值。作用：用来判断油压调节器是否正常
（4）残余油压	将回油管夹住，使回油管停止回油，此时压力表的测量值应比没有夹住回油管的压力要高出2~3倍。在这一状态下，还应该检查燃油系统的各部位是否泄漏。检查时应注意只能夹住回油软管，不可弯曲，否则，软管可能会断裂而导致泄漏。作用：检测燃油泵最大泵油能力

3. 油压检测前的准备工作。

（1）待检车辆的燃油系统管路中充满一定压力的燃油，在安装燃油压力表之前，需做好哪些安全与防护工作?

（2）根据油压表使用说明书熟悉油压表读数，正确选用与实训车型相配套的接头与配件，并进行连接。

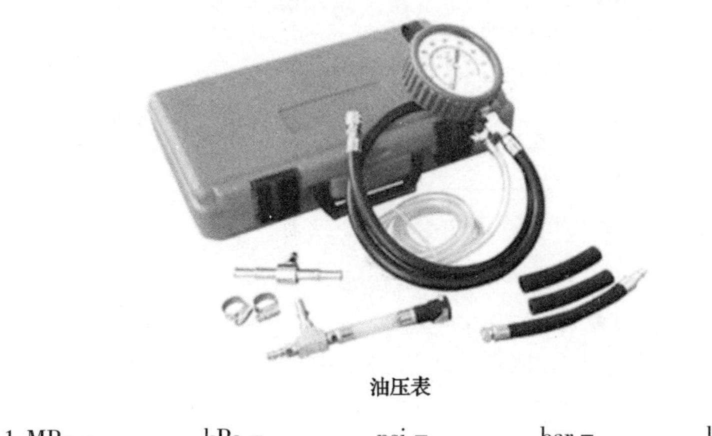

油压表

1 MPa = ________kPa = ________psi = ________bar = ________kgf/cm^2

4. 不同车型油压测试程序有所不同，结合所提供的实训车型，查阅维修手册或资料制订油压测试初步计划。

序号	步骤	具体内容	工具/量具	标准

5. 按计划实施油压测试并做好记录。

（1）查阅维修手册并按维修手册要求测试下列油压，判断其测量值是否正常。

①静态油压：　　标准值：__________kPa　实际值__________kPa　（　）是否正常

②调节油压：　　标准值：__________kPa　实际值__________kPa　（　）是否正常

③系统最高油压：标准值：__________kPa　实际值__________kPa　（　）是否正常

④残余油压：　　标准值：__________kPa　实际值__________kPa　（　）是否正常

（2）根据上述测试结果，初步判断油压异常的原因。

三、总结与思考

1. 在哪些情况下需要对燃油系统进行检测?

2. 对有回油管的燃油系统，可测的油压有哪几种? 测不同油压的目的和意义是什么?

3. 在油压测试前，为何要对燃油系统管路卸压？如何卸压？

4. 若残余油压明显回落，低于标准值，你认为有哪些可能的原因会导致残压不足？

5. 查阅相关车辆使用手册，对无回油管的燃油系统，应该如何测试油压？

学习活动3　燃油系统检查与维修

学习目标

1. 能够描述燃油系统目视检查的部位和项目，并能独立完成燃油系统的目视检查。

2. 能对油泵控制电路进行检查与测量，分析与判断油泵控制电路的故障。

3. 能对喷油器控制电路进行检查与测量，分析与判断喷油器控制电路的故障。

4. 能向组员列举燃油系统各部件的拆卸、检查、更换的步骤与方法，在规定时间内完成操作，并做好过程记录。

5. 能在实施过程中记录拆装、检测步骤等重要内容。

建议学时：30学时

学习准备

汽车维修手册、车辆、发动机、万用表、120件套世达工具组套、诊断仪、发动机修理包等。

学习过程

燃油系统是电喷发动机故障发生率较高的系统之一。当它发生故障时，需通过目视检查、诊断仪器或油压测试来判断故障是否是由燃油系统工作不良引起的。一旦确定燃油系统工作不正常，便需对燃油系统各部件及其控制电路进行检查，找到故障部位后对其进行维修或更换。

一、燃油系统目视检查

1. 现有一辆汽车，初步判断为燃油系统故障，请为其进行登记，记录维修车辆型号，描述车辆故障现象。

项目	内　容		
车辆 VIN 码		车辆品牌	
发动机型号			
车辆故障现象描述			

2. 根据下表，熟悉燃油系统初步检查的项目和具体内容，并进行逐项检查和记录。

燃油系统初检内容表

一、燃油箱	
是否漏油?	(　) 是　(　) 否
有无腐蚀和金属箱内是否生锈?	(　) 是　(　) 否
燃油箱是否损坏或接缝是否有缺陷?	(　) 是　(　) 否
是否有松动的装配螺钉和损坏的装配皮带?	(　) 是　(　) 否
二、燃油管	
是否存在破裂、割伤、扭结、凹痕?	(　) 是　(　) 否
是否存在轻度污迹、老化、漏油?	(　) 是　(　) 否
连接是否松动?	(　) 是　(　) 否
是否稳固地安装在车辆的底盘上?	(　) 是　(　) 否
各接头处是否泄漏?	(　) 是　(　) 否
三、燃油滤清器	
安装方向是否正常?	(　) 是　(　) 否
接头是否泄漏?	(　) 是　(　) 否

续表

四、燃油分配管	
接头是否泄漏？	（ ）是 （ ）否
各喷油器接头是否漏油？	（ ）是 （ ）否
若有燃油压力测试口，是否漏油？	（ ）是 （ ）否
五、喷油器外观检查	
是否能够转动？	（ ）是 （ ）否
如果不能转动是否是喷油器安装存在问题？	（ ）是 （ ）否
若重新安装新喷油器其 O 形密封圈是否应该更换？	（ ）是 （ ）否
插头是否连接良好？	（ ）是 （ ）否
拔出插接器，观察是否有锈蚀、松动？	（ ）是 （ ）否
喷油器外壳是否损坏？	（ ）是 （ ）否
六、油压调节器	
真空软管连接是否正常？	（ ）是 （ ）否
七、燃油品质检查	
闻起来是否有酸味？	（ ）是 （ ）否
燃油是否清澈透明、无水珠沉降、不混浊？	（ ）是 （ ）否
燃油中是否有机械杂质？	（ ）是 （ ）否
燃油是否有腐蚀性？	（ ）是 （ ）否

3. 将你的检查结论填入下表。

故障部位	维 修 建 议	
燃油箱	（ ）继续使用	（ ）更换
燃油管	（ ）继续使用	（ ）更换
燃油滤清器	（ ）继续使用	（ ）更换
燃油分配总管	（ ）继续使用	（ ）更换
喷油器	（ ）继续使用	（ ）更换
燃油	（ ）继续使用	（ ）更换
油压调节器	（ ）继续使用	（ ）更换

二、燃油系统故障检查与维修

根据学习活动 2 的油压测试结果，进一步缩小故障范围，找到故障元件后进行维修或更换。

1. 参考下列燃油压力过高的检测流程，结合具体实训车型对该流程做适当修改，找到故障元件后，参考维修手册对回油管或油压调节器进行维修或更换，简要列出维修或更换的操作步骤。

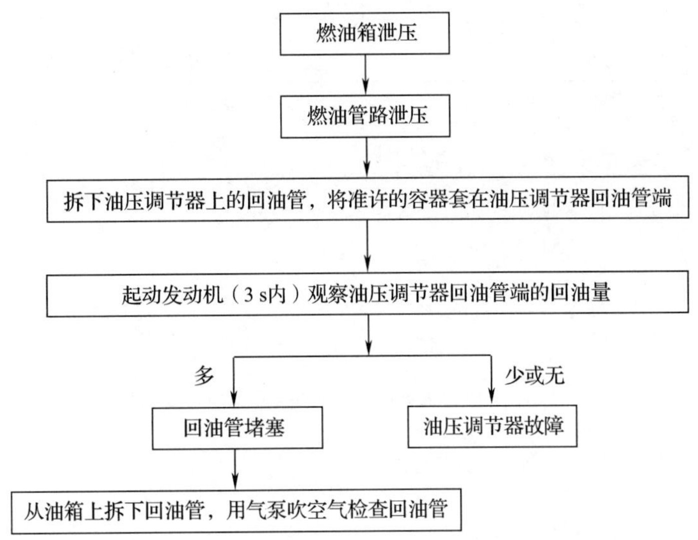

（1）完成上述诊断流程后确定故障部件为：________________________________。

（2）查阅维修手册，简述故障部件维修或更换的操作步骤。

2. 参考下列燃油压力过低的检测流程，结合具体实训车型对该流程做适当修改，找到故障部件后，参考维修手册对燃油滤清器、油压调节器或油泵等故障部件进行维修或更换，简要列出维修或更换的操作步骤。

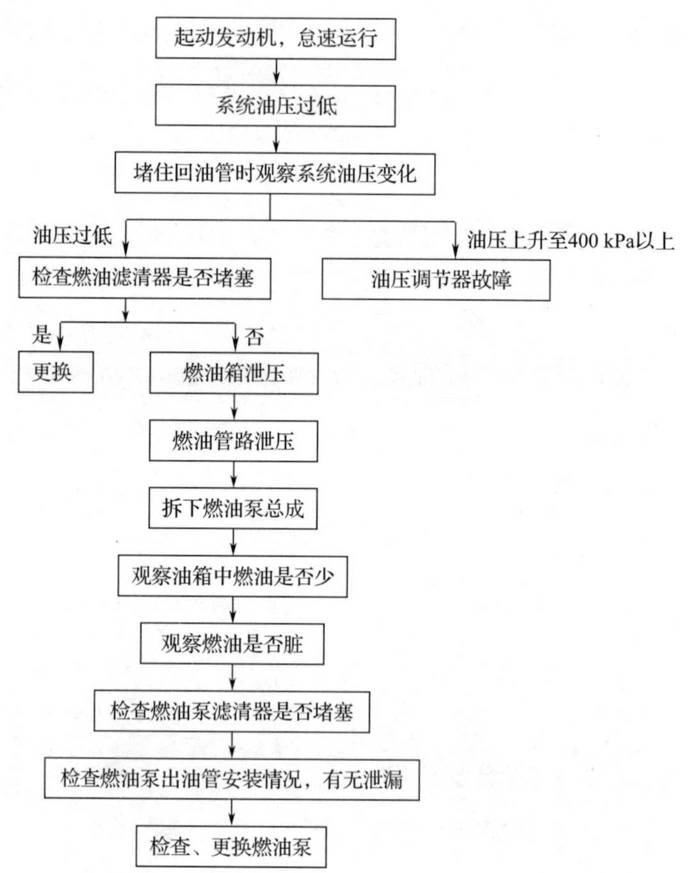

（1）完成上述诊断流程后确定故障部件为：________________。

（2）查阅维修手册，简述故障部件维修或更换的操作步骤。

3. 参考下列残余压力过低的检测流程，结合具体实训车型对该流程做适当修改，找到故障元件后进行维修或更换。

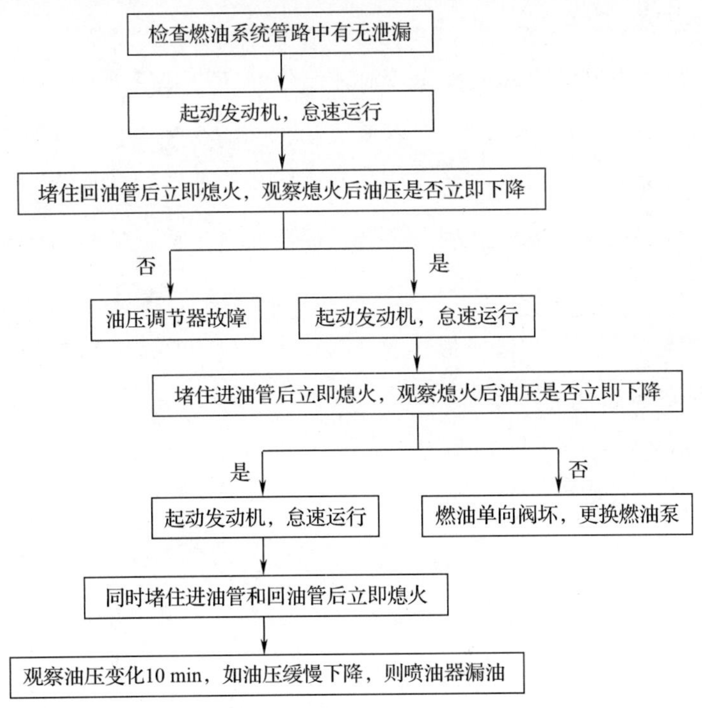

（1）完成上述诊断流程后确定故障部件为：________________。

（2）查阅维修手册，简述故障部件维修或更换的操作步骤。

三、油泵控制电路的分析与检修

燃油系统故障，有些故障的部位不在油路上，而是在燃油泵控制电路上，那么如何对油泵控制电路进行检修呢?

电动燃油泵只有在发动机起动和运转时才工作。在打开点火开关时，为建立系统油压，电动燃油泵往往会运行一段时间，以便发动机能顺利起动。而在其他情况下，即使点火开关接通，只要发动机没有运转，油泵就不工作。油泵工作的控制，通常是指对油泵电路断路继电器的控制。继电器触点闭合，油泵通电工作；继电器触点断开，油泵停止工作。

1. 结合实训车型，查询相关维修手册，将油泵控制电路图复印并粘贴在下列空白处(或进行油泵电路的拆绘)。

油泵控制电路图：

2. 对上述油泵电路图进行电路分析，并向组员进行描述。

(1) 当点火开关打开到“ON”，但不起动发动机时，油泵电路是如何工作的?

(2) 当点火开关打到“ST（起动）”时，油泵电路是如何工作的?

（3）起动后，点火开关又从“ST”回复到“ON”位置，油泵电路是如何工作的?

（4）发动机在行驶过程中，意外熄火，油泵电路是如何工作的?

（5）根据上述电路图，总结燃油泵电压值变化情况，并解释产生这种变化的原因，填入下表。

点火开关位置	发动机状态	燃油泵电压/V	燃油泵工作状态	原因
“ON”	不起动			
“ST”				
“ON”	运行中			
“OFF”				

3．就车检查燃油泵控制电路

（1）检查燃油泵熔丝是否熔断。（　）是　（　）否

（2）用手触摸燃油泵继电器，接通点火开关，检查燃油泵继电器是否有动作声。

（　）是　（　）否

（3）如果燃油泵继电器有动作声，则检查燃油泵继电器端子与燃油泵连接器之间的电阻，其值为__________Ω，是否正常。（　）是　（　）否

如果正常，则检查燃油泵，测量燃油泵电阻。燃油泵电阻为__________Ω，参考维修手册是否更换?（　）是　（　）否

如果端子至燃油泵连接配线不正常则检修配线。

（4）燃油泵继电器没有动作声，检测继电器、相关电源和搭铁。

继电器是否正常?（　）是　（　）否

继电器电源是否有 12 V 电压?（　）是　（　）否

继电器搭铁是否正常?（　）是　（　）否

（5）综合上述检查，你的结论是什么?

四、喷油器及控制电路的检修

1. 根据下图所示的典型喷油器控制示意图，简要描述 ECU 是如何控制喷油器工作的?

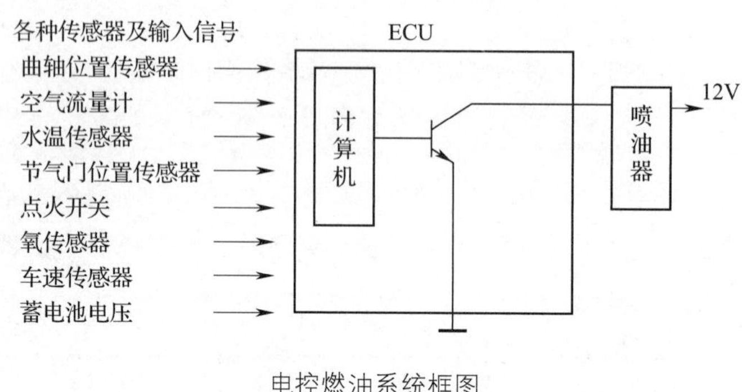

电控燃油系统框图

2. 结合实训车型，查询相关维修手册，将喷油器控制电路图及电路说明绘制或粘贴在下列空白处。

喷油器控制电路图：

3. 喷油器及控制电路的检测

(1) 检测喷油器线圈的电阻：断开点火开关，拔下喷油器的插头，用万用表电阻挡测量喷油器电磁线圈的电阻值，喷油器电阻值为________Ω，是否正常?

( ) 是　　( ) 否

(2) 喷油器电磁线圈检查：怠速运转发动机，用手触摸喷油器应有振动感，或用听诊器探针（或旋具）接触喷油器，应能听到清脆的“嗒嗒”声（电磁阀开、关声）；否则，说明该喷油器不工作。

(3) 喷油质量检查：喷油质量检查包括喷油量、雾化和泄漏检查。此项检查可在专用的喷油器试验台上进行（该项目检查作为选做）。将各个喷油器拆下放置在超声波喷油器清洗机上，直接观察喷油状况和喷油量，喷油状况如下图所示。

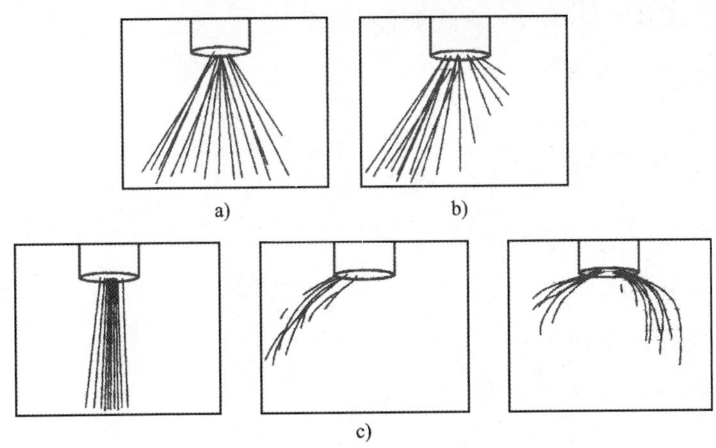

喷油器喷油状况

a）良好　b）尚可使　c）差

（4）喷油器控制电路检查。

1）脱开喷油器连接器，接通点火开关，检查连接器线束侧电源线的电压。正常应为蓄电池电压。喷油器电源电压为＿＿＿＿＿＿V，是否正常？　（　）是　（　）否

2）若无电压，应检查点火开关至喷油器电源线之间的电路是否正常。

用万用表检查 ECU 端子搭铁是否良好。

检查喷油器插接器至 ECU 电路之间的电阻。

电阻为＿＿＿＿＿＿Ω，是否正常？　（　）是　（　）否

（5）将检测结论填写在下表中。

故障部位	维修建议
喷油器电源线	（　）继续使用　（　）更换
喷油器至 ECU 之间连接	（　）继续使用　（　）更换
喷油器	（　）继续使用　（　）更换

小提示

1）安装喷油器时应更换所用 O 形密封圈，并在新的 O 形密封圈上涂少量燃油或润滑脂。

2）将喷油器装入燃油总管时应该不断转动喷油器，以免损坏O形密封圈。

3）用手转动喷油器，检查是否能够平顺转动，如果喷油器不能平顺转动，说明O形密封圈安装不当，应拆下喷油器重新安装。

4. 喷油器控制电路其他检测方法

（1）采用示波器进行检查。

1）按示波器操作使用说明书的要求连接好示波器。（ ）任务完成

2）起动发动机，以2 500 r/min的转速保持加速踏板2～3 min，直至发动机完全暖机。

（ ）任务完成

3）关掉空调和所有附属电气设备。（ ）任务完成

4）将换挡操纵手柄置于停车挡或空挡。（ ）任务完成

5）缓慢加速，观察加速时喷油器的喷油持续时间的变化情况，与下图标准波形相比较，波形是否正常，并将实测波形画在下列空白处。标准波形中，A、B、C、D、E分别表示什么含义？将含义标在图上。

标准喷油波形：　　　　　实测波形：

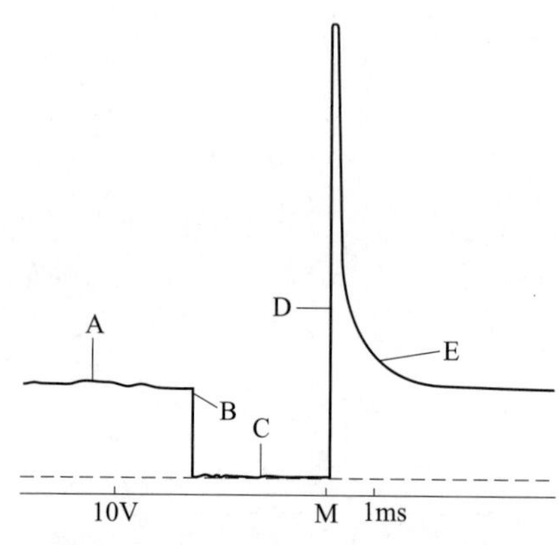

（2）使用手持式汽车诊断电脑进行喷油脉宽数据流的读取。

1）起动发动机。（ ）任务完成

2）连接手持式汽车诊断电脑。（ ）任务完成

3）选择相应车型。（ ）任务完成

4）进入发动机控制单元。（ ）任务完成

5）选择需要读取的数据项。（ ）任务完成

6）观察喷油脉宽为________ms，是否正常？（ ）是　（ ）否

五、记录诊断结果

1. 根据上面所有检查，在下表中写出你对发动机燃油系统的诊断建议，并向客户介绍故障原因及维修方法。

故障部位	故障原因	维修意见	维修方法
燃油系统目检			
燃油系统油压			
油泵控制电路			
喷油器及控制电路			

2. 车辆复位与清洁

(1) 自检

车辆起动试车　　是否正常（　）

(2) 终检

车辆检验、交车　　是否正常（　）

六、总结与思考

1. 当车辆发生碰撞事故后，燃油系统会一直泵油吗？为什么？

2. 如果残余油压过低，如何判断故障是喷油器滴漏引起的，还是油泵单向阀关闭不严引起的呢？

3．测试低阻喷油器和高阻喷油器工作状况是否良好时，在测试方法上是一样的吗？要注意哪些问题？

4．油箱中蒸发出来的油蒸气是通过什么路径进入发动机燃烧的？

学习任务三评价表

班级：__________　　姓名：__________　　学号：__________

项目	自我评价			小组评价			教师评价		
	10～9	8～6	5～1	10～9	8～6	5～1	10～9	8～6	5～1
	占总评 10%			占总评 30%			占总评 60%		
学习活动 1									
学习活动 2									
学习活动 3									
协作精神									
纪律观念									
表达能力									
工作态度									
安全意识									
任务总体表现									
小计									
总评									

任课教师：________　　年　　月　　日

学习任务四　发动机不能起动的拆检

学习目标

1. 能通过情景模拟，对照汽车发动机实物，向组员描述发动机点火系统的类型、组成、功用及基本工作原理，并能列举点火系统常见故障及其原因。

2. 能向组员叙述点火系统各部件的拆装安全操作规程，并在作业过程中自我检查执行情况，做好过程记录。

3. 能正确选择并使用工量具与仪器，对点火系统各部件进行测量与记录，并判断零部件的工作状态。

4. 能根据维修手册要求，在规定时间内，规范对点火系统进行拆卸、清洁、装配，并完成拆装步骤的记录。

5. 能正确回收废旧零部件，填写竣工单，完成自检，并向班组长汇报维修情况。

6. 能对相关资料、互联网资源进行检索，完成工单、工作页的填写。

7. 能查阅维修手册，绘制点火系统控制原理示意图。

8. 能在实施过程中记录拆装、检测步骤等重要内容。

建议学时

40 学时

工作情境描述

学校驾驶员在驾驶车辆过程中，发动机突然熄火，再次起动无法起动，给 4S 店打电话，4S 店将车拖回，经班组长检查判断为无高压火故障，现需要维修技工根据维修手册相关要求，在规定时间（参照维修资料）内对点火系统部件进行检查或更换，自检完成后交付班组长验收。

1. 点火系统类型、功用及控制原理的认知
2. 有分电器微机控制电子点火系统的认知
3. 有分电器微机控制电子点火系统各部件的拆检
4. 双缸同时点火系统特点、组成及电路控制原理的认知
5. 双缸同时点火系统各部件的拆检
6. 独立点火系统特点、组成及电路控制原理的认知
7. 独立点火系统各部件的拆检

学习活动 1　点火系统类型、功用及控制原理的认知

学习目标

1. 能通过情景模拟，对照汽车发动机实物，向组员描述发动机点火系统的类型、组成、功用及基本工作原理。

2. 能对相关资料、互联网资源进行检索，完成工作页的填写。

3. 能查阅维修手册，绘制点火系统控制原理图。

建议学时：4 学时

学习准备

汽车维修手册、互联网资源、车辆、多媒体设备。

学习过程

汽车发动机中的燃烧室里装有火花塞，会产生电火花点燃可燃混合气。在火花塞两电极之间，加上直流电压后，可燃混合气会产生电离。当电压升高到一定值时，火花塞两级气体间隙被击穿，产生电火花，此时活塞处于压缩行程的上止点附近，从而使气体燃烧产生巨大的压力推动活塞向下运动。

点火系统的作用是将汽车电源供给的低压电转变为高压电，并按发动机的做功顺序和点火时间要求，配送至各缸的火花塞，在其间隙处产生足够强的电火花，以点燃气缸内的可燃混合气。

一、认知点火系统的类型和功用

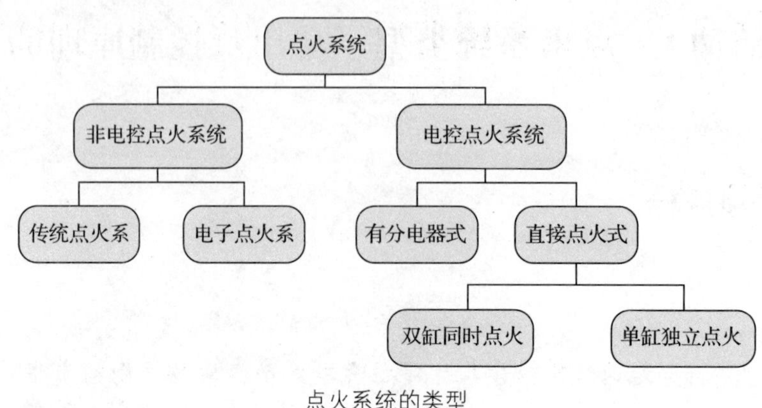

点火系统的类型

1. 对照上图，并根据学校的实际情况，说出学校实训车辆中都包含哪些点火类型？举例说明各种车型都分别是什么点火系统。

2. 查阅相关资料，说明电控点火系统的功用有哪些？其优缺点是什么？

二、汽车发动机对点火系统的要求

1. 迅速产生足以击穿火花塞间隙的高电压

影响火花塞击穿电压的因素有火花塞两电极之间的距离、气缸压力和气缸中空气的温度。

（1）火花塞两电极之间的距离

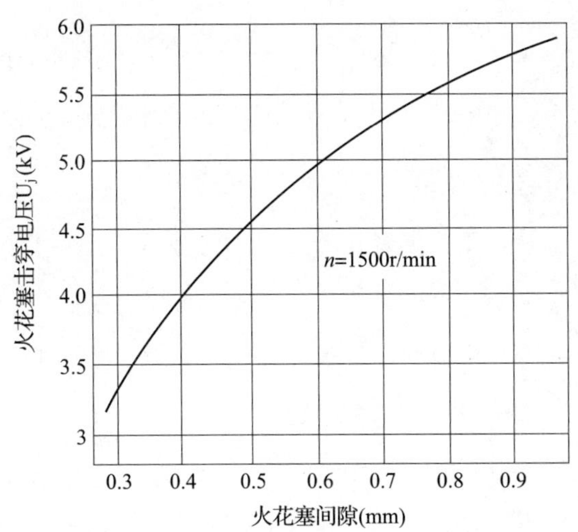

火花塞间隙与火花塞击穿电压关系曲线

根据上图可以看出：火花塞间隙增大时，火花塞击穿电压________________。

（2）气缸压力

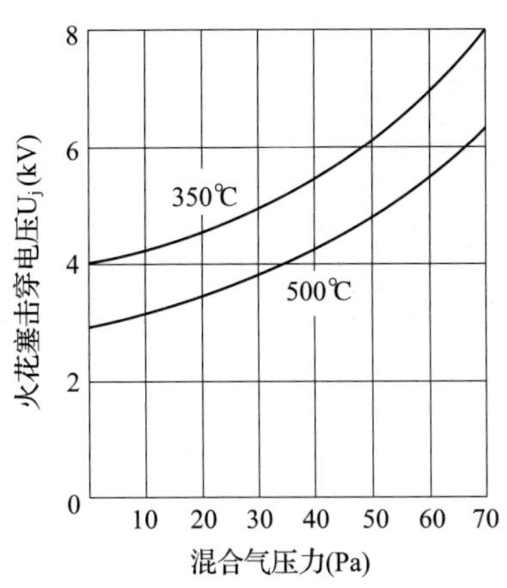

混合气压力与火花塞击穿电压关系曲线

根据上图可以看出：混合气压力增大时，火花塞击穿电压________________。

（3）气缸中空气的温度

根据下面两图可以看出：火花塞电极温度升高时，火花塞击穿电压________________。

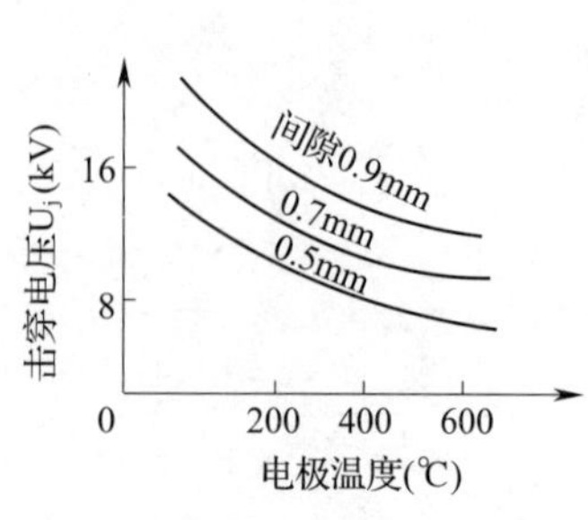

电极温度与击穿电压关系曲线

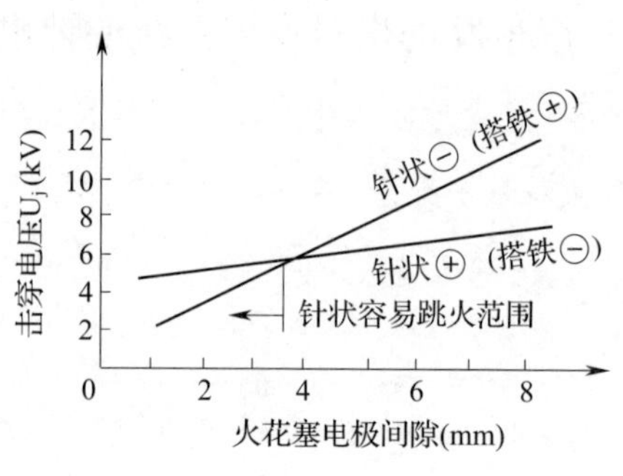

电极间隙与击穿电压关系曲线

2．电火花应具备足够高的能量

点火能量不足时，会使发动机起动困难，动力性下降，油耗和排污增加，甚至使发动机不能工作。

起动时，通常电火花至少应具有________的能量，发动机正常工作时，电火花只要有________的能量就可以点燃混合气。

3．点火时刻应适应发动机的工况

点火时刻一般用点火提前角来表示，即从发出电火花开始到活塞到达上止点为止的一段时间内曲轴转过的角度。

点火提前角大，会造成发动机点火________，从而使转变为有效功的热量相对减少，气缸内最高燃烧压力降低，导致________，功率下降。

点火提前角小，会造成发动机点火________，从而使发动机的功率降低，并有可能引起爆燃和运转不平稳现象，加速________的损坏。

实践证明，燃烧最大压力出现在________时，发动机的输出功率最大，此时所对应的点火提前角为________。

三、影响最佳点火提前角的因素

影响最佳点火提前角的因素很多，主要包括以下几个方面。

1．发动机转速

根据下图可以看出：当发动机转速增大时，点火提前角应________。

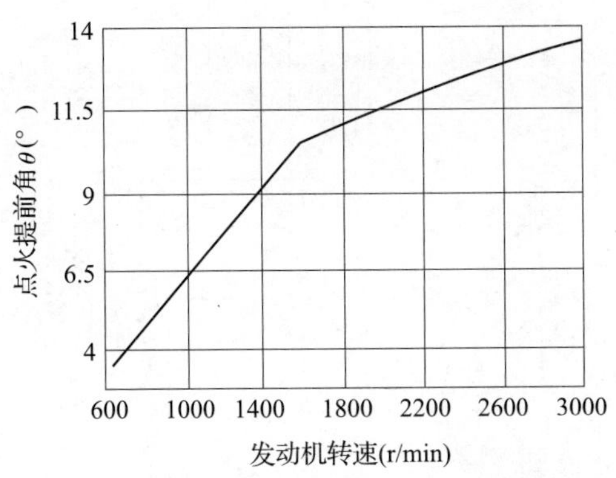

发动机转速与点火提前角关系曲线

2. 发动机负荷

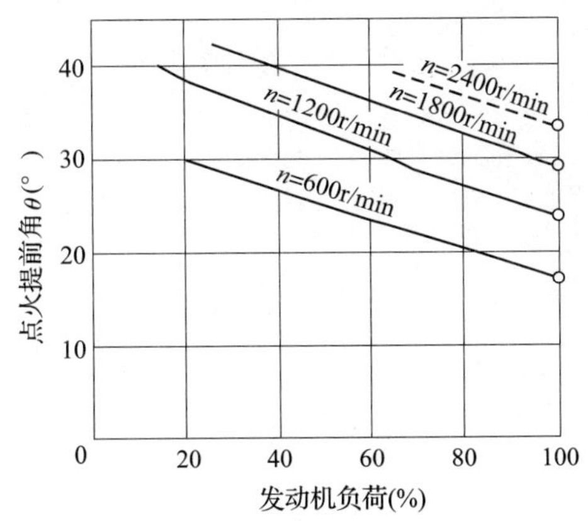

发动机负荷与点火提前角关系曲线

根据上图可以看出：当发动机负荷增大时，点火提前角应______________。

3. 汽油辛烷值

点火提前角小，不易产生爆燃。汽油辛烷值高，抗爆性好。因此，燃用低辛烷值汽油时，应将点火提前角______________。

除此之外，点火提前角还与排气净化、混合气成分、发动机压缩比、发动机水温等诸多因素有关。因此，单靠离心调节机构或真空调节机构是不能满足要求的，必须有一种更为先进的控制手段，这就是微机控制电子点火系统。

四、点火系统的组成和工作原理

1. 传统点火系统

（1）下图所示是传统点火系统的结构图，根据该图写出传统点火系统的组成及各组成部分的功用。

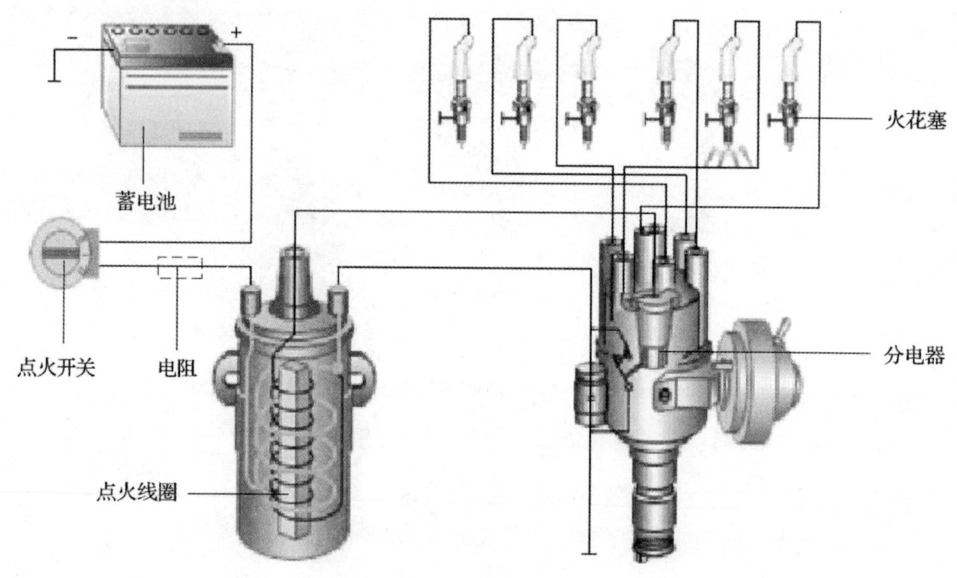

传统点火系统结构图

（2）根据下列两图，写出点火系统的工作原理（工作过程）。

凸轮旋转，交替地将触点闭合和打开。在点火开关接通的情况下，触点闭合时，低压侧电流从：

蓄电池正极→电流表→__________→附加电阻→____________→________→搭铁→蓄电池负极。

在点火开关接通的情况下，触点打开时，高压电流的回路是：

点火线圈次级→附加电阻→________→电流表→________→搭铁→________→________→点火线圈次级。

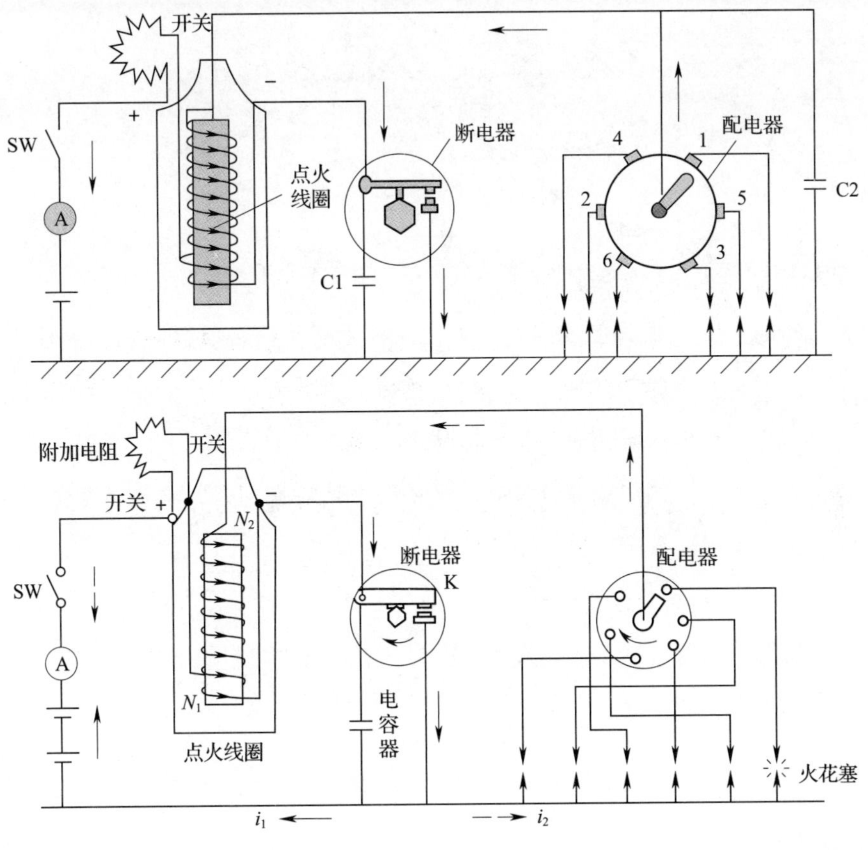

传统点火系统电路图

2. 微机控制点火系统

（1）查阅资料并结合下图，说说微机控制点火系统一般由哪些部分组成？各部分的功用是什么？

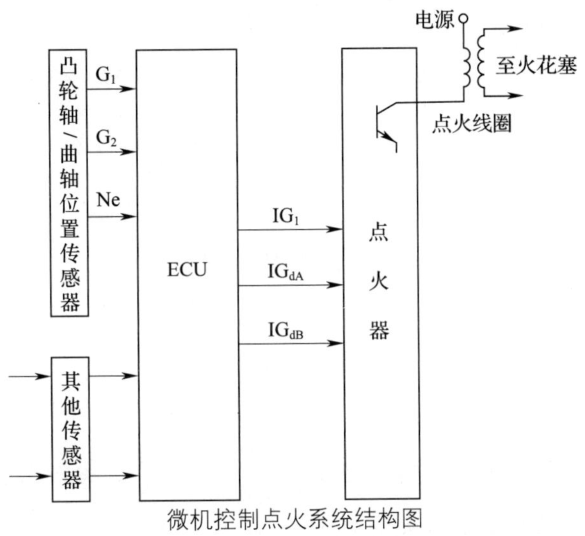

微机控制点火系统结构图

（2）微机控制点火系统的工作原理。

发动机工作时，ECU 根据接收到的__________信号，按存储器中的相关程序和数据，确定出__________，并以此向__________发出指令。点火器根据指令，控制点火线圈初级电路的__________。当电路导通时，有电流从点火线圈中的__________通过，点火线圈将点火能量以___________的形式储存起来。当初级电路被切断时，次级线圈中产生很高的__________，经分电器或直接送至工作气缸的__________。

3. 微机控制点火系统的控制原理

电控点火系统的功能包括点火提前角的控制、闭合角的控制和爆燃的控制。

（1）点火提前角的控制

实际点火提前角 = ____________________ + __________________ + 修正点火提前角

小提示

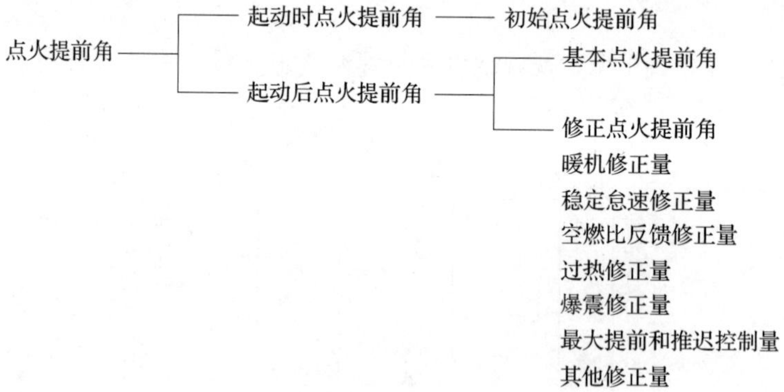

点火提前角
- 起动时点火提前角 —— 初始点火提前角
- 起动后点火提前角
  - 基本点火提前角
  - 修正点火提前角
    - 暖机修正量
    - 稳定怠速修正量
    - 空燃比反馈修正量
    - 过热修正量
    - 爆震修正量
    - 最大提前和推迟控制量
    - 其他修正量

点火提前角的类型

起动期间：固定值__________，此时的控制信号主要是__________和__________。对一定的发动机而言，起动时的点火提前角是固定的，一般为__________左右。

起动后，基本点火提前角的控制：

发动机起动后怠速运转时，ECU 根据__________、发动机转速传感器信号（Ne 信号）和__________确定基本点火提前角。

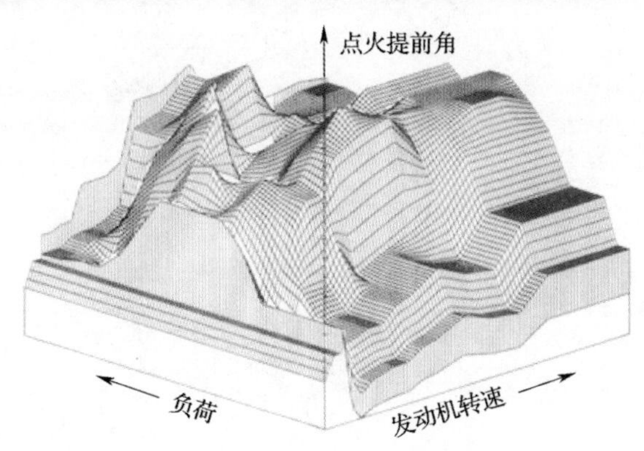

基本点火提前角示意图

发动机起动后在除怠速以外的工况下运转时，ECU 根据发动机的__________和__________（单位转数的进气量或基本喷油量）确定基本点火提前角。

点火提前角的修正

不同的发动机控制系统中，对点火提前角的修正项目和修正方法也不同。修正方法有修正系数法和修正点火提前角法两种。

主要修正项目有：1）水温修正；2）怠速稳定修正；3）空燃比反馈修正。

1）水温修正：水温修正又可分为暖机修正和过热修正。

发动机冷车起动后的暖机过程中，随冷却水温的提高，混合气的燃烧速度加快，燃烧过程所占的曲轴转角减小，点火提前角也应适当__________，如下图所示。

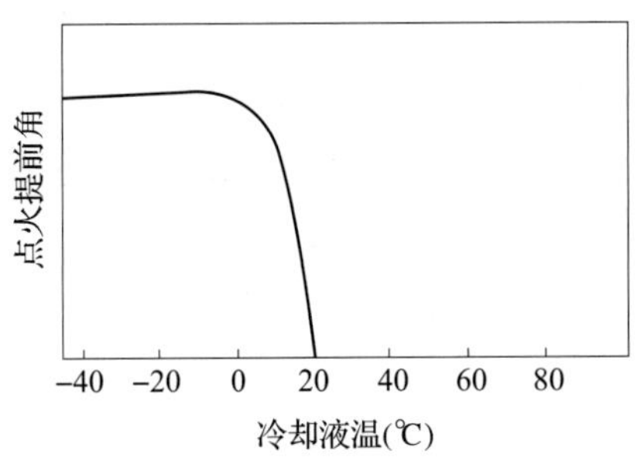

点火提前角与冷却液温关系曲线

2）怠速稳定修正。

ECU 根据实际转速与目标转速的差来修正点火提前角，低于目标转速，应__________点火提前角；反之，应__________点火提前角。

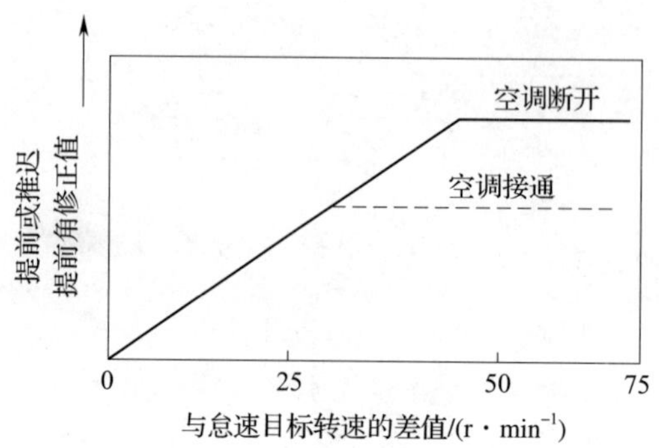

3）空燃比反馈修正。

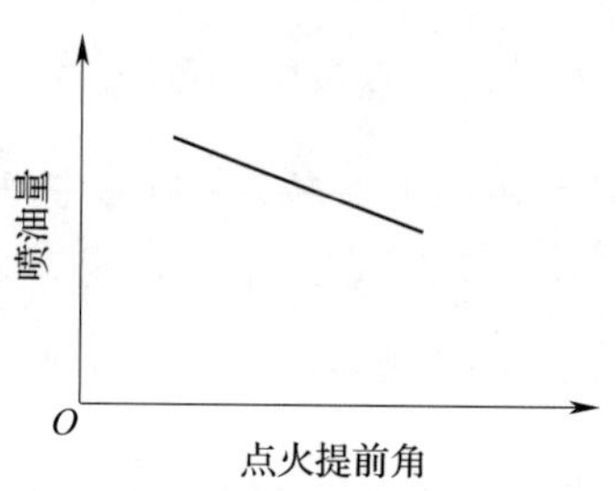

由于空燃比反馈控制系统是根据氧传感器的反馈信号调整喷油量的多少来达到最佳空燃比控制的，所以这种喷油量的变化必然带来发动机转速的变化。为了稳定发动机转速，点火提前角需根据喷油量的变化进行修正，如上图所示。

随喷油量的增多，点火提前角应__________。

（2）闭合角控制

闭合角控制电路的作用是：根据发动机转速和蓄电池电压调节闭合角，以保证足够的点火能量。在发动机转速上升和蓄电池电压下降时，闭合角控制电路使闭合角加大，即延长一次侧电路的通电时间，防止一次侧储能下降，确保点火能量。

点火线圈的次级电压是和初级电路断开时的初级电流成__________。通电时间短时，初级电流__________，会使感应的次级电压__________，容易造成失火。初级电流大，对点火有利；但通电时间过长，会使点火线圈__________，甚至烧坏，还会使能耗增大。因此要控制一个最佳通电时间。

根据发动机的转度信号和电源电压信号确定最佳的闭合角（通电时间），并控制点火器输出指令信号（IGt 信号），以控制点火器中晶体管的导通时间。

（3）爆燃的控制

爆震传感器将发动机的爆震状况反馈给 ECU，一旦爆震程度超过规定的标准，ECU 立即发出点火系统______________点火；当爆震程度低于规定的标准时，ECU 又会将点火时刻__________，循环调节点火时刻的结果，使发动机始终处于____________的工作状态。

五、总结与思考

1．点火系统可分为哪些类型，各有什么特点，主要区别是什么？

2．影响点火提前角的因素有哪些？点火提前角的修正值包括哪些，各自的含义是什么？

3．阅读案例，回答问题。

一辆2003年的松花江车，偶尔出现不能起动的现象，其行驶里程为91 400 km。该车安装的是DA462Q型德尔福系统发动机。据车主反映，前几天也出现过类似现象，当时在一家修理厂更换过泵总成，接车后一切正常，但过一天突然又出现不着车现象。

故障诊断与排除

一般来说，发动机不能起动的原因有：气缸压缩压力太低、汽油泵压力太低、喷油嘴堵塞、点火系统故障等。按照先简后繁的诊断程序，先看点火系统。

拔掉第 1 缸，起动发动机，没有高压火跳出，后又拔掉其他三个缸的高压线也没有火跳出，说明此车是因无点火而不能起动的。接下来重新检查点火系统，1、4 缸和 2、3 缸的电阻均为 5 100 Ω，正常。然后用万用表检查点火线圈的四根线路是否短路或断路，经检查 1 号脚搭铁正常，2 号脚有 12.7 V 的电压，3、4 号脚为控制线，接上发光二极管，起动发动机后二极管闪烁正常。于是又用金奔腾查故障码，系统正常。

那为什么没有高压点火呢？这时无意中碰了一下保险盒，发动机就起动着车并一切正常了，找到了故障点。经检查，保险盒的一个点火熔断后，是用细铜丝缠绕着的，非常松动，而且保险盒也没有固定，所以造成点火电源保险丝接触不良。当起动发动机时，因点火线圈的初级线圈用电电流增大，松动的保险丝电负荷开始增加，这时保险丝产生断路现象，点火线圈无高压输出。而用万用表检测点火线圈 2 号脚供电时有 12.7 V 的电压，是因为用电电流小，松动的保险丝电负荷也小，所以查不出断路的故障。按规定更换新的 10 A 保险丝，固定好保险盒，起动发动机，故障彻底排除。

维修小结

在此次维修中可以看出，电压正常并不等于电流也正常，电压和电流是截然不同的两个概念，而此车又不按规定使用标准，造成此故障的发生。在以后维修中应特别注意这些小环节。

从案例中可以看出，如果发现点火系统无高压的情况时，应如何做？谈谈你的做法。

附件 4-1　造成发动机不能起动的原因分析

<table>
<tr><th></th><th>症　　状</th><th>原　　因</th></tr>
<tr><td rowspan="13">点火系统
零部件故障</td><td rowspan="6">无高压火花</td><td>点火线圈故障</td></tr>
<tr><td>点火器故障</td></tr>
<tr><td>控制单元故障</td></tr>
<tr><td>转速传感器（位置）故障</td></tr>
<tr><td>分火头击穿故障</td></tr>
<tr><td>点火器坏</td></tr>
<tr><td rowspan="3">两个缸以上无高压火花</td><td>分电器盖漏电</td></tr>
<tr><td>个别点火线圈坏</td></tr>
<tr><td>火花塞故障</td></tr>
<tr><td>供电电源保险坏</td><td>略</td></tr>
<tr><td>线路断路、短路</td><td>略</td></tr>
<tr><td>高压线漏电</td><td>略</td></tr>
<tr><td>点火器搭铁线搭铁不良</td><td>略</td></tr>
<tr><td rowspan="3">点火系统以外
零部件故障</td><td>起动系统不工作</td><td>起动机坏、起动继电器坏等</td></tr>
<tr><td>燃料系统不工作</td><td>燃油泵不工作、喷油器不工作等</td></tr>
<tr><td>机械部分故障</td><td>略</td></tr>
</table>

学习活动 2　有分电器微机控制电子点火系统的认知

学习目标

1. 能通过情景模拟，对照汽车发动机向客户介绍有分电器微机控制电子点火系统的类型、组成、功用及基本工作原理。

2. 能了解点火系统各种传感器的功用、特点及在车上的安装位置，就车认知各种传感器。

3. 能查阅维修手册，绘制有分电器微机控制电子点火系统控制原理图。

建议学时：6 学时

学习准备

汽车维修手册、互联网资源、车辆、多媒体设备。

学习过程

一、微机控制点火系统的组成与功用

微机控制点火系统主要由传感器、电子控制器、点火器、点火线圈等组成。

1. 各种传感器

传感器是监测发动机各种运行工况信息的装置。

问题 1：汽车点火系统中涉及的传感器都包含哪些？各自能检测的信号有哪些？填写在下列空白处。

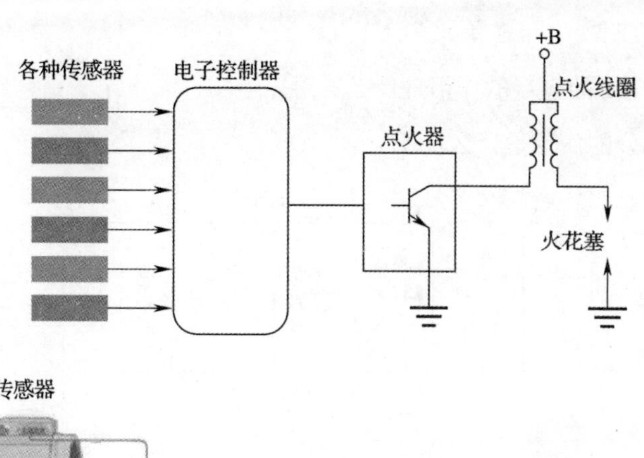

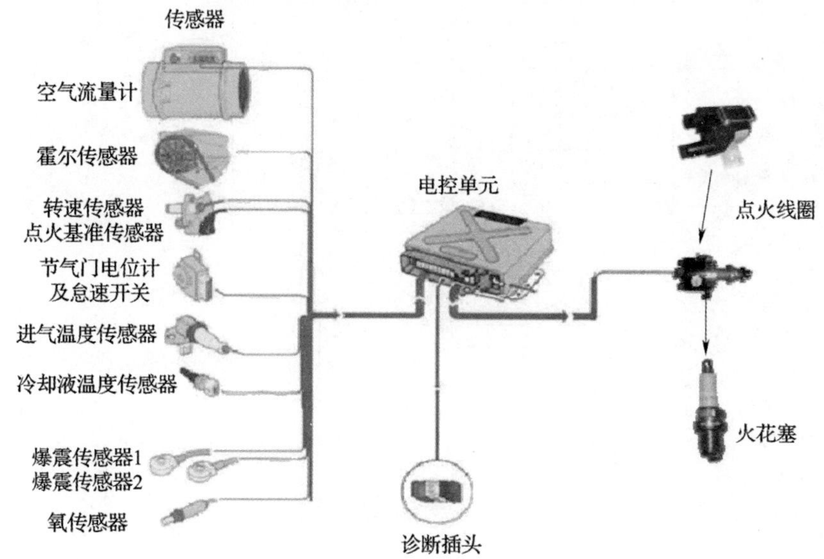

微机控制点火系统的组成

(1) 曲轴位置传感器：曲轴转角（发动机转速）信号、活塞位置（上止点）信号。

(2) 空气流量计（绝对压力传感器）：________________。

(3) 水温传感器：________________。

(4) 氧传感器：________________。

(5) 节气门位置传感器：________________。

(6) 车速传感器：________________。

(7) 空挡开关：________________。

(8) 点火开关：________________。

(9) 空调器开关：________________。

(10) 蓄电池：________________。

(11) 进气温度传感器：________________。

(12) 爆震传感器：________________。

2. 电子控制器（电控单元 ECU）

问题 2：电子控制器的作用是什么？对照下图，说说电子控制器（ECU）都包括哪些组成部分，各部分的作用是什么？

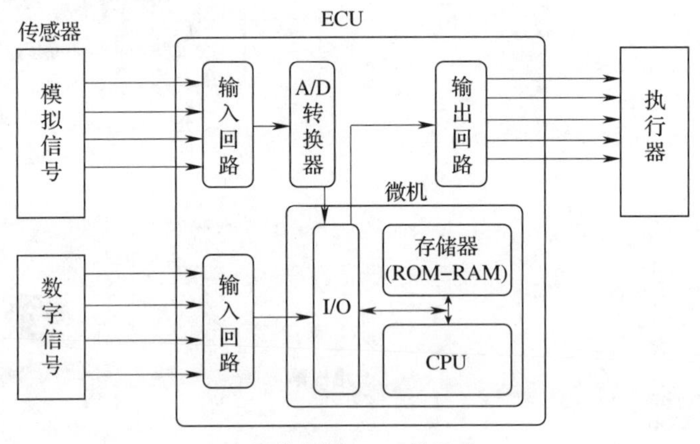

电子控制器 ECU 的组成

3. 点火器

问题 3：点火器的作用是什么？

二、有分电器微机控制电子点火系统

有分电器微机控制电子点火系统的主要特点是只有 1 个点火线圈。

对照下图，说说有分电器微机控制电子点火系统是由哪些部分组成的？观察实训用车，写出下图各序号对应部件的名称。

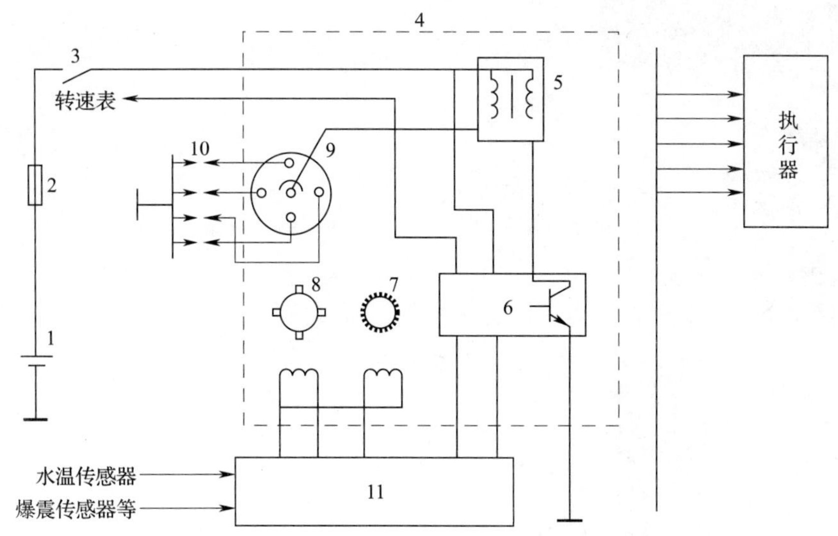

有分电器的微机控制电子点火系统的组成

1. ____________　2. ____________　3. ____________　4. ____________

5. ____________　6. ____________　7. ____________　8. ____________

9. ____________　10. ____________　11. ____________

1. 空气流量计的作用是什么？它在车上的安装位置在哪？

空气流量计

2. 进气压力传感器的作用是什么？它在车上的安装位置在哪？

进气压力传感器

3. 转速传感器的作用是什么？它在车上的安装位置在哪？

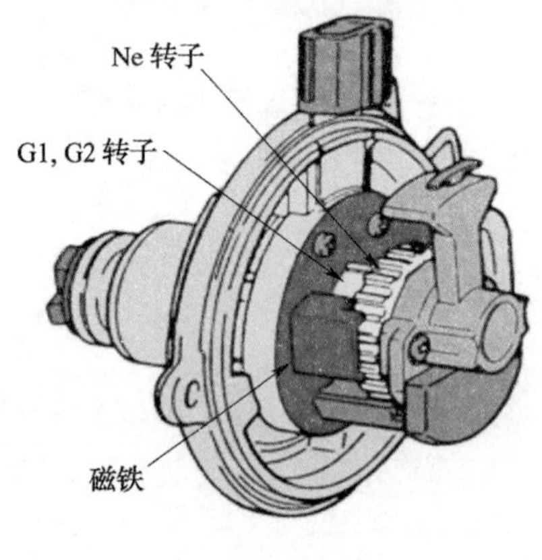

转速传感器

4. 凸轮轴位置传感器的作用是什么？它在车上的安装位置在哪？

5. 节气门位置传感器的作用是什么？它在车上的安装位置在哪？

节气门位置传感器

6. 进气温度传感器的作用是什么？它在车上的安装位置在哪？

进气温度传感器

7. 冷却液温度传感器的作用是什么？它在车上的安装位置在哪？

冷却液温度传感器

8. 爆震传感器的作用是什么？它在车上的安装位置在哪？

爆震传感器

9. 氧传感器的作用是什么？它在车上的安装位置在哪？

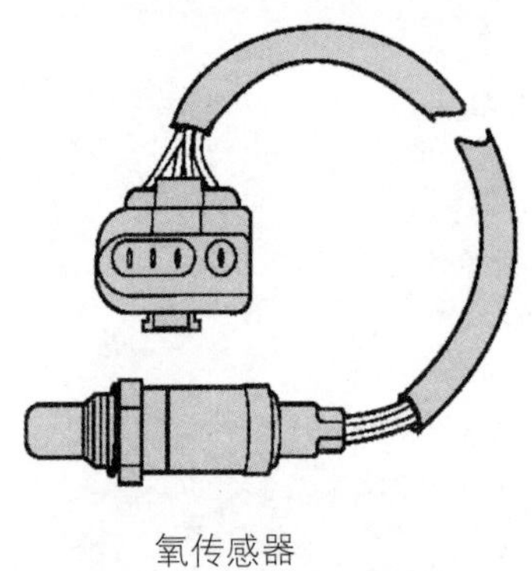

氧传感器

10. 电控单元的作用是什么？它在车上的安装位置在哪？

电控单元

11. 点火器的作用是什么？它在车上的安装位置在哪？

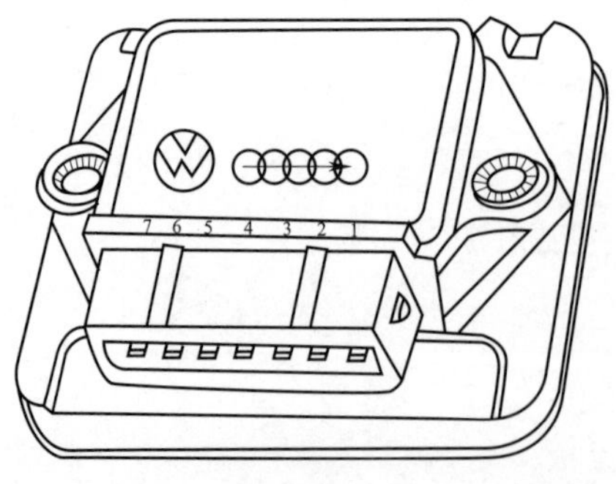

点火器

三、有分电器微机控制电子点火系统的控制原理

1. 点火时刻（提前角）控制

根据学校的实训车辆，查阅维修手册，回答以下问题。

（1）实际点火提前角 = 初始点火提前角 + 基本点火提前角 + ____________________。

（2）基本点火提前角：怠速时的基本点火提前比平常行驶时的基本点火提前在____________。

（3）修正点火提前角：____等传感器是用来修正点火提前角的。

2. 控制电路

根据学校的实训车辆，查阅维修手册，回答以下问题。

（1）学校实训车辆上有____等传感器。

（2）__________________________传感器是用来控制基本点火提前角的，其余传感器是用来控制__________________________的。

（3）根据维修手册，以学习小组为单位，画出有分电器微机控制电子点火电路图，并描述其控制原理。

四、总结与思考

1. 有分电器微机控制电子点火系统的特点是什么?

2. 影响最佳点火提前角的因素有哪些?

3. 点火提前角的类型有哪些? 各自的含义分别是什么?

4. 发动机中常用的传感器类型有哪些? 每种传感器的作用是什么? 分别安装在什么位置?

5. 阅读案例，回答问题。

王师傅的金杯海狮车进维修厂维修后，在使用过程中出现抖动、急加速不良、热车熄火等故障，又到维修站来维修，经维修站维修人员检测后发现是火花塞不匹配与电控系统不匹配引起的点火不良，导致出现发动机工作异常。更换火花塞后，故障排除。

结论：装配的火花塞型号不对，可导致点火系统的一系列问题，如抖动、加速不良、热车熄火、损坏点火模块或电脑等问题。曾经有个案例是讲一个司机的金杯车发动机上装了4个不同品牌的火花塞，出现故障后，司机来检修发动机抖动，他自己却不知道故障原因所在，一点基本常识都没有。火花塞的检查标准首先就是其型号是否和电控系统相匹配，此项是首要前提，重中之重。

为什么维修人员判断出是火花塞型号不对引起的故障，请分析他的思路，说说你的想法。

学习活动3　有分电器微机控制电子点火系统各部件的拆检

学习目标

1. 能向组员叙述点火系统各部件拆装安全操作规程，并在作业过程中自我检查执行情况，做好过程记录。

2. 能正确选择并使用工量具与仪器，对点火系统各部件进行测量与记录，并判断零部件的工作状态。

3. 能根据维修手册要求，在规定时间内，规范对点火系统进行拆卸、清洁、装配，并完成拆装步骤的记录。

4. 能正确回收废旧零部件，填写竣工单，完成自检，并向班组长汇报维修情况。

5. 能对相关资料、互联网资源进行检索，完成工单、工作页的填写。

建议学时：10学时

学习准备

汽车维修手册、车辆、常用维修工具、量具、火花塞套筒、诊断仪、多媒体设备。

学习过程

一、点火器的拆装与检修

1. 下图所示是点火器的组成结构图，将各序号代表的零件名称写出来。

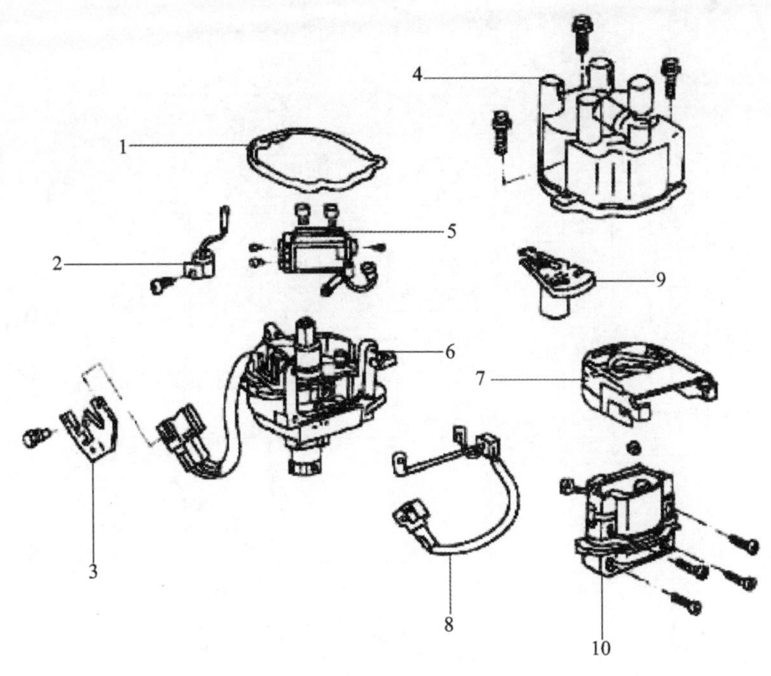

点火器的组成

1. ____________　2. ____________　3. ____________　4. ____________

5. ____________　6. ____________　7. ____________　8. ____________

9. ____________　10. ____________

2. 查阅相关资料，通过教师指导，从实车上拆下点火器，并写出拆卸步骤。

3. 查阅维修手册及相关资料，参考下图，描述点火器的工作原理。

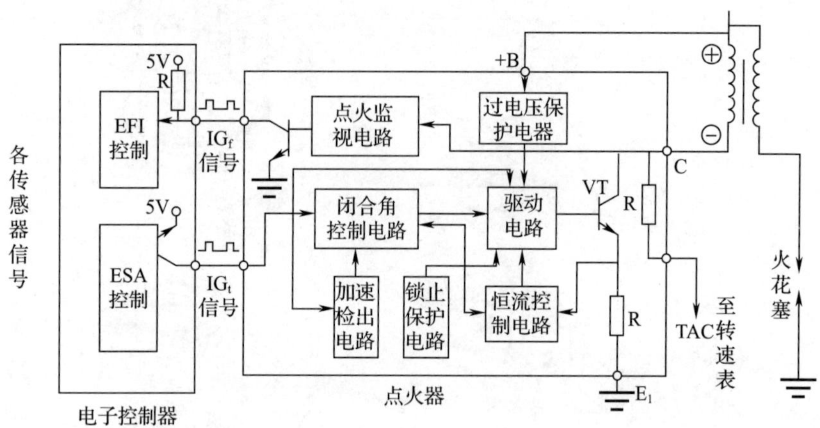

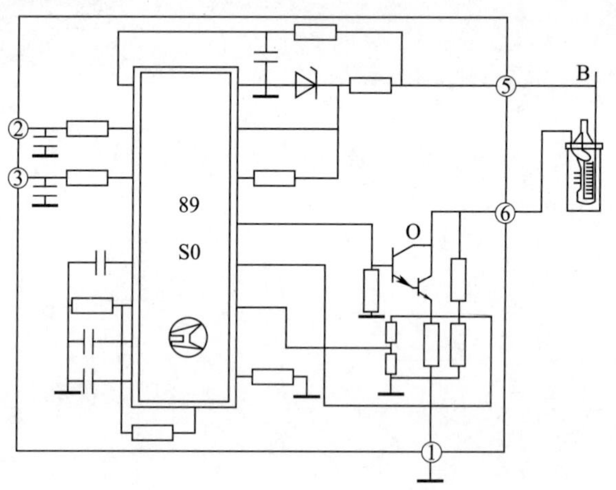

4．检测点火控制器时，用万用表或示波器检查发动机 ECU 相应端子间电压，用干电池代替点火信号判断点火控制器的好坏。

按下图检测点火控制器，并回答问题。

检测正接的电压为＿＿＿＿＿＿＿＿V，反接的电压为＿＿＿＿＿＿＿＿V，分析上述两电压值，判断点火器是否能用（□是　□否）。

将检测好的点火器装回到车上。

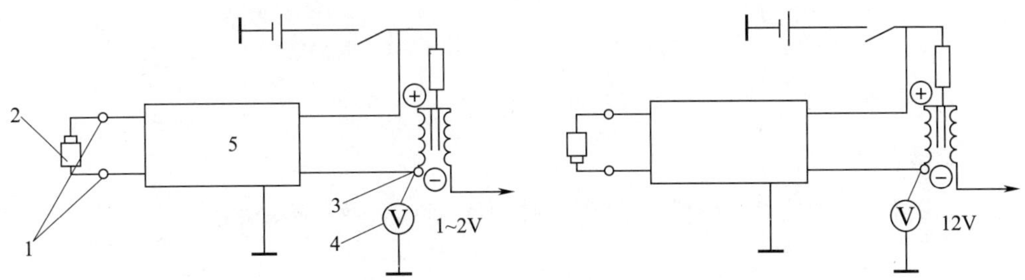

模拟点火信号法检查半导体点火器

1—半导体点火器信号输入端　2—干电池　3—点火线圈检测点　4—检测电压表　5—点火控制器

二、点火线圈的拆装与检修

1．按照不同的分类方式，点火线圈可分为多种，查阅相关资料，描述点火线圈的类型。

按冷却方式不同可分为＿＿＿＿＿＿＿＿、＿＿＿＿＿＿＿＿和＿＿＿＿＿＿＿＿。

按有无附加电阻可分为＿＿＿＿＿＿＿＿和＿＿＿＿＿＿＿＿。

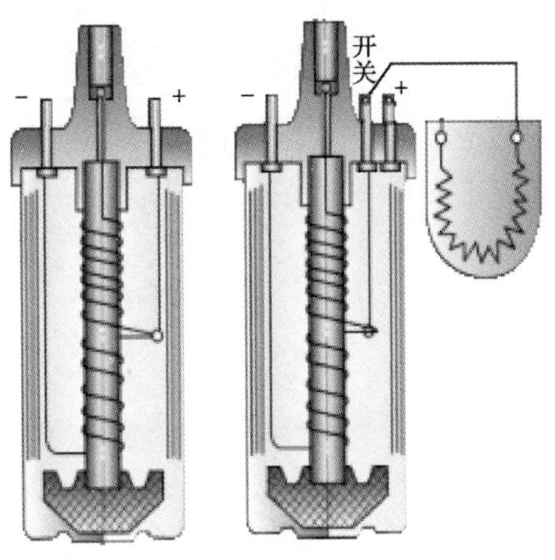

按有无附加电阻分类

按接线柱的多少可分为＿＿＿＿＿＿＿＿和＿＿＿＿＿＿＿＿。

按铁心形状不同可分为＿＿＿＿＿＿＿＿和＿＿＿＿＿＿＿＿。

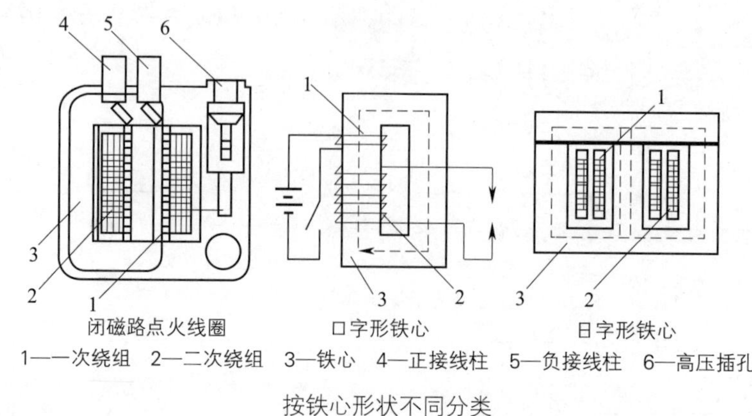

闭磁路点火线圈　　口字形铁心　　日字形铁心

1—一次绕组　2—二次绕组　3—铁心　4—正接线柱　5—负接线柱　6—高压插孔

按铁心形状不同分类

按功能差异可分为＿＿＿＿＿＿＿＿和＿＿＿＿＿＿＿＿。

2．查阅维修手册或相关资料，结合下图，写出各序号所代表零件的名称。

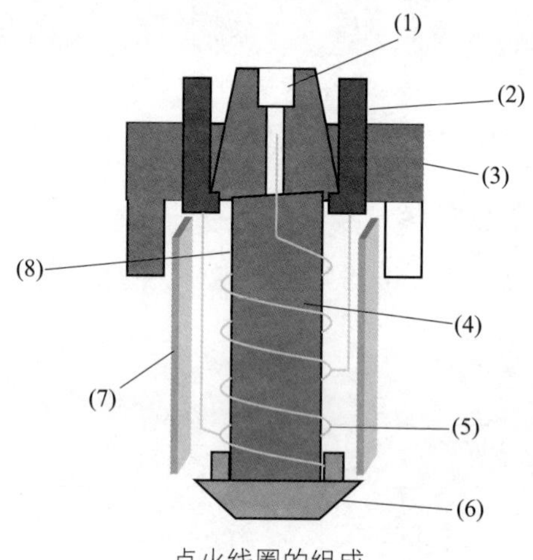

点火线圈的组成

(1) ＿＿＿＿＿＿　(2) ＿＿＿＿＿＿　(3) ＿＿＿＿＿＿　(4) ＿＿＿＿＿＿

(5) ＿＿＿＿＿＿　(6) ＿＿＿＿＿＿　(7) ＿＿＿＿＿＿　(8) ＿＿＿＿＿＿

3. 观察实训用车，将点火线圈拆下来，并写出拆卸步骤。

点火线圈的拆卸

4. 查阅资料，动手检测一下你所拆下的点火线圈的性能。

通常用万用表测量初级和次级绕组的电阻，如果测出的电阻不在规定范围内，说明点火线圈内部有短路或断路故障。

初级绕组电阻：__________________，是否在规定范围内__________________。

次级绕组电阻：__________________，是否在规定范围内__________________。

点火线圈绝缘盖板与外壳之间的电阻为__________________，各接线柱和外壳之间的电阻分别为__________________、__________________、__________________。

同时应保证点火线圈绝缘盖板清洁、干燥。

根据以上数据，说明点火线圈性能如何？__________________。

5. 将检测好的点火线圈安装在实车上，写出安装步骤。

三、分电器的拆装与检修

1. 从车上拆下分电器，写出拆卸步骤及注意事项。

2. 查阅维修手册及相关资料，结合下图，写出分电器是由哪些部件组成的，各组成部分的功用是什么?

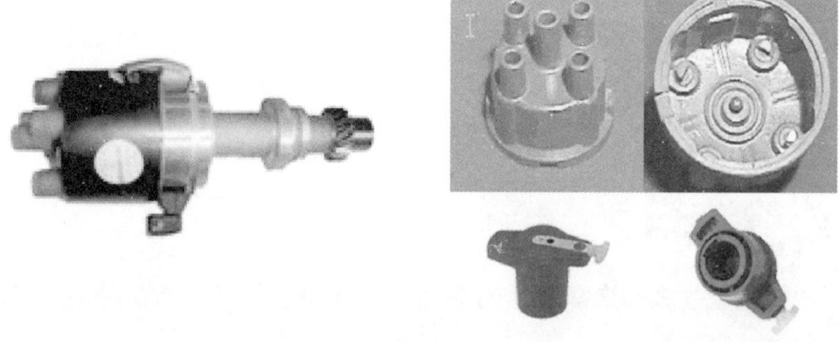

分电器

组成:

功用:

3. 查阅维修手册及相关资料，完成对分电器原理的描述。

当分火头正对准盖内某一旁电极，高压电便由____________，经电刷柱、导电片跳至____________，再经分缸线送至火花塞。

4. 分火头的检测主要包括分火头裂损、受潮、积污而漏电，引起缺火、错火等，请完成对分火头的检测作业。

将分火头取下，放到汽车搭铁部位，导电部分与搭铁接触，将车上点火高压用高压线引向分火头座，进行绝缘检测，如有跳火，说明分火头______________，应予以更换。

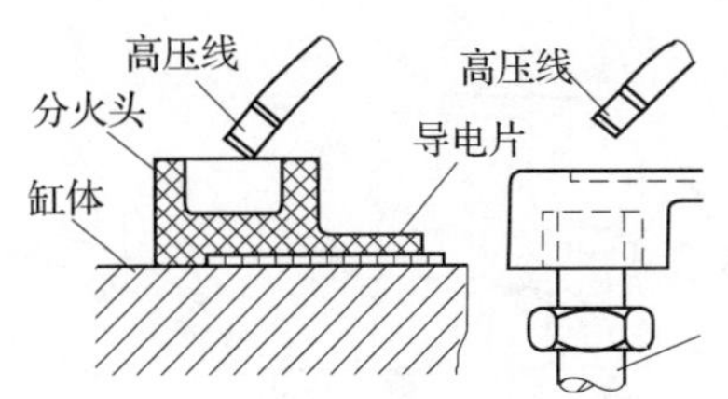

分火头的绝缘性能检查

如用万用表测量分火头的电阻，其阻值为多少? ________________

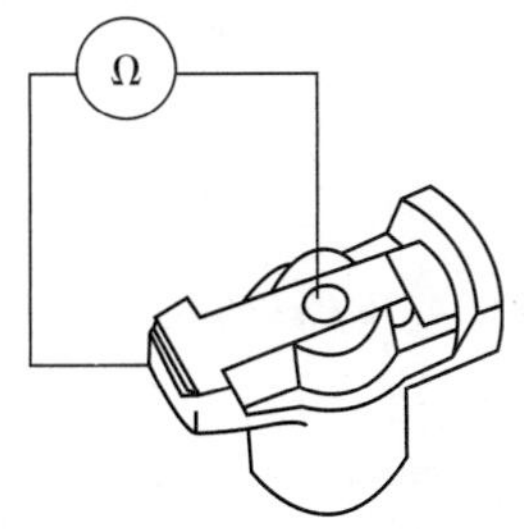

分火头电阻的测量

5. 检查分电器盖，主要看是否有漏电，比如有裂纹、缺损或导电柱之间有条状纹痕等应予以更换。写出分电器盖的检测方法。

小资料

分电器的安装（桑塔纳 2000GLi 型轿车）

（1）将飞轮 A 和正时带轮 B 调整到一缸的上止点位置。

（2）用扳手转动发动机，将 V 形带轮调整到一缸的上止点位置。

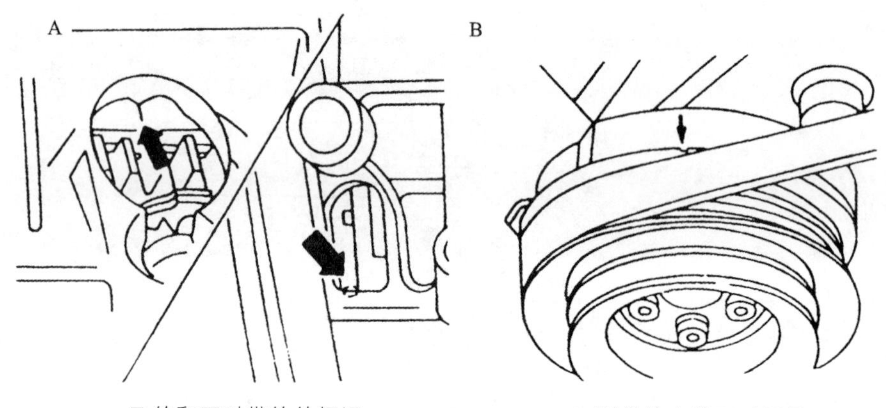

飞轮和正时带轮的标记　　V 形带轮上的正时记号

（3）将凸轮轴正时带轮上的标记与气门罩盖上的箭头对齐。

（4）装上点火分电器后，分火头的标记应与分电器壳体上标记对齐。

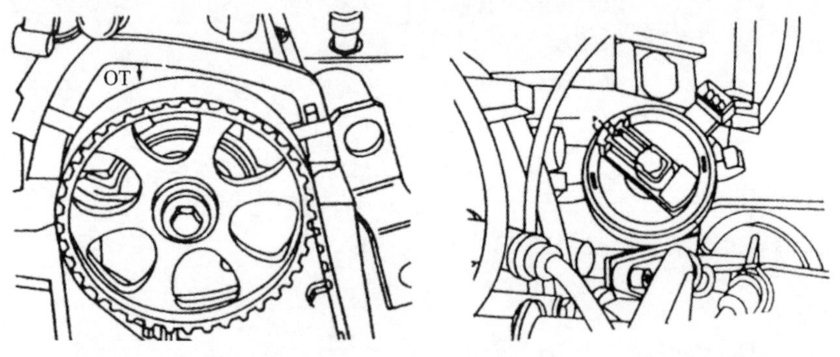

凸轮轴正时带轮上的正标记　　分火头与分电器壳体上标记对齐

（5）安装点火分电器盖。在安装前要清洗点火分电器盖，检测有无泄漏电流造成的裂纹和痕迹，必要时更换。

四、火花塞的拆装与检修

1. 火花塞的功用是什么？

2. 下图所示是火花塞的结构图，写出各序号代表的零件名称。

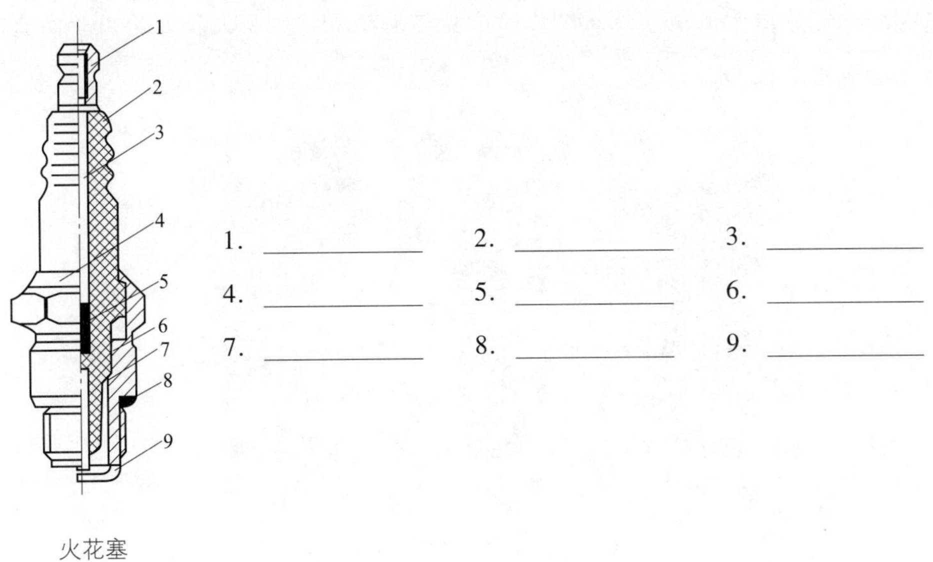

火花塞

1. ____________　2. ____________　3. ____________

4. ____________　5. ____________　6. ____________

7. ____________　8. ____________　9. ____________

3. 从车上拆下火花塞，并写出拆卸步骤。

4. 查阅维修手册和相关资料，说明火花塞的类型。

（1）按热特性分有______________、______________、____________，现代汽车上常用的是______________。

小提示

火花塞的热特性主要取决于绝缘体裙部的长度，绝缘体裙部长的火花塞，受热面积大，传热距离长，散热困难，因此裙部温度高，称为热型火花塞。

绝缘体裙部短的火花塞，受热面积小，传热距离短，散热容易，裙部温度低，称为冷型火花塞。

热型火花塞适用于低速、低压缩比的小功率发动机，冷型火花塞适用于高速高压缩比的大功率发动机。

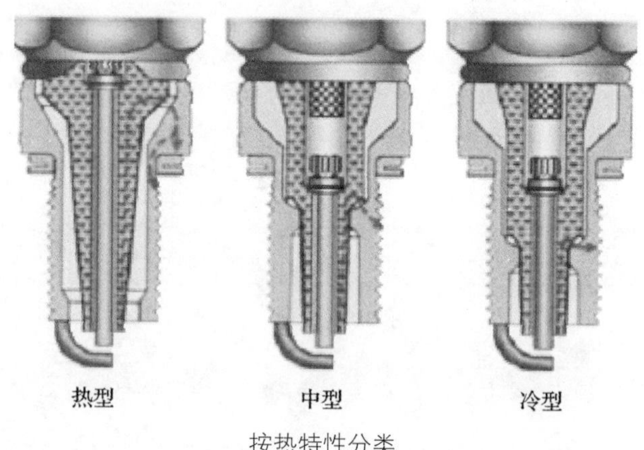

按热特性分类

（2）按火花塞电极的形状可分为哪些类型?

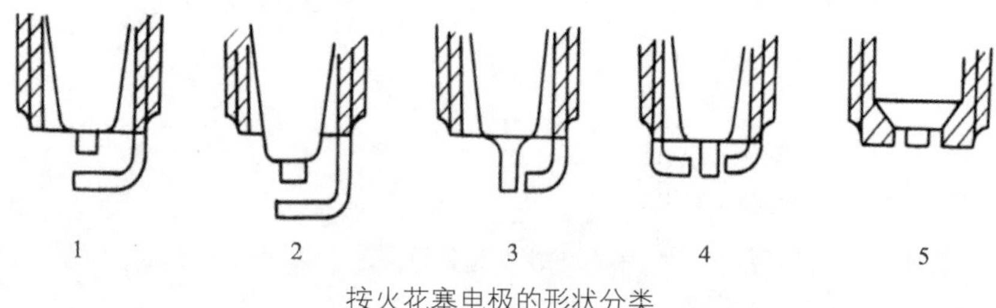

按火花塞电极的形状分类

1. __________ 2. __________ 3. __________ 4. __________ 5. __________

5. 请查阅资料，说明火花塞的电极间隙（指中心电极与侧电极之间的间隙）及其对发动机的影响。

电极间隙过小会造成____;

电极间隙过大会造成____。

一般的电极间隙为：______________mm，现代汽车常采用______________mm，可以改善排气净化。

6. 查阅资料，说明火花塞的自洁温度是多少?

小提示

当火花塞绝缘体裙部温度在 500～700℃时，落在绝缘体上的油滴能立即烧掉，不会形成积炭。低于此温度会形成积炭，高于此温度将引起早燃回火。

7. 火花塞的检修。

（1）对拆下的火花塞进行外部检查，检查内容为＿＿＿＿＿＿及＿＿＿＿＿＿有无损坏，如有异常，应更换火花塞。

（2）检查火花塞电极间隙，如下图所示，对于新的火花塞，可通过弯曲＿＿＿＿＿＿来调整火花塞电极间隙；使用过的火花塞电极间隙不可调整。若火花塞电极间隙不在规定范围内，应＿＿＿＿＿＿＿＿＿＿＿＿＿＿＿＿＿＿＿＿＿＿＿＿＿＿＿＿。

8. 用兆欧表测量火花塞绝缘电阻（如下图所示），电阻值应为＿＿＿＿＿＿＿＿＿或更大。

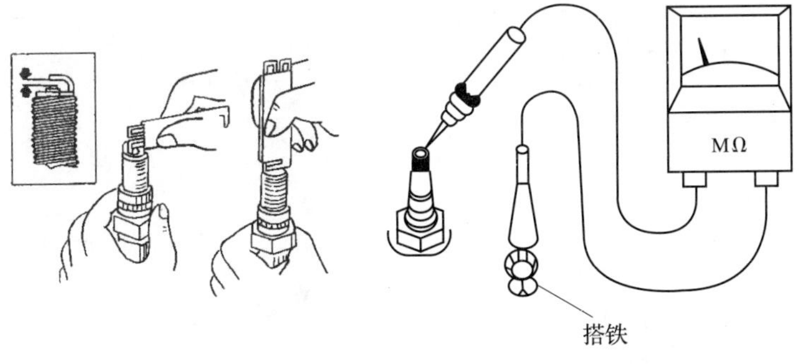

检查火花塞电极间隙　　　测量火花塞绝缘电阻

注：若火花塞电极有湿炭痕迹，待其干燥后用火花塞清洁器，以低于 588 kPa 的压力、20 s 左右的时间清洁火花塞电极。若有机油痕迹，在使用火花塞清洁器之前，先用汽油清除机油。

9. 注意事项。

（1）火花塞的拆除：冷车、清洁条件下。

（2）火花塞的清洁：用直径小于0.15 mm的铜丝刷刷去污物和积炭。不能用金属片刮或用丝刷刷。

小资料

火花塞常见故障包括过热、积炭、电极严重烧蚀、漏气、绝缘体破裂、侧电极开裂等。

（1）过热：正常温度为450～850℃，当裙部温度超过900℃时，称为火花塞过热，容易出现炽热点火，发动机工况恶化。

（2）严重积炭：火花塞绝缘体裙部温度过低，混合气过浓。积炭导致高压降低或却火。

（3）电极严重烧蚀：电极在工作中会逐渐烧蚀，电极间隙逐渐增大，所以应适时调整间隙。当电极间隙不能调整时，应更换火花塞。

（4）漏气：当外露的绝缘体上出现明显的黑色条纹时，表明火花塞漏气，应找出原因，采取措施。

五、高压回路部件的检修

查阅相关资料，对下列部件进行检测：

用Ω表测量高压回路部件的电阻，若部件的电阻不在规定范围内，应更换新件。

1. 检查火花塞插头电阻，其电阻值应为________________kΩ。
2. 检查防干扰接头电阻，其电阻值应为________________kΩ。

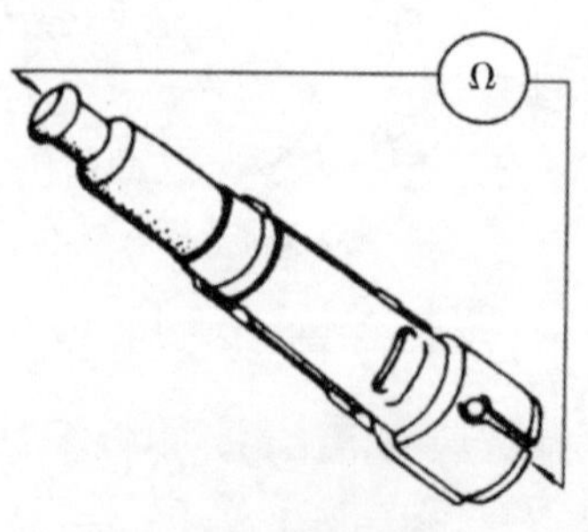

检查火花塞插头电阻

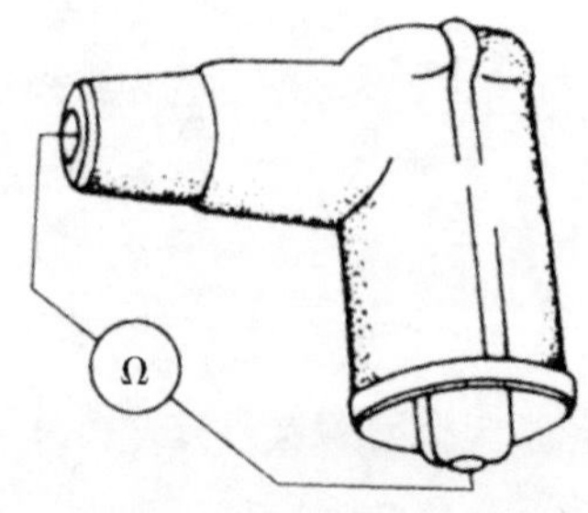

检查防干扰接头电阻

3. 检查高压导线电阻，中央高压线应为__________Ω，分缸高压线应为__________Ω。

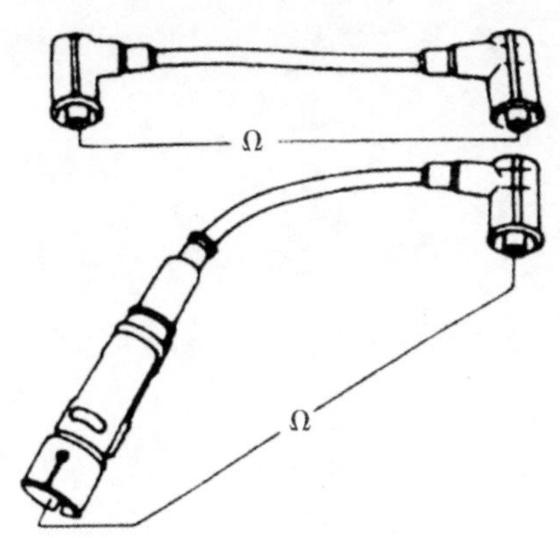

检查高压导线电阻

高压线有中央高压线和分缸高压线两种。一般为耐压绝缘包层的铜心线或全塑高压阻尼线，常为竖直排列，也有水平布置，可避免折损，缩短长度，抗高电压，延长寿命。

六、总结与思考

1. 选择题

(1) 在发动机点火系中，分电器盖内有与发动机气缸数（　　）的旁电极。

A. 相等　　B. 不等　　C. 两倍　　D. 不确定

(2) 能将汽车电源提供的 12 V 低压电转变为能击穿火花塞电极间隙的高压电的是（　　）。

A. 点火线圈　　B. 分电器　　C. 点火开关　　D. 高压线

(3) 开磁路点火线圈内充满沥青的作用是（　　）。

A. 绝缘　　B. 防潮　　C. 散热　　D. 绝缘、防潮和散热

(4) 发动机（　　）将高压电引入燃烧室，产生电火花点燃混合气。

A. 分电器　　B. 电容器　　C. 高压线　　D. 火花塞

(5) 测量发动机火花塞的间隙时，应用（　　）进行。

A. 塞尺　　B. 专用量规　　C. 卡尺　　D. 百分表

(6) 闭磁路点火线圈和开磁路点火线圈相比，其铁心不是条形而是（　　）字形。

A. “日”　　B. “田”　　C. “Y”　　D. “F”

(7) 点火模块（点火器）是电子控制单元的（　　）。

A. 传感器　　B. 执行器　　C. 电源　　D. 输入信号

2. 阅读案例，回答问题。

有一辆长安之星 6350C 汽车行驶中突然熄火。拖到维修站来修理，询问驾驶员得知，该车曾经更换过点火线圈和电控单元，故障依旧。

维修站进行了如下处理:

该车装了 BOSCH M154 型发动机电子控制系统，点火系统为无触点式，带有分电器。由电控单元控制点火线圈触发点火方式的点火系统如下图所示。

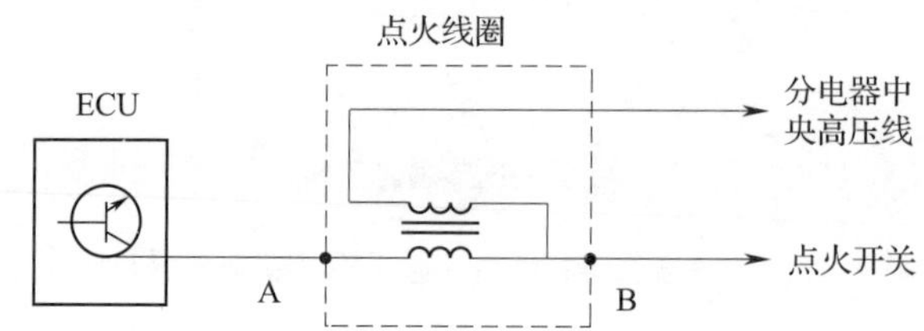

由电控单元控制点火线圈触发点火方式的点火系统

经试车，无高压火。于是拔下点火线圈的插头，打开点火开关，用万用表的电压挡测量端子 A 与接地间的电压为 12 V，用电阻挡测量端子 B 与接地间的电阻为零（正常情况下，在发动机不运转时此线不应与接地相通）。经分析认为，该线与接地导通，原因是线路短路搭铁或 Eau 损坏。

于是拔下 ECU 插头，测量点火线圈 B 端子与 ECU 插头 1 号线的连接情况，线路导通，但并未搭铁。继续测量 ECU 的 1 号插头与接地间的电阻，导通，从而确定 ECU 损坏。

接着打开了 ECU，顺着 1 号接脚查看 ECU 的内部线路板，发现控制点火线圈 B 端子的大功率三极管已经烧毁搭铁。由于大功率三极管买不到，只能更换电控单元，故障排除。

经分析认为，连续烧坏两只电控单元的原因在于点火线圈工作电流过大，而导致发动机点火系统电流过大的原因是发电机的充电电压过高。

换上一只新 ECU 后起动发动机，并用电压表测量发动机怠速运转时的蓄电池电压。发现蓄电池的电压高达 17 V，稍踏动加速踏板竟能达到 20 V。确定故障在发电机或调节器。

检查中发现该车发电机外接了一个电压调节器，正是由于该调节器质量不合格，才导致发电机输出电压过高。

将损坏的外接调节器更换为与原车同型号的内置式调节器后，发电机输出电压恢复正常，故障彻底排除。

从案例中可以看出，如果发现点火系统不工作情况，并且更换部件后又发生同样的故障，应如何做？谈谈你的做法。

3．阅读案例，回答问题。

一辆装备有 VTEC2. 3L 发动机的 1997 款本田奥德赛在行驶中突然熄火，再起动多次也不能着车。

接车后试车，在连续起动多次后能着车，且发动机运转正常。再经过长时间的试车后也没有出现突然熄火的故障现象，发动机故障指示灯也没有异常亮起。但是为了彻查故障，从手盒下找出 2P 诊断接头，短接后发动机故障指示灯也没有故障码输出。用本田专用解码仪进行诊断，显示发动机电控系统一切正常，试车过程中也未发现任何异常，只好交车。而没过几天，该车车主又打电话请求救援，发动机在行驶中突然熄火。通过检查电控系统还是正常，但就是不着车了。接车后先做高压跳火试验，发现没有高压火，从这一点入手检查。

该车装备了由发动机电脑控制的、带分电器的电子点火系统，且凸轮轴位置传感器、曲轴位置传感器、1 缸位置传感器、点火控制模块以及点火线圈装为一体。经分析该故障出现后又能变好，在发动机控制模块中也没有故障码存储，说明发动机控制模块没有问题。于是怀疑是由于点火系统有故障，特别是分电器中某元件接触不良或性能不稳定造成突发性故障。从发动机上将分电器拆下来，用数字式万用表测量初级线圈和次级线圈的电阻值都正常。接着又测量其他 3 个传感器的电阻值，也都在标准范围内。剩下的就只有点火控制模块了，从已检查的情况和故障现象分析，点火控制模块的热性能不稳定造成故障发生的可能性很大。因为发动机运行一段时间后，温度上升而分电器又直接与发动机连接易受温度影响；等发动机停机一段时间后温度下降，点火控制模块又恢复了工作能力，发动机又能正常运转工作。

于是更换一只同样的点火控制模块及分火头（有局部烧蚀）。装复后打开点火开关，起动顺利着车。通过长时间试车故障没有再发生，跟踪该车的工作情况，车主反映一切良好。

小结：

通过诊断及排除以上故障，结合以往的维修经验可得出结论：凡是在发动机高速运行中突然熄火大多是由于点火不好造成的。

为什么能判断出上述故障是点火不好的故障，请分析诊断思路，说说你的想法。

附件4-2　造成发动机不能起动的检测方法

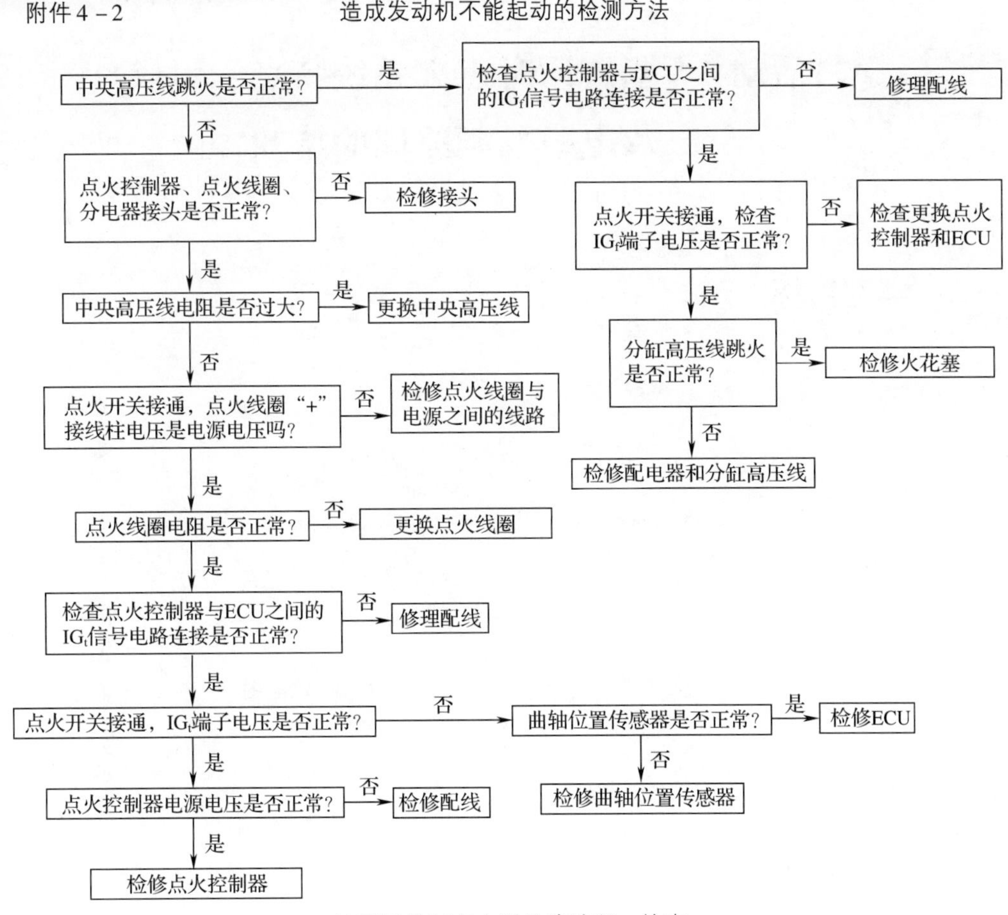

计算机控制点火系故障诊断、检查

学习活动4 双缸同时点火系统特点、组成及电路控制原理的认知

学习目标

1. 能通过情景模拟，对照汽车发动机向客户介绍双缸同时点火系统的组成、功用及基本工作原理。

2. 能对相关资料、互联网资源进行检索，完成工作页的填写。

3. 能查阅维修手册，绘制点火系统控制原理图。

建议学时：4学时

学习准备

汽车维修手册、车辆、多媒体设备。

学习过程

电控点火系统可分为有分电器式和直接点火式（无分电器式），无分电器式微机控制点火系统的特点是用电子控制装置取代了分电器，利用电子分火控制技术将点火线圈产生的高压电直接输送给火花塞进行点火，点火线圈的数量比有分电器式电控点火系统多。

无分电器式微机点火有两种方式：单独点火、双缸同时点火。

写出有分电器式微机控制点火系统与无分电器式微机控制点火系统的区别，各自的优缺点是什么？

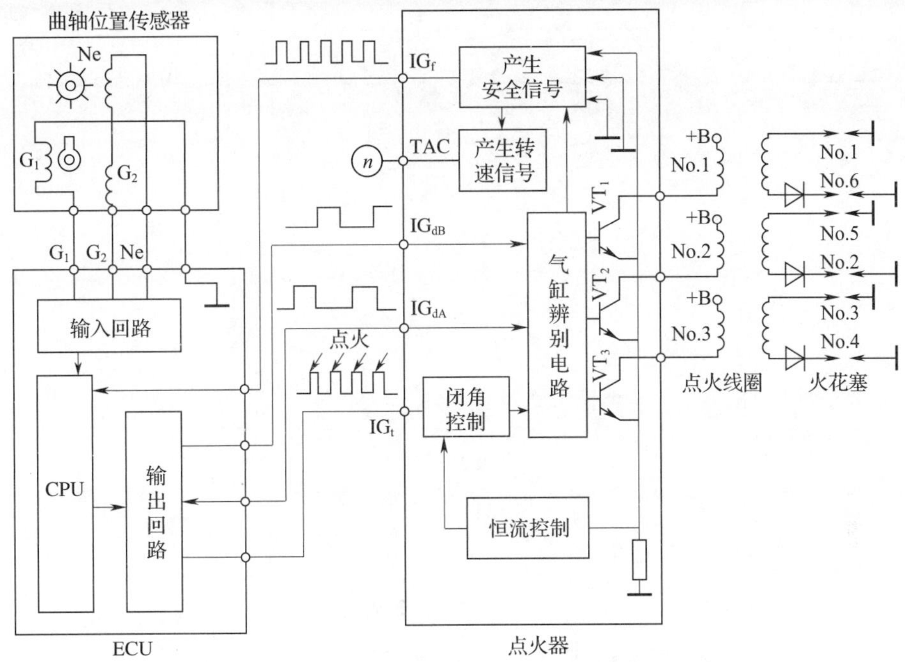

无分电器微机控制点火系统

一、双缸同时点火系统的组成

1. 微机控制的双缸同时点火系统如下图所示，写出各序号代表的零部件的名称。通过情景模拟，对照发动机向组员介绍发动机点火系统的基本构造（尽量利用图示法）。

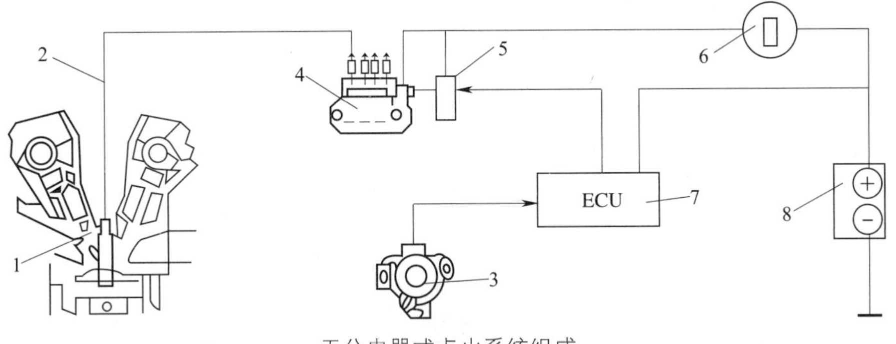

无分电器式点火系统组成

1. ________ 2. ________ 3. ________ 4. ________
5. ________ 6. ________ 7. ________ 8. ________

2. 双缸同时点火系统的特点：请观察一下，点火线圈的数量等于气缸数的________。

二、控制原理

根据学校的实训车辆，查阅维修手册，回答以下问题。

1. 凸轮轴位置传感器向 ECU 提供________________。

2. 曲轴转速传感器向 ECU 提供________，转速信号用于计算确定________，转角信号用于________点火提前角（即点火开始时刻）。

3. 空气流量传感器或进气压力传感器向 ECU 提供________，用于计算确定________。

4. 节气门位置传感器、冷却液温度信号、进气温度信号、车速信号、空调开关信号以及爆震传感器信号等用于________点火提前角。

5. 双缸同时点火时，一个气缸处于压缩冲程末期，是__________，另一缸处于__________末期，是无效点火，其缸内温度较高而压力很低，击穿火花塞间隙需要的电压很低，对有效点火一缸的击穿电压和火花塞放电能量影响小。曲轴旋转一转后，两缸所处冲程恰好相反。

三、控制电路

根据学校的实训车辆，查阅维修手册，回答以下问题。

1. 在车上找到空气流量计，它在车上的________位置，有________个接线柱，各接线柱代表什么意义？

2. 在车上找到进气压力传感器，它在车上的________位置，有________个接线柱，各接线柱代表什么意义？

3. 在车上找到转速传感器，它在车上的__________位置，有__________个接线柱，各接线柱代表什么意义？

4. 在车上找到凸轮轴位置传感器，它在车上的__________位置，有__________个接线柱，各接线柱代表什么意义？

5. 在车上找到节气门位置，它在车上的__________位置，有__________个接线柱，各接线柱代表什么意义？

6. 在车上找到进气温度传感器，它在车上的__________位置，有__________个接线柱，各接线柱代表什么意义？

7. 在车上找到冷却液温度传感器，它在车上的__________位置，有__________个接线柱，各接线柱代表什么意义？

8. 在车上找到爆震传感器，它在车上的__________位置，有__________个接线柱，各接线柱代表什么意义？

9. 在车上找到氧传感器，它在车上的__________位置，有__________个接线柱，各接线柱代表什么意义？

10. 在车上找到电控单元，它在车上的__________位置，有__________个接线柱。

11. 根据维修手册，以学习小组为单位，画出微机控制双缸点火电路图，并描述其控制原理。

四、总结与思考

1. 选择题

（1）同时点火系统的点火线圈为双端输出式，每端供（　　）只火花塞跳火。

A. 1　　B. 2　　C. 3　　D. 4

（2）采用同时点火的两气缸，若其中一缸处于压缩行程，则另一缸必处在（　　）行程。

A. 做功　　B. 排气　　C. 压缩　　D. 进气

（3）4 缸发动机的双缸同时点火系统中，同时点火的是（　　）。

A. 1 缸和 2 缸　　B. 1 缸和 3 缸　　C. 1 缸和 4 缸　　D. 2 缸和 4 缸

2. 阅读案例，回答问题。

有一辆捷达都市先锋车在起动时发动机有着火现象，但始终不能起动。

故障检修：首先检查供油系统，未发现异常。接着检查点火系统，因该车无中央高压线，故拔下第一缸高压线，用起子做跳火试验，结果发动机竟然起动了，且一缸分缸线跳出的火花正常。当停止跳火试验后，发动机马上又熄火。

从以上现象分析，可能是第一缸火花塞损坏了。换上一个新的火花塞后，发动机顺利起动，怠速平衡，加速正常。虽然另外三缸工作正常，该车维修也可以结束，但针对该车发现了一些问题：

（1）一缸缺火发动机就不能起动吗？

（2）起动后若有一缸缺火，发动机会立即熄火吗？

为此我们查找了该车型点火系统的相关资料。

原来，该车采用双火花静态高压分配点火系统，无需分电器。在静态高压线壳体内有 2 个点火线圈，在次级点火线圈的两个输出端上各接一个火花塞，形成点火回路，工作状况如下：当双火花点火线圈 N128 上的次级线圈当中的一个输出端所连接的第四缸处于排气行程上止点，气缸压力接近大气压，火花塞电极间气体电阻较小，易被击穿跳火，所以大部分跳火能量集中在做功的第一缸上。

根据以上原理，找到了问题的答案。若该车任一火花塞线路损坏，都会造成二只气缸不工作，从而导致发动机不能起动，若该车任一火花塞短路，则另三缸仍可正常点火工作，发动机同样可以起动，但工作状况一定很差。

为什么能判断出若该车任一火花塞线路损坏，都会造成二只气缸不工作，从而导致发动机不能起动，请分析他的思路，说说你的想法。

学习活动 5　双缸同时点火系统各部件的拆检

学习目标

1. 能向组员叙述点火系统各部件拆装安全操作规程，并在作业过程中自我检查执行情况，做好过程记录。

2. 能正确选择并使用工量具与仪器，对点火系统各部件进行测量与记录，并判断零部件的工作状态。

3. 能根据维修手册要求，在规定时间内，规范对点火系统进行拆卸、清洁、装配，并完成拆装步骤的记录。

4. 能正确回收废旧零部件，填写竣工单，完成自检，并向班组长汇报维修情况。

5. 能对相关资料、互联网资源进行检索，完成工单、工作页的填写。

建议学时：6 学时

学习准备

汽车维修手册、车辆、常用维修工具、量具、火花塞套筒、诊断仪、多媒体设备。

学习过程

双缸同时点火系统的组成包括凸轮轴/曲轴位置传感器、空气流量计、冷却液温度传感器、节气门位置传感器、起动开关、空调开关、车速传感器等。各传感器的拆装检测已在燃油系统中做过了，在此不再介绍，主要介绍其他部件的检修。

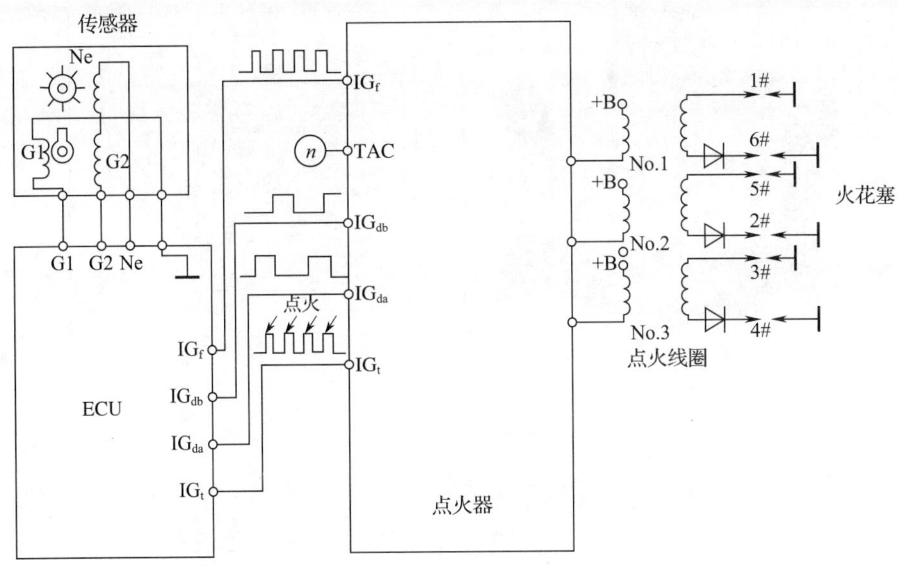

双缸同时点火系统的组成

一、点火器的检修

从车上拆下点火器，并写出拆卸步骤。

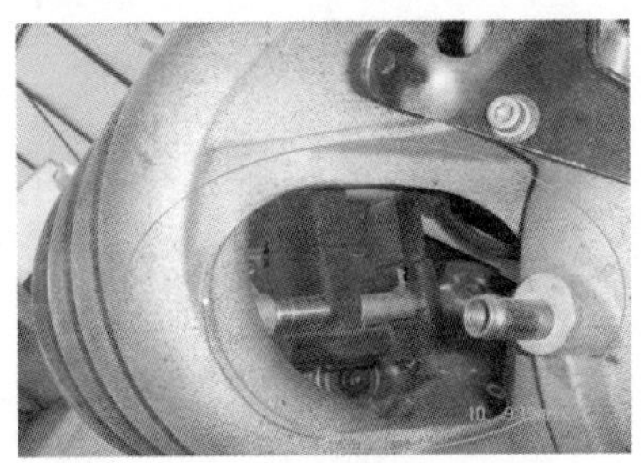

点火器的拆卸

二、点火控制器的检修

1. 查阅维修手册及相关资料，完成点火控制器检测条件的描述：蓄电池电压至少________V，发动机____________传感器和________________________传感器正常，控制点火电路的保险正常。

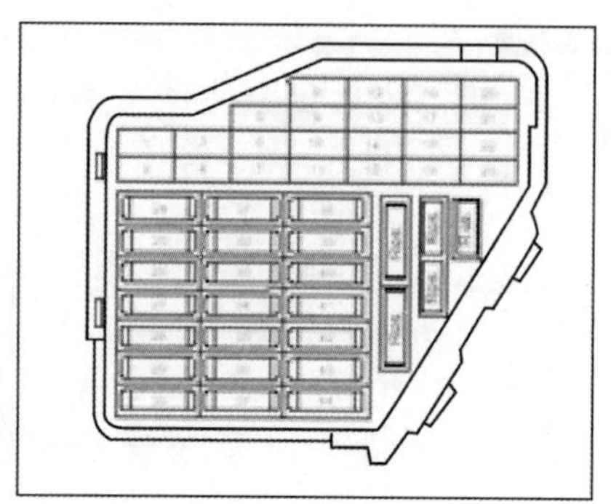

点火控制器

2. 查阅维修手册及相关资料，完成下列问题。

（1）检查供电电压：拔下点火线圈4针插头，用万用表的电压挡检测已拔下插头的触点2与触点4之间的供电电压，如下图所示，打开点火开关，读取电压值最少为____________。若无电压，则分别检测2、4和电脑之间的电路连接，导线电阻为____________Ω。

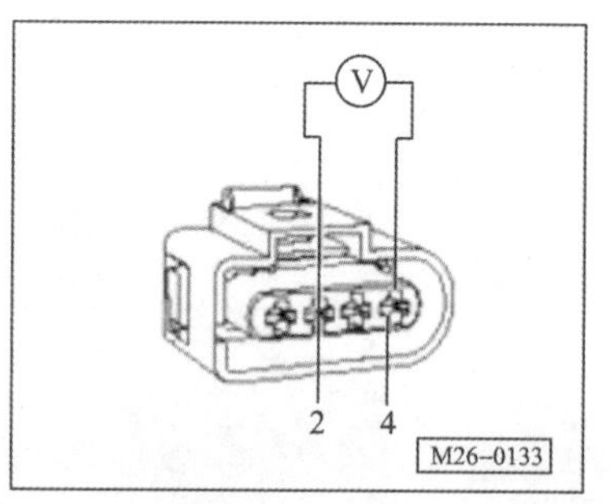

（2）起动检查：拔下控制点火电路的保险，并将4针插头从点火控制器上拔出，将二极管检测灯连接到已拔下插头的1和4，如下图所示，让另外一个人起动发动机，并检查来自发动机控制单元的点火信号，LED灯必须____________。

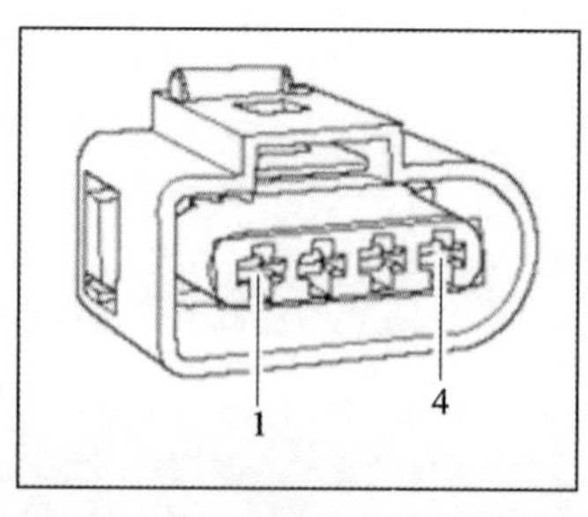

（3）检查电路断路：按照电路图，检测触点1和3与电脑之间的电路连接，用万用表的电阻挡，两表棒分别连接线路两端，其电阻值为____________Ω。

另外检查线路是否相互短路，或对正极和接地短路，规定值为____________。

如果未检测到线路的故障，且触点2和4之间有电压，则更换____________。

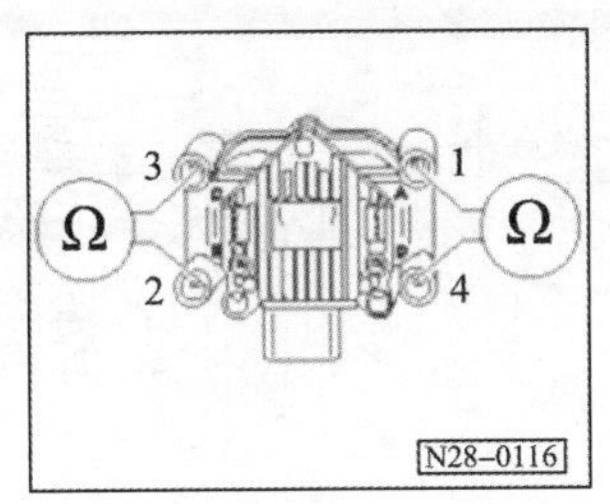

（4）检查次级线路电阻：用万用表的电阻挡，检测点火控制器上1缸和4缸之间，2缸和3缸之间次级线圈的电阻值为＿＿＿＿＿＿＿＿，查阅维修手册中规定值为＿＿＿＿＿＿，点火控制器是否能用＿＿＿＿＿＿。如果不能用，需更换点火控制器。

知识拓展

其他检测方法

（1）输出极的测试：拔下点火线圈4针插头，用发光二极管测试灯连接蓄电池正极和插头上端子4（如右图所示），发光二极管测试灯应亮。如果测试灯不亮，检查端子4和接地点的线路是否有断路。

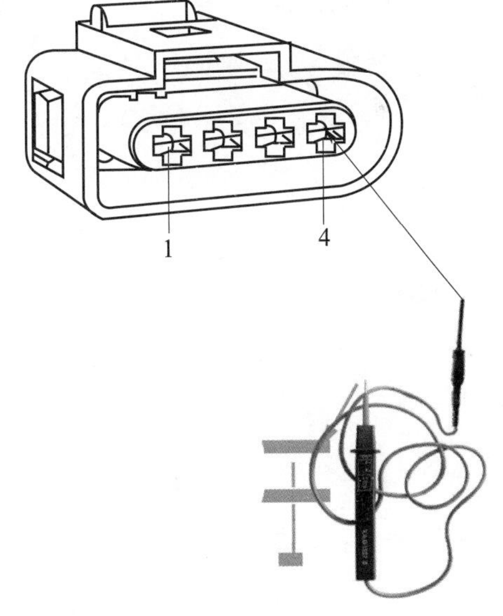

（2）电压供应的测试：拔下点火线圈的4针插头，用发光二极管测试灯连接在发动机接地点和插头上端子2之间，打开点火开关，发光二极管测试灯应闪亮。

如果测试灯不亮，检查中央电器D插头23端子与4针插座端子2之间线路是否断路。

（3）点火线圈的测试：拔下4个喷油器的插头和点火线圈的4针插头，打开点火开关，用发光二极管测试灯连接发动机接地点和插头上端子1，接通起动机数秒，测试灯应闪亮，然后用测试灯连接发动机接地点和端子3，接通起动电动机数秒，测试灯应闪亮。如果测试灯不闪，检查点火线圈插头上端子和发动机控制单元线束的插头间导线是否开路或短路。

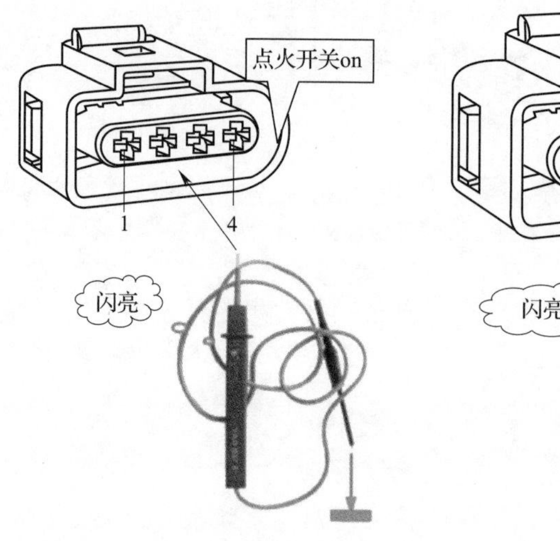

电压供应的测试　　　　点火线圈的测试

将检测好的点火器装回到车上。

火花塞及高压部件的拆装与检修同学习活动3。

三、总结与思考

1. 选择题

（1）4 缸发动机的双缸点火系统中，2 缸的火花塞被击穿，其余缸的工作状况是（　　）。

A. 全工作　　B. 3 缸不工作，1 缸和 4 缸正常

C. 全不工作　　D. 只有 1 缸不工作

（2）4 缸双缸点火的发动机，若点火器有一个信号线路断路了，将造成（　　）缸不工作。

A. 1　　B. 2　　C. 3　　D. 4

（3）4 缸双缸点火的发动机，若点火器的搭铁线路断路了，将造成（　　）缸不工作。

A. 1　　B. 2　　C. 3　　D. 4

2. 阅读案例，回答问题。

一辆大众捷达王在行驶里程约 3 万公里时，出现发动机怠速不稳，加速时排气管冒黑烟的现象，同时百公里油耗超过 20 L。

故障检修：试车后检查，其症状确如顾客所述。捷达王轿车的电控系统没有故障显示灯，用 1551 检查该车发动机控制单元的故障存储，显示“空气流量计信号不正常”、“节流阀体超出调整范围”偶发性故障及“氧传感器对地短断路”永久性故障。经检查排除是由

于点火线圈受热后出现匝间短路造成的，更换点火线圈后，故障排除。

故障总结：捷达王轿车采用的是无分电器独立点火装置，两个点火线圈控制四个火花塞。从理论上讲分配到每一个火花塞上的点火能量足够。但是这部车点火线圈受热后出现匝间短路，造成点火电压偏低，从而使发动机燃烧不完全，排气超过 λ 调节范围使发动机电脑产生“空气流量计信号不正常”的偶发性故障。

从案例中可以看出，如果只是从故障码解决问题，有的问题还是无法解决，必须从为什么会出现此故障码分析来解决，如果你发现类似的情况时，应该怎么做?

3. 阅读案例，回答问题。

有一辆宝来汽车的车主反映该车熄火后不能起动，经多次起动后，虽能起动，但立即熄火。

故障诊断与排除：经检查高压、油压正常。用检测仪读取故障码，显示故障码 17978（发动机电控故障）、00515（霍尔传感器 G40 信号超限）。清除故障码并进行基本设定后，再次起动发动机，第一次很吃力，随后好转并逐渐趋于正常，但转速始终不能超过 5 500 r/min。再次读取故障码，原故障码重新出现且不能清除。

检查霍尔传感器的供电电压及传感器至 ECU 的线路均正常，故怀疑霍尔传感器故障。换了新的霍尔传感器后，清除故障码并进行基本设定，起动后故障码不再出现。起初试车效果良好，但后来试车发现，行驶一段时间后偶尔还出现熄火现象，稍等再起动故障消失。检查自诊断系统，显示系统正常，至此检查工作陷入困境。

此类故障也可能是油路出现了问题。打开燃油箱上盖板，取出燃油泵仔细检查，发现油泵底部滤网边缘的塑料壁处有一缺口（从附着物的颜色看，回油滤网内有不少细砂石颗粒)。将燃油泵接上电源，用干净的汽油反复清洗后，将缺口用一塑料片封好，将滤网及油箱清洗干净，装好燃油泵，同时更换燃油滤清器滤芯，试车，故障排除。

仔细分析故障原因，原来是油路和点火系统故障交替出现，所以使人一时难以琢磨，甚至会对判断产生怀疑。更换霍尔传感器并进行基本设定后又出现故障，这看起来很棘手。仔细分析更换霍尔传感器前后的故障现象，不难看出不同之处：更换前的熄火是在起动后立即熄火，而更换后的熄火间隔时间变长，一旦起动便正常，而且故障出现的时间不定，这极可能是燃油泵间歇性不工作造成的。当燃油泵内的砂石使电动机电刷接触不良或油箱内的沉积物将燃油泵滤网堵塞时，燃油泵停转，油压骤然下降导致熄火。过一段时间，随着沉积物和砂石的回落，燃油泵就又可以工作了。

为什么换了新的霍尔传感器后车能起动，请对此进行分析。

学习活动6　独立点火系统特点、组成及电路控制原理的认知

学习目标

1. 能通过情景模拟，对照汽车发动机向客户介绍独立点火系统的组成、功用及基本工作原理。

2. 能对相关资料、互联网资源进行检索，完成工作页的填写。

3. 能查阅维修手册，绘制点火系统控制原理图。

建议学时：4 学时

学习准备

汽车维修手册、车辆、多媒体设备。

学习过程

一、独立点火系统的组成

1．微机控制独立点火系统是由哪些部分组成的？观察实训用车的情况，将下图中各序号代表的零件名称写出来。

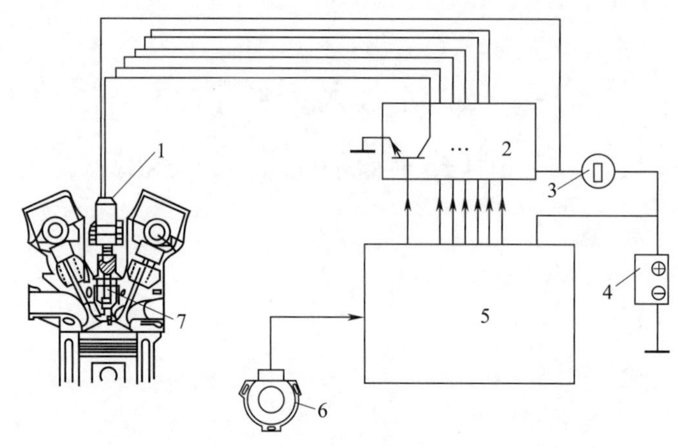

独立点火系统

1. ________ 2. ________ 3. ________ 4. ________

5. ________ 6. ________ 7. ________

2. 特点：观察一下实训车辆，其点火线圈的数量__________（大于、小于、等于）气缸数。

二、控制原理

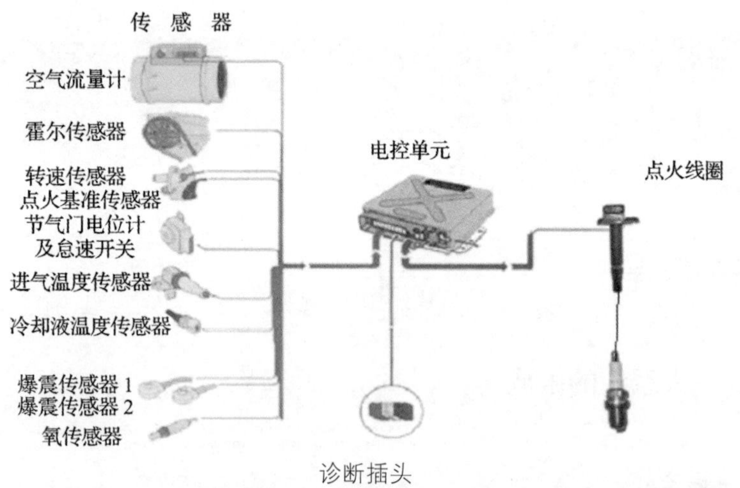

诊断插头

1. 点火基本原理：点火时间即点火正时是由发动机电子控制单元内储存的________图来决定，并在参考转速、空气流量等基本参数与冷却液温度、进气温度、节气门电位计、爆震传感器及霍尔传感器等________后，通过微机的运算确定____________，从而对点火线圈的初级绕组进行控制，使点火线圈的次级绕组产生____________，送到火花塞，点燃可燃混合气（与双缸同时点火系统原理类似）。

2. 根据学校的实训车辆，查阅维修手册，回答下列问题。

ECU 判定哪一缸活塞即将到达压缩上止点是由＿＿＿＿＿＿提供的。当 ECU 接收到判缸信号后，开始对曲轴转角信号进行计数，判断点火时刻是否到来。与此同时，ECU 根据＿＿＿＿＿＿确定一个基本点火提前角，并结合＿＿＿＿＿＿等传感器信号进行修正，最终形成最佳点火提前角；当曲轴转角等于最佳点火提前角时，ECU 立即向＿＿＿＿＿＿发出指令，使控制初级电路的功率三极管＿＿＿＿＿＿，点火线圈初级电流切断，从而在次级绕组中产生＿＿＿＿＿＿，跳火点着可燃混合气。

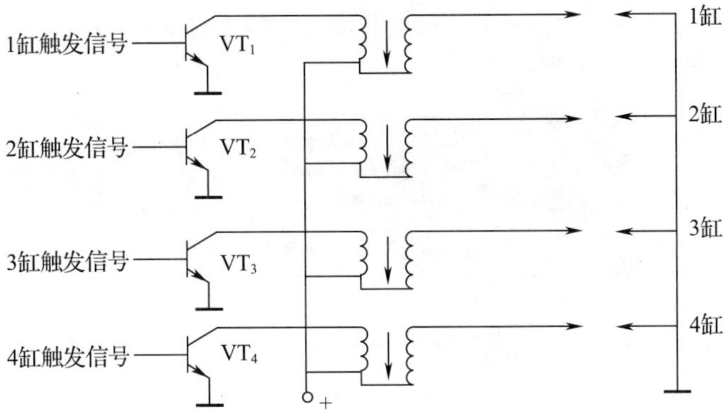

单独点火方式

三、控制电路

根据学校的实训车辆，查阅维修手册，回答下列问题。

1. 在车上找到空气流量计，它在车上的＿＿＿＿＿＿位置，有＿＿＿＿＿＿个接线柱，并测量各接线柱与电脑端子的连线电阻分别为＿＿＿＿＿＿Ω。起动发动机后，怠速运行，测量其电源电压为＿＿＿＿＿＿V，信号电压为＿＿＿＿＿＿V。

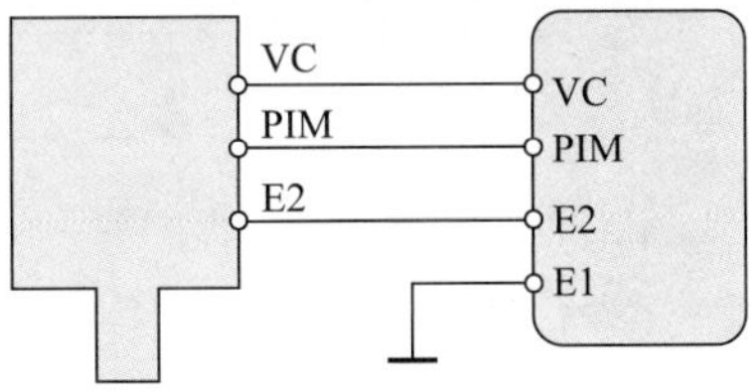

2. 在车上找到进气压力传感器，它在车上的＿＿＿＿＿＿位置，有＿＿＿＿＿＿个接线柱，并测量各接线柱与电脑端子的连线电阻分别为＿＿＿＿＿＿Ω。起动发动机后，怠速运行，测量其电源电压为＿＿＿＿＿＿V，信号电压为＿＿＿＿＿＿V。

3. 在车上找到转速传感器，它在车上的＿＿＿＿＿＿位置，有＿＿＿＿＿＿个接线柱，并测量各接线柱与电脑端子的连线电阻分别为＿＿＿＿＿＿Ω，起动发动机后，怠速运行，测量其电源电压为______V，信号电压为______V。

4. 在车上找到凸轮轴位置传感器，它在车上的______位置，有______个接线柱，并测量各接线柱与电脑端子的连线电阻分别为______Ω，起动发动机后，怠速运行，测量其电源电压为______V，信号电压为______V。

5. 在车上找到节气门位置，它在车上的______位置，有______个接线柱，并测量各接线柱与电脑端子的连线电阻分别为______Ω，起动发动机后，怠速运行，测量其电源电压为______V，信号电压为______V

6. 在车上找到进气温度传感器，它在车上的______位置，有______个接线柱，并测量各接线柱与电脑端子的连线电阻分别为______Ω。起动发动机后，怠速运行，测量其电源电压为______V，信号电压为______V。

7. 在车上找到冷却液温度传感器，它在车上的______位置，有______个接线柱，并测量各接线柱与电脑端子的连线电阻分别为______Ω，起动发动机后，怠速运行，测量其电源电压为______V，信号电压为______V。

8. 在车上找到爆震传感器，它在车上的______位置，有______个接线柱，并测量各接线柱与电脑端子的连线电阻分别为______Ω，起动发动机后，怠速运行，测量其电源电压为______V，信号电压为______V。

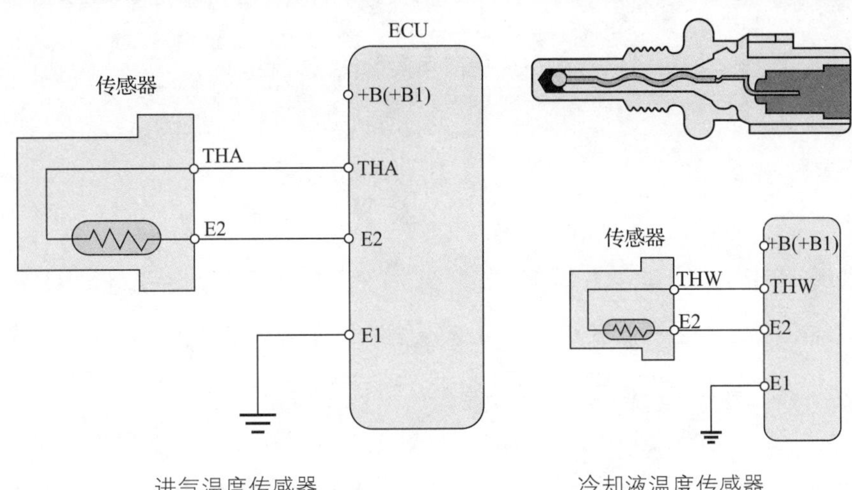

进气温度传感器　　冷却液温度传感器

9．在车上找到氧传感器，它在车上的________________位置，有______个接线柱，并测量各接线柱与电脑端子的连线电阻分别为__________Ω，起动发动机后，怠速运行，测量其电源电压为________V，信号电压为__________V。

10．在车上找到电控单元，它在车上的_______________________位置，有________个接线柱。

11．根据维修手册，以学习小组为单位，画出独立点火系统电路图，并描述其控制原理。

四、总结与思考

1．选择题

（1）检测电控汽车电子元件要使用数字式万用表，这是因为数字式万用表（　　）。

A．具有高阻抗　　B．具有低阻抗　　C．测量精确

（2）ECU 一般至少有（　　）条接地线，以确保 ECU 总是有良好的接地。

A. 一条　　B. 两条　　C. 三条　　D. 四条

(3) ECU 根据（　　）信号对点火提前角实行反馈控制。

A. 水温传感器　　B. 曲轴位置传感器

C. 爆震传感器　　D. 车速传感器

2. 阅读案例，回答问题。

一辆 2008 年产一汽马自达 6 轿车，搭载 2.3 L 发动机，匹配 5 速手/自一体变速器，行驶里程为 2.4 万公里。用户反映该车在减速行驶过程中突然仪表板上的指示灯全部点亮，车辆熄火，重新起动发动机，一点反应也没有。随后将车拖至维修站。

接车后，经试车发现，该车无论将换挡杆置于 N 挡还是 P 挡，起动发动机均无反应。打开点火开关后，仪表板上的充电指示灯、机油压力警告灯及发动机故障警告灯均能够正常点亮，自动变速器挡位显示正确。首先测量了蓄电池电压，蓄电池电压正常，检查蓄电池极柱接线也完全正常。会不会是起动机线路存在问题呢？经过检查，起动机的接线及熔丝均正常。根据上述检查结果，判定可能的故障原因包括起动机损坏、起动机继电器及相关线束损坏、变速器挡位开关损坏。

首先检查起动机继电器及相关线束。根据电路图，测量继电器线圈阻值为 98 Ω，测量结果正常；测量继电器工作电源，B/Y 线电压为 12 V，打开点火开关后，B/L 线电压为 12 V，检测结果正常；测量继电器 W/L 线至 PCM 的 4I 脚之间的线束正常，打开点火开关后，测量该线电压为 12 V，检查结果正常。通过以上检查，可以确定起动机继电器及其相关线路正常，挡位开关也正常。那么问题可能出在 PCM 控制部分或起动机上。随后检查了起动机。拔下起动机继电器，短接 B/Y 和 R/Y 端子，起动机运转正常，但并未起动成功（点火开关已打开）。通过检查，证明起动机正常，只是 PCM 没有控制起动机运转。通过测试起动机运转，但发动机没有着车的现象分析，PCM 可能损坏。

连接故障诊断仪对发动机控制系统进行检测，但设备显示故障诊断仪无法与 PCM 通信，说明 PCM 无工作电压或损坏。先检查 PCM 的工作电源及搭铁是否正常。根据电路图可知，该车 PCM 有 2 个工作电源，即常电源和由点火开关控制的电源。经检查，点火开关控制的 15 A 熔丝烧断。利用万用表测量此熔丝对地电阻为 0.5 Ω，说明熔丝后线路及部件有短路现象。为此，决定进一步检查相关线路。

查阅电路图得知，此熔丝同时为 PCM 及点火线圈提供电源。鉴于 PCM 损坏的几率较小，目测检查未发现 PCM 相关线束有破损短路现象，故初步判定点火线圈或相关线路存在短路点。经目测，未发现点火线圈相关线束有破损现象。此车发动机采用的是独立点火系

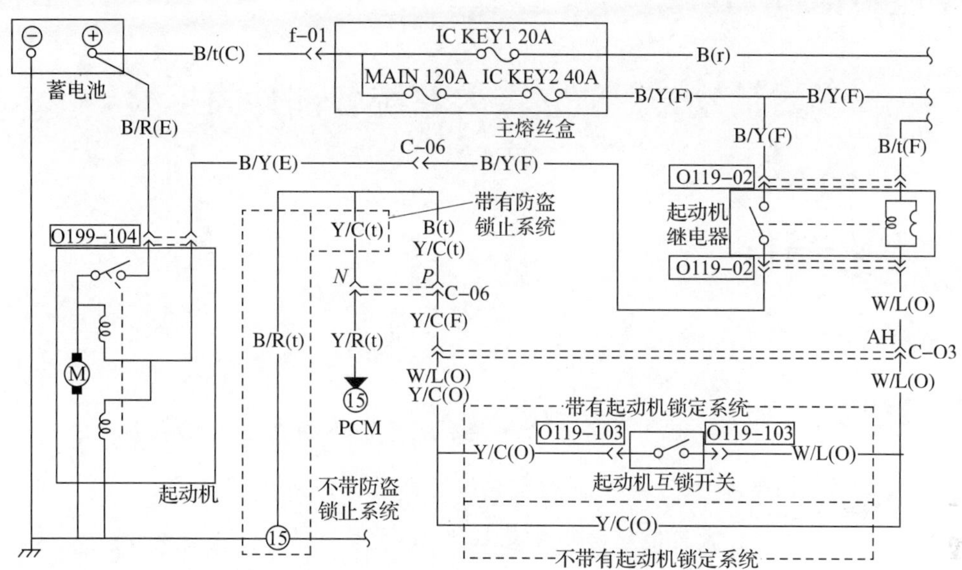

统，各缸各有1个独立的点火线圈。依次拔下点火线圈插头，用万用表测量15 A熔丝处，无短路现象，证明点火线圈存在故障。但究竟是哪个缸的点火线圈存在故障呢？如果面对点火线圈接线端子，针脚从左至右依次为A、B和C。A脚连接PCM端子，B脚为搭铁端子，C脚为点火开关控制的电源端。经测量，发动机第2缸点火线圈的B－C间的电阻值为0，表明其已损坏。

由于发动机第2缸点火线圈的B－C间电路短路，导致为点火线圈供电的15 A熔丝烧毁。由于该熔丝又同时为PCM供电，当打开点火开关起动发动机时，因该熔丝熔断，导致PCM不能正常供电，造成其不能正常工作，使得PCM不能正常控制起动机运转。

在更换第2缸点火线圈并更换15 A熔丝后，试车发动机顺利起动，故障排除。

从此案例中可以看出，如果发现熔丝熔断的情况时，应该如何做？谈谈你的做法。

学习活动7　独立点火系统各部件的拆检

学习目标

1. 能向组员叙述独立点火系统各部件拆装安全操作规程，并在作业过程中自我检查执行情况，做好过程记录。

2. 能正确选择并使用工量具与仪器，对点火系统各部件进行测量与记录，并判断零部件的工作状态。

3. 能根据维修手册要求，在规定时间内，规范对点火系统进行拆卸、清洁、装配，并完成拆装步骤的记录。

4. 能正确回收废旧零部件，填写竣工单，完成自检，并向班组长汇报维修情况。

5. 能对相关资料、互联网资源进行检索，完成工单、工作页的填写。

建议学时：6学时

学习准备

汽车维修手册、车辆、常用维修工具、量具、火花塞套筒、诊断仪、多媒体设备。

学习过程

一、带功率放大器的点火线圈

带功率放大器的点火线圈

1．从车上拆下带功率放大器的点火线圈，写出拆卸步骤。

2．带功率放大器的点火线圈的功用：利用 ECU 输出的控制信号功率________________，将蓄电池的低压直流电转变成______________，以驱动火花塞点火，______________气缸内的油气混合气。

3．带功率放大器的点火线圈的组成：它由一个______________、一个______________和铁心、外壳及相应的初级______________等组成。

1.8T独立点火

4．带功率放大器的点火线圈的原理：单缸独立点火中高压电的分配由电子控制系统决定，当电控单元发出指令使点火控制组件驱动三极管 VT______________，点火线圈初级电流______________，高压电直接加在发动机的___________________________上；击穿火花塞间隙跳火，点燃可燃混合气。

注意事项：

（1）只有在关闭点火开关时才可拔下蓄电池连线，否则可能损坏发动机控制单元。

（2）为了使电器件正常工作，蓄电池电压不得低于12.7 V。

（3）进行某些检测时，控制单元有可能识别并存储故障，因此，检测及修理后，应查询并清除故障存储器。

（4）故障查询、修理或检查后，如短时起动发动机后又熄火，那么可能是防盗器锁住了发动机控制单元，因而需查询故障存储器并进行控制单元自适应。

为了避免人员伤害或损坏喷射和点火系统，应注意：

（1）发动机运转或由起动机拖动时，不要触摸或拔下点火线。

（2）连接或拔下点火系统接线、高压线及测试接线前应先关闭点火开关。

（3）如需要起动机拖动发动机但不起动发动机（如检查缸压）时，应拔下点火线圈功率放大器插头及喷油器插头。

（4）清洗发动机前，必须关闭点火开关。

二、检查点火线圈

1. 按下述方法可确定哪一缸不工作。

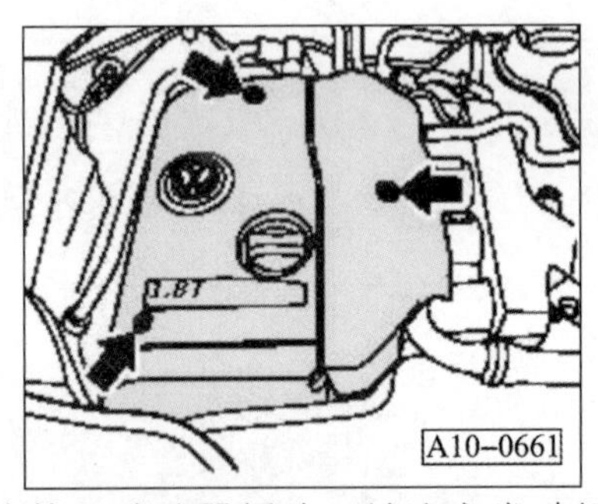

（1）发动机运转时，依次拔下喷油器插头，并注意发动机运转情况。若拔下哪一缸喷油器，该缸运转情况变坏，说明该缸________。

若拔下哪一缸喷油器，该缸运转情况和原来的一样，说明该缸________。

（2）比较各缸火花塞，注意电极是否熏黑。

（3）如果确定了某缸有故障，将有故障气缸的火花塞与另一气缸火花塞________。

（4）如故障随火花塞转移，更换________。

（5）如同一缸仍有故障，将有故障气缸的点火线圈与另一气缸点火线圈________。

（6）如果故障随点火线圈________，更换点火线圈。

（7）如同一缸仍有故障，检查此缸的功率放大器的功能。

2．完成对下列检测的描述。

（1）拔下点火线圈及功率放大器的 4 针插头，如下图所示。

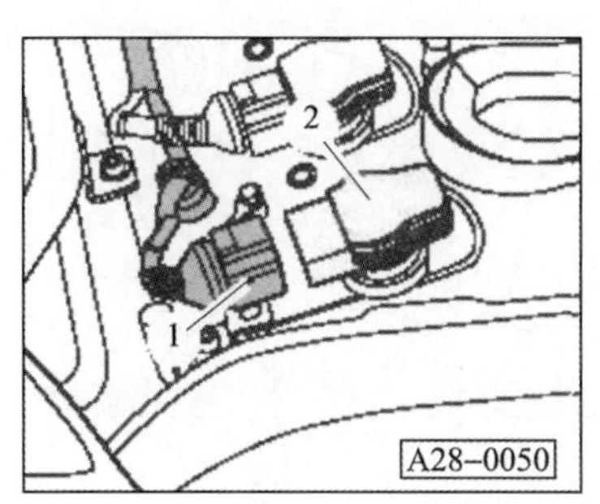

拔下点火线圈及功率放大器

（2）检查线束端插头端子 2 ____________ 与车身搭铁之间是否断路，测量电阻值为 ____________ Ω，或对正极短路，检测电阻为 ____________ Ω，如需要，排除断路或短路处，见下图所示。

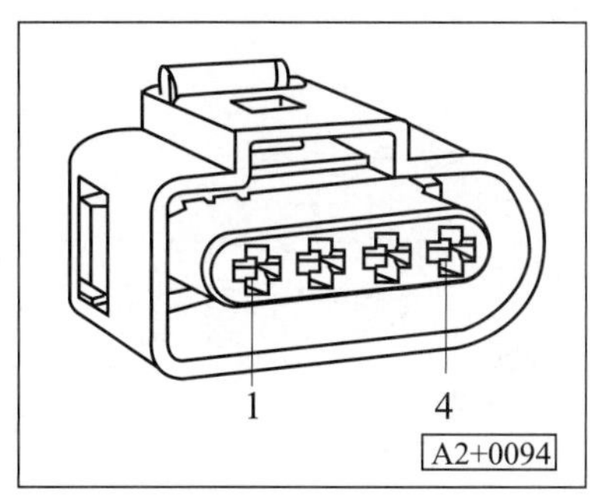

检查电阻值

（3）检查线束端插头端子 4 ____________ 与发动机搭铁之间是否断路，测量电阻值为 ________ Ω，或对正极短路，检测电阻为 ________ Ω，如需要，排除断路或短路处。

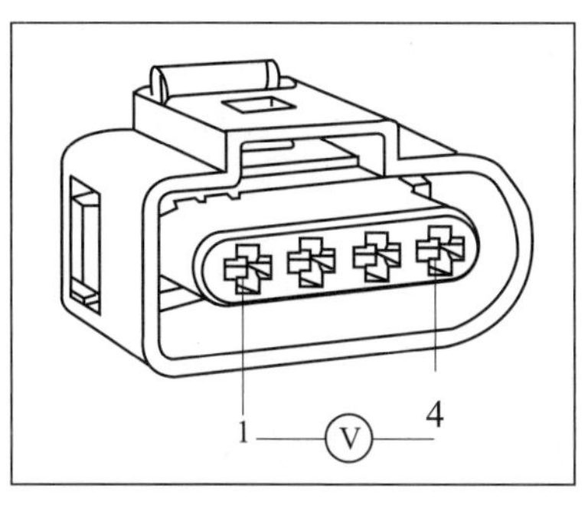

（4）用万用表测量线束端插头端子 1 ＿＿＿＿＿和搭铁之间的电压。打开点火开关，其电压为＿＿＿＿V，规定值应为蓄电池电压。如未达到规定值，检查其导线连接及供电继电器情况。

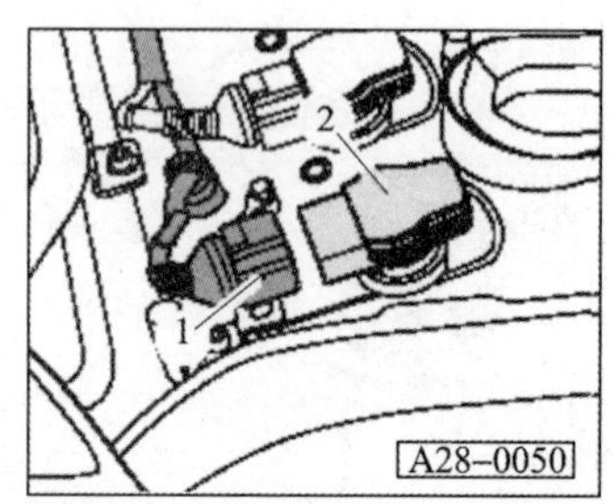

（5）若以上均正常，检查功率放大器的功能。

三、检查功率放大器的功能

完成对下列检测的描述：

1. 拔下 4 个喷油器的插头。喷油器必须不喷油，否则当下面第 2 步拔下点火线圈的插头后，燃油会损坏催化转化器。

2. 拔下点火线圈的 4 针插头。

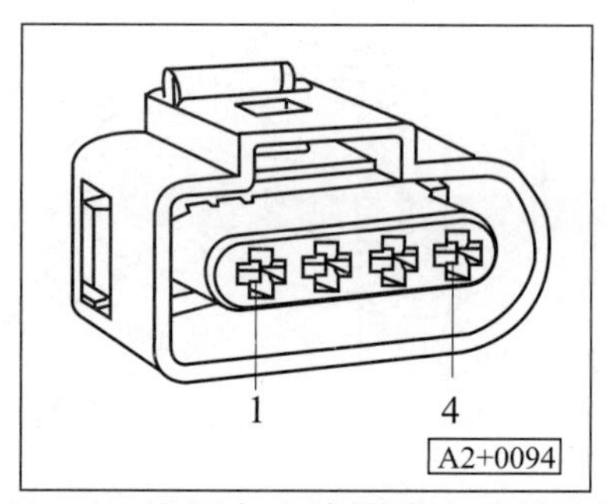

3. 将二极管检测灯 V. A. G1527 接到点火线圈线束端插头的端子 2 和 3 上，短时起动发动机几秒，检测灯应闪亮。

4. 如果检测灯不闪亮，按电路图检查点火线圈线束端插头端子 3 至发动机控制单元对应连接端子之间的导线是否导通，电阻值为＿＿＿＿＿Ω，或对地正极短路，其电阻值为＿＿＿＿＿Ω。

5. 如需要，排除线路故障。

6. 如果导线无故障，更换点火线圈（包括功率放大器）。

7. 检查线路连接情况：查阅维修手册的电路图，检查带功率放大器的点火线圈各端子与另一端的连接情况，导线接触电阻不大于 1. 5 Ω。

控制电路如下：

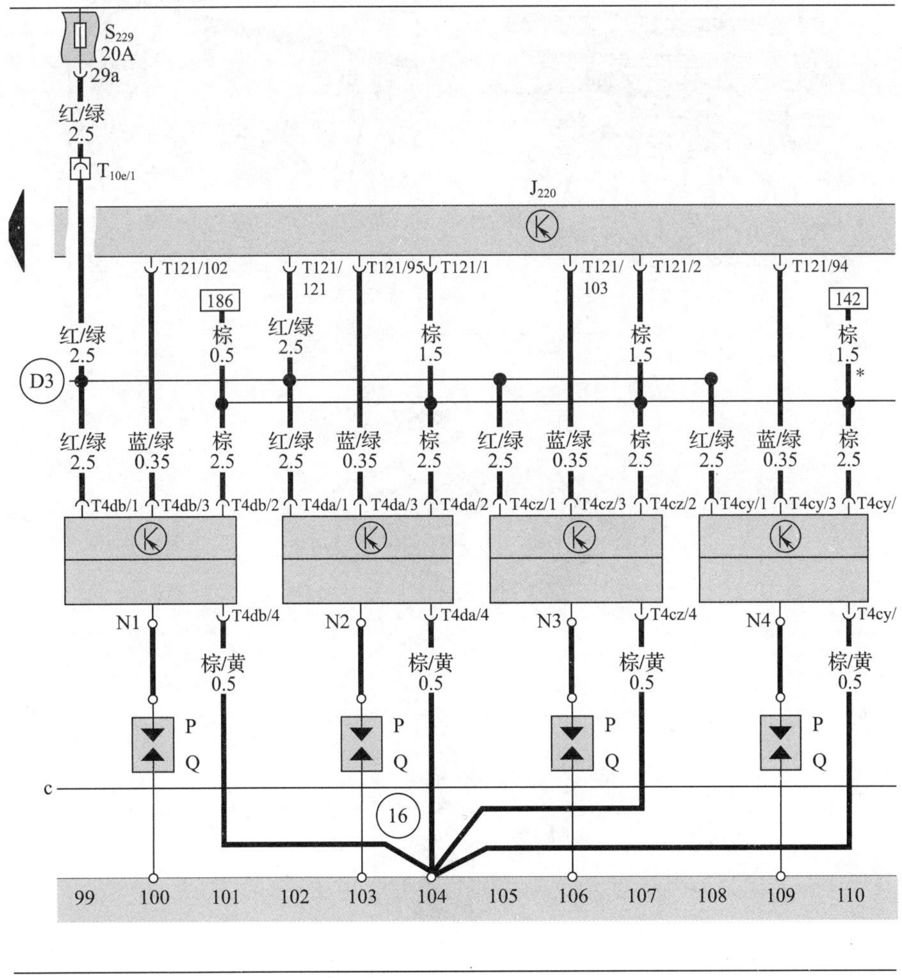

S229 20A
29a
红/绿 2.5
T10e/1
J220
T121/102　T121/121　T121/95　T121/1　T121/103　T121/2　T121/94
186　142
红/绿 2.5　棕 0.5　红/绿 2.5　棕 1.5　棕 1.5　棕 1.5 *
D3
红/绿 2.5　蓝/绿 0.35　棕 2.5　红/绿 2.5　蓝/绿 0.35　棕 2.5　红/绿 2.5　蓝/绿 0.35　棕 2.5　红/绿 2.5　蓝/绿 0.35　棕 2.5
T4db/1　T4db/3　T4db/2　T4da/1　T4da/3　T4da/2　T4cz/1　T4cz/3　T4cz/2　T4cy/1　T4cy/3　T4cy/
N1　T4db/4　N2　T4da/4　N3　T4cz/4　N4　T4cy/
棕/黄 0.5　棕/黄 0.5　棕/黄 0.5　棕/黄 0.5
P Q　P Q　P Q　P Q
c
16
99　100　101　102　103　104　105　106　107　108　109　110

四、检查供电电压

完成对下列检测的描述：

检查条件：发动机电子系统熔丝正常。

1．拔下点火线圈及功率放大器的 4 针插头。

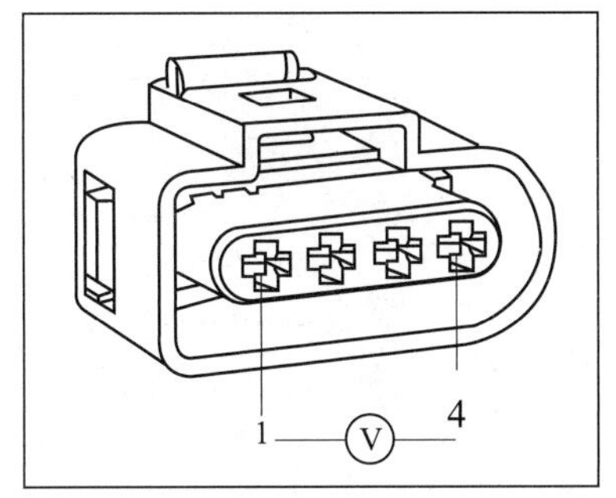

2．用万用表的电压挡检测插头 1 和发动机搭铁之间电压，打开点火开关，电压为＿＿＿＿＿＿＿，规定电压为蓄电池电压。

如果未达到规定值，进行下述检查：

（1）检查 3 孔继电器盘（位置 2）上触点 6 到点火线圈插头触电 1 之间的导线，电阻为＿＿＿＿＿＿＿Ω。

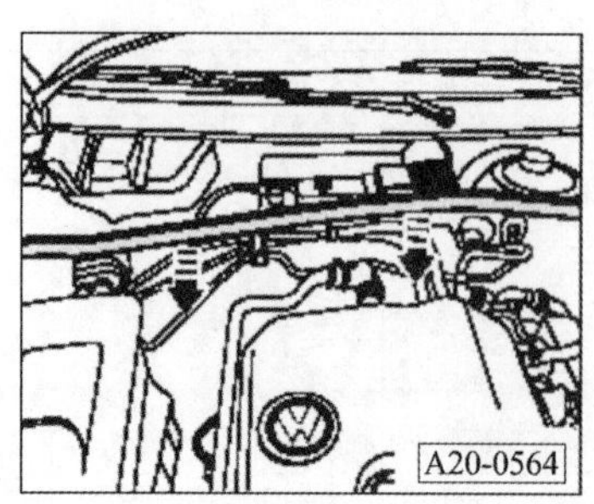

拉下流水槽橡胶密封件

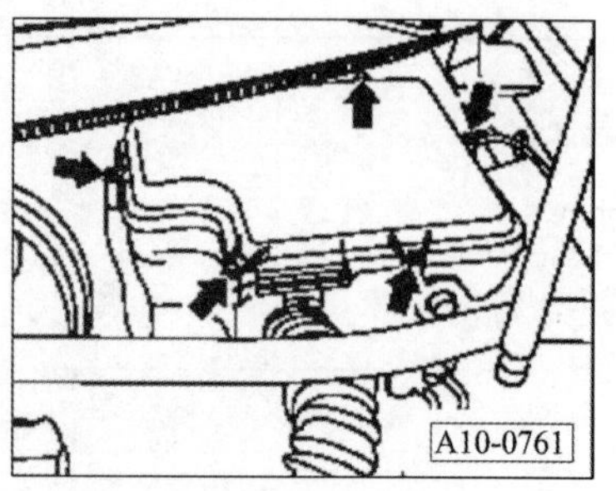

向前取下护板

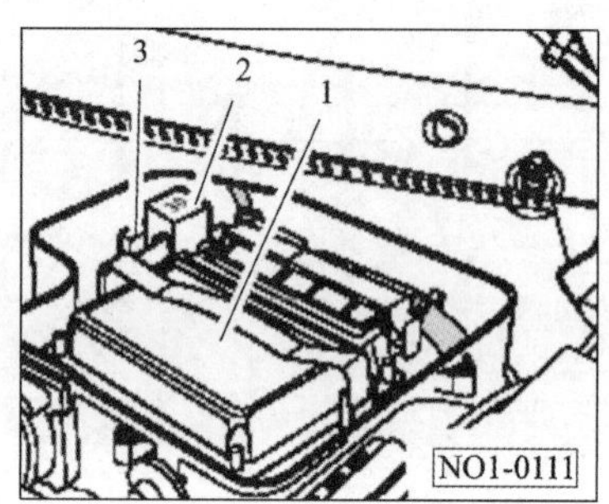

拆下电器盒，拔下供电继电器

（2）检查多点喷射系统供电继电器 J271。

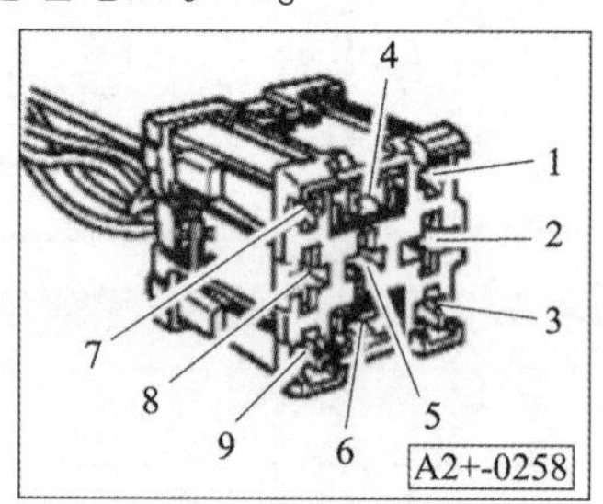

五、检查供电继电器

完成对下列检测的描述：

说明：Motronic 供电继电器 J271 通过脚 121 给带功率放大器的点火线圈及发动机控制单元供电。

1．检查步骤：

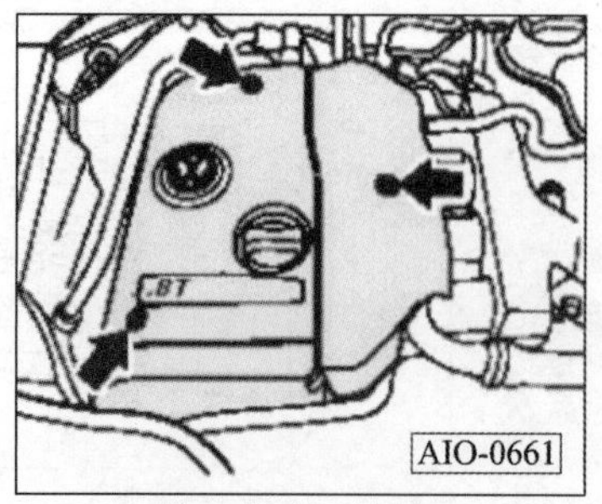

拆下发动机盖罩

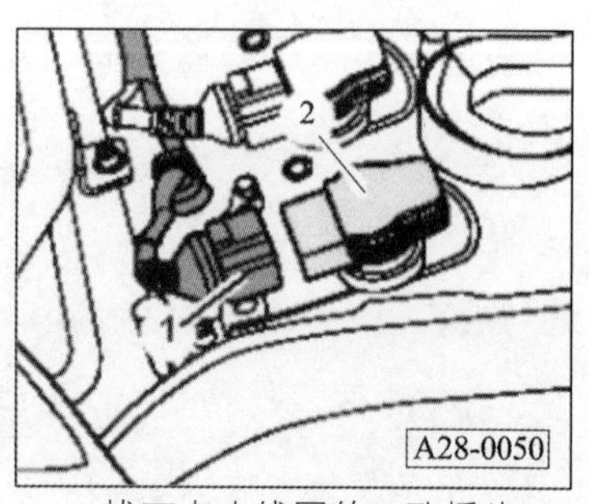

拔下点火线圈的 4 孔插头

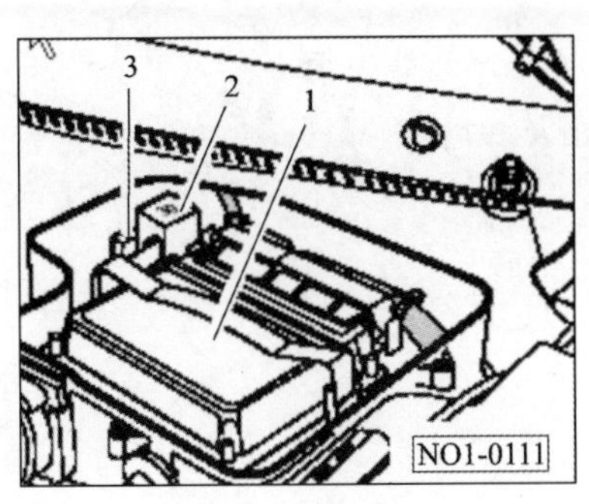

拔下供电继电器 3

2. 按电路图检查下述连接是否断路：

用万用表电阻挡检查 3 孔继电器位置 2 触点 6 与点火线圈插头触点 1，电阻为＿＿＿＿Ω，需要排除导线断路，如果导线连接正常，检查 J271 的供电及功能。

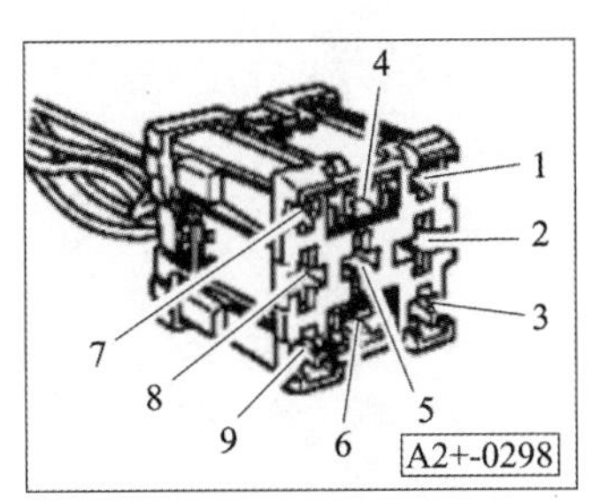

3. 检查供电：

按下述方式连接万用表，测量电压：3 孔继电器盘位置 2 触点 2 和 9 接到搭铁，其电压为＿＿＿＿V，规定值：约为蓄电池电压，如果未达到规定值，进行下述检查：

检查中央电器盒与 J271 间导线是否断路，导线电阻为＿＿＿＿Ω，如果导线无故障，更换中央电器盒。

4. 检查功能：

按下述方式连接好万用表，测量电压：3 孔继电器盘位置 2 触点 4 接到蓄电池正极，打开点火开关，测量电压为＿＿＿＿V。

规定值：约为蓄电池电压；如果未达到规定值，关闭点火开关。

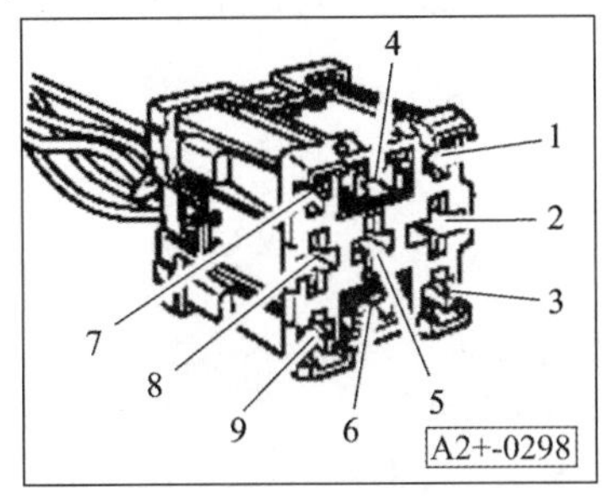

将 VAG1598/31 接到发动机控制单元线束上，不接发动机控制单元。

5. 检查下列导线是否断路及对地/正极断路：

检查车身前板左护板下继电器触点 4 与 VAG1598/31 触点 21。

如需要，排除导线短路或断路；如果无故障，更换供电继电器 J271。

将检测好的点火器装回到车上。

五、总结与思考

1. 选择题

（1）当发动机功率较大、转速较高、压缩比较大时，应选用（　　）火花塞。

A. 热型　　B. 中型　　C. 冷型

（2）单独点火系在每个火花塞上均配置了一个小型点火线圈，发动机工作一个循环，点火驱动器直接控制各线圈的（　　）电流。

A. 1 次　　B. 2 次　　C. 3 次　　D. 4 次

2. 阅读案例，回答问题。

一辆 1. 8T 宝来轿车，装有自动变换器和带涡轮增压的四缸发动机。在行驶途中，发动机突然熄火，无法起动。据车主讲，这是购车以来第一次出现故障。经检查，发动机机械部分正常。

故障排除：首先用车博仕 A2600 解码器进行诊断查询，诊断仪不能与发动机控制单元通信，但进入其他控制单元都很正常。这说明发动机控制单元可能无电源，假如无电源或供电线路锈蚀，需要按以下供电线路的布置顺序诊断。

该发动机采用的是各缸独立点火系统，发动机控制单元的供电线有两根，一根是 30 号线（常火），另一根是 15 号线（通过点火开关，供电由 428 号继电器控制）。常火经熔丝盒上的 10 号（15 A）熔丝并通过红绿线至插头 T6 的 4 号插脚，然后到发动机舱线束的 D78 正极连接点，线束颜色变成白红线，再到 428 号继电器的被控制。428 号继电器是受点火开关控制的火线（白红线），再经过插头 T2 的 1 号插脚后，通过黑紫色线到发动机舱线束的 D52 正极连接点。D52 正极连接点将黑紫色的电分配给发动机控制单元的 121 号插脚和 4 个点火线圈，作为发动机控制单元和点火线圈的供电电源。

接着检查了 10 号熔丝，正常。再拔下发动机舱左侧保护壳体内的 428 号继电器，发现各个插脚都无电压，说明问题出在 428 继电器之间。这段线束只有插头 T6 在流水槽左侧的保护壳内。于是检查该插头的 4 号插脚，结果也无电压，确定是 10 号熔丝到插头 T6 之间的线束出现断路。

然后，在10熔丝和插头T6之间跨接一段电线，并对相关接头进行绝缘处理，将点火开关打开，车博仕A2600解码器可以进入发动机控制单元了。通过“0.2”功能查询，系统内储存了表明“第3缸失火”“控制单元没有供电故障”的故障码。

根据修理经验，3缸失火一般都是点火线圈的次级线圈击穿造成的。将3缸点火线圈更换，再将跨接线处理好，用车博仕A2600解码器清除故障记忆，发动机工作正常。

故障分析：1.8T发动机的点火线圈属于点火控制模块和点火线圈集成在一起的一体式点火线圈。其中，点火控制模块位于顶端，下部为线圈部分，次级线圈初级线圈缠绕在中间，并由硬质绝缘材料封装，最外层则是金属屏蔽层。

经过对多个已经损坏的点火线圈进行解体，发现这些点火线圈几乎都是次级线圈绝缘层被击穿，有的在绝缘层上端击穿，有的在绝缘层被击穿。绝缘层击穿并非其电路设计问题，主要是绝缘层绝缘性能不良，使匝间、层间与极间出现短路现象，从而导致点火能量下降或根本没有能量输出。

另一方面，涡轮增压器对点火电压有影响。车辆正常行驶时，发动机火花塞电极温度都很高，混合气稀薄，此时的混合气很容易被电离击穿。涡轮增压器在此时也开始工作，进气系统的充气效率提高，气缸内的压力相对普通发动机高出2~6 kV（普通发动机8~12 kV）。在大负荷和急加速时点火击穿电压将达到20 kV左右，所以有些车在急加速时故障特别明显。

现在轿车的发动机点火线圈一般都可以提供30 kV以上的点火电压，带有增压系统的汽油机还要高一些。从以上的情况来看，如果次级线圈的耐压能达到30 kV以上，此故障应该不会出现。

从案例中可以看出，如果绝缘层绝缘性能不良也会导致短路现象，短路时应怎样做?谈谈你的做法。

学习任务四评价表

班级：__________ 姓名：__________ 学号：__________

项目	自我评价			小组评价			教师评价		
	10 ~ 9	8 ~ 6	5 ~ 1	10 ~ 9	8 ~ 6	5 ~ 1	10 ~ 9	8 ~ 6	5 ~ 1
	占总评 10%			占总评 30%			占总评 60%		
学习活动 1									
学习活动 2									
学习活动 3									
学习活动 4									
学习活动 5									
学习活动 6									
学习活动 7									
协作精神									
纪律观念									
表达能力									
工作态度									
安全意识									
任务总体表现									
小计									
总评									

任课教师：________ 年 月 日

学习任务五　发动机水温高的拆检

学习目标

1. 能通过情景模拟，对照发动机实物，向组员介绍发动机冷却系统的基本构造、部件功能及基本工作原理，并能列举发动机水温高常见故障部位及其原因。

2. 能正确选择并使用工量具与仪器，对冷却系统及零部件进行基本检查，判断系统及零部件的工作状态。

3. 能根据维修手册要求，在规定时间内，对冷却系统相关零部件进行拆卸、解体、清洗、装配，并完成拆装步骤的记录。

4. 能正确对维修后的冷却系统进行维修质量检查、加注与调试作业，恢复系统功能。

5. 能描述冷却系统拆装安全操作规程，并在作业过程中自我检查贯彻的情况，做好过程记录。

6. 能通过情景模拟，正确回收零部件，填写竣工单，并向班组长汇报维修情况。

7. 能对相关资料、互联网资源进行检索，完成工单、工作页的填写。

建议学时

40 学时

工作情境描述

王先生在驾驶车辆过程中，发现发动机舱冒白烟（车辆仪表水温指示高或水温报警灯亮等报警信息），急忙开车到维修站，经班组长检查判断为冷却系统故障，作为未来的维修人员，你需要对相关部件进行拆检，根据维修手册相关要求，在规定时间（参照维修资料）

内完成冷却系统的检查与零部件的更换，完成后交付班组长验收。

工作流程与活动

1. 发动机冷却系统结构及功能的认知
2. 冷却系统的基本检查
3. 散热器零部件的拆检
4. 冷却风扇零部件的拆检
5. 节温器零部件的拆检
6. 水泵零部件的拆检
7. 防冻液温度传感器零部件的拆检

学习活动1 发动机冷却系统结构及功能的认知

学习目标

1. 能查阅维修手册，根据实训用车，说明冷却系统的功能与作用。

2. 能列举冷却系统的主要组成部件，并能就车认知各部件的位置。

3. 能列举发动机水温过高的常见故障部位并说明其原因。

4. 能根据冷却系统的故障部位及现象，初步判断解决的方法。

5. 能根据实训用车，收集车辆相关冷却系统的信息数据。

建议学时：6学时

学习准备

汽车维修手册、互联网资源、车辆、多媒体设备。

学习过程

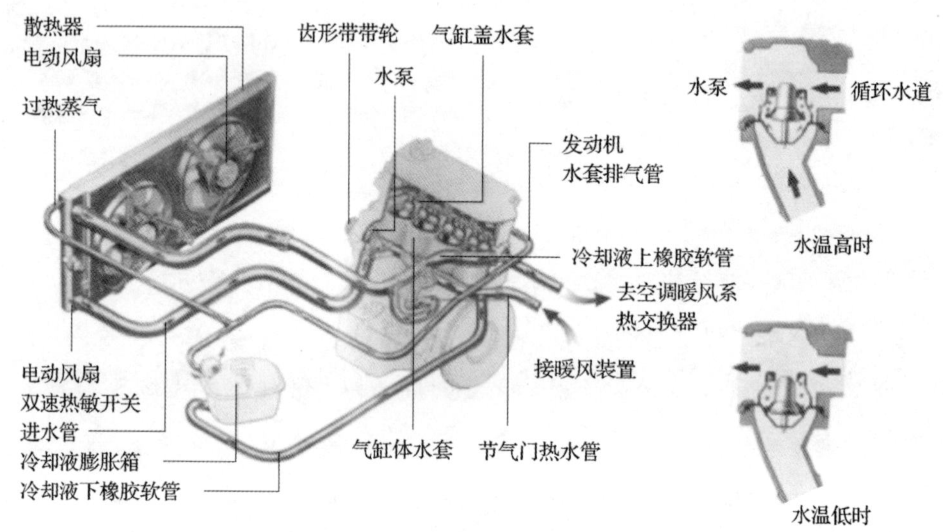

发动机冷却系统结构图

一、发动机冷却系统的功用与类型

1. 冷却系统的功用

在发动机工作期间，最高燃烧温度可高达 2 500℃，即使在怠速或中等转速下，燃烧室的平均温度也在 1 000℃以上。因此，与高温燃气接触的发动机零件受到强烈的高温影响。

（1）发动机冷却系统的功用是什么？举例说明如果缺少冷却系统，车辆会出现什么情况？

（2）发动机是否经常要保持低温？长时间冷态工作会对发动机造成什么样的影响？

（3）发动机是否经常要保持高温？长时间高温工作会对发动机造成什么样的影响？

（4）查阅维修手册，当防冻液的温度约为__________℃时，发动机达到最佳运行状态。

小资料

在这个温度下，燃烧室的温度足以使燃料完全蒸发，因此可以更好地使燃料燃烧并减少气体排放。如果用于润滑发动机的润滑油较稀薄，黏稠度较低，则发动机零件可以更灵活地运转，而发动机在围绕自身部件旋转的过程中消耗的能量也将减少，金属零件更不易磨损。

2. 冷却系统的类型

(1) 根据冷却媒体不同，可以将发动机冷却系统分为哪几种类型？每种类型的定义是什么？目前，轿车发动机上多采用什么类型的冷却系统呢？

(2) 水冷发动机（见下图）的特点是什么？多用于什么类型的汽车？

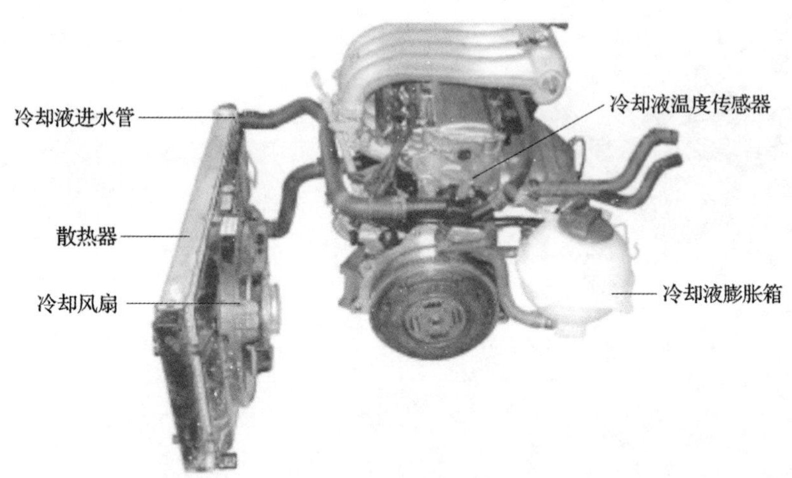

水冷发动机的结构

(3) 风冷发动机（见下图）的特点是什么？多用于什么类型的汽车？

风冷发动机实物图

二、冷却系统的组成与结构

1. 查阅资料并观察实训用车，说说冷却系统的主要组成部件都包括哪些？每个部件的作用是什么？

2．下图所示是冷却系统散热部分的主要部件结构图，将下图组成部件的序号和名称对应起来，填上相对应的序号。

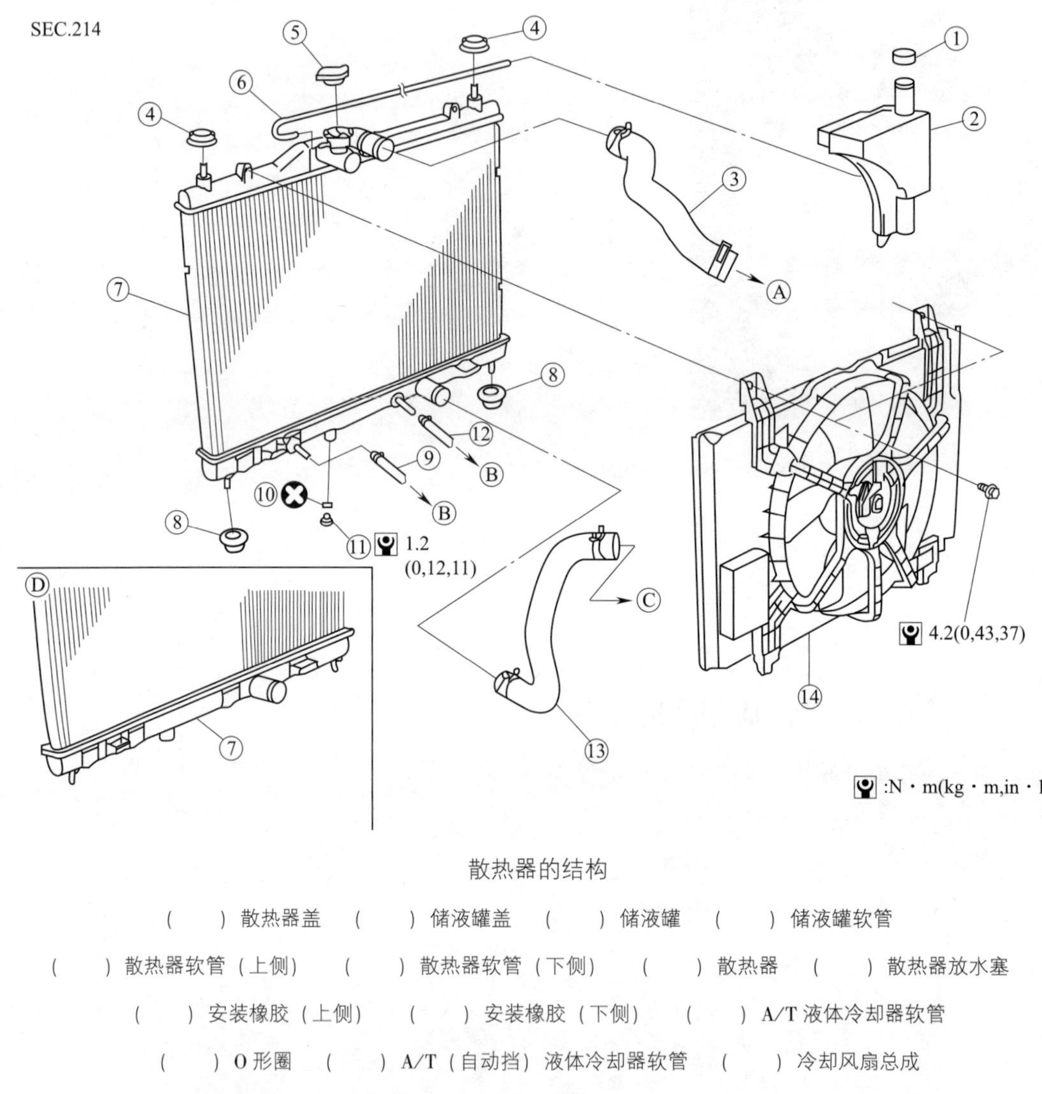

散热器的结构

（　　）散热器盖　（　　）储液罐盖　（　　）储液罐　（　　）储液罐软管

（　　）散热器软管（上侧）　（　　）散热器软管（下侧）　（　　）散热器　（　　）散热器放水塞

（　　）安装橡胶（上侧）　（　　）安装橡胶（下侧）　（　　）A/T 液体冷却器软管

（　　）O 形圈　（　　）A/T（自动挡）液体冷却器软管　（　　）冷却风扇总成

A. 至发动机出水口　B. 至变速驱动桥　C. 至发动机进水口　D. M/T（手动挡）车型

3. 查阅资料，冷却系统的散热类型有哪些？

4. 防冻液是水与添加剂的混合物，请咨询教师，写出加注和排放防冻液的步骤。在实车上指出放水塞的位置，它通常位于散热器的______方。

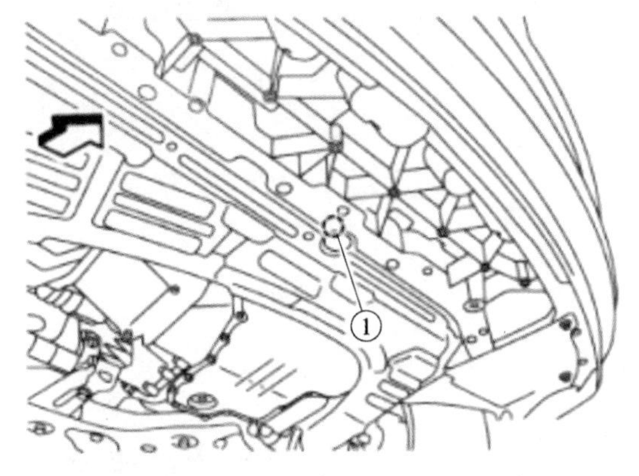

散热器放水塞

5．下图是冷却风扇（护风罩）的主要组成部件，查阅相关资料，根据零部件名称，填写图中对应零部件的编号。

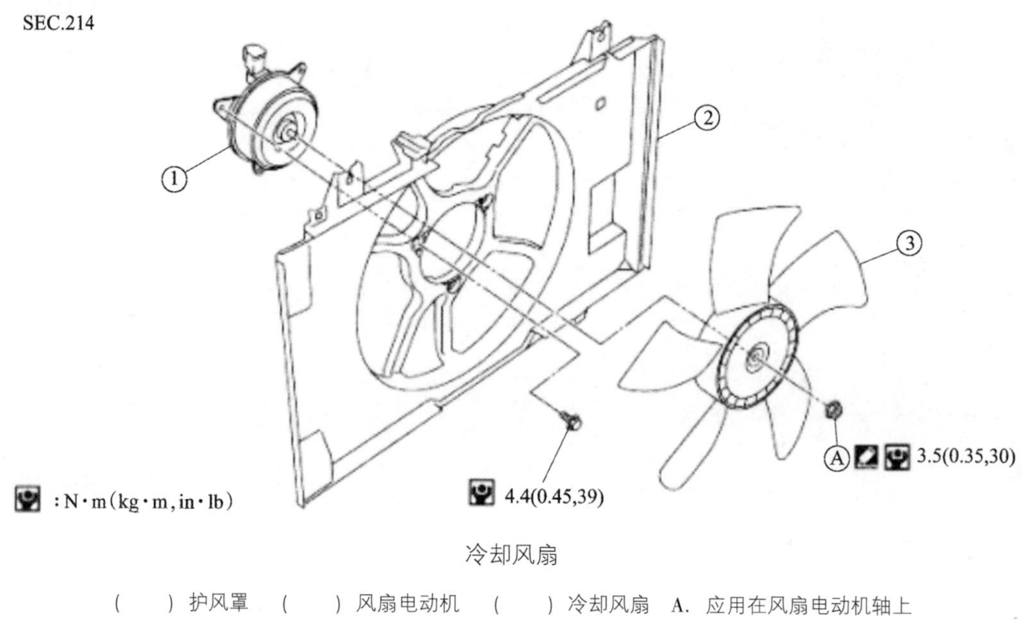

冷却风扇

（　　）护风罩　（　　）风扇电动机　（　　）冷却风扇　A．应用在风扇电动机轴上

6．冷却风扇的控制方式

（1）硅油控制的冷却风扇：

通过硅油离合器，控制风扇的工作状态。硅油风扇离合器用硅油作为介质，利用硅油高黏度的特性传递扭矩；利用散热器后面空气的温度，通过感温器自动控制风扇离合器的分离和接合。

温度低时，硅油________（能/不能）流动，风扇离合器________（分离/结合），风扇转速________（快/慢）。温度高时，硅油的黏度使风扇离合器________（分离/结合），于是风扇和水泵轴______________（能/不能）一起转动，起到调节发动机温度的作用。

硅油控制的冷却风扇

（2）电子信号控制的冷却风扇：

利用温度采样的原理，将水温开关安装在水箱温度敏感部位，动态采集水箱内水的温度变化，达到温

度点____________℃时接通开关，启动风扇防冻液箱内的水，对汽车发动机起到安全保护作用。

提供控制信号的水温传感器

7. 下图是冷却系统水泵的主要组成部件，查阅相关资料，根据零部件名称，填写图中对应零部件的编号。

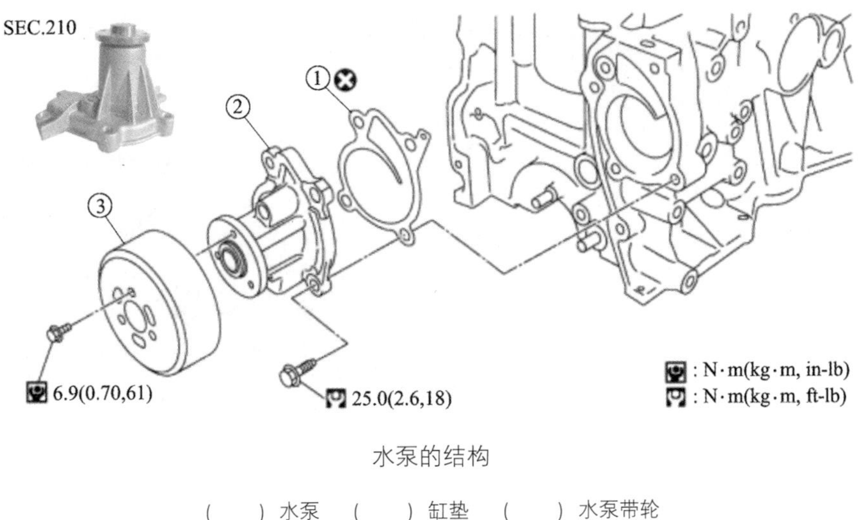

水泵的结构

(　　) 水泵　(　　) 缸垫　(　　) 水泵带轮

8. 下图是冷却系统节温器的安装位置与相关部件，查阅相关资料，根据零部件名称，填写图中对应零部件的编号。

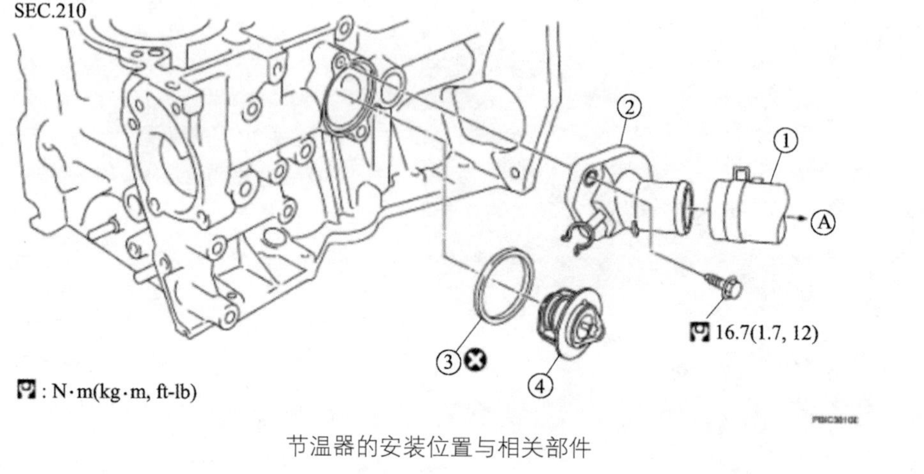

节温器的安装位置与相关部件

(　　) 进水口　(　　) 散热器软管（下侧）　(　　) 节温器　(　　) 橡胶圈　A. 至散热器

9. 下图是冷却系统出水口的安装位置与相关部件，查阅相关资料，根据零部件名称，填写图中对应零部件的编号。

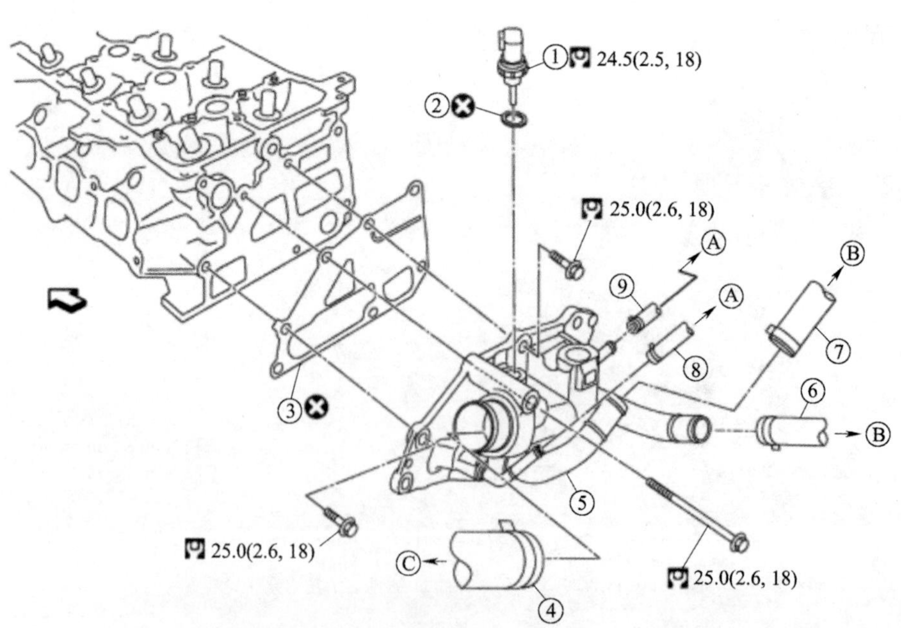

出水口的安装位置与相关部件

(　　) 垫圈　(　　) 缸垫　(　　) 散热器软管（上侧）　(　　) 发动机防冻液温度传感器

(　　) 出水口　(　　)(　　) 加热器软管　(　　)(　　) 软水管

A. 至电子节气门控制执行器（加热，防止节气门温度过低）　B. 至空调加热器　(　　) 至散热器

三、冷却系统的工作原理

下图所示是冷却系统的工作路径，观察下图并回答问题。

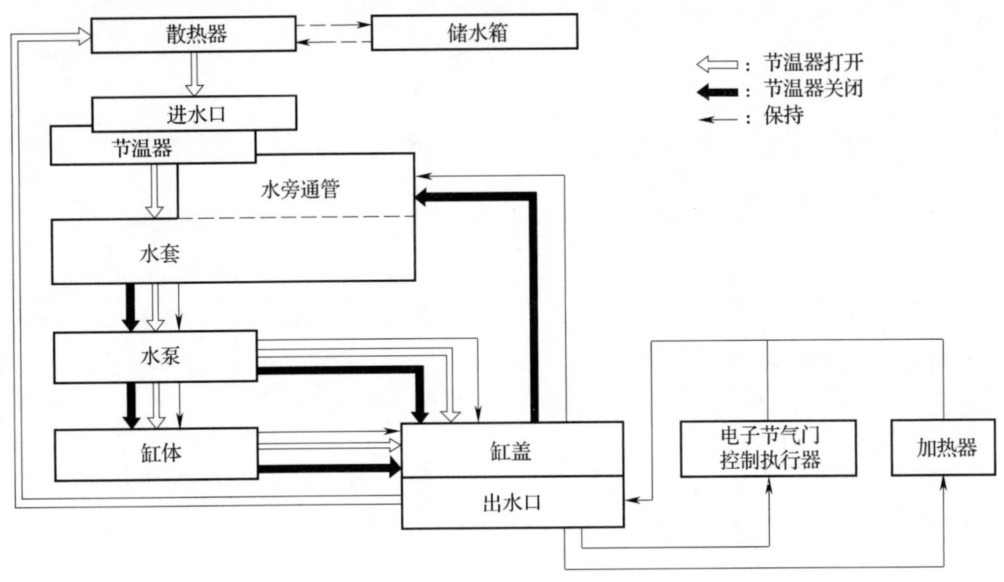

冷却系统工作路径

小资料

冷却系大小循环及混合循环

1.（黑色箭头）小循环：当发动机水温低于76℃时，节温器主阀门关闭，旁通阀打开，气缸盖至散热器的防冻液通道被切断。防冻液由气缸盖水套流出，经过节温器旁通阀、水旁通管进入水套水泵，并经水泵送入气缸体的水套。由于防冻液不经散热器散热，可使发动机温度迅速提高。这种循环方式称为小循环。

2.（白色箭头）大循环：当发动机水温高于86℃时，节温器主阀门打开，旁通阀关闭。防冻液全部由主阀门进入散热器散热，水温迅速降低，然后再由水泵送入气缸体水套。这种循环方式称为大循环。

3. 混合循环：当水温在76～86℃之间时，节温器主阀门和旁通阀都处于部分开启状态，此时大、小循环都存在，只有部分防冻液经散热器进行散热。

1. 冷却系统中，节温器的作用是什么？其开启和关闭路径是什么。(请根据上图指示进行说明)

节温器的作用：

节温器开启时路径为____。

节温器关闭时路径为____。

2. 节温器必须保持良好的技术状态，否则会严重影响发动机的正常工作。若节温器主阀门开启过迟，就会引起发动机______________（过冷/过热）；若主阀门开启过早，则使发动机预热时间___________（延长/缩短），使发动机温度___________（过冷/过热）。

3. 空调加热器的作用是什么？（提示：季节不同，一般来说，室外气温较低时，加热器的作用较为明显）

4. 通过情景模拟，对照冷却系统内部零部件，通过绘图的方法，向组员介绍发动机冷却系统的部件功能及其基本工作原理。

四、散热器盖的认知

1. 散热器盖的第一个作用是把水箱关紧，请注意，水箱看上去只有一个口，但却有两个内径，所以实际上有二个口（见图中箭头指示），对应着散热器盖上有两圈橡胶条，外一圈大的是保证水箱的水不会漏出整个冷却系统，而小圈的胶条是保证当水箱内部压力不太大时，也就是水温不太高时，防冻液不会溢流到小水箱（防冻液膨胀箱）中。

所以，散热器盖（防冻液膨胀箱）中有一个小弹簧，这个弹簧就是控制大水箱的水何时溢流到小水箱（防冻液膨胀箱）的关键。检索相关资料，说明这个小弹簧的作用是什么呢?

小提示

水温上升时，水的体积会膨胀；而当大水箱的水温降低时，由于大水箱中水的体积缩小，就形成一定的真空。

2. 散热器盖与水箱压力

散热器盖里的那个弹簧所能承受的压力是冷却系统压力和温度的关键，一般车辆散热器盖的压强是______________ kPa，大于这个压力弹簧就会运动，在这个压力范围内，水箱里的水可以达到105℃的高温，但是并不会沸腾。

整个冷却系统就像一个高压锅一样，压力到了一定程度就会泄压，而在压力范围内时，高压锅内部实际上已经超过100℃了。

有人说，发动机的温度应该最好是90℃左右，超过100℃，那不是过热了吗?

请记住，这里说的只是冷却系统的温度，并不是发动机的温度，其实，冷却系统的压力越大，散热效果反而越好，因为液体的密度大了，单位时间内单位体积的防冻液将会带走更多的热量。

3. 检索资料，完成下列判断题。

（1）散热器盖一定要盖紧，水箱口上有个限位块，一定要将散热器盖转到限位块为止，要不然可能造成水箱从散热器盖处渗漏。（ ）

（2）要注意检查散热器盖内的小弹簧不能锈死，一旦锈死则不能动作，会造成冷却系统压力过大，不能把防冻液排放到小水箱。（ ）

（3）防冻液不能有太多水垢，水垢不但会堵塞节温器，也会造成弹簧不动作或堵塞通往小水箱的管道。（ ）

五、总结与思考

1. 水冷式发动机冷却强度调节装置主要包括哪些部件？

2. 总结冷却系统在使用过程中的注意事项。

3. 能有效提高发动机温度的调节装置是什么？为什么？

4. 在下面的示意图中画出发动机冷态和暖态下的防冻液流动方向。

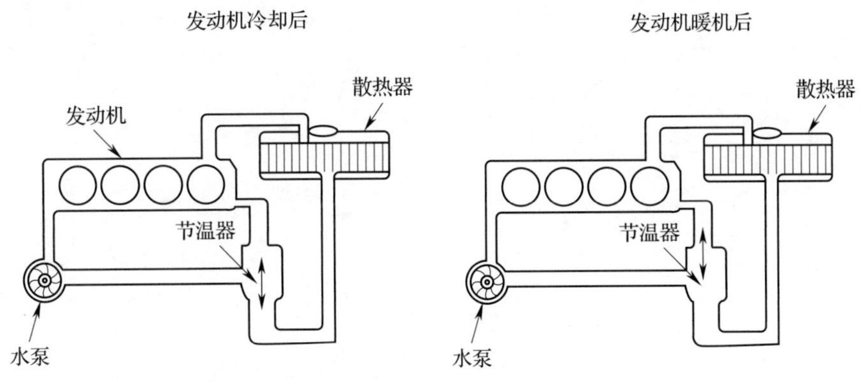

发动机冷却系统循环

5. 阅读案例，回答问题。

何先生平时用面包车给生意伙伴送货。夏天，他在送货途中发现汽车仪表器显示车辆水温过高。他把车停放在路边，冷却了10多分钟后，打开散热器盖，在水箱水没有完全冷却的情况下，直接灌入冷水，充当临时的防冻液。后来发现，加了冷水，车子反而不能动了，由于当时正在高速公路上，因此每公里17元的拖车费就让他损失了1 000多元，后来的维修费用又花了600元。修车师傅告诉他，有可能是因为他在水箱水温没有完全冷却的情况下加入冷水，从而导致里面的水压力不均衡，使得水箱水进入机油格，导致车辆不能正常行驶。

点评：服务站车间经理罗先生称，水温过高会导致两种情况发生，一是发动机还没有被“烧坏”，通过其他补救措施仍可以恢复正常使用；二是水温过高，发动机已经损坏了，再怎么处理也无济于事。而何先生遇到的情况，也有两种可能：一是水温过高，导致气缸盖、气缸垫变形，引起车辆的水路和油路相通，就形成了所谓的机油格进水；二是水箱水温过高的情况下，直接加入冷水，导致发动机马上冷却，发动机部件急速热胀冷缩，造成部件损坏，损害了发动机，使得发动机不工作。何先生的车应该属于第一种情况，因为在水箱水温没有完全冷却的情况下加入冷水，直接导致水箱水进入机油格。

分析上述案例，如果发现冷却系统冒烟、水温过高的情况时，应该怎样做？思考：水能压缩吗？另外，如果发动机气缸进水，会出现什么情况呢？

6. 阅读案例，回答问题。

王师傅的汽车在行驶中水温偏高，停车检查时发现散热器溢罐盖的出口冒出大量的高温防冻液；熄火后罐内防冻液逐渐减少，最后低于标准水位线。开进维修店后，加足防冻液后起动发动机，发现从盖口中又看到防冻液不断从填水管中流进溢罐内，即使盖拧紧仍会溢出。从故障现象分析发现散热器仅左边进水口处很烫，而其他部位温度明显偏低，判断冷却系只进行小循环。经检查，问题出在节温器（失效），更换新件之后，故障排除。

为什么王师傅能判断出是冷却系统节温器的故障，分析他的思路，说说你的想法（结合管路连接情况进行分析）。

附件5—1　　发动机水温过高故障的原因分析

<table>
<tr><th>故障内涵</th><th>症状</th><th>故 障 原 因</th></tr>
<tr><td rowspan="12">冷却系统
零部件故障</td><td rowspan="4">散热不良</td><td>水泵故障</td></tr>
<tr><td>节温器在关闭位置卡住</td></tr>
<tr><td>散热片损坏</td></tr>
<tr><td>散热器冷却管堵塞</td></tr>
<tr><td rowspan="3">空气流量不足</td><td>冷却风扇不工作</td></tr>
<tr><td>风扇转动阻力过大</td></tr>
<tr><td>风扇叶片损坏</td></tr>
<tr><td>护风罩损坏</td><td>略</td></tr>
<tr><td>防冻液混合比例不正常</td><td>略</td></tr>
<tr><td>防冻液质量差</td><td>略</td></tr>
<tr><td rowspan="2">防冻液不足</td><td>发动机防冻液泄漏</td></tr>
<tr><td>储液罐溢出</td></tr>
<tr><td rowspan="6">冷却系统以外
零部件故障</td><td>发动机过热</td><td>发动机过载</td></tr>
<tr><td rowspan="5">空气流通不畅</td><td>保险杠堵塞</td></tr>
<tr><td>散热器格栅堵塞</td></tr>
<tr><td>散热器堵塞</td></tr>
<tr><td>冷凝器堵塞</td></tr>
<tr><td>安装的雾灯过大</td></tr>
</table>

学习活动2 冷却系统的基本检查

学习目标

1. 能查阅维修手册，列举发动机冷却系统的基本检查方法，制定简单的检查方案。

2. 能描述工量具与仪器的种类、用途及使用方法，并做好冷却系统拆检的现场准备工作。

3. 能根据故障情况，完成发动机冷却系统的基本检查，初步判断故障范围。

4. 能在检查过程中记录检查信息，并说出初步分析思路与结果。

建议学时：4 学时

学习准备

汽车维修手册、车辆、常用维修工具、量具、多媒体设备。

学习过程

发生发动机水温高故障后，为确认是否是冷却系统零部件损坏造成的故障，防止不必要的冷却系统拆解工作对发动机造成的伤害，需对车辆冷却系统进行基本检查，判断出故障可能产生的部位。

一、车上检查

注意：进行各项检查前，应将空调开关转到 OFF 位置。

1. 检查实训车辆防冻液液位，达到要求了吗？标准是什么？

2. 检查接口部分是否有漏水的情况？检查结果是：□正常　□不正常　不正常的原因是什么？

3. 检查实训车辆防冻液管路连接情况，并做好下面的连线题。

连接空调加热器的管路

连接发动机出水口与散热器的管路

连接下水箱与发动机进水口的管路

二、检查发动机防冻液

1. 冷却系统中的防冻液可以用纯水吗？为什么？

2. 查阅相关资料，说说防冻液都包括什么成分？

3. 发动机防冻液的检查步骤如下，回答下列问题。

检查步骤：

（1）拆卸散热器盖。

（2）检查散热器盖和散热器加注口周围是否有过多的锈或水垢沉积。同时，检查防冻液质量，不能含有机油。如果污垢过多，应清洁防冻液通道，并更换防冻液。

注意事项：

（1）当发动机和散热器仍然热的时候，请勿拆卸散热器盖。

（2）有压力、高温的发动机防冻液和蒸气可能会释放并导致严重的烫伤。

问题：

（1）防冻液的颜色是____________________色。

（2）冷却系统应保持正确的发动机防冻液浓度及类型，达到防冻与防腐蚀的目的。以下符合防冻液浓度标准的防冻液浓度是（　　）。

A. 66%　　B. 32%　　C. 25%　　D. 50%

（3）若使用不符合浓度要求的防冻液，会损坏冷却系统。发动机防冻液的浓度要求是什么（参考下表）？当添加或更换发动机防冻液时，为保证适当的浓度（不能过高，也不能过低），应使用什么工具检查防冻液冰点？

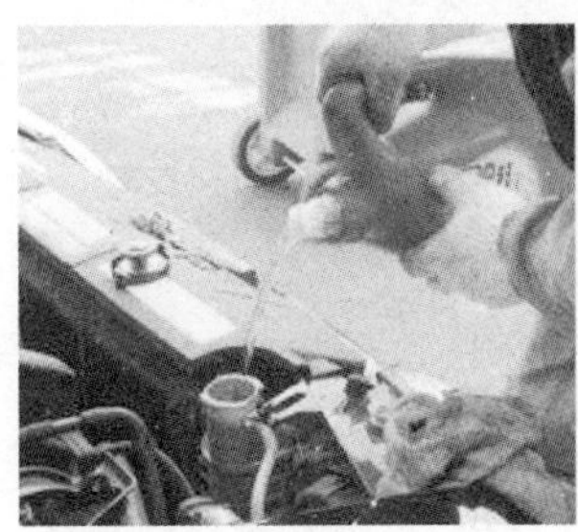

环境温度 ℃（°F）	发动机冷却液浓度	
	防冻液	水
-15（5）	35%	65%
-25（-13）	40%	60%
-35（-31）	50%	50%
-45（-49）	60%	40%

三、检查散热器盖情况

1．检查散热器盖是否有锈或水垢（□是　□否），橡胶是否有损坏（□是　□否）。有无其他情况____________________________________。

散热器盖的检查位置

2. 检查散热器盖的开启压力

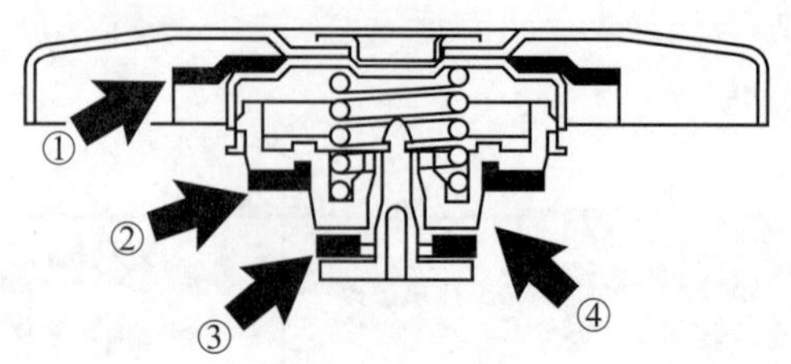

散热器盖的开启压力检查

检查步骤（参考上图）：

（1）如果在橡胶密封材料①、②或③上有水垢或杂质，则用水和手指清洗这些部件。

（2）检查橡胶密封材料①、②和③有无变形、破裂或膨胀。（□有 □无）

（3）检查橡胶密封材料③和④有无粘到一起。（□有 □无）

（4）在使用散热器盖测试仪之前向橡胶密封材料②和③添加发动机防冻液。

（5）在使用散热器盖测试仪时，将其水平倾斜 30°以上。

（6）抽吸散热器盖测试仪若干次，并检查最大压力。抽吸速度为每秒抽吸 1 次。

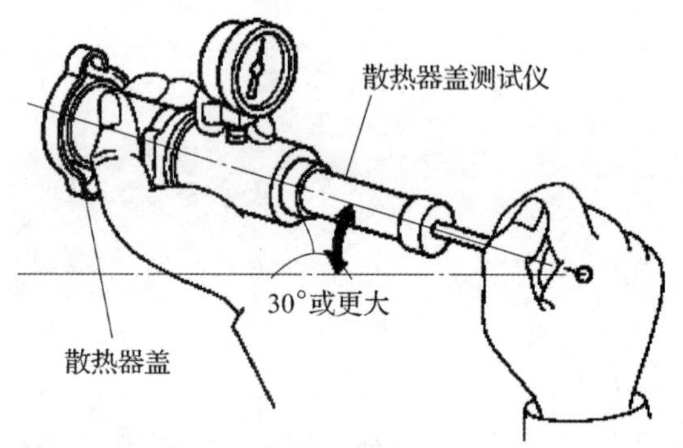

抽吸散热器盖测试仪

如果最大压力值低于最小标准值的规定压力（参考下表），则更换散热器盖分总成。具体数值查阅相关车型的维修手册。

散热器盖开启压力标准值和最小标准值

项 目	规 定 条 件
标准值（用于全新散热器盖）	93.3 kPa ~ 122.7 kPa（0.95 kgf/cm² ~ 1.25 kgf/cm²，13.5 ~ 17.8 psi）
最小标准值（在使用盖后）	78.5 kPa（0.8 kgf/cm²，11.4 psi）

根据上述步骤，检查散热器盖，显示压力为________________ kPa。

四、检查防冻液是否泄漏

1. 给散热器加注防冻液，并接上散热器盖测试仪。

注意：（1）超过规定的测试压力可能会损坏散热器。

（2）出现发动机防冻液减少的情况时，向散热器中加注发动机防冻液。

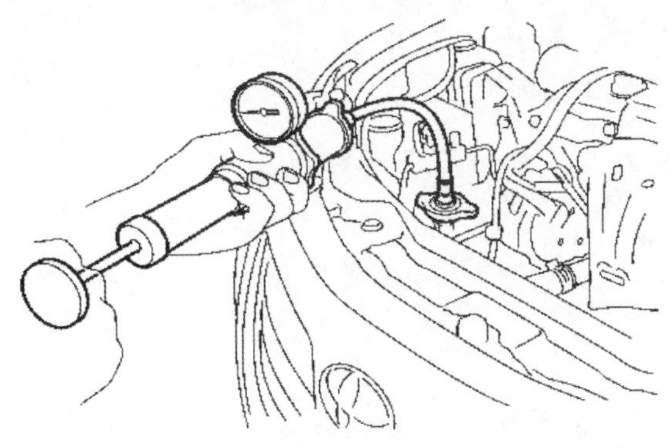

接上散热器盖测试仪

如果发现有零部件损坏，能否继续进行检测？________________

2. 使发动机暖机，进行压力检查。

（1）为什么要先使发动机暖机？（提示：冷却系统分大小循环冷却模式，空间不同）

（2）使用散热器盖测试仪，增加散热器中的压力至118 kPa～157 kPa（具体数据需要根据车型查阅维修手册），并检查压力有没有下降。如果压力下降，应检查软管、散热器和水泵是否泄漏；如果未发现外部泄漏，应检查加热器芯、气缸体和气缸盖是否泄漏。

1）查阅维修手册：散热器检漏压力要求是________________kPa，运用相关工量具，检查实训车辆冷却系统的情况，实际测量压力是________________kPa。

2）为什么通过散热器盖测试仪，就能检查出冷却系统有无泄漏？为什么没有外部泄漏，就能判断是加热器芯、气缸体和气缸盖泄漏呢？（结合冷却系构造进行分析）

五、防冻液的更换

注意：在更换水箱防冻液之前，场地的选择很重要，应该将车辆停放在倾斜处的上方，以便防冻液可以顺势流下而不至于满地湿滑。在条件允许的情况下，应使用容器收集排放的防冻液，保持环境卫生。

更换步骤如下：

1. 排出发动机防冻液

（1）如下图所示，取下散热器盖2，松开散热器放水开关11（在散热器水箱下部右侧）和发动机防冻液排液联管上的发动机放水开关8（在气缸体右后方），排出防冻液。最后关上并拧紧放水开关，其拧紧力矩为________________。

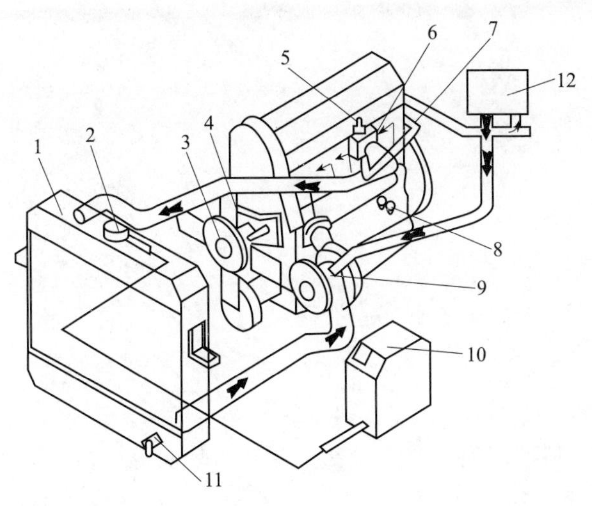

发动机冷却系统

1—散热器　2—散热器盖　3—风扇离合器　4—风扇　5—放气阀　6—调温器

7—进气歧管预热水管　8、11—放水开关　9—水泵　10—膨胀水箱

注意事项：

- 为了避免烫伤，请勿在发动机温度很高时更换防冻液。
- 用厚布包裹住散热器盖，小心地拧开。先转动 1/4 圈，释放散热器内的压力，然后完全拧开此盖。
- 小心不要让发动机防冻液溅到驱动皮带上。

（2）观察散热器放水开关和发动机放水开关的形状，并在下列图框中绘制出来。

（3）为什么要先取下散热器盖再松开放水开关？（提示：真空度、大气压力的影响，会

阻碍防冻液的排放)

(4) 排出发动机防冻液，检查防冻液是否存在问题。

□有问题　　□无问题

判断的依据是什么?

小提示:

1) 若有需要拆卸储液罐时，要排出发动机防冻液，并在安装前清洁储液罐。

2) 检查排出的发动机防冻液中有无锈蚀、腐蚀或变色，如果受污染，应冲洗发动机冷却系统。

2．加注发动机防冻液

加注步骤：拔下空调暖气水管（尽量抬高加热器软管，部分车型还要松开发动机上的排气螺钉，注意垫片不能丢了），慢慢向冷却系统加注口加注防冻液，直到发现暖气水管有新添加的防冻液流出时，就可以将空调暖气水管接上并继续加注，直到液面达到规定液位。

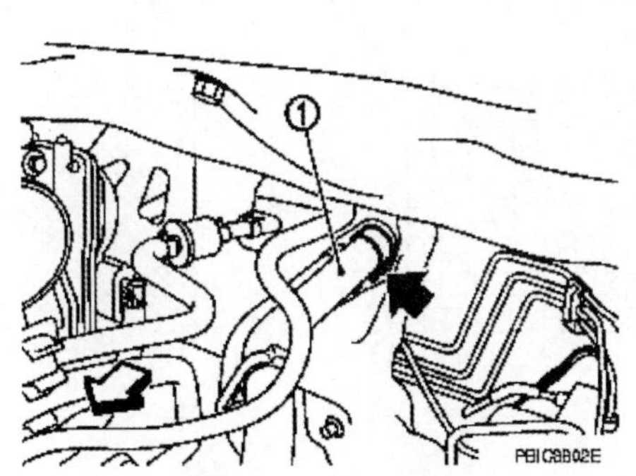

暖水管的位置（见图中①）

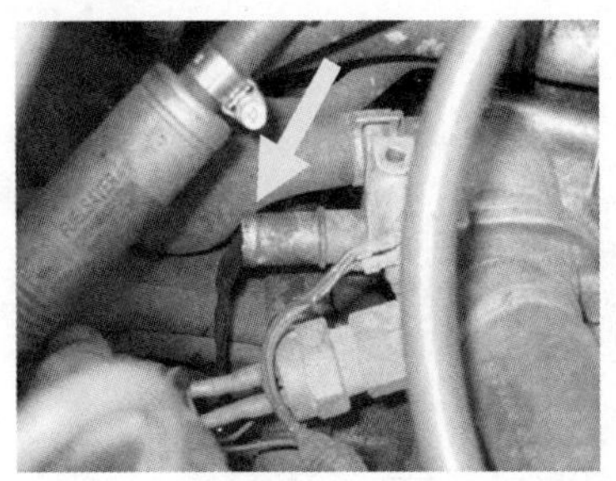

防冻液的加注

为什么要取下空调暖气水管（或打开发动机排气螺钉）后，再进行防冻液的加注呢？

小提示：

（1）通过发动机防冻液加注口以每分钟不高于 2 L 的速度加入发动机防冻液，可以排出系统中的空气。

（2）向散热器和储液罐中加注的防冻液需加到规定液位（见下图）。

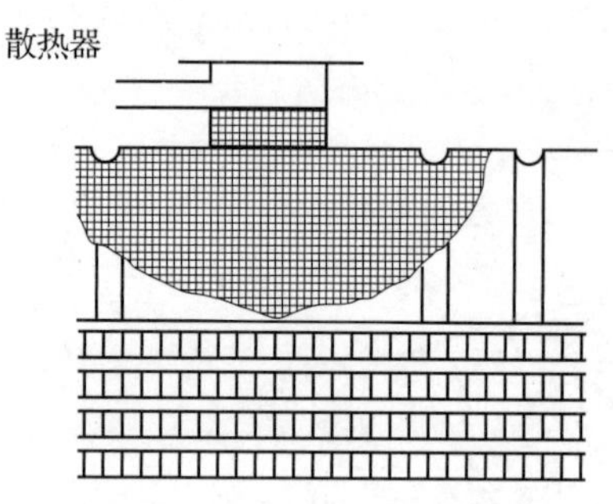

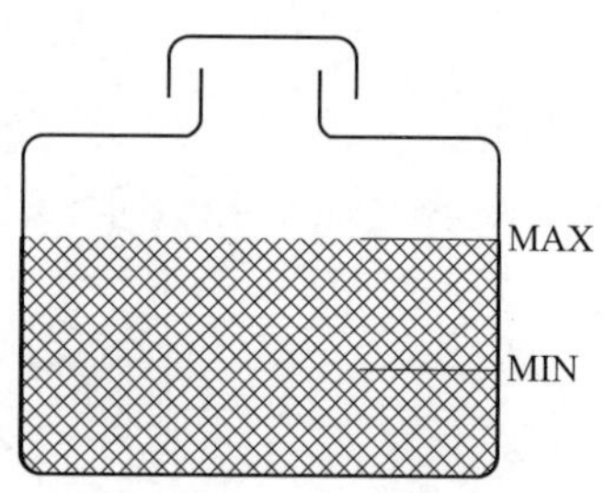

防冻液加注规定液位

3. 盖上散热器盖，再次起动发动机

不要踩油门，使之怠速运转，暖机到节温器打开。防冻液被带入大循环，此时液面高度会下降。

怠速运转，暖机

小提示：通过触摸散热器软管（下面的）感觉是否有温水流过，确认节温器是否打开。

注意：热车过程需注意水温情况，以防止发动机过热。

问题：为什么防冻液的液面在节温器打开后会下降呢？（提示：加注防冻液不是直接加注在发动机中，而是加注在散热器中）

4. 停止发动机

停止发动机，等待温度降至低于50℃，再向散热器加注防冻液至“MAX”位置。

注意：使用风扇可以缩短冷却时间。

问题：为什么不能在热车的时候向散热器加注防冻液?

5. 盖上散热器盖

盖上散热器盖，重复步骤3、4两次或两次以上，直到发动机防冻液液位不再下降。

小提示：若系统里面还有残留的空气，在几次大循环流动之后，气泡会从水箱灌注口冒出来，同时液面高度也会降低。再次添加水箱防冻液时，需加到略高于水箱灌注口的高度。

水箱灌注口及旁通管路

问题：为什么添加防冻液时，需要略高于水箱灌注口?（提示：灌注口旁边有一条管路连接小水箱，防冻液箱防冻液不足时，会通过该管路吸取小水箱中的防冻液）

6. 运转发动机检查冷却系统有无泄漏

检查更换防冻液后的实训车辆有无泄漏情况。 □有泄漏 □无泄漏

7. 预热发动机

温度控制器位置

使发动机转速从怠速到3 000 rpm，同时加热器温度控制器设置在“COOL”和“WARM”之间的位置上，检查发动机防冻液流动的声音（提示：加热器处的声音会比较大），重复操作三次，如果还有声音，重复操作步骤5放出冷却系统中的空气，直到发动机防冻液液位不再下降。

问题：为什么刚开始时，加热器处的声音会比较大？后来又逐渐变小甚至没有了呢？（提示：防冻液需经过加热器）

8. 对冷却系统的管路进行清洁

因为防冻液是有颜色的，清洁后管路如果再发现有颜色附着，即是防冻液泄漏的讯号，如果更换后不清洗干净，则无法得到该信息。

检查冷却系统工作情况，冷却系统外部是否清洗干净？

□已清洗干净 □未清洗干净

六、冷却系统的清洗

清洗冷却系统的工作步骤如下：

1. 如果已拆卸，请安装储液罐。

2. 安装散热器放水塞。

注意：（1）务必要清洗散热器放水塞并安装新的O形圈。

（2）如果缸体上的放水塞被拔下，请安上并拧紧。

问题1：为什么不能使用原有O形圈？

3. 在散热器和储液罐中加入蒸馏水并重新安装散热器盖。

4. 运转发动机使其预热至正常工作温度。

5. 空载条件下加快发动机转速两次或三次。

6. 关闭发动机等待它冷却下来。

7. 排出冷却系统中的蒸馏水。

8. 重复操作步骤1至步骤7直到散热器中开始排出清澈的水，再进行防冻液的加注。

问题2：根据上述提示，对实训车辆的冷却系统进行清洗。思考为什么清洗冷却系统时，要加快发动机转速呢？

七、总结与思考

1. 防冻液需要具备哪些特性？列举其二。

2. 防冻液混合物有哪三种基本成分?

3. 如果只使用水做防冻液并且这种水会冻结，则冷却系统会发生什么情况?

4．阅读案例，回答问题。

王先生去给爱车换防冻液。在店内，修理工先把防冻液全部放光，然后竟然起动发动机，踩了几脚油门，持续时间20 s左右，王先生问他为什么这样做，回答说为了把旧的防冻液放光。王先生觉得没防冻液保护的这20 s，会不会使发动机温度过高产生拉缸？另外，当时王先生闻到了一股刺鼻的味道。请问修理工这样操作正确吗？指出修理工操作中存在的问题。

5．阅读案例，回答问题。

王先生和刘先生交流用车心得，他说发动机的正常温度是在90～100℃以上，工作温度比较高，为防止水温过高，所以他的旧车就拆掉了节温器，现在发现车子冷却效果好多了，刘先生听了半信半疑。请问，王先生的用车心得对吗？谈谈你的看法，你给刘先生的建议是保留原有节温器还是拆掉呢？

学习活动3　散热器零部件的拆检

学习目标

1. 能查阅维修手册，列举发动机冷却系散热器部件的拆检方法，并制定简单的拆检方案。

2. 能正确使用相关工量具，对散热器零部件进行拆检，完成故障零部件的更换作业。

3. 能在实施过程中记录拆检过程的检查数据，通过比对标准，确定故障部件。

4. 能根据拆检情况进行过程记录，并反馈维修的思路与成效。

建议学时：6学时

学习准备

汽车维修手册、车辆、教学台架、常用维修工具、量具。

学习过程

发动机发生故障后，经初步检查，维修技师确认是由于冷却散热器破损导致防冻液泄漏，造成的发动机水温过高，要求对车辆进行散热器的更换工作。回答下列问题并完成散热器的拆检。

一、散热器的清洁

- 如果叶片被堵塞，用水或蒸气清洁器清洗，用压缩空气吹干。

- 如果叶片弯曲，用旋具或钳子将其弄直。
- 不可将水直接喷在电子组件上。

1．清洁实训车辆散热器，并检查散热器的外观，是否存在问题？在下图中圈出有问题的地方并说明原因。

☐无问题　　☐有问题　　原因：________________________________

散热器

2．完成散热器的检查与清洁，思考由于散热器原因造成发动机水温高的故障可能有哪些？

二、拆除旧散热器

1. 断开蓄电池负极端子，排出散热器中的防冻液

- 在发动机冷却后执行此步骤。
- 请勿将发动机防冻液溅到驱动皮带上。

思考，拆除旧散热器前，为什么要断开蓄电池负极端子？

2. 拆卸散热器前，先拆下相应部件

拆下散热器前，需先拆下空气滤清器进气口及空气滤清器（进气），部分车型还需要拆除前保险杠（保险杠拆除方法参照相应车型的维修手册）。

观察散热器位置，指出空气滤清器安装时是否需要分清正反面？说明原因。

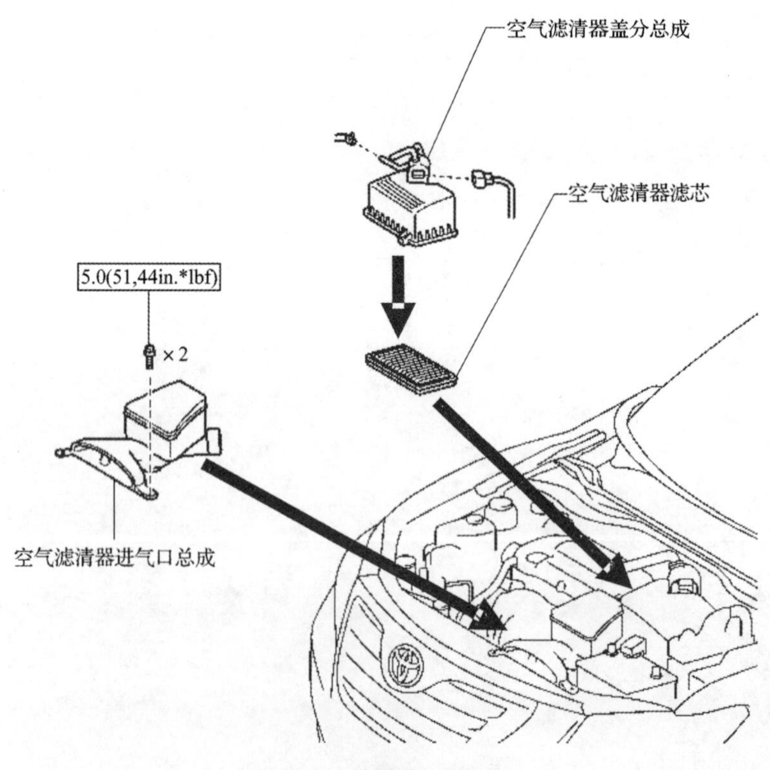

空气滤清管路的主要部件

3. 断开散热器水箱软管

根据以下提示，选择对应的图片序号。

(1) 从散热器总成上分离散热器水箱软管——图（　　）

(2) 从散热器总成上断开散热器出水软管——图（　　）

(3) 从散热器总成上断开散热器进水软管——图（　　）

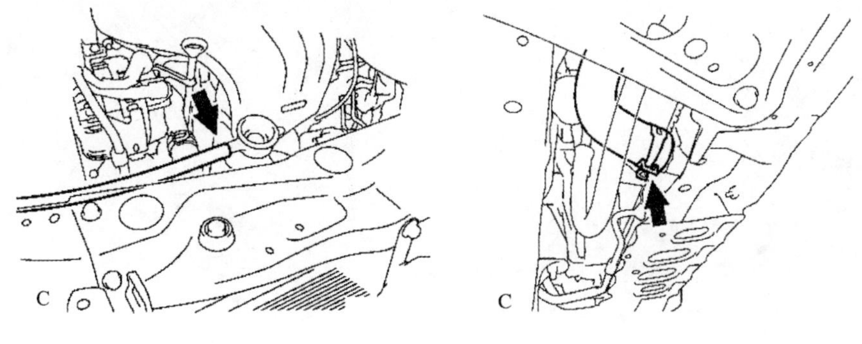

图 A　　　　图 B

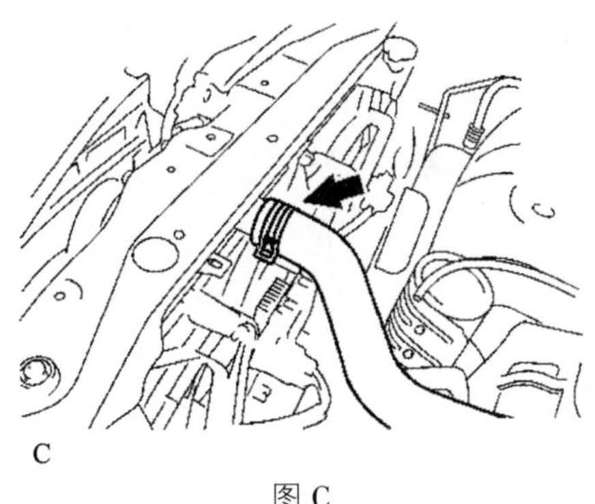

图 C

4．断开机油冷却器软管

根据以下提示，选择对应的图片序号。

（1）从散热器总成上断开机油冷却器出口软管——图（　　）

（2）从散热器总成上断开机油冷却器入口软管——图（　　）

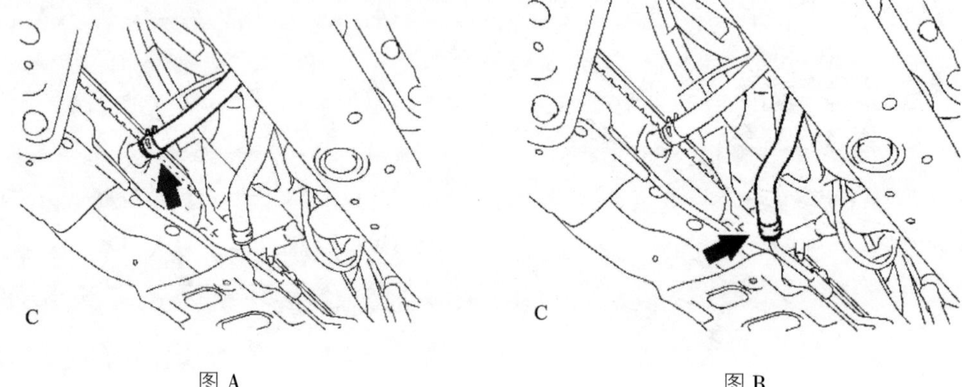

图 A　　图 B

5. 拆卸散热器总成

（1）断开风扇安装架上的线束接头，并将线束移到一边。断开2个连接器，在右边的框中简单说明接头断开的方法。

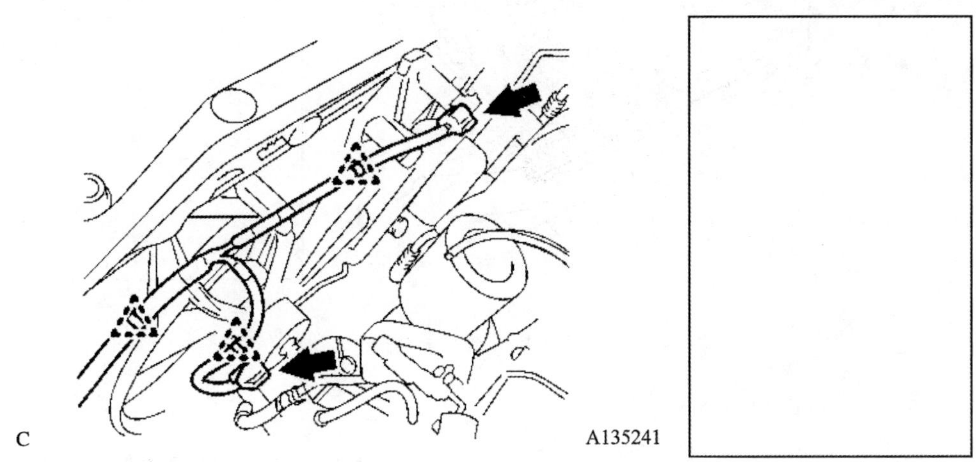

断开2个连接器

（2）拆卸4个螺栓，并从散热器总成上分离冷凝器总成。在右边的框中简单说明散热器螺栓的拆卸顺序。

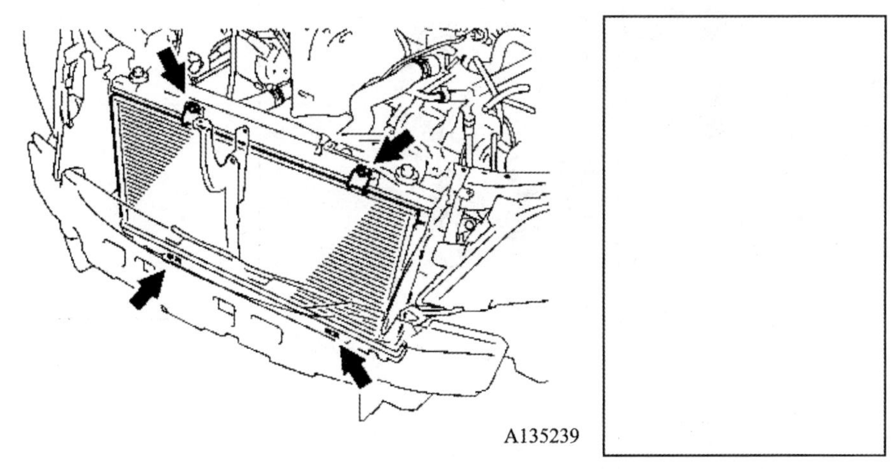

拆卸4个螺栓

（3）从车身拆卸散热器总成。

拆卸时请勿损坏或刮伤A/C冷凝器和散热器芯。在右边的框中简单说明散热器拆卸方向及要点。

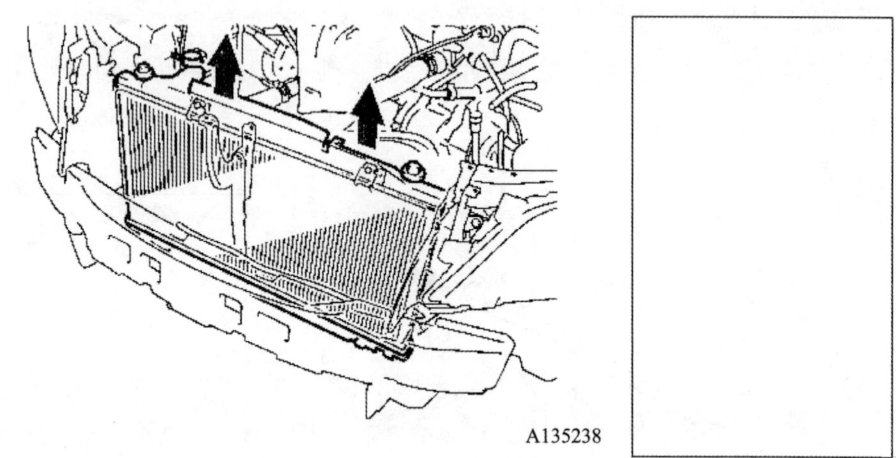

从车身上拆卸散热器总成

6．拆卸带马达的风扇总成

松开3个卡式装配件，并用散热器的马达抬起马达总成。在右边的框中简单说明风扇总成的拆卸要点。

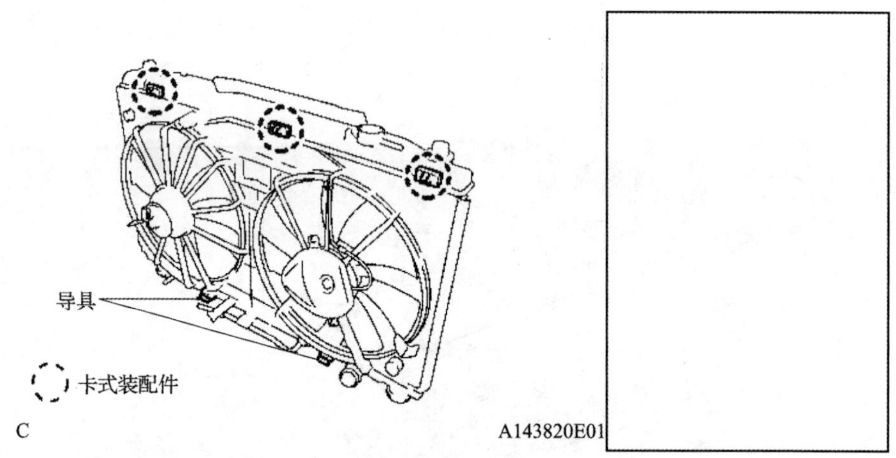

松开3个卡式装配件

三、总结与评价

1．总结散热器拆卸的简要步骤?

2. 总结散热器引起水温高的可能原因有哪几项?

3. 如何检查散热器密封性?

4. 散热器常见故障有哪些? 如何修理?

5. 阅读案例，回答问题。

发动机散热器软管长期使用会老化，容易破裂，如果散热器进水时，软管在行车过程中破裂，喷溅出来的高温水会形成大团水蒸气从发动机盖下喷出，发生这种现象时，应立即选择安全场所停车，然后采取紧急措施解决，并尽快到维修店进行维修。

一般情况下，散热器漏水时，软管的接头处最容易产生裂口而漏水，这时可以用剪刀剪掉损坏的部位，然后将软管重新插到散热器进水口接头上，并用卡子或铁丝卡紧。如果裂口在软管的中段，可以用胶布缠扎漏水裂口，缠扎前先将软管擦干净，等漏水部位干燥后，将胶布缠绕在软管漏水处。由于发动机工作时软管内的水压较高，因此要尽量将胶布缠紧。如果手头没有胶布，还可以先将塑料纸缠在裂口上，然后将旧布剪成条状缠在软管上。有时软管裂口较大，缠扎后仍可能漏水，这时可将散热器盖打开，以降低水道内的压力，减少泄漏。

采取以上措施后，发动机转速不能太快，要尽量挂高速挡行驶，行驶中还要注意水温表的指针位置，发现水温过高时要停车降温或补充防冻液。

思考，为什么在经过上述紧急处理后，需要尽量挂高速挡行驶?

6. 阅读案例，回答问题。

李先生的车辆因为水温灯偶有闪烁，到维修厂维修，经试车，发现防冻液温度确实有点高。检查防冻液量，结果没有异常；检查防冻液循环情况，防冻液循环不好；检查温度调节器，温度调节器正常。有可能是散热器堵塞，水泵也有点异常。拆下水泵检查，发现水泵内部粘有少量铁锈，但功能没有问题。

因为水泵有锈，考虑应该清洗散热器，在清洗散热器时发现散热器堵塞，而且散热器内部有大量锈蚀，因此不得不更换散热器。

推测故障原因是防冻液中 LLC（长寿冷却剂）浓度极端下降，防冻液失去防锈作用，因而散热器生锈。

思考上述案例，为什么散热器堵塞会造成水温高呢?

学习活动4　冷却风扇零部件的拆检

学习目标

1. 能查阅维修手册，列举发动机冷却风扇零部件的拆检方法，并制定简单的拆检方案。

2. 能正确使用相关的工量具，对冷却风扇零部件进行拆检，完成故障零部件的更换作业。

3. 能在实施过程中记录拆检过程的检查数据，通过比对标准，确定故障部件。

4. 能根据拆检情况，进行过程记录，并反馈维修的思路与成效。

建议学时：6 学时

学习准备

汽车维修手册、车辆、常用维修工具、量具。

学习过程

发动机发生故障后，经初步检查，维修技师确认是由于冷却风扇不工作造成的发动机水温过高，要求更换冷却风扇。

一、准备工作

当车辆处于静止状态或移动缓慢时，冷却风扇开始起动，以保持散热器所需的气流量。冷却风扇有由电动机驱动的，也有由发动机直接带动的。电子风扇的工作是根据散热器的热传感器信号对其进行控制的。

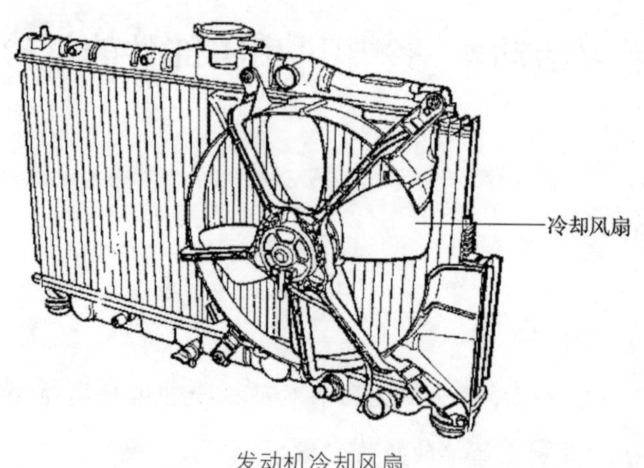

发动机冷却风扇

检索维修手册，在下面的图框中，绘制出实训车辆冷却风扇的控制线路。

二、车上检查

1．检查冷却风扇在低温（低于83℃）状态下的工作情况

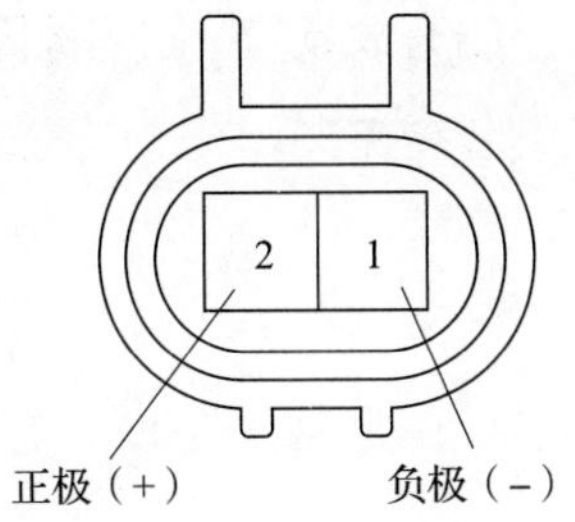

冷却风扇马达侧连接器

（1）将点火开关转到ON位置。

（2）检查冷却风扇是否停止转动。

如果没有，则检查冷却风扇继电器和发动机防冻液温度传感器，并检查它们之间是否存在断路或开路。

（3）断开发动机防冻液温度传感器连接器。

（4）检查冷却风扇是否旋转。

如果没有，则检查熔丝、冷却风扇继电器、ECM和冷却风扇，并检查冷却风扇继电器和发动机防冻液温度传感器是否存在短路。

注意：检查冷却风扇供电情况，如有供电，但冷却风扇不工作，即可判断是风扇电动机故障。

（5）重新连接发动机防冻液温度传感器连接器。

问题1：检索相关资料，如果拔出防冻液温度传感器，发动机会以什么默认水温进行运作（需检索维修手册），此时风扇是否转动？说明原因。

问题2：熔丝、继电器损坏后，风扇能继续工作吗？根据电路图说明原因。

问题3：根据上述提示检查实训车辆，其是否存在冷却系统故障?

□有故障　　□无故障

故障原因：

2. 检查冷却风扇在高温（高于93℃）状态下的工作情况

(1) 起动发动机，并将发动机防冻液温度升到高于93℃。

建议：发动机防冻液温度传感器在出水口检测发动机防冻液温度。

(2) 检查冷却风扇是否旋转。如果不转，则更换发动机防冻液温度传感器。

问题1：如果风扇在高温、低温时均不工作，根据下列提示绘制出故障诊断的鱼骨图。

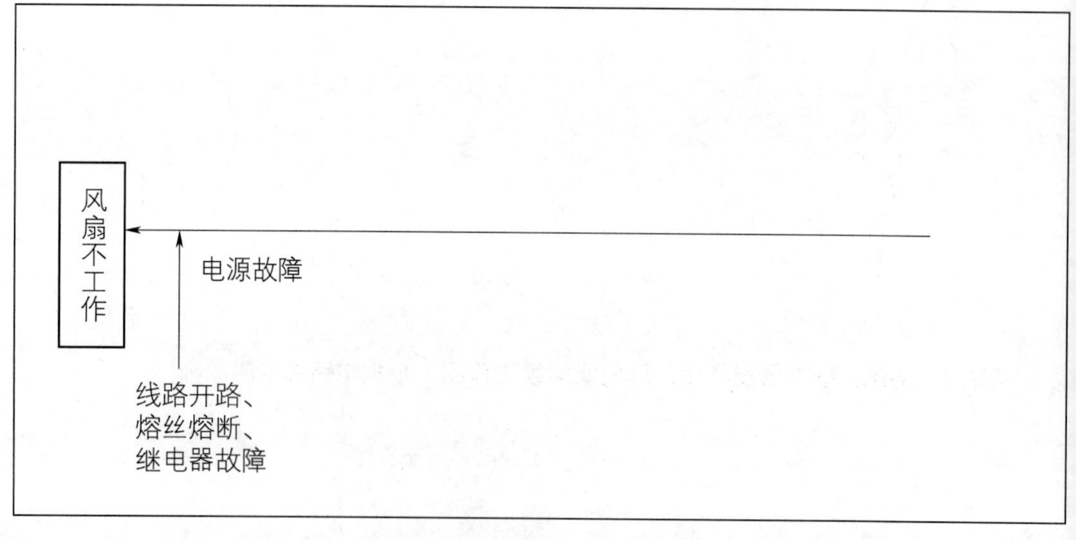

问题 2：根据上述提示检查实训车辆，其是否存在故障？

□有故障　　□无故障

故障原因：

三、冷却风扇的拆装

1．冷却风扇的拆卸

查阅相关指导手册，将散热器冷却风扇拆卸下来，对拆卸步骤进行排序。

拆卸顺序为：____

（A）排出散热器中的发动机防冻液。

注意：

- 在发动机冷却后执行此步骤。
- 请勿将发动机防冻液溅到驱动皮带上。

（B）拆下空气管（进气）。

（C）拆下储液罐。

（D）断开散热器侧的散热器软管（上面的）。

（E）断开风扇电动机上的线束接头，并将线束移到一边。

（F）拆卸冷却风扇总成。

注意：

- 小心不要损坏或刮伤散热器芯。

2．冷却风扇的解体

查阅相关指导手册，将冷却风扇进行解体，对解体步骤进行排序。

解体步骤为：____

（A）从风扇电动机上拆卸冷却风扇。

（B）从护风罩上拆卸风扇电动机。

3. 解体后检查

（1）根据上述提示检查冷却风扇是否存在故障?

□有故障 □无故障

故障原因:

（2）检查冷却风扇有无裂纹或异常弯曲。

□有 □无

如果有上述情况，请更换冷却风扇。

四、总结与思考

1. 冷却风扇更换的主要步骤有哪些?

2. 冷却风扇发生什么故障会导致水温高？试说明原因。

3. 阅读案例，回答问题。

故障现象：

王先生的丰田花冠汽车，在驾车过程中发现汽车水温过高。

发动机过热检修过程：

实际上，冷却风扇有两种驱动方式，一种是曲轴皮带轮通过皮带驱动冷却风扇；另一种是通过传感器检测防冻液温度，然后控制电动风扇。两种驱动方式在发动机有点过热时的处理方法不尽相同。王先生的车辆冷却风扇的驱动方式为后者，应强制电动风扇运转，使防冻液温度下降，如果这种方法不灵时应立即停止发动机。

打开散热器盖，已经看不到防冻液了，补充了大约 1.8 L 防冻液。该车不久前曾因过热检修过，散热器和水管类零件都是新换过的。上次检修更换了缸垫、研磨缸盖、散热器芯核，还更换了有关的水管、温度调节器以及长寿防冻液。

首先检查散热器是否往外泛气泡。起动发动机，等到水温表显示发动机有点过热时，从散热器盖往外泛水，起动空调强制电动风扇旋转，水温开始下降了。发现原因：原来是电动风扇不转。

于是，王先生拔下温度控制开关连接，将点火开关置于 ON 位置，电动风扇不转，对于本车而言，强制驱动电动风扇时风扇是旋转的，所以风扇本体以及配线不会有问题。剩下只有电动风扇继电器了。打开熔丝箱一看，电动风扇继电器原来是各种丰田车都使用的电动风扇继电器，从报废的花冠Ⅱ上拆下电动风扇继电器换上去一试，电动风扇工作正常了，散热器也不往外泛水了，发动机也不过热了。

（1）从上述案例中分析，王先生发现冷却风扇不工作的原因是什么？

（2）完善案例中故障诊断的故障分析图，指出造成该故障的其他原因可能包括什么？

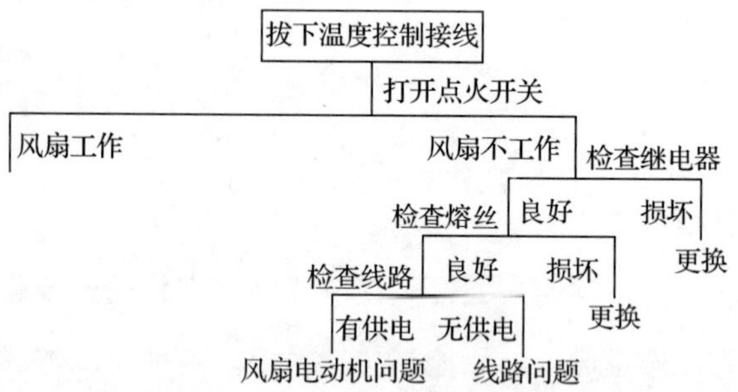

学习活动 5　节温器零部件的拆检

学习目标

1. 能查阅维修手册，列举发动机节温器零部件的拆检方法，并制定简单的拆检方案。

2. 能正确使用相关的工量具，对节温器零部件进行拆检，完成故障零部件的更换作业。

3. 能在实施过程中记录拆检过程的检查数据，通过比对标准，确定故障部件。

4. 能根据拆检情况，进行过程记录，并反馈维修的思路与成效。

建议学时：6 学时

学习准备

汽车维修手册、车辆、常用维修工具、量具。

学习过程

发动机发生故障后，经初步检查，维修技师确认是由于节温器不工作，冷却系统只有小循环，造成发动机水温过高，要求进行节温器的更换工作。

一、节温器的拆卸

1. 拆卸发动机挡泥上盖

2. 拆卸发动机挡泥下盖

3. 排出发动机防冻液

4. 断开散热器出水软管

发动机防冻液将会从缸体中泄漏，所以应在下面接一个容器。

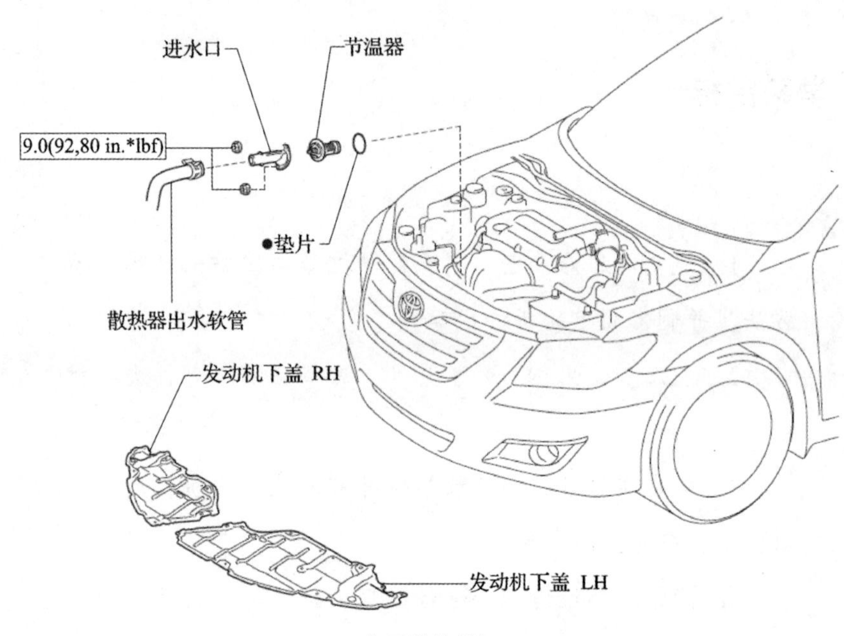

节温器的拆卸

5. 拆卸水管接口

拆卸 2 个螺母，然后从气缸体上断开水管接口。查阅维修手册，是否有对这 2 个螺母扭矩的要求呢?

扭矩要求是____________________________ N · m。

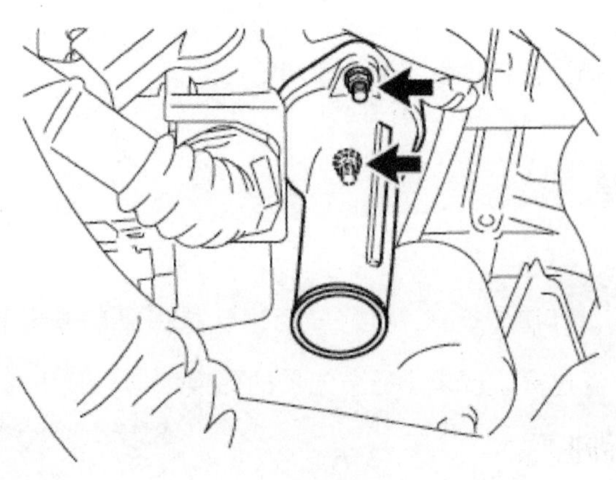

拆卸水管接口

6. 拆卸节温器

拆卸节温器时，观察节温器的安装位置是否有要求，是否有相关的标记？说明标记的方式是什么？

二、节温器的检查

1. 检查并记录节温器的开启温度

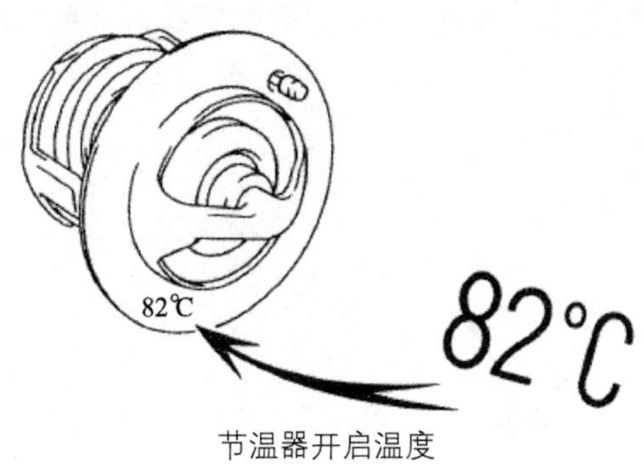

节温器开启温度

问题1：所检查的节温器开启温度是________________℃。

2. 拆卸后检查（见下图）

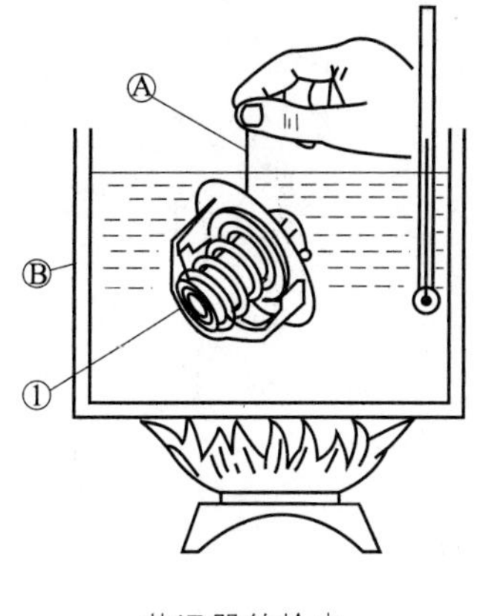

节温器的检查

（1）在节温器①上缠附细线Ⓐ，完全浸入一个装满水的容器Ⓑ，加热时不停晃动。

（2）节温器阀开启温度是指阀门从螺纹上打开与落座时的温度。

（3）持续加热，检查阀门完全打开时升起的高度。

（4）阀门最大升起高度检测完毕后，降低水温并检查阀门关闭温度。

问题2：按照上述提示进行检查，所检查的节温器开启温度是______________℃。

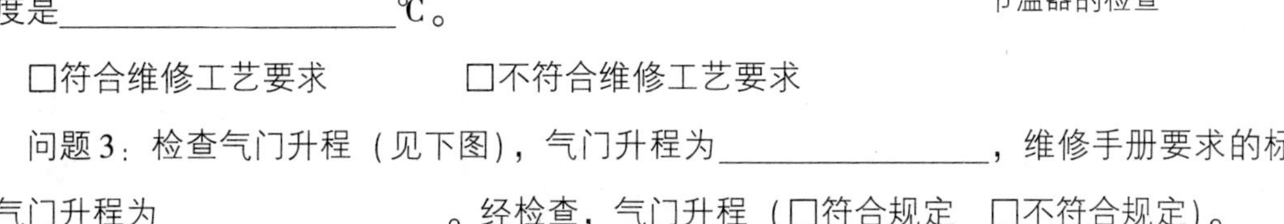

□符合维修工艺要求　　　　□不符合维修工艺要求

问题3：检查气门升程（见下图），气门升程为____________，维修手册要求的标准气门升程为____________。经检查，气门升程（□符合规定　□不符合规定）。

问题4：当节温器在低温时（低于77℃），检查节温器阀是否完全关闭。

□不完全关闭，不符合规定 □完全关闭，符合规定

如果没有完全关闭，则更换节温器。

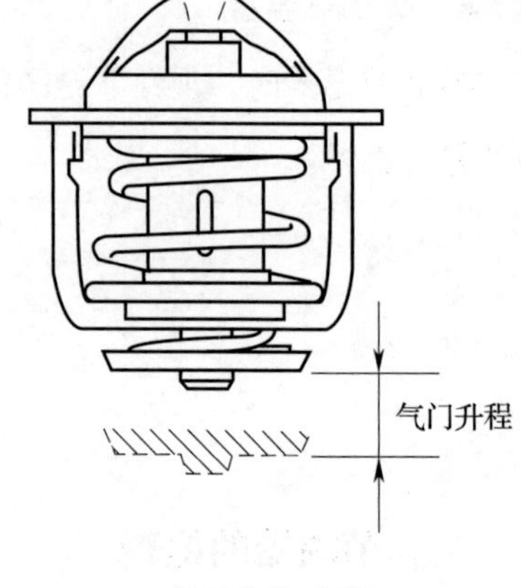

检查气门升程

三、节温器的安装

1．安装节温器

（1）将新垫圈安装到节温器上。

（2）安装节温器，使跳阀向上。

建议：跳阀可以设置在规定位置两边10°以内的范围内（见下图）。

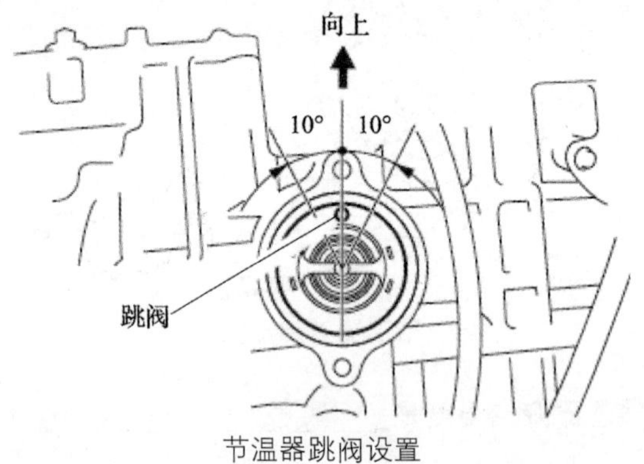

节温器跳阀设置

问题1：观察节温器跳阀的形状，检索相关资料，说明跳阀的作用是什么？

2．安装水管接口（见下图）

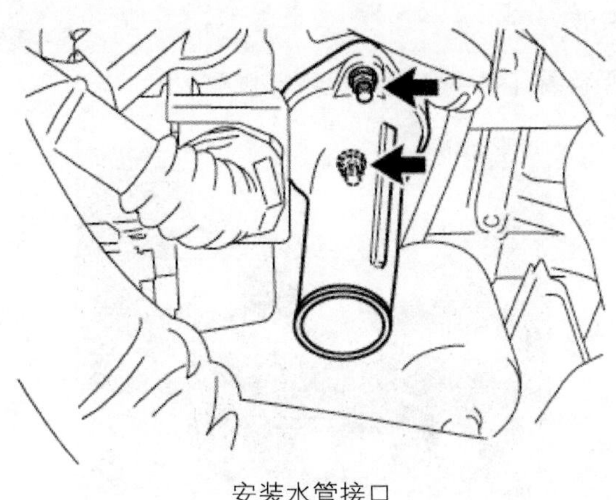

安装水管接口

问题 2：用 2 个螺母安装进水口，建议扭矩为__________（查阅维修手册）。

查阅维修手册，根据实训车辆情况，确认节温器安装的是发动机的出水口还是进水口，绘制车辆冷却系统的管路连接简图（注意：节温器的安装位置，根据不同车型会有所不同）。

3. 连接散热器软管

4. 添加发动机防冻液

5. 检查防冻液是否泄漏（接头和发动机底部观察）

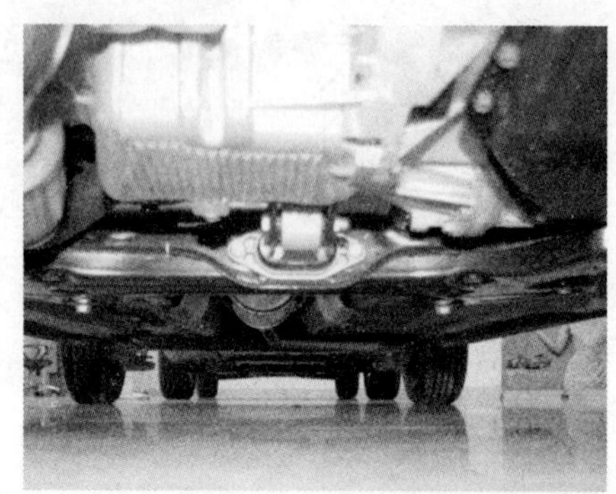

检查防冻液是否泄漏

6. 安装发动机下盖

7. 安装发动机上盖

四、总结与思考

1. 总结节温器的拆卸方法与顺序。

2. 总结节温器导致水温高的原因有哪些?

3. 阅读案例，回答问题。

故障现象：捷达汽车 4 万公里怠速时或堵车时水温表升至 100℃。

故障检查：连接故障诊断仪，进入发动机控制单元。查询故障，无故障记忆，再查看水温，从仪表水温到 90℃时节温器打开正常，电脑水温已经为 98℃，正常打开温度为 96 ~ 99℃，此时为怠速工况。当水温升至 103.5℃时，电子扇起动。水温 97.5℃时电子扇关闭，这个温度电子扇停得有点早，正常为 94.5℃才关闭，可该车水温 97.5℃时电子扇为什么会早呢，当电子扇关闭时仪表水温表上升到 100℃或者 95℃，再等到电子扇启动后才恢复正常，这种现象很少见。

经维修技师检查，根据仪表水温和电脑水温的对比，能导致电子扇提前关闭的只有节温器，于是对节温器进行更换，换完后试车，水温正常，路试时水温也正常，故障排除。

（1）根据案例分析，为什么节温器开启温度延后，会导致上述故障？

（2）根据案例中的说明，检查的步骤是先拆检再用诊断仪分析，还是先用诊断仪分析再拆检呢？其他故障也是这样吗？

学习活动 6　水泵零部件的拆检

学习目标

1. 能查阅维修手册，列举发动机水泵零部件的拆检方法，并制定简单的拆检方案。

2. 能正确使用相关的工量具，对水泵零部件进行拆检，完成故障零部件的更换作业。

3. 能在实施过程中记录拆检过程的检查数据，通过比对标准，确定故障部件。

4. 能根据拆检情况，进行过程记录，并反馈维修的思路与成效。

建议学时：6 学时

学习准备

汽车维修手册、车辆、常用维修工具、量具、水泵拆卸专用工具。

学习过程

发动机发生故障后，经初步检查，维修技师确认是由于水泵损坏造成的发动机水温过高，现要求进行水泵的更换工作。

一、水泵的拆卸与检查

1. 水泵零部件的拆卸

（1）断开蓄电池负极端子电缆。

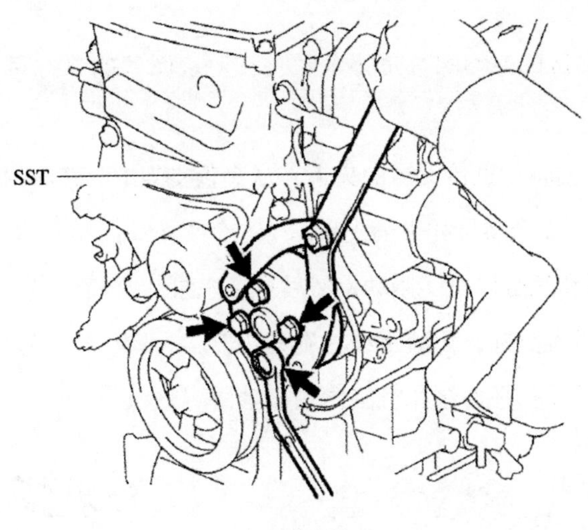

水泵的拆卸

（2）拆卸发动机下盖。

（3）排出发动机防冻液。

（4）拆卸前翼子板密封件。

（5）拆卸发动机安装支撑件。

（6）拆卸 V 带。

（7）拆卸发电机总成。

（8）拆卸水泵带轮。用专用工具拆卸 4 个螺栓和水泵带轮。

问题：专用工具 SST 的作用是什么？写出拆卸螺栓与带轮的方法。

2. 拆卸水泵总成

根据下列提示，对应的操作图片是哪个呢？在对应图片的下方写上字母，并按照指示完成操作。

A. 从水泵上拆卸曲轴位置传感器的夹箍，从夹箍支架上断开曲轴位置传感器的导线。

B. 拆卸 4 个螺栓、2 个螺母和夹箍支架。

C. 用旋具在水泵和气缸体之间撬动，然后拆卸水泵。

注意：(1) 在使用旋具前，用胶带缠住旋具头部。

(2) 小心不要损坏水泵和气缸体的接触面。

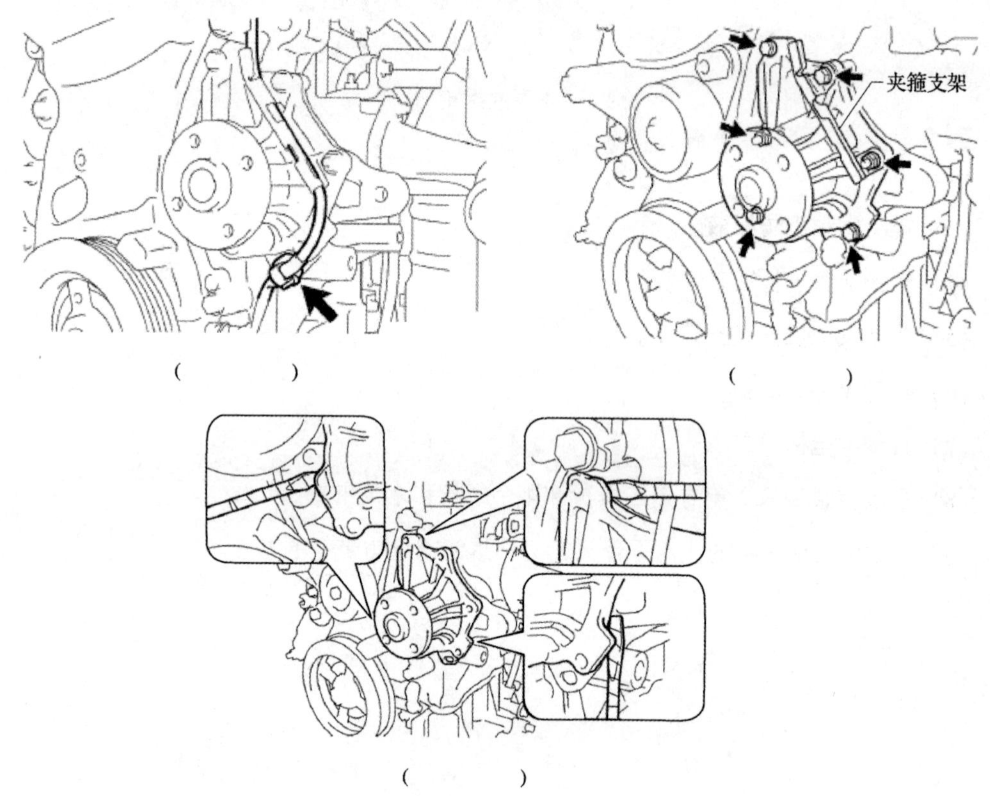

(　　)　(　　)

(　　)

3. 检查水泵总成

（1）目视检查排放孔和气孔是否有防冻液泄漏。如果发现泄漏，则更换水泵总成。

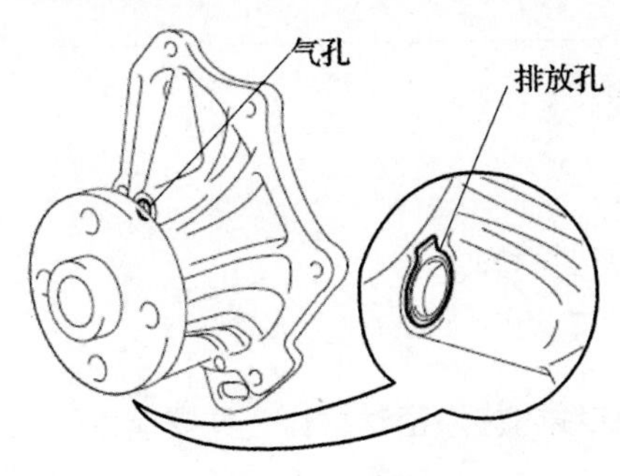

水泵排放孔和气孔

（2）检索相关资料，水泵总成的排放孔和气孔有什么用？可以不要吗？

（3）转动带轮，检查水泵轴承转动是否平稳且没有“咔嗒”声。如果转动不平稳，则更换水泵总成。

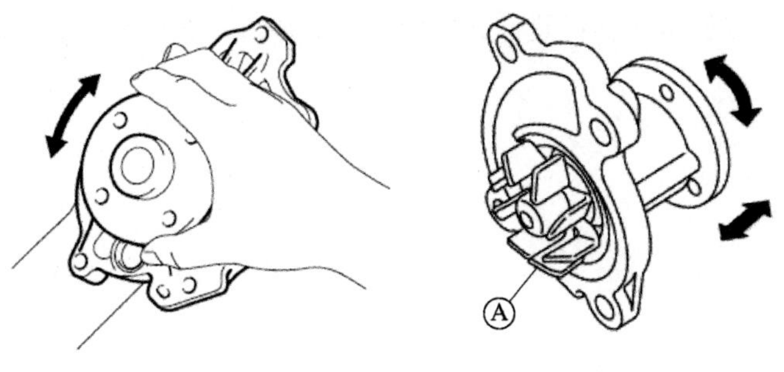

水泵的检查

1）用肉眼检查水泵体与叶片Ⓐ上是否有明显的水垢或锈迹。

2）确保叶片轴没有松动，用手转动时，它的旋转平顺。

3）若有必要，请更换水泵。

(4) 检查的水泵情况如何?　　□正常　　□不正常

不正常的原因是：________________________________。

二、水泵总成的安装

1. 拆卸密封材料

拆卸接触表面上的任何密封材料。

2. 施涂密封材料

如下图所示，在连续涂抹线内施涂密封材料，并安装水泵部件。

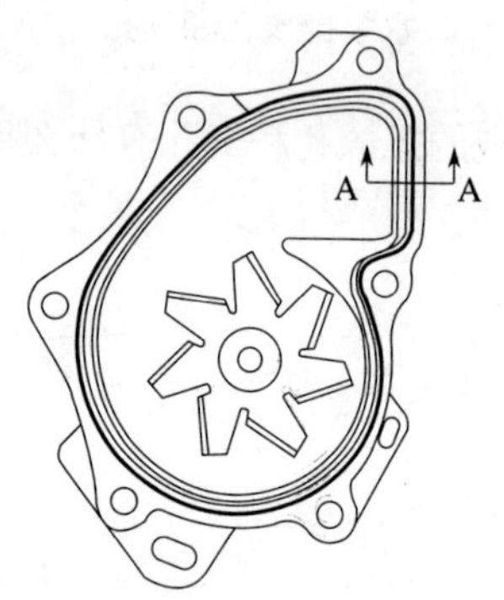

密封材料涂抹线

注意：

- 除去接触表面上任何机油。
- 必须在施涂密封材料后 3 min 之内安装这些零件，否则，须将已涂抹的密封材料清除并重新施涂。

问题 1：水泵总成的密封材料是什么？检索相关资料，写出这些密封材料的作用。

3．安装水泵带轮

问题 2：安装水泵时应该如何拧紧螺栓？写出安装方法及安装顺序。

在下图箭头所示圆圈中写出安装螺栓的顺序，说明为什么要按这样的顺序安装螺栓？

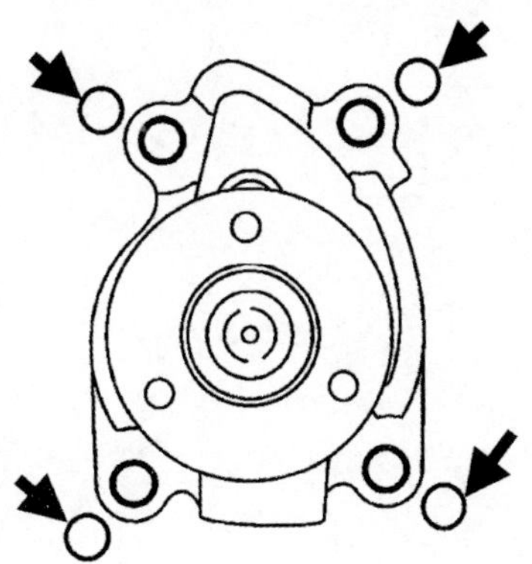

水泵的安装

注意：请勿在矩形孔Ⓑ上安装固定螺栓Ⓐ。

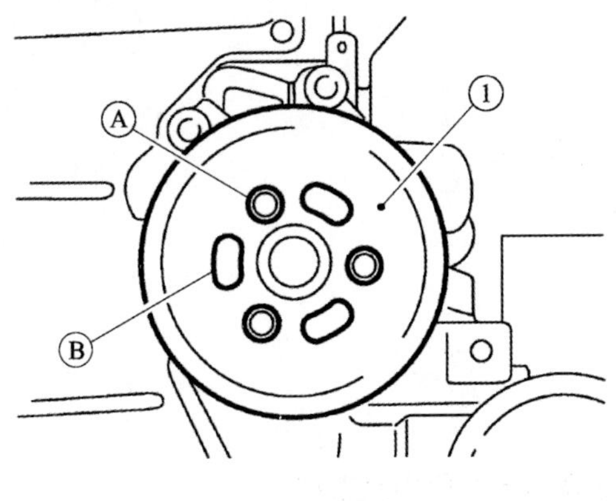

安装水泵带轮

问题 3：检查水泵带轮表面情况，如果带轮打滑，会造成水温高吗？试分析原因。

4. 安装发电机总成

5. 安装皮带

问题4：皮带的张紧度如何检查？

6. 添加发动机防冻液

7. 检查防冻液是否泄漏（接头和发动机底部观察）

8. 安装发动机下盖

三、总结与思考

1. 总结水泵的拆卸步骤与流程。

2. 总结水泵引起水温高的可能原因有哪些？

3. 判断改错题：发动机的风扇与水泵同轴，是由曲轴通过凸轮轴来驱动的。（ ）

改正：____

4. 阅读案例，回答问题。

水泵是发动机冷却系统的动力之源，其工作正常，可保证发动机温度保持在正常范围内，保证内部机件良好的润滑。一旦损坏，发动机温度就会迅速上升，冷却系统失灵，水温报警，并伴有“开锅”等现象。如果冷却系统故障发现得早，并采取适当的措施，就会避免因冷却不良而造成的拉缸等更大的故障损失。所以，必须在发现水温过高、报警灯亮、“开锅”等现象时，尽快停车检查故障根源，必要时求救维修站解决。

冷却系统故障的正确诊断至关重要。在发现水温过高等症状时，如果发现水箱中的水足够，而发动机上下水管温度都很低，水温表温度却迅速上升，表明水泵已完全损坏，失去泵水能力，叶轮在转轴上松脱。如果上下水管都是热的，冷却风扇也正常运转，防冻液箱也是畅通的，节温器也能正常打开，但水温就是上升快，可以判断水泵叶轮已在转轴上打滑了。温度低时，故障现象不明显，温度一高叶轮就会明显打滑，致使泵水能力下降，防冻液的循环能力下降，其散热效果就会大大下降，这时就要更换新的水泵。另外，发现水泵漏水、轴承响等故障时，也要及时更换新的水泵。

在更换正时皮带时，必须仔细检查水泵的工作情况，看其是否有松旷、漏水等现象，如果发现异常，就要及时更换。因水泵的驱动轮与正时皮带啮合，发现过水泵卡死的故障：正时错乱，导致气门、缸盖、活塞损坏，而且多数是在更换皮带后不久出现的问题，所以建议连同水泵一起更换。

根据上述说明，完成案例中故障诊断的故障分析图，指出造成该故障的原因有哪些?

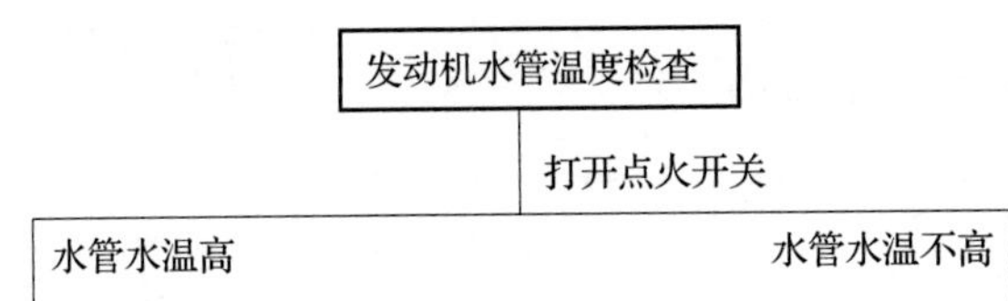

学习活动7 防冻液温度传感器零部件的拆检

学习目标

1. 能查阅维修手册，列举发动机防冻液温度传感器的拆检方法，并制定简单的拆检方案。

2. 能正确使用相关的工量具，对防冻液温度传感器进行拆检，完成故障零部件的更换作业。

3. 能在实施过程中记录拆检过程的检查数据，通过比对标准，确定故障部件。

4. 能根据拆检情况，进行过程记录，并反馈维修的思路与成效。

建议学时：6学时

学习准备

汽车维修手册、车辆、常用维修工具、量具。

学习过程

发动机发生故障后，经初步检查，维修技师确认是由于防冻液温度传感器损坏造成的发动机水温过高，现要求对车辆进行防冻液温度传感器的拆检工作。

一、防冻液温度传感器信号与冷却风扇控制的关系

温度传感器信号与冷却风扇控制关系表

传感器	输入信号至 ECM	ECM 功能
曲轴位置传感器（位置） 凸轮轴位置传感器（相位）	发动机转速*1	冷却风扇控制
蓄电池	蓄电池电压*1	
车轮传感器*2	车速	
发动机防冻液温度传感器	发动机防冻液温度	
空调开关*2	空调 ON 信号	
制冷剂压力传感器	制冷剂压力	

冷却风扇的工作分为“不工作、低速、高速”，检索相关维修手册，写出对应的工作温度。

不工作______________；低速______________；高速______________。

二、故障诊断仪的应用

查阅诊断仪的使用方法，并完成线路连接，检查实训用车的防冻液温度。

1. 诊断仪安装的步骤是什么？

2. 实训车辆防冻液的温度是______________℃。

三、防冻液温度传感器的拆装

1. 防冻液温度传感器的拆卸

(1) 排出发动机防冻液。

(2) 拆卸发动机盖分总成。

(3) 拆卸空气滤清器进气口总成。

(4) 拆卸空气滤清器盖分总成。

(5) 拆卸空气滤清器壳体分总成。

(6) 拆卸发动机防冻液温度传感器。

1）断开发动机防冻液温度传感器连接器。

2）用专用工具拆卸发动机防冻液温度传感器和垫片（见下图）。

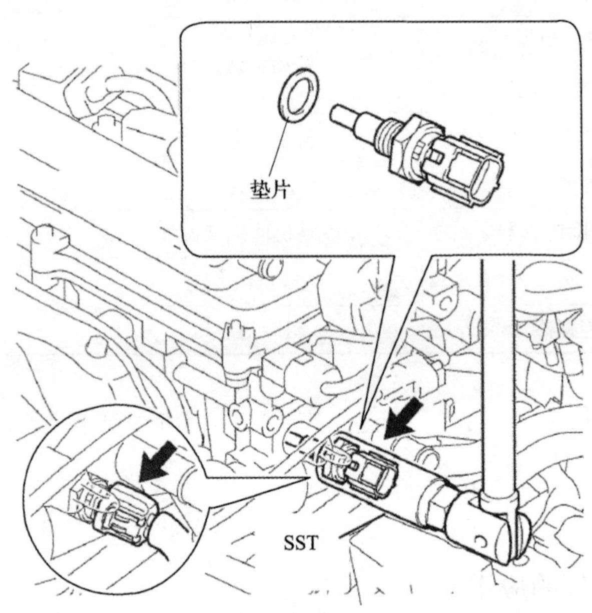

防冻液温度传感器的拆卸

2. 传感器元器件的检查

(1) 检测下图所示的发动机防冻液温度传感器端口 1 和端口 2 之间的电阻值，写出检查步骤。

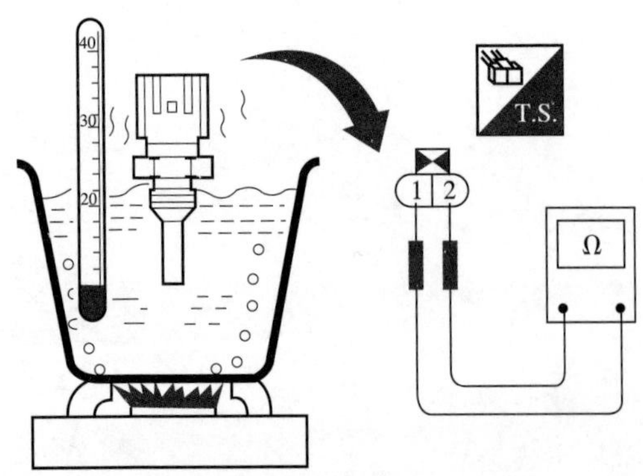

发动机防冻液温度传感器的检查

注意：1）如果在水中检查防冻液温度传感器，不要让水进入端子。

2）检查后，将传感器擦干。

参考数据见下表。

发动机防冻液温度传感器电阻值

温度℃（℉）	电阻值 kΩ
20（68）	2.1～2.9
50（122）	0.6～1.00
90（194）	0.236～0.260

（2）查阅实训用车维修手册，写下检查结果。

温度	标准电阻值	实际电阻值

根据电阻值判断所检查的防冻液温度传感器是否正常？　☐ 正常　☐ 不正常

如有异常请更换。

3. 防冻液温度传感器的安装

（1）安装防冻液温度传感器

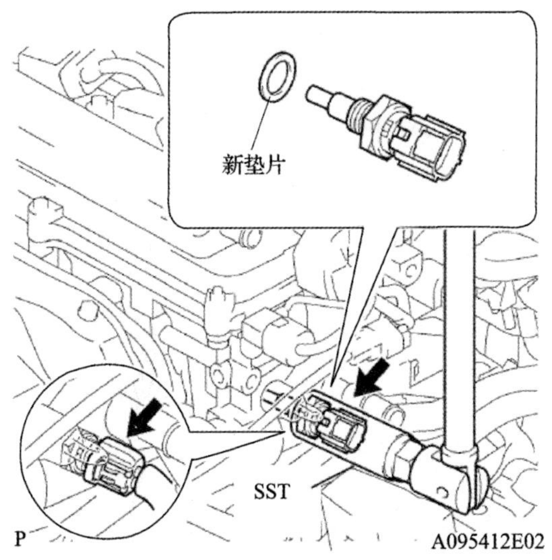

发动机防冻液传感器的安装

1）将新垫片安装到发动机防冻液温度传感器上。

2）用专用工具安装发动机防冻液温度传感器。

问题 1：查阅维修手册，安装防冻液温度传感器时，扭矩应该是__________N·m。

3）连接发动机防冻液温度传感器的连接器。

（2）安装空气滤清器壳体分总成。

（3）安装空气滤清器盖分总成。

（4）安装空气滤清器进气口总成。

（5）添加发动机防冻液。

（6）检查防冻液是否泄漏。

四、总结与思考

1．总结水温传感器的拆卸步骤与流程。

2．总结水温传感器引起水温高的可能原因有哪些？

3．判断改错题：水温传感器一般采用正温度系数特性，温度越高，电阻越大。（　　）

改正：____

4．阅读案例，回答问题。

车型：本田锋范

故障现象：来店做事故维修，更换了缸体、水箱、冷凝器等零件，维修后出现水温表高温指示灯点亮的故障。

故障分析：出现此种情况的可能原因有：(　　　　)。

(1) 防冻液量不够。

(2) 风扇及其电路问题。

(3) 节温器不能正常打开，造成水箱上下水温不一致。

(4) 水箱内部有严重堵塞。

(5) 冷却系统内有空气，造成水温传感器 1、2 检测的温度不一致。

(6) 水温传感器故障。

(7) 水温表高温指示灯故障。

故障排除：

(1) 考虑到水箱是新更换的，所以水箱严重堵塞的可能性不大。

(2) 检查防冻液量，符合标准。

(3) 将发动机充分暖机，发现当仪表高温指示灯已经点亮时，风扇仍不转。

(4) 打开空调，散热器风扇和冷凝器风扇都高速运转，说明散热器风扇电动机及其电源、接地电路没有问题。

(5) 检查散热器风扇控制电路。利用故障诊断仪查看数据列表：在仪表高温指示灯点亮时，水温传感器 1 已经达到 101℃，在这种温度情况下机油已经失去润滑作用，马上停止了发动机工作。待发动机冷却后起动发动机，检查数据列表，具体数值见下表：

发动机转速、传感器温度数值

参数	数值	单位
发动机转速	675	RPM
车速	0	km/h
ECT 传感器 1	87.0	℃
ECT 传感器 2	16.0	℃

可以看出，在水温传感器 1 达到 87℃时，发动机传感器 2 的温度只有 16℃。水箱的上下水温度有很大的差距，检查水箱上下水管温度，温度大致相同，这说明节温器已经打开，两水温传感器温度数值应该非常接近，而故障诊断仪显示的水温传感器 1、2 的读数相差达 71℃，很可能是水温传感器问题。用手感受水箱下水管的水温已经很烫，说明水温传感器 2 检测到的温度不正确，所以判断为水温传感器故障。更换水温传感器 2 后故障排除。更换水温传感器后的数据见下表，两水温传感器数据正常。

发动机转速、传感器温度数值

参数	数值	单位
发动机转速	699	RPM
车速	0	km/h
ECT 传感器 1	91.0	℃
ECT 传感器 2	88.0	℃

根据上述案例，检索相关资料，回答该车为什么会配备两个水温传感器呢？它们是如何工作的？

学习任务五评价表

班级：__________　　姓名：__________　　学号：__________

项目	自我评价			小组评价			教师评价		
	10～9	8～6	5～1	10～9	8～6	5～1	10～9	8～6	5～1
	占总评10%			占总评30%			占总评60%		
学习活动1									
学习活动2									
学习活动3									
学习活动4									
学习活动5									
学习活动6									
学习活动7									
协作精神									
纪律观念									
表达能力									
工作态度									
安全意识									
任务总体表现									
小计									
总评									

任课教师：________　　年　　月　　日

学习任务六　发动机机油故障灯亮的拆检

学习目标

1. 能通过情景模拟，对照发动机实物，向组员描述发动机润滑系统、机油冷却系统的基本构造、部件功能及基本工作原理，并能列举润滑系统常见故障及其原因。

2. 能查阅相关资料，说明发动机润滑系统的润滑方式、润滑剂的类型和特点，以及润滑油路的类型和组成。

3. 能查找相关资料，对互联网资源进行检索，完成维修工单、工作页的填写，并能向组员叙述并执行润滑系统拆装安全操作规程。

4. 能描述工量具与仪器的种类、用途及使用方法并能正确选用，能实施机油压力的检测。

5. 能向组员列举润滑系统零部件的拆卸、解体、清洗、装配的步骤与方法，并在规定时间内完成操作。

6. 能通过情景模拟，列举润滑系统零部件的测量项目和测量方法，并实施测量，数据计算及记录，填写竣工单，向班组长汇报维修情况。

7. 能在实施过程中记录拆装、检测步骤等重要内容。

建议学时

40 学时

工作情境描述

李先生在驾驶车辆过程中，发现仪表台中的机油压力警告灯点亮，并听到发动机机舱发出异响，急忙停车并拖车到维修站，经班组长检查判断为润滑系统故障，需对相关部件进行拆检。作为未来的维修人员，你需要根据维修手册的相关要求，在规定时间（参照维修资料）内完成润滑系统的检查与零部件的更换，完成后交付班组长验收。

1. 发动机润滑系统的认知
2. 系统油压的检测及机油滤清部件的认知与拆检
3. 机油泵零部件的认知与拆检

学习活动1　发动机润滑系统的认知

学习目标

1. 能查阅维修手册或网络资源，对照发动机实物，向组员描述发动机润滑系统的作用、类型、结构、部件功能及基本工作原理。

2. 能查阅相关资料，说明发动机润滑方式的类型及特点。

3. 能查阅相关资料，说明润滑剂的类型、特点及应用场合。

4. 能查阅相关资料，熟悉发动机润滑系统润滑油路的类型及组成，并画出润滑油路的方块图。

5. 能简要列举发动机润滑系统常见故障及其原因。

建议学时：10 学时

学习准备

汽车维修手册，配套通用工具、专用工具及设备、车辆、多媒体设备。

学习过程

现有一辆桑塔纳 2000 轿车，在工作温度下，发动机怠速运行时，机油压力指示灯点亮，并伴有尖锐的金属啸啸声。在检查机油油位状况并更换机油滤清器后，发动机在工作温度下、怠速运行时机油压力指示灯依旧点亮。

一、认识发动机润滑系统

发动机的主要润滑方式有压力润滑、飞溅润滑、复合润滑和注油润滑四种，其结构、组成各有特色，常见的系统结构主要表现在下列几种典型车型上。

1. 桑塔纳2000发动机润滑系统

（1）发动机润滑系统，顾名思义，它起着润滑发动机各部件的作用。那么除了润滑作用，它还有哪些其他作用呢?

（2）查阅资料或网络资源，在下表空白处补充各零部件的名称。

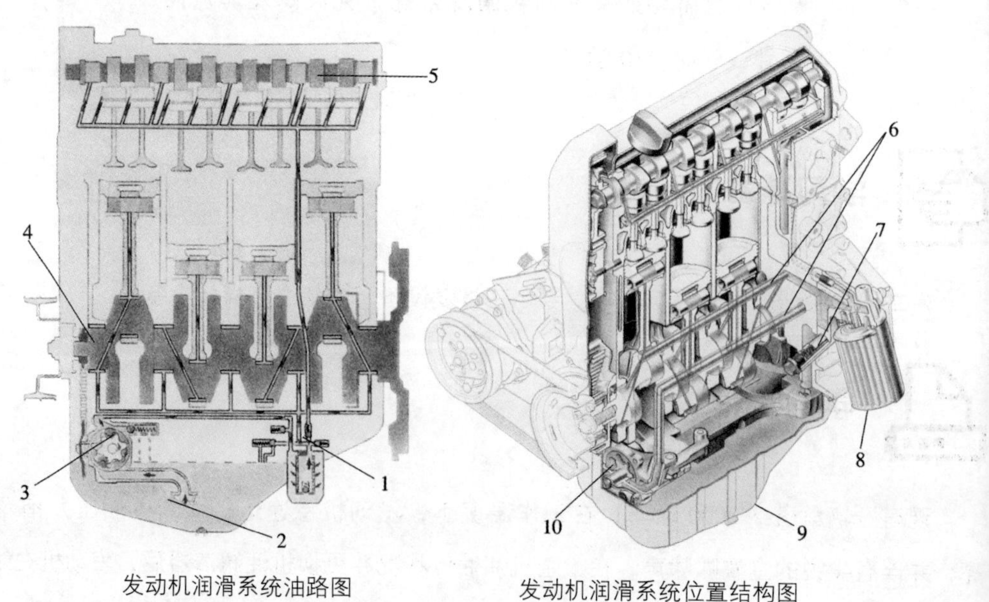

发动机润滑系统油路图　　发动机润滑系统位置结构图

序号	零件名称	序号	零件名称
1		6	润滑油道
2	机油集滤器	7	
3		8	
4	曲轴	9	
5	凸轮轴	10	机油泵

(3) 上图所示润滑系统的润滑方式属于何种润滑方式？此种润滑方式有什么特点？

(4) 简述发动机润滑系统的工作原理。

(5) 上图所示润滑系统或实训台发动机润滑系统的机油过滤方式是哪种？

□全流式　　□分流式　　□混合式

(6) 在下列图框中画出该发动机机油系统的方块图。

2. EQ6100－1 发动机润滑油路

(1) 下图所示润滑系统采用何种润滑方式?

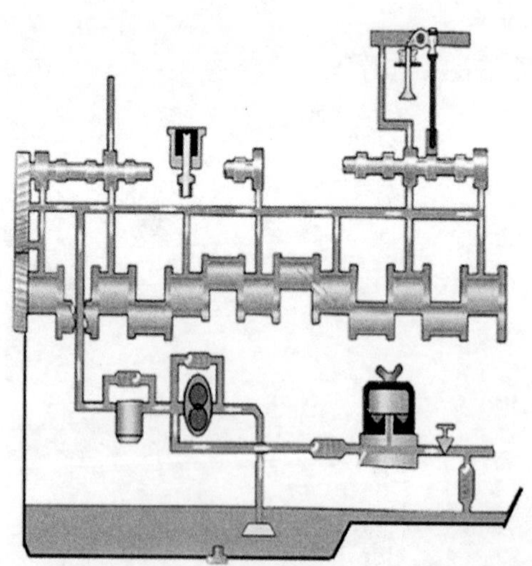

EQ6100－1 发动机润滑油路

(2) 描述上图所示润滑系统的工作原理，它与桑塔纳2000发动机或实训发动机润滑系统有什么不同?

(3) 发动机润滑油有哪些作用?

(4) 当发动机冷起动后立即高速运转，轴承上的油膜会产生哪些现象? 试说明原因。

3. 斯太尔柴油机及帕萨特 1.9DTI 轿车发动机润滑油路

（1）对照下列两图，在下表空白处补充完整帕萨特轿车润滑油路各零部件的名称（或序号）和液压符号（可参考附件 6—2）。

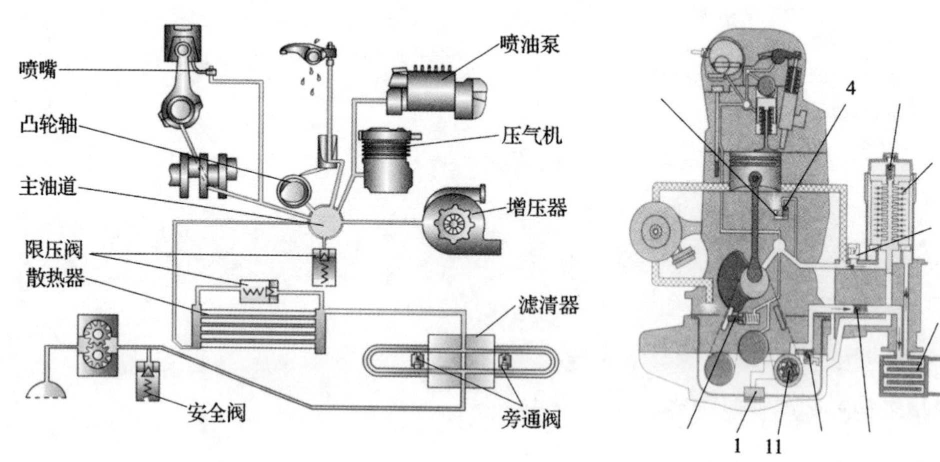

斯太尔 WD15 系列柴油机润滑油路

帕萨特 1.9DTI 轿车发动机润滑油路

编　号	零件名称	液压符号
1		
2	液压链条张紧器	
3	活塞冷却喷油器	
4		
5	机油滤清器	
6	溢流阀	
7		
8		
9	单向阀	
10	安全阀	
11		

(2) 下图所示是何种润滑方式？该种润滑方式有何特点？

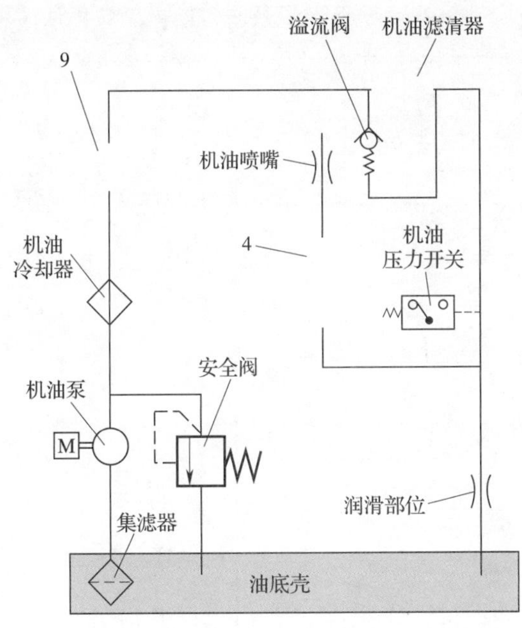

帕萨特 1.9DTI 轿车润滑系统

(3) 上图所示发动机润滑油路中的机油散热器是下列的哪一种？说明其作用和特点。

□空气冷却式机油散热器　□水冷却式机油散热器

(4) 在上图所示的帕萨特 1.9DTI 轿车发动机润滑系统中补充液压符号，并用红色箭头画出机油的流动方向。

(5) 在上图中序号为 4 和 9 的位置画出单向阀的符号，并说明该符号代表的含义。

二、认知实训车辆或实训台的发动机润滑系统

1. 对照实训车辆或实训台的发动机润滑系统，绘制系统方块图，并填写下表。

润滑系统组件序号	构件名称
1	
2	
3	
4	
5	
6	
7	
8	
9	
10	
11	

系统方块图

2. 润滑系统发生下列状况时会产生哪些后果？

状　况	产生的后果
集滤器阻塞	
机油泵关闭	
机油泵过耗损	
机油滤清器阻塞	
机油压力开关变脏	
润滑缝隙（轴承间隙）过大	
单向阀（或旁通阀、限压阀、安全阀等）关闭不严	

三、总结与思考

1. 发动机常见的润滑系统有几种形式？压力监控点有几处？找出实训车辆或实训发动机的压力监控点位置。

2. 为什么有的发动机润滑系统设置有两个监控点？有的只设置有一个？

3. 设置有机油散热器的发动机润滑系统通常表现在哪类发动机上？

4. 发动机润滑系统出现高压、低压故障时，可以找到几个故障点？大致需要用多少时间完成？

附件6—1 发动机润滑系常见故障及原因分析

项目	原因分析
压力过低	（1）机油泵严重磨损，泵油量不足；（2）机油黏度过低，使机油从各相对运动零件间漏油。其原因大多是机油严重超期使用，或使用了不合格的机油，机油型号不对等原因造成的；（3）各润滑件的配合间隙过大，机油的泄漏量增加；（4）调压阀或回油阀弹簧过软、折断或阀门关闭不严；（5）机油滤清器堵塞、安全阀压力过高或阀门卡死，使机油难以送到主油道；（6）离心式机油滤清器严重漏油或转子喷孔因磨损孔径增大，造成进入滤清器的机油量减少；（7）细滤器滤芯密封圈失效，机油旁通量增大；（8）机油冷却器发生故障，机油渗入水中；（9）油底壳机油容量不足，机油泵吸入空气；（10）管路泄漏；（11）集油器的滤网被杂物堵塞，机油泵吸不上油
压力过高	（1）机油黏度过大，流通不畅，流量不足；（2）限压阀或调压阀的压力调整不当或堵塞、卡死，使机油泵出油压力过高：（3）安全阀关闭不严或开启压力过低，长期使部分机油不经过滤清器就进入主油道，增加主油道的油量、油压；（4）回油阀弹簧预紧力调整过大或卡死，使主油道回油压力过高或不回油；（5）油道堵塞，无润滑油供给；（6）细滤器脏，旁通油量过小
消耗量大	（1）活塞与缸壁间隙过大；（2）活塞环（特别是油环）弹性差；（3）缸套、活塞环过度磨损，活塞环被粘住、对口，或扭曲环装反；（4）活塞环边隙、侧隙过大，或活塞上油环回油孔被积炭阻塞；（5）发动机其他部件密封装置失效；（6）气门杆与导管配合间隙过大或油封失效
机油越用越多	（1）燃油漏入油底壳；（2）个别气缸磨损严重，导致气缸压缩压力低，该缸不工作，长时间工作将导致喷入气缸的燃油渗入油底壳。以上两个原因造成机油越用越多时，机油中将有燃油的味道；（3）对于水冷发动机，如果水套密封不严，冷却水渗入油底壳，也将导致机油油面升高
机油变质	（1）机油牌号不对，质量达不到要求；（2）发动机技术状况不好，窜气、窜油、配合间隙过大或油温过高；（3）发动机经常在低温、低负荷、低速下运转，活塞变形量不够，燃烧不完全，有燃油沿缸壁进入油底壳使机油稀释变质；（4）废气进入油底壳凝结成水分和酸性物质，使机油变质；（5）机油滤芯脏，未经滤清的脏机油进入润滑部位，加速零件的磨损；（6）滤芯密封圈破裂而发生内漏，一部分机油未经滤芯直接通过滤清器而造成机油变质

附件 6—2　　部分常见液压零部件名称及符号（详见 GB/T 786.1—93）

名称		符号	说明	名称		符号	说明
油箱	管端在液面下	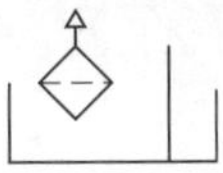	通大气式，带空气过滤器	压力继电器（压力开关）			详细符号
	管端在液面上	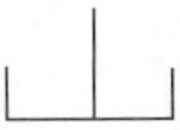	通大气式			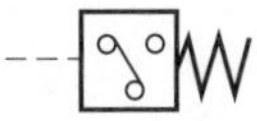	一般符号
	管端在油箱底部	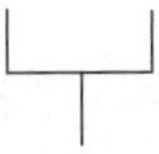	—	可调节流阀			—
			局部泄油或回油	不可调节流阀		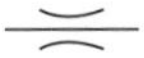	—
压力检测器	压力指示器		—	单向阀			简化符号（弹簧可省略）
	压力计		—	液控单向阀	控制压力关闭阀	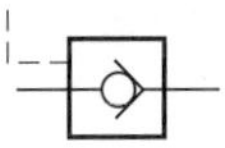	一般符号
	电接点压力表	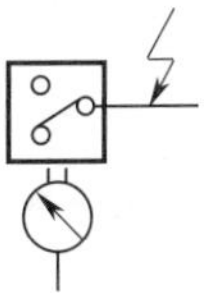	压力显控器		控制压力打开阀	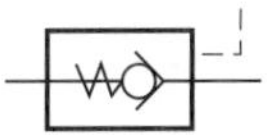	简化符号（弹簧可省略）
压力控制阀	溢流阀	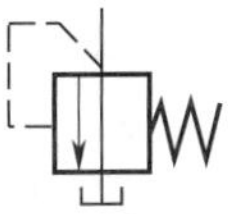	一般符号或直动式溢流阀	液压泵	液压泵		一般符号
	双向溢流阀	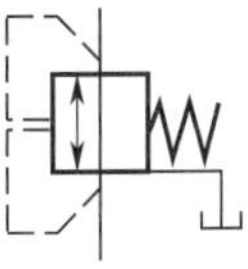	直动式，外部泄油		单向定量液压泵	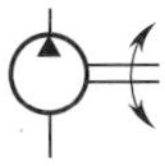	单向旋转、单向流动、定排量
	直动式比例溢流阀	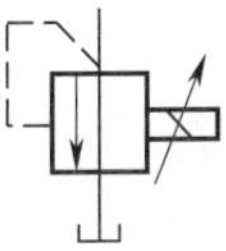	—		双向定量液压泵	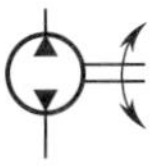	双向旋转、双向流动、定排量

续表

名称		符号	说明	名称		符号	说明
减压阀	减压阀	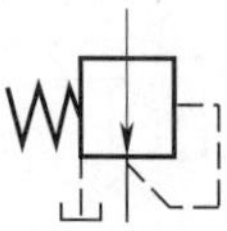	一般符号或直动式减压阀	单作用缸	单活塞杆缸	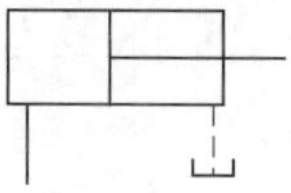	—
	溢流式减压阀	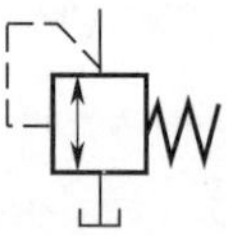	—		带弹簧复位活塞缸	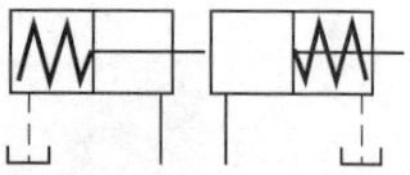	—

学习活动 2　系统油压的检测及机油滤清部件的认知与拆检

学习目标

1. 能查找相关资料，对互联网资源进行检索，完成维修工单（接车单）、工作页的填写，并能向组员叙述并执行润滑系统拆装安全操作规程。

2. 能描述工量具与仪器的种类、用途及使用方法并能正确选用，按工艺要求检测系统机油压力。

3. 能查阅维修手册或运用网络资源，正确拆检发动机润滑系统的机油滤清部件。

4. 能在实施过程中记录拆装、检测步骤等重要内容。

建议学时：15 学时

学习准备

汽车维修手册、配套通用工具、专用工具及设备、机油压力专用测压表、干净擦布、车辆、多媒体设备。

学习过程

学习活动 1 中提到的故障原因，在检查机油油位、状况并更换机油滤清器后，可以通过检测机油压力来进一步进行判断，再找到故障位置。

一、系统油压的检测

1. 查阅相关资料，写出汽车发动机润滑系统一般有几种监控机油压力的方式？分别是什么？

小提示

不同的车型，机油压力监控点不一样。

2. 根据实训车辆或相应的车型资料，对照下图所示的两种车型，找到润滑系统的位置。

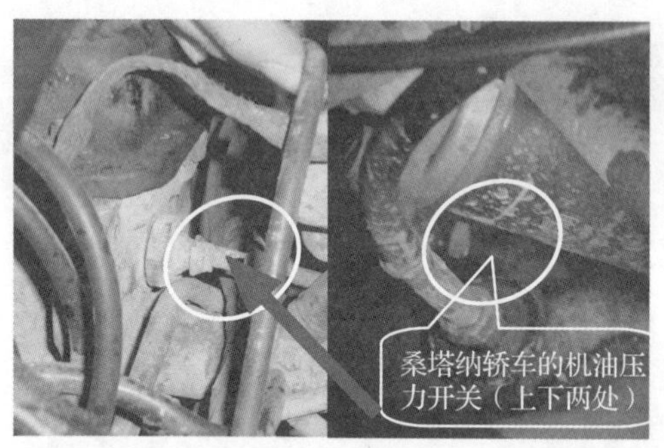

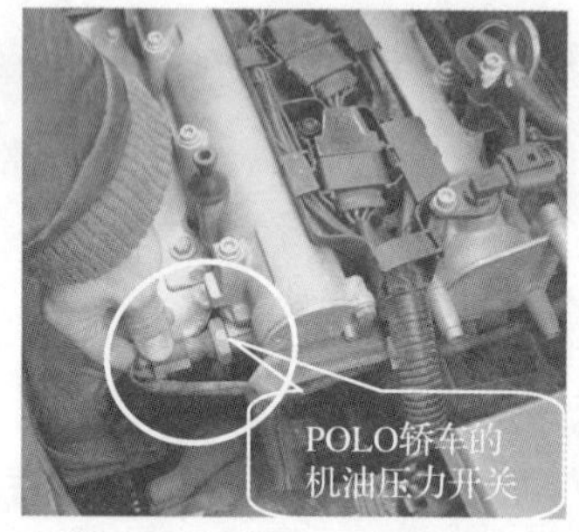

3. 在使用专用测压表前应注意什么？制造商所规定的最小压力值在哪里可以查到？

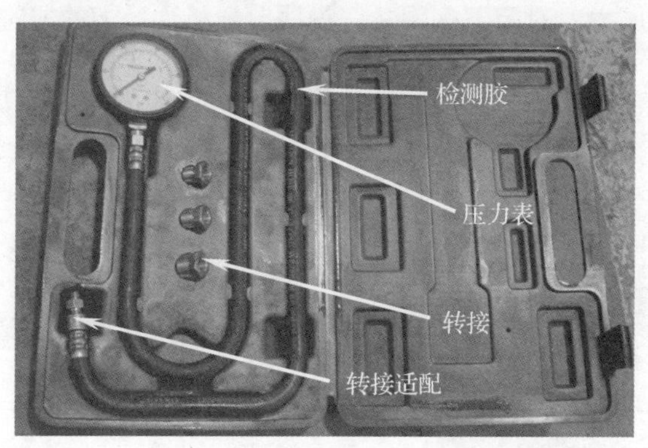

专用测压表

小提示

专用测压表的最小压力值在维修手册、压力传感器上可以找到。

4. 怎样测量机油压力？对照下列图片，说明测量机油压力的方法与步骤。

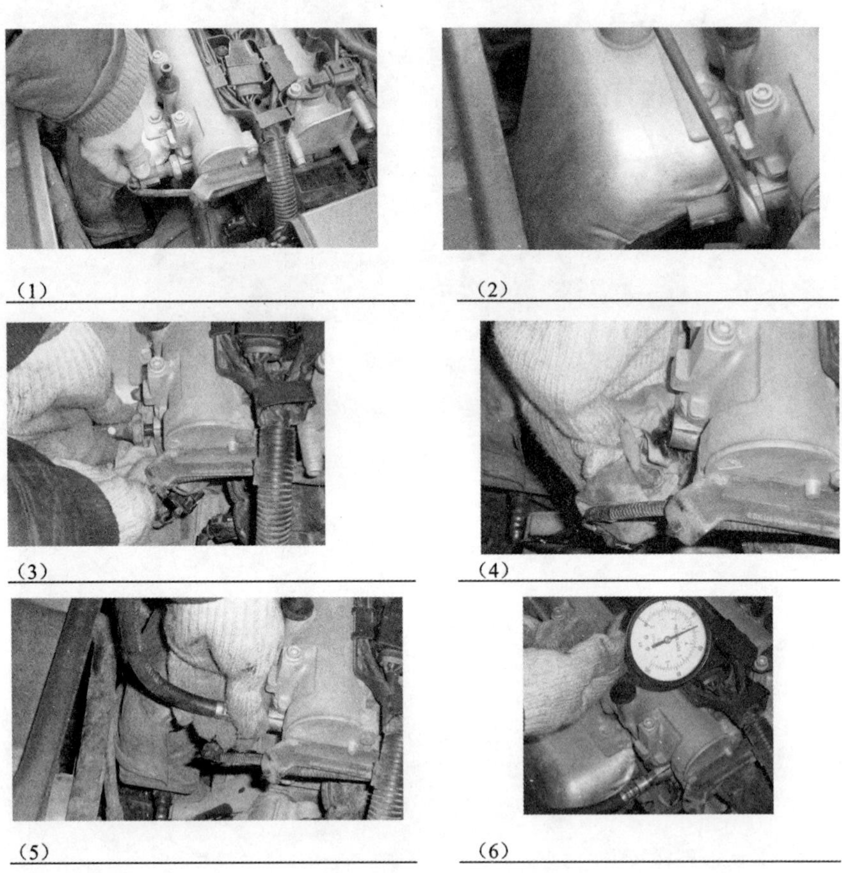

（1）____________________ （2）____________________

（3）____________________ （4）____________________

（5）____________________ （6）____________________

5. 要使测压过程不发生下图所示的接头折断、漏油事故，应注意什么？

（1）拧紧力矩值为：____

（2）其他注意事项：________________

____

____

____

____

____

6. 针对实训车辆或实训的发动机，按制造商所规定的机油压力最小值，测量发动机机油实际值，填写下表，并根据这些数据画出转速压力曲线（直接在下面给出的转速压力曲线图空白处画出即可）。

发动机转速/（r/min）	1 000	2 000	3 000	4 000	5 000	6 000
标准最小油压值/bar						
实测油压值/bar						

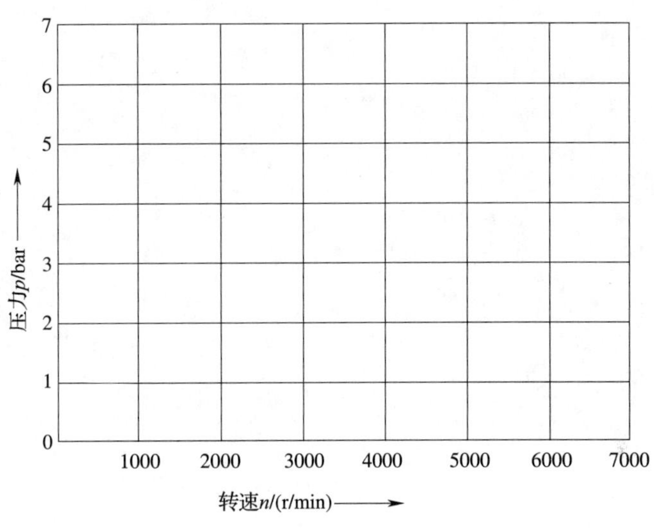

转速压力曲线图

（1）描述机油压力的变化情况。

（2）该压力是怎样保持稳定不变的?

二、机油滤清部件的认知与拆检

机油滤清器包括粗滤器和细滤器。

1. 粗滤器的拆检

(1) 粗滤器串联于机油泵与主油道之间，属于全流式滤清器，多用缝隙式滤清方法。一般有金属片式、纸筒式和锯末式三种形式，如下图所示，判别此三种图形代表的滤清器的类型。

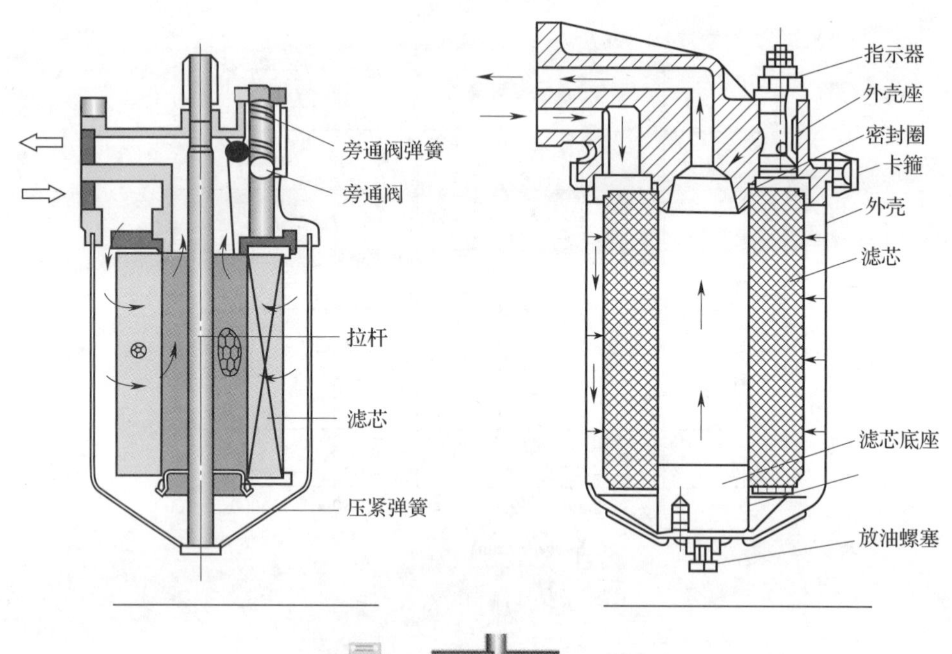

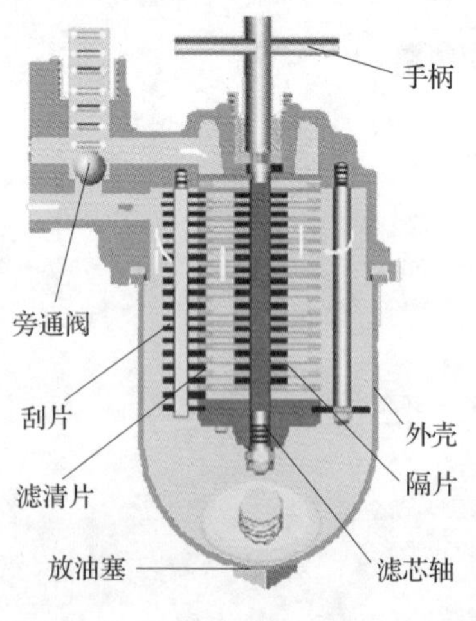

（2）机油的过滤方式有全流式、分流式和混合式（也称复合式、并联式）三种，对照下图，将过滤方式的类型写在相应图片下方的横线上。

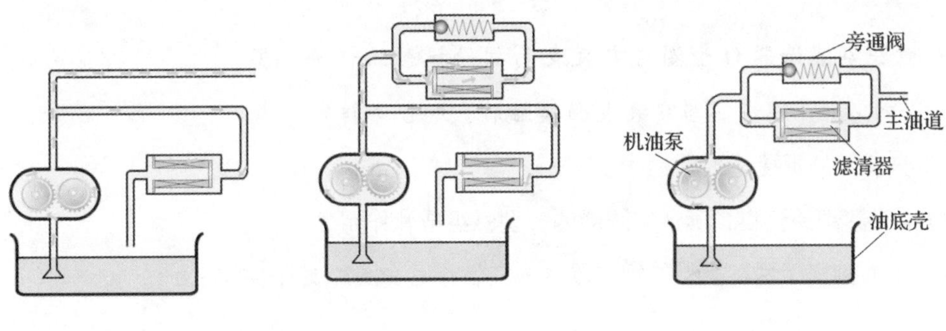

__________　　__________　　__________

小提示

全流式指机油滤清器串联在机油泵和主油道之间，机油全经过滤清器过滤后流入主油道；分流式指机油泵压出的机油一部分经滤清器过滤后流回油底壳，另一部分则不经过滤清器过滤而直接流入主油道；混合式指机油一部分经细滤器过滤后流回油底壳，另一部分机油则经装有旁通阀的粗滤器过滤后流入主油道。

（3）对照实训车辆或实训发动机，指出机油的过滤方式，并写出机油滤清器的拆装工艺规范。

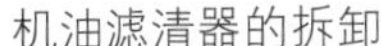

机油滤清器的拆卸

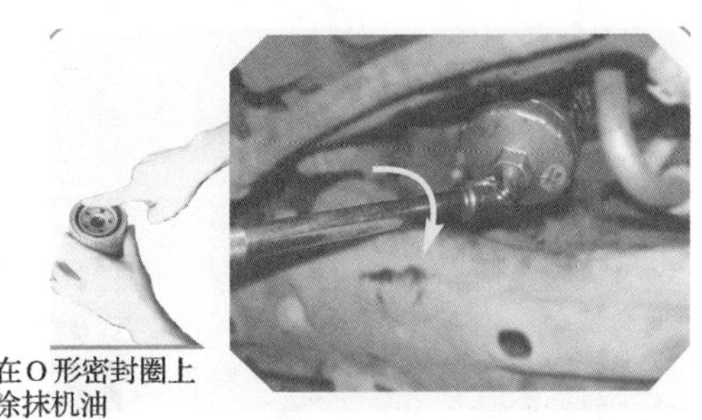

机油滤清器的安装

小提示

注意识别滤清器O形圈与安装表面初始接触的精确位置，滤清器拧紧力矩为________N·m（滤清器与安装表面接触后，约3/4转）。

2. 细滤器的拆检

（1）查阅相关资料，确认细滤器的类型、组成和作用。

1）下面列出了两种类型的细滤器，将其名称写在图片下方的横线上。

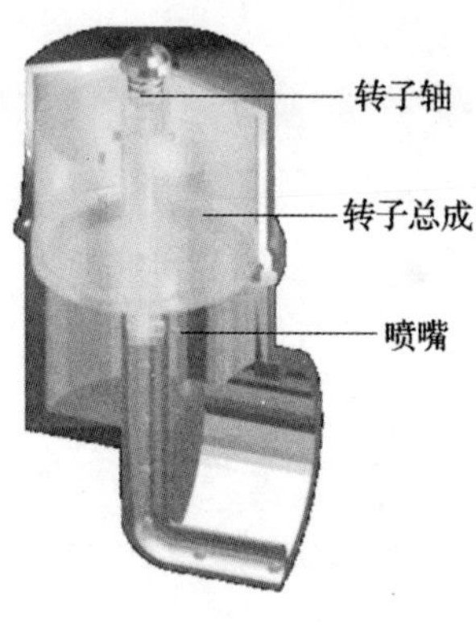

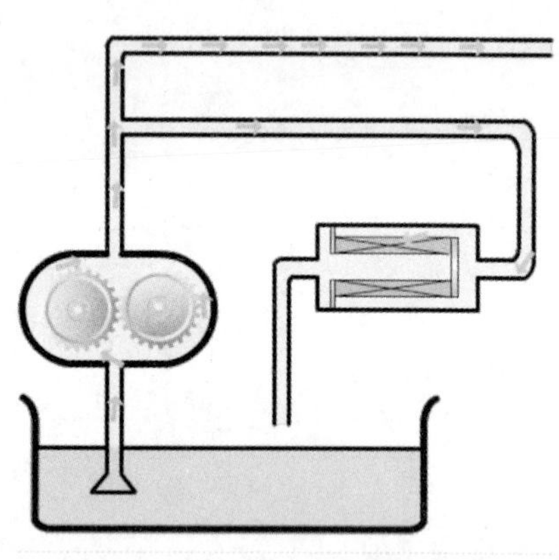

________________　　________________

2）下图所示为离心式细滤器的结构，在下列空白处补充零部件的序号或名称。

1. 转子轴
2. ________________
3. 转子体
4. ________________
5. ________________
6. 旁通阀
7. 滤清器进油口
8. ________________
9. 壳体
10. ________________
11. 压紧螺套

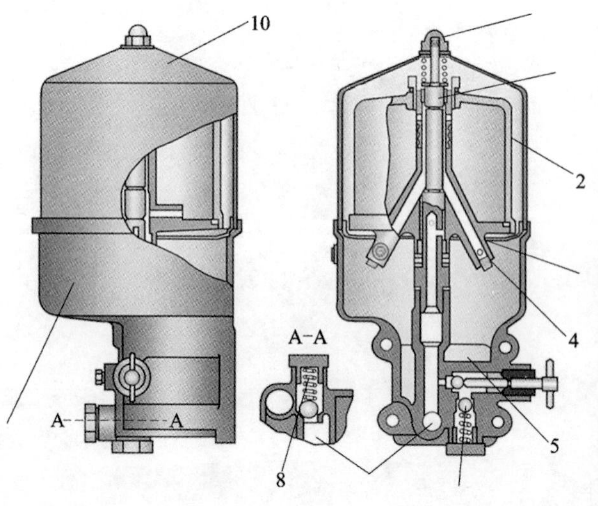

离心式细滤器的结构

3）细滤器一般只与润滑系统并联，因为它会对系统产生较大的阻力，它的作用是什么？

（2）查阅相关资料或维修手册，确认细滤器的拆检工艺，填写下表。

序号	工 艺 内 容	工量具或设备	易损件或耗材
1			
2			
3			
4			
5			
6			
7			
8			
9			
10			

小提示

1）压紧螺套拆装时，应注意其力矩值为__________N·m。

2）由于是高速旋转部件，拆检时要特别注意到转子推力轴承、支承垫圈和转子体三个衬套的检修。

3）注意不允许用硬物清洁喷油嘴口。

4）装配时，应注意到转子体和转子盖之间的平衡标记对齐。

三、总结与思考

1. 系统压力测量过程中，若测压表接头拧紧力矩过大，会使接头折断，如下图所示。在安装压力传感器时，力矩值应该多大？装配时应注意哪些事项？

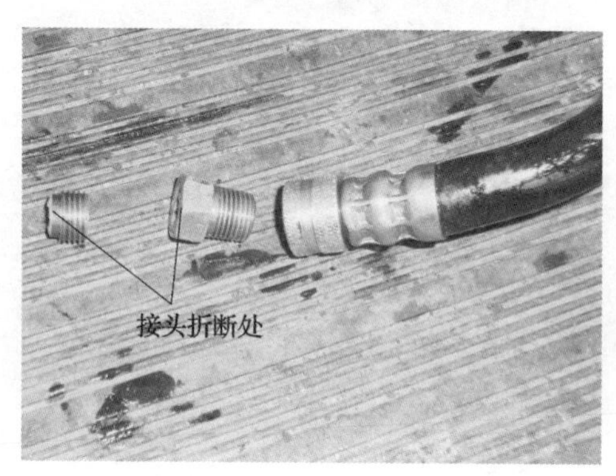

2. 发动机刚起动时与起动后正常工作温度时测量的机油压力一样吗？为什么？

3．列出下表中几种常见规格螺纹零件无特别要求时的拧紧力矩值。

螺纹公称直径 d/mm	施加在扳手上的拧紧力矩 M/N. m	施力操作要领	螺纹公称直径 d/mm	施加在扳手上的拧紧力矩 M/N. m	施力操作要领
M6		只加腕力	M16		加全身力
M8		加腕力、肘力			
M10		加全身臂力	M20		压上全身重量
M12		加上半身力	M24		压上全身重量

注：“加全身力”表示腕力、臂力再加上身体供给力；“压上全身重量”表示全身力再加上身体重量。

4．拆检机油滤清器，测量系统机油压力后，如何找出故障位置、部件呢？试说明分析过程。

5．李先生驾驶 POLO 轿车时发现机油报警灯亮，为了赶时间赴约，继续行驶一段路程后，发现在发动机舱内传出金属“啸啸声”，立即停车要求维修厂派人检修。作为维修人员，你能说出检查、修理过程吗？某修理厂接车单见附件 6—3，按要求填写该故障的接车单。

附件6—3

某修理厂接车单

大众汽车维修服务接车单

客户姓名________ 车牌号________ 车型________ 行驶里程________

联系电话________ 地址____________________燃油量

入厂时间____________ 预约交车时间____________

E 1/2 F

车辆外观检查	□车匙 □备胎 □轮盖 □行驶证 □随车工具 □故障灯 有√ 无╳ ╳划痕 ⊙凹陷 √破损
客户描述	

维修项目	序号	维修项目	维修配件	数量
	1			
	2			
	3			
	4			
	5			
	6			

说明：1. 车内贵重物品由客户自行带走，否则如有遗失，本厂恕不负责。

2. 车主同意以上维修项目并授权本厂对无法修复零件予以更换。

3. 客户自带配件与客户要求更换非原厂件的，本厂恕不负责质量保修。

地址：××××××××××　　联系电话：××××××××　　传真：××××××××

接车员签名：　　客户签字：　　日期；

学习活动 3　机油泵零部件的认知与拆检

学习目标

1. 能对照实训车辆或实训台的发动机润滑系统，按工艺要求安全、正确地拆除机油池，取下机油泵零部件。

2. 能查阅维修手册或运用网络资源，正确拆检发动机润滑系统的机油泵部件。

3. 能写出并实施机油泵部件拆检工艺。

4. 能在实施过程中记录拆装、检测步骤等重要内容。

建议学时：15 学时

学习准备

汽车维修手册、配套通用工具、专用工量具及设备、车辆、多媒体设备。

学习过程

按照学习活动 2 分析的故障原因，在检查机油油底壳的油位、状况并更换机油滤清器后，通过检测机油压力，进一步判断后确定故障位置在凸轮轴、机油泵部件两位置。

一、机油泵的认知与拆检

1. 不同类型的发动机使用不同的机油泵。如下图所示，写出各种类型机油泵的名称，并标出吸入端和压力端，以及机油的流动方向。

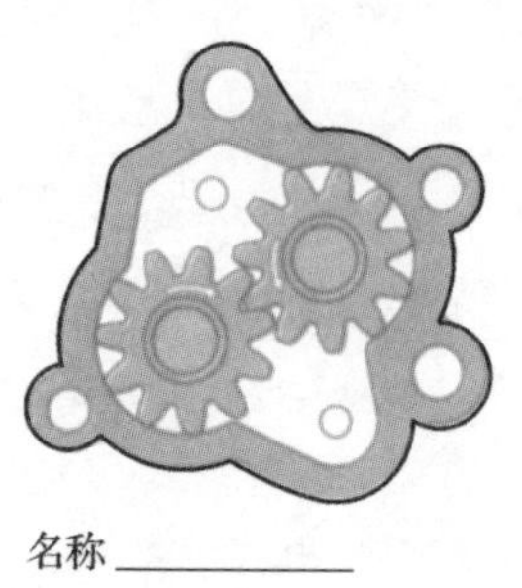

名称__________

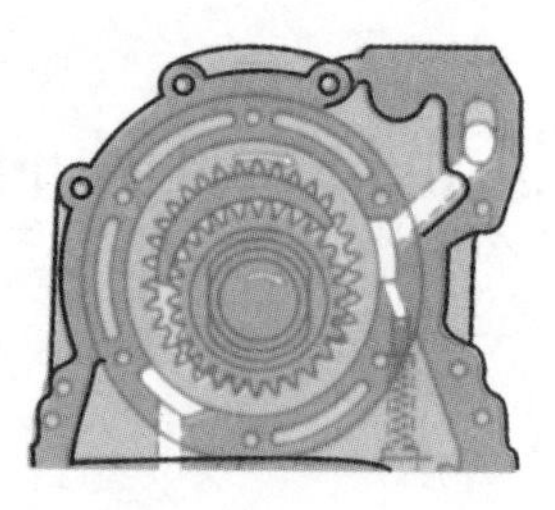

名称__________

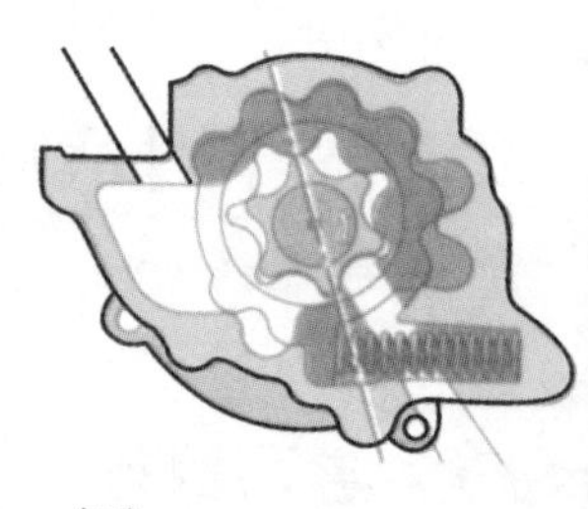

名称__________

2．查找相关资料，认知上图所示最右边一种机油泵的结构，并对照下图填写表格，补充完整其零件名称和序号。

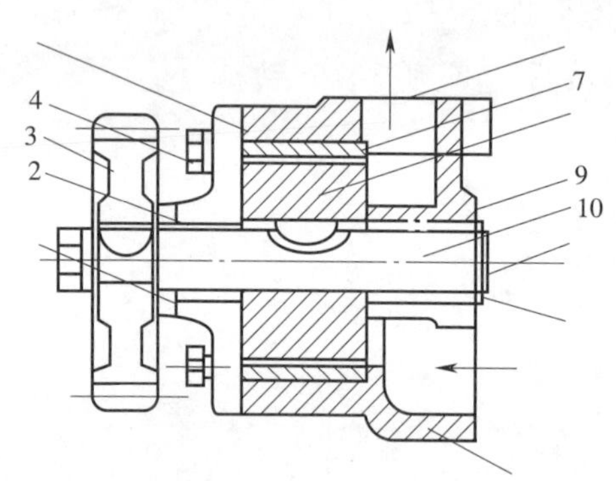

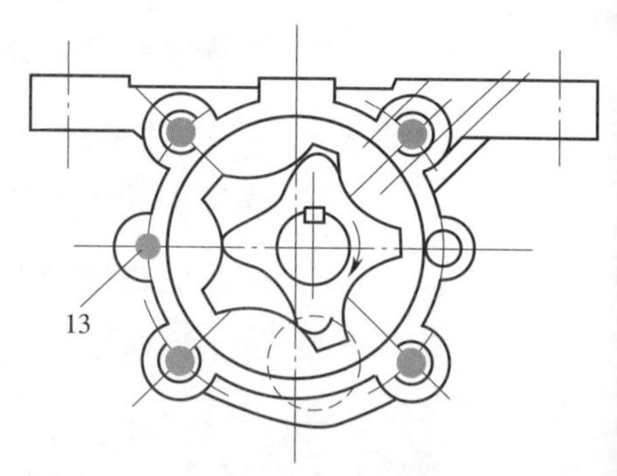

机油泵的结构

序号	零 件 名 称	序号	零 件 名 称
1	止推轴承	8	内转子
2		9	
3		10	
4		11	轴套
5	调整垫片	12	卡环
6	调整垫片	13	
7		14	定位销

3．写出上图所示机油泵的工作原理和特点。

4．结合下图，写出拆除机油泵的工艺过程（可按实训车辆结构情况完成）。

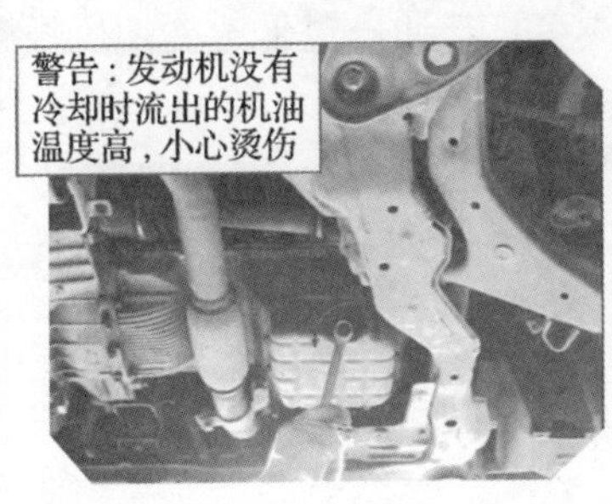

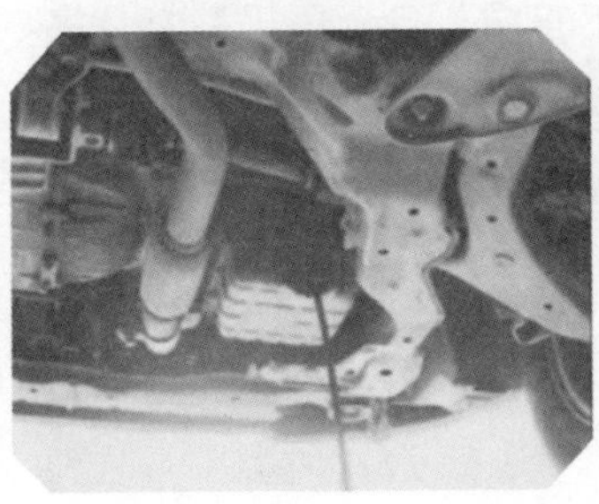

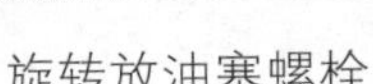
旋转放油塞螺栓　　放出机油　　将机油收集到回收桶

机油泵的拆卸

5．结合下图，写出机油泵的检测工艺过程和项目。

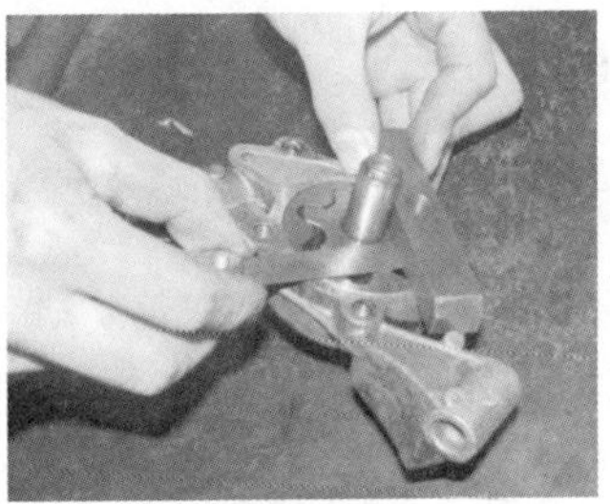

机油泵的检测

6. 依据实训车辆或相关资料、维修手册，若系统油道中的实际润滑油压力正常，而机油压力表指示的润滑油压力不正常，且低压报警灯点亮；或者，若油压过低时，油压报警灯不亮。你会检查压力传感器和控制线路吗？说出检查过程。

小提示

若系统油道中的实际润滑油压力正常，而机油压力表指示的润滑油压力不正常，或低压报警灯点亮，可能为油压报警开关短路损坏或其导线搭铁。

若油压过低时，油压报警灯不亮，可能为油压报警开关断路损坏或其导线断路、报警灯烧坏等。

检查断路故障可用万用表逐点检测，检查搭铁故障可用逐点拆线法检测。

二、成果展示

依据实训车辆或相关资料、维修手册，各小组设计制作一份润滑系统检查工艺卡，并向其他组员展示、说明或实施操作。

参考工艺卡格式和项目如下：

工序	工艺内容及工艺技术要求	工量具	设备	消耗材料及易损件	备注
1					
2					
3					
4					
…					
…					
操作者：	日期：	校对：	日期：	指导教师：	日期：

三、总结与思考

1. 发动机润滑系统的主要零部件有哪些？影响其正常工作的因素有哪些？对照实训车辆或实训台上的发动机，设计发动机润滑系统拆装、检查和测量工艺。

2. 下图所示是互联网上下载的发动机润滑系统示意图，设置的监控点反映的是系统的局部还是整个状况？补充图上的零件名称，并叙述在系统低压时，油压报警灯不亮的检修方案。

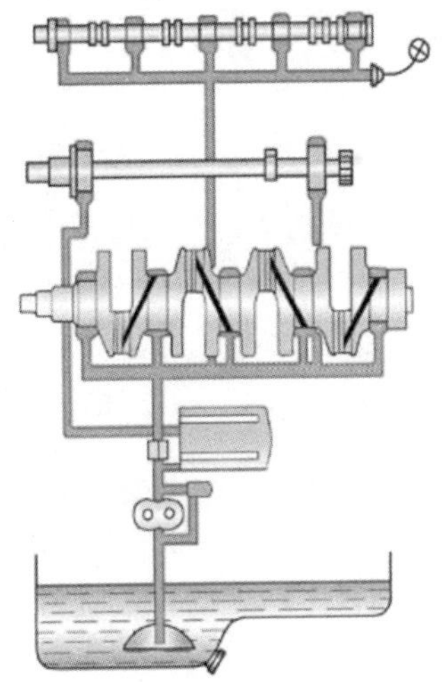

上海桑塔纳发动机润滑油路

3. 检查发动机润滑系统后发现存在金属碎片和胶质，说明系统可能发生什么故障？简要叙述其检查和拆装工艺。

学习任务六评价表

班级：__________ 姓名：__________ 学号：__________

项目	自我评价			小组评价			教师评价		
	10 ~ 9	8 ~ 6	5 ~ 1	10 ~ 9	8 ~ 6	5 ~ 1	10 ~ 9	8 ~ 6	5 ~ 1
	占总评 10%			占总评 30%			占总评 60%		
学习活动 1									
学习活动 2									
学习活动 3									
协作精神									
纪律观念									
表达能力									
工作态度									
安全意识									
任务总体表现									
小计									
总评									

任课教师：______ 年 月 日